共犯の基礎理論

外木 央晃 著

成文堂

はしがき

　本書は，ドイツ刑法学から得られた知見をわが国の脈絡に引き直して，共犯論上の諸問題に検討を加え，妥当な解決のための理論的基礎を提示することを目的とする。そこで，ドイツ刑法学における共犯の基礎理論をめぐる学説の概況を把握することから出発し，共犯の処罰根拠に関する支配的な見解である惹起説について論究する。共犯論上の諸問題は，共犯の処罰根拠の観点を重視して解決されるべきである。共犯の処罰根拠それ自体によって解決することができるのは，身分犯および必要的共犯の問題である。これに対し，共犯の処罰根拠の考え方だけでは解決することが困難な問題は，それぞれの特殊性に応じた考察を加えることによって解決されることになる。本書の第5章以下で論じた問題がそうである。共犯論は，犯罪論体系上，不作為犯論，過失犯論および錯誤論等といった領域と交錯することも多く，そのような場面では一段と複雑な問題が生じる。本書は，これらの問題についても論じることを通して，究極的には共犯の本質と構造を剔抉しようとするものである。

　ここで，本書の構成について説明しておきたい。第1章および第13章は，もっぱら本書のために書き下ろしたものである。それ以外の章は，『明治大学社会科学研究所紀要』48巻2号および『法学研究論集』28号から39号までに連続して掲載された筆者の学術論文を再構成し，これに加除修正を施したものである。

　本書の刊行を勧めてくださったのは，明治大学名誉教授の川端博先生である。筆者は，明治大学法学部在学中から現在まで川端先生のご指導を受けており，刑法学の知識を単に学んだだけでなく，研究に対する視点や手法，それに思考方法をも学ぶことができた。本書は，川端先生のご指導を受けて取り組んできた研究の成果以外の何物でもなく，川端先生に心からお礼を申し上げたい。

　本書の刊行に向けた準備段階で，筆舌に尽くし難い絶望感に打ちのめされた。横浜国立大学名誉教授の円谷峻先生は，民法学者として著名であるが，

実は明治大学教授に就任される以前から，定年退職されるまで明治大学大学院法学研究科の「外国法（ドイツ法）特殊研究」という科目を担当されており，筆者は，そこでの円谷先生の背中を見て比較法学の方法論を学んだ。それは刑法学の研究を進めていく上でも不可欠なものであったと実感している。もう，直接，本書を円谷先生に手渡しで献呈し，感謝の気持ちをお伝えすることは叶わなくなってしまった。胸がつぶれる思いである。

　本書の刊行にあたっては，株式会社成文堂の阿部成一代表取締役，同社編集部の篠﨑雄彦氏，飯村晃弘氏から大変なご尽力を賜った。それがなければ本書が世に出ることはなかったはずである。ここに記して心からお礼を申し上げたい。

　　　　平成 30 年 9 月 10 日

　　　　　　　　　　　　　　　　　　　　　　　　　　筆　　者

目　　次

はしがき……………………………………………………………………………*i*

第1章　ドイツ刑法学における共犯の基礎理論をめぐる
学説の概況………………………………………………*1*

第1節　本章の目的………………………………………………*1*

第2節　ドイツ刑法典における正犯と共犯の位置づけ…………*1*

第3節　制限的正犯者概念と統一的正犯者概念…………………*2*

第4節　共犯の本質と従属性……………………………………*4*

第5節　共犯の主観的メルクマール……………………………*6*

第6節　正犯と共犯の区別………………………………………*6*

第2章　惹起説の再検討……………………………………*13*

第1節　本章の目的………………………………………………*13*

第2節　前提的考察………………………………………………*15*

　第1款　共犯の処罰根拠の妥当範囲　(15)

　第2款　惹起説の分類　(16)

　第3款　惹起説と因果的共犯論　(17)

第3節　従属性の程度……………………………………………*19*

第4節　学説の状況………………………………………………*23*

　第1款　純粋惹起説とその検討　(24)

　第2款　修正惹起説とその検討　(29)

　第3款　混合惹起説とその検討　(33)

第4節　結　　論…………………………………………………*40*

第3章　身分犯の法的性質 ·· *42*

第1節　本章の目的 ·· *42*

第2節　身分犯の法的性質 ·· *45*

　第1款　ドイツにおける義務犯論の展開　(45)

　第2款　身分概念をめぐるわが国の判例と学説　(52)

　第3款　共犯の処罰根拠からの検討　(56)

第3節　刑法65条1項の「共犯」の意義 ·························· *59*

第4節　結　　論 ··· *64*

第4章　必要的共犯の構造 ·· *66*

第1節　本章の目的 ·· *66*

第2節　学説の状況 ·· *70*

　第1款　対立の淵源となった学説　(70)

　第2款　立法者意思説とその検討　(71)

　第3款　個別的実質説とその検討　(76)

第3節　共犯の処罰根拠による解決 ··································· *82*

　第1款　惹起説による解決　(82)

　第2款　比例原理による解決　(88)

第4節　結　　論 ··· *90*

第5章　不作為犯における正犯と共犯の区別 ····················· *93*

第1節　本章の目的 ·· *93*

第2節　学説の状況 ·· *95*

　第1款　主観説とその検討　(95)

　第2款　目的的行為支配説とその検討　(97)

　第3款　同価値説とその検討　(99)

　第4款　区別否定説とその検討　(102)

　第5款　保障人義務説とその検討　(110)

　第6款　義務犯説とその検討　(117)

第3節　客観的帰属論の視点と不作為犯の因果関係 ……………… *122*

第4節　結　　論 …………………………………………………… *126*

第6章　不作為による教唆と不作為による共同正犯 ……… *129*

第1節　本章の目的 ………………………………………………… *129*

第2節　不作為による教唆 ………………………………………… *130*

第1款　肯定説とその検討　（130）

第2款　否定説とその検討　（137）

第3節　不作為による共同正犯 …………………………………… *145*

第1款　不作為と不作為の共同正犯　（145）

第2款　作為と不作為の共同正犯　（150）

第4節　結　　論 …………………………………………………… *156*

第7章　不作為犯に対する共犯 …………………………………… *159*

第1節　本章の目的 ………………………………………………… *159*

第2節　不作為犯に対する教唆 …………………………………… *160*

第1款　否定説とその検討　（160）

第2款　肯定説とその検討　（170）

第3節　不作為犯に対する幇助 …………………………………… *181*

第1款　否定説とその検討　（181）

第2款　肯定説とその検討　（183）

第4節　結　　論 …………………………………………………… *188*

第8章　過失犯に対する共犯 ……………………………………… *190*

第1節　本章の目的 ………………………………………………… *190*

第2節　過失犯の共同正犯 ………………………………………… *191*

第1款　否定説とその検討　（191）

第2款　肯定説とその検討　（199）

第3節　過失犯に対する狭義の共犯 ……………………………… *208*

第1款　故意不要説とその検討　（209）

vi 目 次

第2款 表象説とその検討 (212)

第3款 故意必要説とその検討 (212)

第4款 過失犯に対する教唆と過失犯に対する幇助との異なった処理 (214)

第4節 結 論……………………………………………………………215

第9章 過失による共犯……………………………………………217

第1節 本章の目的………………………………………………………217

第2節 学説の状況………………………………………………………218

第1款 拡張的正犯者概念ないし統一的正犯者概念 (218)

第2款 制限的正犯者概念 (228)

第3節 過失犯の間接正犯………………………………………………242

第4節 結 論……………………………………………………………244

第10章 片面的共犯………………………………………………247

第1節 本章の目的………………………………………………………247

第2節 共犯の本質との関係……………………………………………249

第3節 片面的教唆犯……………………………………………………250

第1款 片面的教唆犯の観念の当否と議論の実益 (250)

第2款 否定説とその検討 (252)

第3款 肯定説とその検討 (256)

第4節 片面的従犯………………………………………………………259

第1款 有形的従犯 (260)

第2款 無形的従犯 (267)

第5節 片面的共同正犯…………………………………………………268

第1款 肯定説とその検討 (268)

第2款 否定説とその検討 (273)

第6節 結 論……………………………………………………………277

第11章 承継的共犯………………………………………………280

第1節 本章の目的………………………………………………………280

目　次　*vii*

　　第 2 節　承継的共同正犯 ･･ *281*

　　　第 1 款　肯定説とその検討　(281)

　　　第 2 款　否定説とその検討　(284)

　　　第 3 款　部分的肯定説とその検討　(289)

　　第 3 節　承継的従犯 ･･･ *293*

　　　第 1 款　肯定説とその検討　(293)

　　　第 2 款　否定説とその検討　(295)

　　　第 3 款　部分的肯定説とその検討　(300)

　　第 4 節　結　　論 ･･ *304*

第 12 章　アジャン・プロヴォカトゥール ･･････････････････ *309*

　　第 1 節　本章の目的 ･･ *309*

　　第 2 節　学説の状況 ･･ *312*

　　　第 1 款　不可罰説とその検討　(312)

　　　第 2 款　可罰説とその検討　(324)

　　第 3 節　結　　論 ･･ *337*

第 13 章　共犯と錯誤 ･･ *339*

　　第 1 節　本章の目的 ･･ *339*

　　第 2 節　共犯の過剰 ･･ *339*

　　　第 1 款　狭義の共犯の過剰　(339)

　　　第 2 款　共同正犯の過剰　(348)

　　第 3 節　客体の錯誤 ･･ *353*

　　　第 1 款　非重要性説とその検討　(354)

　　　第 2 款　重要性説とその検討　(363)

　　第 4 節　結　　論 ･･ *370*

第 14 章　中立的行為による幇助 ･･･････････････････････････ *372*

　　第 1 節　本章の目的 ･･ *372*

　　第 2 節　学説の状況 ･･ *375*

viii　目　次

第1款　全面的可罰説とその検討　(375)

第2款　主観説とその検討　(375)

第3款　客観説とその検討　(378)

第4款　折衷説とその検討　(395)

第5款　違法性阻却説とその検討　(398)

第3節　先端科学技術の研究開発と中立的行為……………………399

第4節　結　　論………………………………………………………412

事項索引…………………………………………………………………413

第1章

ドイツ刑法学における共犯の
基礎理論をめぐる学説の概況

第1節　本章の目的

　本書は，全体を通して，ドイツ刑法学から得られた知見をわが国の脈絡に引き直して，共犯論上の諸問題に検討を加え，妥当な解決を導き出すことを目的とする。そこで，本章では，ドイツ刑法学における正犯者概念，共犯の従属性および正犯と共犯の区別等といった共犯の基礎理論をめぐる学説の状況を簡潔に整理し，本書の出発点とする。

第2節　ドイツ刑法典における正犯と共犯の位置づけ

　ドイツ刑法典各則の構成要件は，通常，個人の行為を記述する。ドイツ刑法学の一般的な見解によれば，正犯行為者とは，構成要件で輪郭づけられた全てのメルクマールを，その一身において実現する者のことを言う。したがって，正犯行為者の理論は，構成要件理論の一部なのであり，ドイツ刑法 25 条（正犯）1 項は，構成要件理論から生じる結論を確認する。複数の人物が構成要件実現の際に共同する場合，同人らのそれぞれの行為寄与の評価に基づいて，個人の関与形式が明らかにされなければならない。ドイツ刑法 25 条以下が，これに関する規律を包含する。現行ドイツ刑法によれば，ある 1 つの犯罪行為に対して複数の人物が関与した場合，正犯と共犯が区別される。正犯形式に関して，ドイツ刑法 25 条は，直接正犯および間接正犯（1 項）ならびに共同正犯（2 項）を区別する。正犯と並んで，ドイツ刑法典は，共犯を認める。共犯の形式は，教唆（ドイツ刑法 26 条）および幇助（ドイツ刑法 27 条）である。それを超えて，ドイツ刑法 30 条（関与の未遂）において，関与の可罰的未遂が規律される。ドイツ刑法 28 条（特別な人的メルクマール）1 項の法定定義によれば，

「共犯」とは，教唆者または幇助者のことである。「関与者」の概念は，ドイツ刑法 28 条 2 項によれば，正犯行為者および共犯者を包括する[1]。

第 3 節　制限的正犯者概念と統一的正犯者概念

　シェンケ／シュレーダーによれば，ドイツ刑法 25 条における正犯の異なる形式は，以前から文献によって展開されてきた制限的正犯者概念を基礎とする。各則および特別刑法は，立法者が一定の犯罪行為として特徴づけた，輪郭が鮮明な一定の行為を記述しており，制限的正犯者概念は，そのような理解に関わるものである。そうすると，動機または利益を考慮することなく，犯罪構成要件の全てのメルクマールを実現する者が正犯行為者となる。正犯行為者の本来的な理解において，制限的正犯者概念は，全ての犯罪構成要件を自手により充足した者だけを正犯行為者として把握した。したがって，それと異なる共同惹起という形式は，正犯性を根拠づけることができなかった。制限的正犯者概念は，間接正犯および共同正犯を包含することによって拡大された[2]。通説によれば，制限的正犯者概念は，故意犯に無制限に適用される。制限的正犯者概念から，一身において，かつ自分の態度によって全ての犯罪要件を充足する者が常に正犯行為者であると認められるということが明らかになり，正犯行為者は，自手により行為をし（直接正犯），犯罪実現のために他人を利用し（間接正犯），または他人と分業的に共同することができる（共同正犯）。したがって，正犯性は，構成要件の自手による実現によって根拠づけられ得るだけでなく，固有の行為としての他人の実行行為の水平的または垂直的な帰属の帰結としても根拠づけられ得る。共同正犯の場合，水平的原理に従った帰属に到達する。ここでは，複数の人物の分業に向けられた全体計画が，共犯者の共同計画に沿った行為寄与が全ての関与者に，関与者が当該行為寄与を自分でもたらしたのと同様に帰属されることに対する基礎を形成する。間接正犯のもとでの垂直的な帰属に対する中心的な根拠は，間接正犯者が，直接的な構成要件実現を他の人間（行為仲介者）を通してコントロー

---

[1]　Schönke/Schröder, Strafgesetzbuch Kommentar, 29. Aufl., 2014, S. 485 [Heine/Weißer].

[2]　Roxin, Täterschaft und Tatherrshaft, 8. Aufl., 2006, S. 34ff.

ルするという点に存する。記述された帰属の結合の1つに位置しない者は，正犯行為者とはなり得ない。そうすると，さらに別の関与形式（教唆，幇助）を包括することができるようにするために，犯罪構成要件の適用を拡大する法律上の規定が必要である。それらの関与形式は，ドイツ刑法26条（教唆），27条（幇助）に包括され，刑罰拡張事由または構成要件拡張事由となる[3]。

　これに対し，拡張的正犯者概念は，発生した法益侵害に対する原因を設定した全ての者を，同人の寄与の具体的意味を問題にすることなく，正犯であると認める[4]。そのような統一的正犯者理論の解釈論上の基礎は，相当性説によって要求された，全ての結果に対する条件の同価値性という原理である。もし，この見解に従うならば，教唆と幇助は「それ自体として」正犯であると評価されなければならなくなる。しかし，そのように評価することは，ドイツ刑法26条，27条の法律上の定めから逸脱する。この見解は，ドイツ刑法26条，27条を刑罰制限事由として解釈するのである。拡張的正犯者理論を基礎とする純粋な統一的正犯者概念は，いずれにせよ可罰的な関与についての現行法と一致し得ない。純粋な拡張的正犯者概念は，なぜ正犯行為者の犯罪が予定される教唆の場合に，正犯行為者の負責から直接的に生じる帰結がドイツ刑法26条において繰り返されるのか，ということを説明できない。それ以上にドイツ刑法27条は，拡張的正犯者概念とは反対のことを述べる。もし法益侵害に対する行為寄与という原因だけが，全ての正犯性の負責の共通の基礎であるとするならば，幇助に関して法律上予定された刑の減軽は一貫しないことになってしまう。その点を除いても，全ての因果的寄与が正犯性を根拠づけ得るとする場合は，各則で法定された構成要件の輪郭の限界づけ機能と矛盾する。結局のところ，自由における責任という理念を基礎とし，そのことを通して責任を限界づける法秩序の人間像と，正犯性の因果的負責とは，ほとんど一致しないものである。通説によれば，故意の犯罪行為に対する厳しい刑事罰は，原理上，あまりにも広いと解される統一的正犯者概念を基礎にしては論じられ得ない。しかし，ドイツ刑法においても，明らかな統

---

(3)　Schönke/Schröder [Heine/Weißer], a.a.O. [Anm. 1], S. 486.
(4)　Baumann, Die Taterrschaft in der Rechtsprechung des BGH, NJW 1962, S. 375, Bockelmann, Strafrechtliche Untersuchungen, 1957, S. 76 usw.

一的正犯への傾向が看取され得る。一方では，立法者は，構成要件に該当する行為の取り決めに関して数多くの構成要件を把握し，それゆえ古典的な共犯行為は，構成要件上，正犯のために起こされる。他方では，司法は，関与形式を，より評価的な全体的考察を手掛かりにして区別する。この全体的考察において，正犯と共犯の区別は，その都度，望まれる結論という観点で緩和される。全体的考察の効果が一段と強く認められれば認められるほど，構成要件で輪郭づけられた法益および事行（Tathandlung）は，ますます抽象的に把握され，さらに組織に関係する現象が問題になる。このような統一的正犯の展開に抵抗しながら制限的正犯者概念を堅持する場合，その関与形式の区別を，空洞化の傾向から原理を擁護する本質的議論によって守らなければならない[5]。

第4節　共犯の本質と従属性

　教唆（ドイツ刑法26条）および幇助（ドイツ刑法27条）という2つの共犯形式は，所為のために提供される寄与の質という観点で区別される。ドイツ刑法27条2項は，幇助に関しては，ドイツ刑法49条（特別な法律上の減軽事由）1項に基づく必要的減軽を予定している。これに対し，教唆者は，正犯行為者と同等に処罰される。このことから，立法者が，正犯の所為に対する故意による動機づけに，単なる補助的行為よりも高度な不法内容を置く，ということが明らかになる[6]。

　共犯の本質は，他人による構成要件実現に対する加担である。ドイツ刑法26条，27条は，各則の構成要件においてのみ処罰される正犯性のある実現に対する刑罰拡張事由を規範化する。この見解は，通説的な促進説または惹起説を基礎とする。それによれば，共犯の処罰根拠は，共犯が，正犯の所為に対する動機づけによるのであろうと，物理的または心理的な正犯行為者への補助によるのであろうと，正犯行為の実現に対して因果的となる，という点に認められ得る。この立場を基礎にして，共犯者は，自ら構成要件上の要件

---

(5)　Schönke/Schröder［Heine/Weißer］, a.a.O.［Anm. 1］, S. 487f.

(6)　Schönke/Schröder［Heine/Weißer］, a.a.O.［Anm. 1］, S. 488.

を充足しないにもかかわらず，正犯行為者によって実現された規範違反を理由にして処罰される，ということが明らかにされ得る。共犯の不法は，他人の規範違反に対する加担に存し，それゆえ正犯行為の不法，すなわち行為不法および結果不法に従属する。したがって，一方では真正身分犯に対する共犯は可能である。他方で，正犯行為者にとって不処罰的である不能未遂に対する加担は，共犯者が自己の不能性を知っている限りで不処罰のままである，ということが明らかにされ得る。なぜならば，その場合，故意が欠け，したがって未遂の可罰性を根拠づける他人の行為不法に対する共犯が欠けるからである。構成要件で保護された法益に対する攻撃は，共犯者に帰属され得る固有の攻撃をも含む。共犯の処罰根拠は，それ自体で独立した要素と正犯行為から導き出される要素とを統一する従属的な法益への攻撃に存する[7]。

　他人の構成要件実現に対する加担としての共犯の本質から，実現された正犯行為への共犯の従属性も生じる。制限従属性の２つの最も重要な帰結については争いがない。第１に，制限従属性は，共犯者によって提供された寄与が実際に正犯行為（未遂または既遂）の実現に到達する場合に限り可罰的となる，ということを意味する。このことは，故意により遂行される違法な所為への共同を要件とするドイツ刑法26条，27条の構成から明らかになる。第２に，制限従属性から，教唆者および幇助者は，正犯行為の範囲でのみ負責されるということが明らかになる。正犯行為が，共犯者により意図されたことに達しない場合（既遂のない可罰的未遂），実際に実現された（未遂の）所為に対する共犯だけが考えられる。特別な目的は，正犯行為者のもとにのみ存することを要する。たとえば，自ら領得意思を有しない者でも，同人に正犯行為者の領得意思が知られている限りで，窃盗に対する共犯を理由にして処罰され得る。また，正犯行為者のもとでの正当化事情の前提条件に関する錯誤の事例においては，故意による不法が欠ける。それゆえ，（既遂に達した）共犯は排除される。もっとも，当該所為に関与する者が正当化状況の欠如を知っている場合，その関与者は，その他の点で正犯行為者の資格を具備する限りで，間接正犯として処罰され得る[8]。

(7) Schönke/Schröder [Heine/Weißer], a.a.O. [Anm. 1], S. 488f.
(8) Schönke/Schröder [Heine/Weißer], a.a.O. [Anm. 1], S. 489f.

6　第1章　ドイツ刑法学における共犯の基礎理論をめぐる学説の概況

第5節　共犯の主観的メルクマール

　教唆および幫助は，二重の視点において故意により行為をしなければならない。固有の寄与の故意による提供と並んで，共犯者は，正犯行為を，その本質的な輪郭において認識しなければならない。この場合，正犯行為の表象の具体化の程度に関して言えば，幫助と教唆には構造上の相違が存在する。しかし，いずれにせよ正犯行為の構成要件該当性をもたらす事実の認識，ならびに正犯行為を正当化する状況の表象の欠如は，故意に属する。共犯者が守られると意図した限界を，正犯行為者が超える場合，いわゆる過剰が存在する。共犯者は，超過する部分に対する既遂の意思の欠如ゆえ，教唆または幫助を理由としては処罰されない。たとえば，窃盗を教唆された者が強盗を遂行する場合，教唆者は，奪取の際の暴行の可能性を考慮せず，許容していなかったときに限り，窃盗に対する教唆を理由にして処罰され得る。共犯者の表象からの正犯行為の非本質的な逸脱は，正犯行為に関する共犯者の故意を阻却しない[9]。教唆者が，ある所為をドイツ刑法250条1項1b号に従って表象したとしても，実際に実現されたドイツ刑法250条1項1a号に対する教唆が存在する[10]。逸脱が本質的であるのか，それとも非本質的であるのかは，共犯者の寄与の提供の際の表象に従って決まる[11]。

第6節　正犯と共犯の区別

　ドイツでは，正犯と共犯の区別に関して，かつては形式的客観説が有力であり[12]，判例は主観説を採用したこともあった[13]。しかし，これらの理論は，現在では，ほとんど支持を失っている。シェンケ／シュレーダーの分類によ

---

[9]　RGSt Bd. 70 S. 295, BGH NStZ 1996, 434f.

[10]　ドイツ刑法250条（重強盗）1項は，次のように定める。「1．強盗の正犯行為者もしくは他の関与者が，ａ）武器もしくは他の危険な道具を携行し，ｂ）そうでなくても，他の人物の抵抗を暴力もしくは暴力を伴う脅迫によって妨害もしくは制圧するために，道具もしくは手段を携行し，ｃ）当該所為によって，他の人物に重大な健康上の損害の危険をもたらし，または2．正犯行為者が，強盗もしくは窃盗の継続的な遂行と結びついた集団の構成員として，他の集団構成員との共同のもとで強盗を遂行する場合，3年を下回らない自由刑が言い渡されなければならない。」。

[11]　Schönke/Schröder [Heine/Weißer], a.a.O. [Anm. 1], S. 491f.

れば，現在のドイツで展開されているのは，主として実質的客観説，行為支
配説および規範的組み合わせ説である。実質的客観説は，客観的な基準だけ
を手掛かりにして正犯と共犯を区別する。そこでは，行為寄与の客観的な危
険が決定的である。客観的な危険は，個別の寄与と全体として実現された所
為との因果的連関の創出から生じる。自己の手で構成要件を実現する者だけ
でなく，自己の寄与に基づいて行為生起との強い関連の中に位置する者も正
犯行為者になるとされる[14]。実質的客観説に対しては，区別は客観的な基準
だけを手掛かりにしては実現され得ず，正犯性は，計画全体および事実関係
の認識といった主観的な基準にも依存するといった批判が加えられる[15]。と
りわけ教唆と間接正犯との区別にあたり，実質的客観説は，役立つ基準を提
供することができないと指摘される[16]。

　行為支配説が現在の有力説である[17]。もともとローベに由来する行為支配
説は[18]，目的的行為支配としてのヴェルツェルの行為論との密接な関連にお
いて発展し[19]，ロクシンによって，それ自体で完結した理論と関連づけられ

---

(12)　v. Hippel, Deutsches Strafrecht, Bd. Ⅱ, 1930, S. 453f., v. Liszt/Schmidt, Lehrbuch des Deuchen
　　Strafrechts, Bd. 1, Allgemeiner Teil, 26. Aufl., 1932, S. 334, Mezger, Strafrecht. Ein Lehrbuch, 3.
　　Aufl., 1949, S. 444 usw.

(13)　RGSt Bd. 74, S. 85, BGHSt Bd. 18, S. 87.

(14)　Vgl. Roxin, a.a.O. [Anm. 2], S. 38ff.

(15)　Jescheck/Weigend, Lehrbuch des Strafrechts, Allgemeiner Teil, 5. Aufl., 1996, S. 649 [イェ
　　シェック／ヴァイゲント〔西原春夫監訳／中村雄一訳〕『ドイツ刑法総論』第 5 版（平 11 年・1999
　　年）508 頁], Stratenwerth/Kuhlen, Strafrecht, Allgemeiner Teil, 5. Aufl., 2004, S. 265,
　　Schünemann, Leipziger Kommentar, 12. Aufl., 2007, § 25 Rn. 37, Wessels/Beulke, Strafrecht,
　　Allgemeiner Teil, 42. Aufl., 2012, S. 517.

(16)　Schönke/Schröder [Heine/Weißer], a.a.O. [Anm. 1], S. 494f.

(17)　Roxin, Strafrecht Allgemeiner Teil, Bd. Ⅱ, 2003, S. 14ff., Eser, Juristischer Studienkurs,
　　Strafrecht Ⅱ 3. Aufl., 1980, S. 148, Gropp, Strafrecht, Allgemeiner Teil, 3. Aufl., 2005, S. 357,
　　Heinrich, Strafrecht, Allgemeiner Teil, 3. Aufl., 2012, S. 1206, Jescheck/Weigend, a.a.O. [Anm. 15],
　　S. 651 [西原監訳／中村訳・前掲注(15) 550 頁], Krey/Esser, Deutsches Strafrecht Allgemeiner Teil,
　　5. Aufl., 2012, S. 844ff., Lackner/Kühl, Strafgesetsbuch 27. Aufl., 2011, S. 6, Schünemann, a.a.O.
　　[Anm. 15], § 25 Rn. 32ff., Wessels/Beulke, a.a.O. [Anm. 15], S. 518.

(18)　Lobe, Leipziger Kommentar, 5. Aufl., Einleitung, 1933, S. 123. ローベによれば，自己の行為とし
　　て行為を遂行するという内容の意思の存在が正犯性にとって本質的であるだけでなく，そのよう
　　な意思の実現が，当該意思の支配のもとで実現されること，すなわち意思がその実現に役立つ実
　　行を支配し，コントロールすることを通しても行われなければならない。そうすることで，正犯
　　から共犯を区別することも十分に可能となる。共犯の場合，結果の喚起を目的とする実行行為へ
　　の支配が欠ける。むしろ，実行行為は他人の意思によって引き起こされ，かつ支配される。

た。行為支配説によれば，正犯行為者とは，行為を支配し，行為生起を「掌中に収め」，行為の「有無」および「態様」について重要な決定をし，したがって構成要件実現の「生起の中心人物」となる者のことを言う[20]。行為支配説は，まず，個人の行為寄与から出発し，次に，誰でも事実の側面を正当に特徴づけるが，独立して適用すれば全体の意味を見誤るところの，客観的要素と主観的要素の統合を手掛かりにして正犯者概念を展開する。構成要件に該当する態度は，行為者の一定の態度によって限界づけられるわけでも，純粋な外界の生起によって限界づけられるわけでもなく，客観的，主観的な意味の統合として理解され得る。行為は，生起をコントロールする意思の仕業である。このコントロールの意思と並んで，正犯性にとって，全ての関与者が引き受ける所為の部分の客観的な重さが決定的である。したがって，客観的な寄与の意味に従っても，行為の経過を共同支配する者だけが正犯行為者となり得る[21]。ロクシンは，行為支配説を普遍的な原理として把握するのではなく，義務犯および自手犯を行為支配説の適用領域から除外する。義務犯および自手犯に関しては，正犯性は，異なる基準を手掛かりにして取り決められるべきであるとされる[22]。したがって，正犯性の要素としての行為支配は，支配犯に限定される。ロクシンの行為支配説の出発点は，「正犯とは，構成要件の犯罪記述の主体以外の何者でもない」という前提である[23]。正犯性は，個別の場合に抽象的な一般的定義によっては取り決められるべきでなく，むしろ類型的な事例状況に対する「法的な質における働き」を手掛かりにして，その都度，記述されるべきである[24]と理解されている[25]。

　行為支配説に対しては批判もある。行為支配説を適用する場合でも，様々な事例における関与形式の位置づけは，最終的には，どのような視点で考察するかによっては脱落し得る評価の帰結なのである。このことは，たとえば

---

(19)　Welzel, Studien zum System des Strafrechts, ZStW 58, 1939, S. 539ff.

(20)　Roxin, a.a.O.［Anm. 2］, S. 25.

(21)　Jescheck/Weigend, a.a.O.［Anm. 15］, S. 652. 西原監訳／中村訳・前掲注(15) 512 頁。

(22)　Roxin, a.a.O.［Anm. 2］, S. 352ff., 399ff.

(23)　Roxin, Leipziger Kommentar, 11. Aufl., 1993, §25 Rn. 34.

(24)　Roxin, a.a.O.［Anm. 2］, S. 122ff.

(25)　Schönke/Schröder［Heine/Weißer］, a.a.O.［Anm. 1］, S. 495.

実行行為者の完全な答責性または有責性が欠ける場合に，どのような範囲で間接正犯が考えられるかという問題や，共同正犯の行為寄与が，どれほどの重さを要求するかという問題に関して当てはまる[26]。

　判例は，客観的要素を前提としつつ，その都度，個別事例の評価的な全体的考察を手掛かりにして関与形式を区別する。判例は，1975 年以降の法状態のもとで行為支配説へと揺れ動いてきたが，「評価的な全体図」を手段にして柔軟性を確保する[27]。規範的組み合わせ説が，かかる全体的考察の基礎を形成する。規範的組み合わせ説は，客観的基準および主観的基準をともに全体図に関係させる。区別に影響を及ぼす客観的基準には，とりわけ行為支配および構成要件実現への関与の範囲が属する。主観的観点においては，行為利益および行為支配についての意思ないし正犯者意思が意味を持つ。共同正犯の場合，規範的組み合わせ説は，純粋に評価的な全体図を基礎にして実現される。全ての共同正犯者は，自己の行為寄与を他人の活動の一部として意図し，反対に固有の行為部分の補充として他人の作為を意図しなければならない。評価的な全体的考察にあたっては，結果に対する固有の利益，行為関与および行為支配または少なくとも行為支配への意思が本質的な共通点となり，それゆえ所為の実現と結末は，被告人の意思に決定的に依存する[28]，というのが判例の立場であると一般に理解されている[29]。

　しかし，当該基準は，ほかの 2 つの正犯形式の場合，実務上，役割を果たさない。このことは，とりわけ共同正犯と幇助との法定刑の違いによって説明され得る。判例の見解によれば，共同正犯にとって，決して純粋な心理的強化に尽き得るものではない[30]。単なる準備的または補助的な活動でも決定的に十分である[31]。これに対し，関与者が構成要件を完全に自ら実現する場合，当該関与者は，「原則として」ではあるが，共同正犯となる。全体として，

---

(26)　Weißer, Täterschaft in Europa, 2001, S. 195, 337f., Schönke/Schröder [Heine/Weißer], a.a.O. [Anm. 1], S. 496.

(27)　BGH NStZ 1987, S. 225, BGHSt Bd. 35, S. 354.

(28)　BGHSt Bd. 34 S. 125, Bd. 39 S. 386, Bd. 55 S. 203 usw.

(29)　Schönke/Schröder [Heine/Weißer], a.a.O. [Anm. 1], S. 497.

(30)　BGHSt Bd. 37 S. 29.

(31)　BGHSt Bd. 16 S. 14, Bd. 37 S. 289, Bd. 39 S. 386, Bd. 40 S. 299, Bd. 52 S. 241 usw.

10 第1章 ドイツ刑法学における共犯の基礎理論をめぐる学説の概況

判例の柔軟な限界線は，個別事例において支持される結論に到達することが多いが，様々に変化する当罰性の考慮が決定的となることもあると指摘されている[32]。

　ドイツにおいては，一般に，全ての犯罪に例外なく貫徹されるような，関与形式の区別についての普遍的原理は存在しないと考えられている。支配犯の場合，構成要件実現に際しての正犯性は，客観的要件と主観的要件の統合によってのみ確定され得る。構成要件上の生起に対する，行為支配と結びつけられた重い責任を性格づける客観的な基準ないし客観化できる基準が重要である。共同正犯においては，全体として分業によって実現された所為に対する個人の正犯の負責を根拠づけるために，共同正犯も固有の実行行為としての他人の実行行為の帰属を前提とする。共同正犯の根本的問題は，制限的正犯者概念を基礎にして，分業的にもたらされる行為寄与を相互に帰属させることが許され，それゆえ関与者に，その都度，完全な正犯性のある構成要件実現が非難され得る，ということを明確に限界づける点に存する。ドイツ刑法25条2項で定められた共同正犯の帰属原理によれば，共同の行為決意が必要である。共同の行為決意は，所為を共同して実現することの相互的な合意であり，共同正犯を根拠づけ，かつ限界づける。ドイツ刑法25条2項は共同の行為遂行を問題とするのであるから，各共同正犯者が構成要件実現のために何らかの寄与をしたのでなければならない，ということは自明である。各共同正犯者の行為寄与が分業的な共同の一部分として評価され得るか否かは，それによって役割分担が確定されるところの共同の行為決意に従って方向づけられる。したがって，必然的に，関与者の表象が考慮されなければならない。とりわけ固有の実行段階の外側で寄与する場合，どのような質の寄与が必要となるのかは争われる。判例においては，全体的評価を基礎にして，主意的要素が決定的となり得るのに対し，行為支配説によれば，客観的な視点ないし客観化可能な視点が一段と着目され，共同正犯は，行為支配を根拠づける行為寄与をも前提とする，ということが強調される。共同正犯者の行為支配は，全体的所為の達成という観点において，全体的な行為計画の枠内

---

[32] Schönke/Schröder [Heine/Weißer], a.a.O. [Anm. 1], S. 497, Roxin, a.a.O. [Anm. 2], S. 631ff., Jescheck/Weigend, a.a.O. [Anm. 15], S. 651 [西原監訳／中村訳・前掲注(15)513頁] usw.

で同人に割り当てられた本質的機能から生じ，機能的行為支配として特徴づけられる[33]。実行の段階が計画立案および組織化を通して直接的に実行行為を担う者に委ねられ，かつ合意された役割分担の正確な実行に尽きる場合，そのような計画立案の提供は，実行の段階に対する支配を仲介し得る。したがって，準備段階における一定の質の寄与でも共同正犯の根拠づけにとって十分である。正犯性は必ずしも自手性を前提とするのではなく，十分な根拠が存在する場合には他人の実行態度の（部分的な）帰属からも結論づけられ得る，という意味においてのみ正犯者概念は説明される。そのことから，たとえば行為時に犯行現場にいない場合でも，十分な根拠を前提にして共同正犯を認めることを妨げるものは，法律上，何も存在しないということが明らかになる[34]。

　特別義務を負う者によってのみ正犯として実現され得る犯罪の場合，行為支配の基準によって，正犯と共犯を区別することはできない。特別義務者は，常に正犯行為者となる[35]。どのような形式で法益侵害が遂行されるかとは無関係に，義務違反それ自体が正犯性を根拠づけるのである。特別義務を負わない者に関しては，ドイツ刑法 28 条 (特別な人的メルクマール) 1 項に基づく共犯だけが考えられる[36]。

　わが刑法は，ドイツ刑法とは異なり，「正犯」の法定定義を明示していないが，共同正犯を規律した 60 条の文理が解釈の手掛かりとなる。すなわち，60条は，「2 人以上共同して犯罪を実行した者は，すべて正犯とする。」と定めている。ここでは，「犯罪を実行した者」が「正犯」として特徴づけられている。したがって，わが刑法の立場においては，実行行為を担う者が基本的に正犯とされることになる。もっとも，実行行為は，結果発生の現実的危険性を有する行為のことであり，その判断にあたって，実行行為を必ずしも常に形式的に理解しなければならないわけではない。なぜならば，「共同」に基づく人

---

(33) Vgl. Roxin, a.a.O.［Anm. 2］, S. 275ff., Gropp, a.a.O.［Anm. 17］, S. 371, Jakobs, Beteiligung, Festschrift für Ernst-Joachim Lampe zum 70. Geburtstag, 2003, S. 571, Jescheck/Weigend, a.a.O.［Anm. 15］, S. 679［西原監訳／中村訳・前掲注(15) 529 頁］usw.

(34) Schönke/Schröder［Heine/Weißer］, a.a.O.［Anm. 1］, S. 498ff.

(35) Vgl. BGHSt Bd. 40 S. 317.

(36) Schönke/Schröder［Heine/Weißer］, a.a.O.［Anm. 1］, S. 501.

12 第1章 ドイツ刑法学における共犯の基礎理論をめぐる学説の概況

的結合によって強められた個々人の行為は，それ自体を取り出して形式的に見て格別の意味を持たなくても，それぞれの分業を1つの合同力として統一的に見た場合，重要な意味を有するからである。個々人の行為は，その部分だけを切り離して形式的に捉えられるべきではなく，全体との関連において実質的に評価されるべきである[37]。それゆえ，形式的，直接的には実行行為を担わなくても，実質的に評価して実行行為を担った者と同視される者は，正犯形式の1つとしての共同正犯となり得る。その際，正犯および共犯の行為は，いずれも主観的要素と客観的要素から成り立っているので，それぞれ独自の主観的要素を必要とする[38]。このコンテクストにおいて，ドイツの行為支配説が，客観的要素と主観的要素の統合を手掛かりにして正犯者概念を基礎づけようとする視点は，生起のコントロールを観念し得る故意による作為犯の場合には応用できるものと考えられる。

---

(37) 川端博「共犯の本質の解明」『明治大学社会科学研究所紀要』42巻2号（平16年・2004年）［後に同『共犯の理論』（平20年・2008年）に収録］10頁以下［引用頁数は後者による］。

(38) 川端・前掲注(37) 35頁。

第2章

惹起説の再検討

第1節　本章の目的

　共犯の処罰根拠が一般に論じられるようになったのは，比較的近年のことであり，それも，共犯の処罰根拠に関するドイツのリューダッセンの論文[1]とスイスのトレクセルの論文[2]が公表された1967年以降のことである[3]。その影響を受けて，わが国でも共犯の処罰根拠が一般に論じられ始め，統一的な観点から，未遂の教唆，必要的共犯および身分犯と共犯といった共犯論上の個別問題を解決できるとされてきたのである[4]。共犯の処罰根拠論の分類をめぐって学説は多岐に分かれており，責任共犯論と因果共犯論に分類する説[5]，因果的共犯論，責任共犯論および違法共犯論に分類する説[6]，責任共犯説，不法共犯説，独立性志向惹起説，従属性志向惹起説および従属的法益侵害説に分類する説[7]，責任共犯説，社会的完全性侵害説，行為無価値惹起説，純粋な惹起説および修正された惹起説に分類する説[8]，ならびに，責任共犯

---

(1) Lüderssen, Zum Strafgrund der Teilnahme, 1967.

(2) Trechsel, Der Strafgrund der Teilnahme, 1967.

(3) もっとも，それ以前に共犯の処罰根拠が全く論じられていなかったわけではない。Vgl. Stratenwelth, Der agent provocateur, MDR 1953, S. 717ff.

(4) 大越義久『共犯の処罰根拠』（昭56年・1981年）6頁以下，平野龍一「責任共犯論と因果共犯論」『法学教室』2号（昭55年・1980年）［後に同『犯罪論の諸問題(上)総論』（昭56年・1981年）に収録］167頁以下［引用頁数は後者による］。また，高橋則夫「共犯の処罰根拠論の新様相」『現代刑事法』5巻9号（平15年・2003年）34頁は，共犯の処罰根拠に関する惹起説各説の立場は一定の解釈論的帰結をもたらすが，別の要素を加味することによって異なる帰結に至り得ると指摘されるとともに，「共犯の処罰根拠論は演繹的な思考モデルとしての意義を有したのであり，共犯論上の諸問題に一定の道筋を展開した」と評価されている。こうした見解に対し，香川達夫「共犯処罰の根拠」『学習院大学法学部研究年報』19号（昭59年・1984年）［後に同『共犯処罰の根拠』（昭63年・1988年）に収録］3頁は，「単純にそして完全に割りきって考えてしまってよいのかという，若干の危惧」を示されている［引用頁数は後者による］。

(5) 平野・前掲注(4)167頁。

(6) 西田典之「共犯の処罰根拠と共犯理論」『刑法雑誌』27巻1号（昭61年・1986年）144頁。

(7) 高橋則夫『共犯体系と共犯理論』（昭63年・1988年）96頁。

説，不法共犯説，純粋惹起説，修正惹起説，混合惹起説および他人の不法との連帯説に分類する説[9]等が主張されているが，いずれにせよ，惹起説ないし因果的共犯論と呼ばれる見解が比較的多数の支持を得ている[10]。しかし，この見解は，惹起説ないし因果的共犯論という同じ名称を付されているものの，その内容が様々に異なっており，共犯論上の個別問題の処理に統一的な解決を示しているとは言えない[11]。たとえば，未遂の教唆の処理に関して，惹起説に依拠しつつ，正犯に実行行為を行わせて法益侵害の危険性を生じさせたことが構成要件の修正形式としての未遂犯の結果であるから，教唆犯の故意の内容は未遂の結果の発生を認識することで足りると解して，未遂の教唆を可罰とする説[12]と，教唆犯の処罰根拠は正犯を通じて惹起された法益侵害であるから，教唆犯の故意は結果発生を含まなければならないとした上で，未遂の教唆の場合，教唆者は，正犯の犯行を完全に阻止し得ると考えており，終局的結果へと連なる危険の発生は認識していないと解して，これを不可罰とする説[13]が対立している。さらに例を挙げると，自己の刑事事件の証拠隠滅を教唆した者の可罰性に関して，教唆者は，証拠隠滅罪(刑法104条)の構成

---

(8) 大越・前掲注(4)67頁，260頁。なお，本書の全体を通して，無価値のことを「反価値」と表現することがある。これはドイツ刑法学における Unwert の訳語である。

(9) 斉藤誠二「共犯の処罰の根拠についての管見」西原春夫＝渥美東洋編集代表『刑事法学の新動向上巻』下村康正先生古稀祝賀（平7年・1995年）13頁以下。

(10) たとえば，平野・前掲注(4)167頁以下，中山研一「共犯の処罰根拠」中山研一＝浅田和茂＝松宮孝明『レヴィジオン刑法1 共犯論』（平9年・1997年）13頁以下，斉藤・前掲注(9)1頁以下，内田文昭『刑法概要中巻』（平11年・1999年）436頁以下，町野朔「惹起説の整備・点検」松尾浩也＝芝原邦爾編『刑事法学の現代的状況』内藤謙先生古稀祝賀（平6年・1994年）113頁以下，川端博『刑法総論講義』第3版（平25年・2013年）529-530頁，曽根威彦『刑法の重要問題〔総論〕』第2版（平17年・2005年）298頁以下，西田・前掲注(6)144頁以下，浅田和茂「未遂の教唆」中山研一＝浅田和茂＝松宮孝明『レヴィジオン刑法1 共犯論』（平9年・1997年）83頁以下，相内信「わが国における“惹起説”の問題状況」『金沢法学』29巻1＝2号（昭62年・1987年）401頁以下，山中敬一「因果的共犯論と責任共犯論」阿部純二＝板倉宏＝内田文昭＝香川達夫＝川端博＝曽根威彦編『刑法基本講座第4巻』（平4年・1992年）94頁以下，大越・前掲注(4)210頁以下，高橋・前掲注(7)93頁以下，松宮孝明「＜共犯の処罰根拠＞について」『立命館法学』256号（平9年・1997年）［後に同『刑事立法と犯罪体系』（平15年・2003年）に収録］275頁以下［引用頁数は後者による］等。

(11) 松宮・前掲注(10)275頁以下参照。

(12) 平野龍一『刑法総論II』（昭50年・1975年）351頁。

(13) 西田典之「アジャン・プロヴォカトゥール（未遂の教唆）」藤木英雄編『刑法の争点』増補版（昭59年・1984年）128頁以下。

要件が予定している「他人の」刑事事件の証拠隠滅という結果を発生させることができないから，これを不可罰とする説[14]と，犯人が他人を巻き込む場合は法益侵害の程度が高いという理由で，教唆者を可罰とする説[15]が対立している。

このように共犯論上の個別問題への処理が必ずしも一致していないということは，共犯の処罰根拠をめぐって，惹起説内部での対立が先鋭化してきていることを意味している。そこで，本章は，惹起説を，共犯の不法が何によって基礎づけられるかという観点から，純粋惹起説，修正惹起説および混合惹起説に分類した上で，各説をめぐる現在までの議論に再検討を加え，共犯の処罰根拠の解明に役立てることを目的とする[16]。

第2節　前提的考察

第1款　共犯の処罰根拠の妥当範囲

ドイツでは，「共犯」は狭義の共犯（教唆犯，幇助犯）を意味し，共同正犯を含まないとされている[17]。それゆえ，共犯の処罰根拠の妥当する範囲は，共同正犯には及ばないことになる。わが国では，共犯の処罰根拠の妥当する範囲は，狭義の共犯に限られるとする立場[18]と，狭義の共犯のみならず共同正犯にまで及ぶとする立場[19]が対立している。

わが国におけるこの対立の背景を知る上で，次のような言語学的な側面か

---

(14)　松宮・前掲注(10) 278 頁。

(15)　前田雅英『刑法各論講義』第 6 版（平 27 年・2015 年）462 頁以下。

(16)　ドイツでは，「共犯」（Teilnehmer）は狭義の共犯（教唆犯，幇助犯）を意味し，共同正犯を含まないとされている（ドイツ刑法 28 条 1 項参照）。それゆえ，共犯の処罰根拠の妥当する射程範囲は，共同正犯には及ばないことになる。Vgl. Roxin, Leipziger Kommentar, 11. Aufl., 1993, Vor § 26 Rn. 1ff.

(17)　ドイツ刑法 28 条 1 項参照。

(18)　大塚仁『刑法概説総論』第 4 版（平 20 年・2008 年）290-1 頁，香川・前掲注(4) 7 頁，斉藤・前掲注(9) 4 頁以下，中野次雄『刑法総論概要』第 3 版補訂版（平 9 年・1997 年）138，154 頁，高橋・前掲注(7) 94-5 頁等。

(19)　平野・前掲注(4) 167 頁，内藤謙「共犯論の基礎」『法学教室』114 号（平 2 年・1990 年）74 頁以下，中山・前掲注(10) 21 頁，西田典之「共犯の処罰根拠と共犯理論」『刑法雑誌』27 巻 1 号（昭 61 年・1986 年）144 頁以下，大越・前掲注(4) 1 頁以下，相内・前掲注(10) 410 頁以下等。

らの指摘が重要性を持つ。すなわち，ドイツでは，Täter という概念が厳然として存在しており，それに部分的に関与するという意味で Teilnahme という言葉が使用されて，「正犯」に対する「共犯」という概念が提示され，これが，まさに「加担犯」という意味を持つのであるが，わが国では，「共犯」は，犯罪を「共に犯す」ことを内含しているのである。このように，ドイツとわが国では共犯のコノテーションが異なっており，わが国の共犯論としては概念的にドイツのような出発点に立脚できなかったという事情が，共犯の処罰根拠の妥当範囲をめぐる問題の背景に存在すると考えられるわけである[20]。

　共犯の処罰根拠の妥当範囲は，共同正犯の処罰根拠を，狭義の共犯と同じ処罰根拠で説明してよいか否かという観点から確定されるべきである。共同正犯においては，各共同者が各自の目的を持ち，その目的を実現するために集合力を利用し合っているという集団現象が存在する。犯罪を単独では実現できない場合でも，分業形態，合同力，または相互的な精神的強化によって，これを遂行することができるのである。このことを，各共同者個人のレヴェルで分析すると，2 人以上の者が相互に他人の行為を利用，補充し合って，それぞれが自己の犯罪を実現したことになる。このような心理学的観点から「一部実行の全部責任の原則」が基礎づけられるわけである[21]。したがって，「一部実行の全部責任の原則」の基礎づけにより十分に共同正犯の処罰根拠を説明できるのであるから，共犯の処罰根拠は，狭義の共犯に限り妥当するものと解するべきである[22]。

第2款　惹起説の分類

　惹起説とは，共犯者は自己の不法と責任に対して罪責を負う，という帰結に至る見解のことである[23]。惹起説は，この考え方を「純粋」に一貫させる立

---

[20]　松宮孝明＝川端博「対談＜共犯論の再構築をめざして＞」『現代刑事法』5 巻 9 号（平 15 年・2003 年）［後に川端博ほか『現代刑法理論の現状と課題』（平 17 年・2005 年）に収録］292 頁［引用頁数は後者による］。

[21]　川端博「共犯の本質の解明」『明治大学社会科学研究所紀要』42 巻 2 号（平 16 年・2004 年）［後に同『共犯の理論』（平 20 年・2008 年）に収録］17-8 頁［引用頁数は後者による］。

[22]　それゆえ，本章で，「共犯」という用語を使う場合，特に断りのない限り，そこに共同正犯は含まれていない。

[23]　Lüderssen, a.a.O. [Anm. 1], S. 25.

場と，従属性によって「修正」する立場，および共犯固有の不法と正犯の不法を「混合」させる立場に分類される。

　より厳密に述べると，惹起説の内部における諸説は，共犯の不法を何によって根拠づけるかという基準に従って分類されるべきであり，違法の相対性を肯定するか否定するかという基準に従って分類されるべきではない。なぜならば，純粋惹起説，修正惹起説および混合惹起説の３説とも，違法の相対性を，多かれ少なかれ（純粋惹起説は全面的に，修正惹起説は例外的に，混合惹起説は部分的に）肯定するので，後者の基準によるならば，３説の区別が不明瞭になってしまい，分類の意味を成さないからである。したがって，たとえば，共犯の不法がもっぱら正犯の不法に依存すると説く修正惹起説の中に，違法の相対性を例外的に認める見解も存在するが[24]，そのことだけを理由にして，かかる見解を混合惹起説に分類することはできない。また，「正犯なき共犯」を肯定するか否定するかという基準で３説を分類することもできない。なぜならば，純粋惹起説の中には「正犯なき共犯」を否定する見解もあり[25]，その限りでは，修正惹起説および混合惹起説と一致し，３説の区別が不明瞭になるからである。純粋惹起説の一部の見解と，修正惹起説および混合惹起説が「正犯なき共犯」を否定する理由づけは根本的に異なっており，まさにその点の相違こそが重要なのである。

　惹起説は，共犯の不法を何によって根拠づけるかという基準に従って，純粋惹起説，修正惹起説および混合惹起説に分類される。すなわち，共犯の不法を，純粋惹起説は，もっぱら共犯固有の不法によって，修正惹起説は，もっぱら正犯の不法によって，そして混合惹起説は，共犯固有の不法と正犯の不法の両方によって，それぞれ根拠づけるのである。

第3款　惹起説と因果的共犯論

　わが国では，惹起説と同じ意味で，因果的共犯論という用語が使われることがある。しかし，惹起説と因果的共犯論の内容は，必ずしも完全に一致す

---

[24]　平野・前掲注(12) 358 頁，大越・前掲注(4) 257 頁以下等。

[25]　Lüderssen, Der Typus des Teilnehmertatbestandes, Festschrift für Koichi Miyazawa, 1995, S. 449ff. リューダッセンは，当初，「正犯なき共犯」を肯定していたが，後に改説して，これを否定する立場に転じたのである。

るわけではない。ドイツで展開されてきた惹起説は，共犯が自己の行為に基づいて構成要件的結果を発生させたことに共犯の処罰根拠を求める考え方から出発し，構成要件的結果の関与者ごとの相対性に着目して共犯の成否を論じるものである。たとえば，「自殺罪」という構成要件が存在しないことから考えると，法は自己の生命の侵害を禁止していないものと解されるので，嘱託殺人罪（ドイツ刑法216条）の構成要件的結果は「他人の死亡」であるという解釈が導かれるところ，自己の殺害を教唆した被害者は，そもそも「他人の死亡」という嘱託殺人罪の構成要件的結果を惹起することができないから，嘱託殺人罪の教唆犯となり得ないが，嘱託を受けた者は，同罪の正犯として処罰されるのである。この場合，「他人の死亡」という嘱託殺人罪の構成要件的結果は，自己の殺害を教唆した者から見れば発生していないが，嘱託を受けて実行した者から見れば発生していることになる。したがって，自己の殺害を教唆した者は，死亡してしまったことを理由にして，事実上，処罰されないというわけではなくて，その者から見れば，嘱託殺人罪の構成要件的結果が発生していないという理由で処罰されないのである。このようにして，惹起説においては，構成要件的結果の関与者ごとの相対性が認められる[26]。

　これに対し，わが国の因果的共犯論は，一般に，共犯の処罰にとって，正犯から見た構成要件的結果さえ発生していれば十分であると解しており，構成要件的結果の関与者ごとの相対性ということを，ほとんど重視していないのである。この立場においては，自己の殺害を教唆した者は，共犯の処罰根拠とは別の外在的な根拠から，被害者としての地位を有しているとの理由で処罰されないことになる[27]。

　わが国において，共犯の処罰根拠をめぐる学説の状況がきわめて錯綜した様相を呈しているのは，主として，このような，実際には相違を含んだ概念が，無自覚なまま同義の概念として使われてきたことに起因すると思われる。惹起説の根幹は，その先駆的論者であるリューダッセンが述べるように，共犯が自己の不法と責任に対して罪責を負うという点にある[28]。惹起説という

---

[26]　Lüderssen, a.a.O.［Anm. 1］, S. 25. 松宮孝明『刑法総論講義』第5版（平29年・2017年）285頁。

[27]　前田雅英『刑法総論講義』第6版（平27年・2015年）329頁注13，332頁。

[28]　Lüderssen, a.a.O.［Anm. 1］, S. 25.

用語を使う以上，この考え方が徹底されなければならず，惹起説は，正犯の結果から遡って共犯の行為との因果関係が認められるか否かという観点ではなく，共犯にとって不法な結果が発生したか否かという観点によって，厳密に把握されるべきなのである。

第3節　従属性の程度

　惹起説の内部においては，共犯の従属性の程度に関する理解が分かれており，そのことが各説に決定的な相違をもたらしていると考えられるので，共犯の従属性の程度につき検討を加えておかなければならない。共犯の従属性を，実行従属性，犯罪従属性および可罰従属性の3つに分類する立場もあるが[29]，実行従属性，要素従属性および罪名従属性の3つに分類する立場が有力である[30]。しかし，実行従属性は「従属性の有無」の問題，すなわち共犯独立性説と共犯従属性説の対立の問題，要素従属性は「従属性の程度」の問題，そして，罪名従属性は犯罪共同説と行為共同説の対立の問題であると捉えるべきである[31]。

　従属性の程度につき，M.E. マイヤーは，次のように述べて4つの従属形式を提示した。

「共犯の処罰は，

　α）もっぱら正犯が法律上の構成要件（gesetzlicher Tatbestand）を実現したことに従属する（最小限（minimal）従属形式）。この限定においては，従属性は立法上，利用不可能である。なぜなら，違法でない行為（たとえば，懲戒権の正当な行使への教唆）への共犯が可罰的であるとして問題になることはあり得ない

---

(29)　植田重正「共犯独立性説と従属性説」日本刑法学会編『刑事法講座第3巻』（昭27年・1952年）［後に同『共犯論上の諸問題』（昭60年・1985年）に収録］1頁以下［引用頁数は後者による］。

(30)　平野・前掲注(12) 345頁以下。

(31)　大塚・前掲注(18) 283頁注14。ドイツの通説は，従属性を「従属性の有無」と「従属性の程度」に区別する。Vgl. Maurach-Gössel-Zipf, Strafrecht Allgemeiner Teil Teilband 2, 7. Aufl., 1991, S. 322, 364ff. なお，ドイツには行為共同説に相当する見解は存在しないとされる。行為共同説の淵源はフランス刑法学に見出される（松宮＝川端・前掲注(20) 308頁参照）。本章は，惹起説との関連で「従属性の程度」の問題を中心に扱い，「従属性の有無」の問題と犯罪共同説と行為共同説の対立の問題には必要な限度で触れるにとどめる。

20 第2章 惹起説の再検討

からである。

β）正犯が法律上の構成要件を違法に（rechtswidrig）充足したことに従属する（制限（limitiert）従属形式）。これは，最も優れているが，遺憾ながら刑法典により認められていない構成である。

γ）正犯が法律上の構成要件を違法かつ有責的に充足したこと，つまり，正犯行為の完全な犯罪段階に従属する（極端（extrem）従属形式）。この形式こそが，刑法典において，それも50条において認められている。この規律の，しばしば悔やまれる大きな欠点は，責任無能力者の行為への幇助が不可罰的なままでなければならないという点に明らかとなる。

δ）正犯の人的な資質にも従属しており，その結果，正犯の人格に付随した，刑罰を加重する事情ないし刑罰を減軽する事情は，共犯を加重ないし減軽する。この誇張従属（hyperakzessorisch）形式は，50条で否定されている。」[32]。

ここで注意しなければならないことは，マイヤーの分類が統一的な観点からなされたものではないということである。つまり，最小従属形式，制限従属形式および極端従属形式は，共犯が成立するためには正犯がどの程度までの犯罪性を具備していなければならないかという観点で分類されているのに対し，誇張従属形式は，正犯の刑の加減が共犯に連帯するか否かという観点で他の従属形式から分類されているのである。このように，共犯の従属性には，「必要条件としての従属性」と「連帯性としての従属性」という2つの意義があることが明らかである[33]。

誇張従属形式は，歴史上も存在してきた従属形式である。たとえば，1810年のフランス刑法59条は，「重罪または軽罪の共犯は，その重罪または軽罪の正犯と同一の刑に処する。」と定め，1851年のプロイセン刑法35条は，「重罪または軽罪もしくは重罪または軽罪の可罰的未遂の共犯者には，正犯者に

---

(32) Max Ernst Mayer, Der allgemeine Teil des deutschen Strafrechts, 2. Aufl., 1923, S. 391. この中で，マイヤー自身は，制限従属形式が妥当であると主張した。もっとも，マイヤーの制限従属形式はあくまで立法論であって，解釈論としては極端従属形式に従っていた。その後，ドイツでは，1943年の改正で制限従属形式が採用されている。松宮・前掲注(10)256頁参照。ドイツにおいて，誇張従属形式が放棄され制限従属形式が採用されるまでの立法過程につき，大越・前掲注(4)29頁以下参照。

(33) 松宮・前掲注(10) 248頁参照。

適用されるのと同一の刑罰法規が適用される。」と定めており，いずれの解釈においても，共犯の従属的性格から，身分なき共犯は身分ある正犯の法定刑を科されたのである。また，わが国でも，旧刑法の立案過程において，ボワソナードは，明治10年（1877年）の旧刑法草案で，尊属殺人に関与した第三者は通常の殺人罪よりも重い尊属殺人罪で処断されるべきであるとしていたのである[34]。このように，従属性に2つの意義があることは，歴史上も明らかなのである。

　したがって，「必要条件としての従属性」と「連帯性としての従属性」とは明確に区別して論じられなければならない。両者を混同すると，共犯の解釈に誤りをもたらすことになる。たとえば，同意殺人（刑法202条）が失敗（未遂）に終わった場合の被害者が同意殺人未遂の教唆犯で処罰されることはないという事例のように，被教唆者が構成要件に該当する違法な行為を行ったときでも教唆者が処罰されない場合があることを理由として，最小従属形式を支持する見解があるが[35]，この見解は誤りであると指摘されている。すなわち，制限従属形式は，共犯成立の必要条件として正犯の違法性を要求するにすぎないのであって，正犯が違法なら共犯もそれに連帯して違法となるという意味ではないから，この事例で被教唆者（同意殺人罪の正犯）が違法であっても，被害者は適法であるという帰結を認めることは制限従属形式に反しないとされ，それゆえ，制限従属形式を否定し最小従属形式を採用する根拠とするために，そうした事例を挙げることは誤りであるとされるのである[36]。より一般化して言えば，制限従属形式を採用することにより「必要条件としての従属性」を維持しつつ，違法の相対性を認めること，すなわち関与者間で違法性の存否ないし程度が異なるという帰結に至ることも，矛盾ではないのである[37]。以下で検討するように，共犯者から保護されている法益の侵害に共犯

---

(34)　しかし，その後，ボワソナードはこれを変更して，加重身分につき，その連帯作用を否定し，共犯個別化規定を設けるに至った。松宮・前掲注(10) 250頁および同頁注9参照。

(35)　前田・前掲注(27) 329頁注13，332頁。

(36)　松宮＝川端・前掲注(20) 316頁以下の松宮発言参照。

(37)　さらに，この問題は，「その法益は共犯者からも守られているか」という刑法規範の保護範囲の問題であって，共犯成立の「必要条件としての従属性」とは無関係であるとされる（松宮・前掲注(10) 257頁参照）。

22　第2章　惹起説の再検討

の処罰根拠があるとする惹起説の基本的な発想からは，共犯から見た構成要件的結果の惹起が共犯処罰の根拠となる。この点では，純粋惹起説のリューダッセンと混合惹起説のロクシンは共通している。リューダッセンによると，共犯者は，共犯者に対して保護されている法益を侵害した場合に，共犯から見た構成要件的結果を惹起したと言えるので，自己の不法と責任に対して罪責を負うことになるとされ[38]，同様にロクシンも，共犯者は，共犯者に対しても保護されている法益を侵害した場合に限り，法律上の共犯となり得るとするのである[39]。上で挙げた事例において，同意殺人罪の構成要件的結果は「他人の死亡」であるが，「他人の死亡」という構成要件的結果は被害者自身によっては惹起され得ないので，被害者は共犯ではあり得ないことになる。言い換えると，同意殺人罪の保護法益である他人の生命は被害者からは守られていないのであるから，被害者は，当該法益を侵害することができないのである。さらに付言すれば，「自殺罪」という構成要件が存在しないにもかかわらず，自殺に関与する行為だけが構成要件化されているのであるから，同意殺人罪は，共犯の従属性の例外である。この例外を原則化して総則の共犯規定を解釈することは，誤りである[40]。

　従属性に2つの意義があることは，1932年にケーパーニックが指摘していたが，ケーパーニックは，その2つの意義を，「必要条件としての従属性」と「連帯性としての従属性」という観点からではなく，従属対象の一般性ないし特殊性という観点から区別し，一般的な可罰性，すなわち通常の構成要件実現の場合における可罰性と，特殊の必要的な資質および関係[41]の場合における可罰性とを分けた上で，一般的な従属性と特殊な従属性とを区別し，この2つの観点から考察して共犯行為が正犯行為から独立しているときに初めて共犯の完全な独立性が認められるとした[42]。そして，たとえば，立法者は，一

---

(38) Lüderssen, a.a.O.〔Anm. 1〕, S. 166

(39) Roxin, a.a.O.〔Anm. 16〕, Rn. 4f. Vor §26.

(40) 松宮＝川端・前掲注⑳317頁参照。

(41) 刑罰を基礎づける人的な資質および関係，刑罰を加重する人的な資質および関係，刑罰を減軽する人的な資質および関係，ならびに刑罰を阻却する人的な資質および関係。Köpernick, Die Akzessorietät der Teilnahme und die sog. Mittelbare Täterschaft, 1932, S. 17.

(42) Köpernick, a.a.O.〔Anm. 41〕, S. 14.

方では，特殊な資質および関係に関する限りで共犯行為を正犯行為に従属させ，他方では，違法だが有責的ではない正犯行為の構成要件実現だけを要求する，というように共犯を規律することも十分に考えられるとし[43]，加減的身分が連帯的に作用することを認めつつ制限従属形式を採用し得ることを主張したのである。ケーパーニックは，従属対象の一般性ないし特殊性という観点から従属性を区別したのであるが，「必要条件としての従属性」と「連帯性としての従属性」という観点から従属性を区別する立場をとったとしても，同様の主張をすることは少なくとも理論上は可能であろう。なぜならば，共犯成立のために必要な正犯の要素は何かという問題と，正犯の身分等の要素が共犯に影響を及ぼすかという問題とは関係ないからである。

　いずれにせよ，従属性の程度は，「必要条件としての従属性」の程度を意味すると解しなければならない。それでは，従属性の程度として，いずれの従属形式が妥当であろうか。最小従属形式は，単に構成要件に該当するだけで，違法ではない行為に対する共犯を認める点で，共犯の実質を考慮していない。誇張従属形式は，正犯の処罰条件や加重減軽事由が共犯に影響を及ぼさないとしている現行刑法の立場[44]と相容れない[45]。また，本来，責任は，反規範的な意思形成を行った行為者に向けられた人格的非難であり，各行為者について常に個別的に判断されるべきであるから，極端従属形式も適切でない[46]。したがって，共犯成立の必要条件として正犯の構成要件該当性および違法性を要求する制限従属形式が妥当である。

第4節　学説の状況

　惹起説とは，共犯者は自己の不法と責任に対して罪責を負う，という帰結に至る見解のことである[47]。惹起説は，この考え方を「純粋」に一貫させるか，従属性による「修正」を加えるか，または共犯固有の不法と正犯の不法

---

(43)　Köpernick, a.a.O. [Anm. 41], S. 17.

(44)　刑法244条2項，257条2項，65条2項参照。

(45)　大塚・前掲注(18) 286頁。

(46)　川端・前掲注(10) 552-3頁。

(47)　Lüderssen, a.a.O. [Anm. 1], S. 25.

を「混合」させるかという相違点に従い，純粋惹起説，修正惹起説および混合惹起説に分類される[48]。

第1款　純粋惹起説とその検討

　惹起説の出発点である，共犯者は自己の不法と責任に対して罪責を負うという考え方[49]を徹底する見解が純粋惹起説である。

　リューダッセンは，従属性は事実上の依存性を意味し得るとし，自己の不法，つまり（正犯から）導かれたのではない不法に対する共犯者の責任は，まさに，共犯者も構成要件に該当して（tatbestandsmäßig）行為することを意味している，ということを明らかにしなければならないと主張する。リューダッセンは，その理由を，刑法上の不法が存在するか否かは，もっぱら刑法典各則の構成要件から明らかになるという点に求め，正犯が構成要件に該当して行為するということでは十分ではなく，まさに，法益侵害が共犯の一身においても構成要件に該当している，ということが重要であると述べている[50]。また，違法概念は相対的であり，同一の結果を惹起することが，当該結果が（客観的に）誰に加えられるかによって，違法となることも，違法とならないこともあるのであって，それ自体で適法な結果またはそれ自体で違法な結果というものは存在しないとし[51]，違法性が相対的に作用することを強調する。そして，共犯者も，共犯者に対して保護されている法益の侵害または共犯者によって保護されるべき法益の放置に加担する場合に限り，構成要件に該当して行為するということは，ほとんど基礎づけを要しない命題の1つである[52]として，「法益侵害が共犯者から見ても違法である」場合に，共犯者は責任を負うべきであるとする[53]。たとえば，自己の所有する財物の窃盗を教唆した者は，当該財物が教唆者自身に対しては保護されていないという理由で，窃盗の教唆犯として処罰されることはない[54]。つまり，教唆者自身は，窃盗罪

---

(48) 高橋・前掲注(4) 37頁注(11)は，「因果的共犯論内部の区別が最も重要」で，「因果的共犯論内部の3分類は論理的な帰結なのであり，正犯不法と共犯不法の関係という最重要問題を指摘するものだけに，放棄できない」とされる。

(49) Lüderssen, a.a.O.［Anm. 1］, S. 25.

(50) Lüderssen, a.a.O.［Anm. 1］, S. 25.

(51) Lüderssen, a.a.O.［Anm. 1］, S. 64.

(52) Lüderssen, a.a.O.［Anm. 1］, S. 166.

(53) Lüderssen, a.a.O.［Anm. 1］, S. 64.

の保護法益である「他人の財物」を窃取することができないから，処罰されないのである。リューダッセンによると，この場合，正犯には窃盗罪が成立するから，いわゆる「共犯なき正犯」を肯定する結論に達することになる。リューダッセンは，これとは反対に，いわゆる「正犯なき共犯」を認める結果となる例も挙げている。すなわち，自殺を教唆した者は[55]，自殺者の生命が自殺者自身に対しては保護されていない一方で教唆者に対しては保護されているので[56]，教唆者だけが自殺者の生命を侵害することができることを理由として処罰されるとする[57]。このように，違法の相対性は，結果に他人性を要求する構成要件では，法益侵害の有無および法益の保護範囲は人によって異なるということを意味するのである[58]。

　このような考え方を貫くとすれば，構成的身分犯に非身分者が関与した場合，非身分者は共犯としての可罰性を欠くはずである。なぜなら，たとえば，非公務員は，職務の対価である賄賂を収受することはできず，自己の不法に対して収賄罪の罪責を負うことはできないからである[59]。しかし，リューダッセンは，身分者の行為は純粋事実的なものであり，非身分者には法益が身分者よりも弱く保護されているので，非身分者も共犯として可罰的になるとする[60]。

　この点に関して，純粋惹起説をとるシュミットホイザーは，非身分者は法益を侵害し得ないから，共犯に固有の不法は認められず，身分犯に対する非身分者による共犯は，一般の共犯とは異なる独立の共犯形式を定めたものであると解している[61]。身分犯と共犯の問題の特殊性は，「通常の犯罪なら，正犯が機械に置きかわれば，背後者は正犯に変わるのに，構成的身分犯の場合

---

(54)　Lüderssen, a.a.O.［Anm. 1］, S. 167.

(55)　わが刑法とは異なり，ドイツ刑法は，自殺に関与する行為を処罰する規定を設けていない。なお，嘱託殺人罪の規定はある（ドイツ刑法216条）。

(56)　リューダッセンは，その理由を，他人の生命は全ての者にとって不可侵であり，誰も他人の生命の侵害に加担さえもしてはならないからであると説明する。Lüderssen, a.a.O.［Anm. 1］, S. 168.

(57)　Lüderssen, a.a.O.［Anm. 1］, S. 168.

(58)　松宮・前掲注(10) 279 頁参照。

(59)　松宮・前掲注(10) 284 頁参照。

(60)　Lüderssen, a.a.O.［Anm. 1］, S. 193ff.

(61)　Schmidhäuser, Strafrecht Allgemeiner Teil, 1970, S. 420ff., 432f., 438. 松宮・前掲注(10) 284 頁参照。

26 第2章 惹起説の再検討

は構成要件実現自体がなくなってしまう」点にある[62]。たとえば，収賄罪を教唆する代わりに，情を知らない公務員を利用する収賄の間接正犯というものが成立するか否かを考えると，賄賂であることを知らせずに公務員に金銭を受け取らせても，供与者と収受者の取り決めがない以上，金銭の賄賂性が否定され「賄賂の収受」自体が成立し得ないので，単純な物理的因果性では，可罰性を説明できない。したがって，構成的身分犯に対する共犯は，「身分者の義務違反を誘発・助長する」という内容の，規範の名宛人を拡大する特別のルール，すなわち「共犯者用の構成要件」に該当すると考えられているのである[63]。この場合，因果的要素は連帯するが義務違反的要素は連帯しないので，共犯の可罰性を説明するためには，惹起だけでなく正犯の「義務違反」的要素が不可欠であるとされる[64]。

リューダッセンが，共犯者は自己の不法と責任に対して罪責を負うという惹起説の考え方を徹底させ，自他の区別を構成要件的結果の中に組み入れることにより違法の相対性を積極的に肯定した点は注目に値する。しかし，ドイツ刑法典に自殺および自殺に関与する行為の構成要件が存在しないにもかかわらず，自殺に関与した者だけを共犯として処罰するといった「正犯なき共犯」の成立を認める点は妥当でない[65]。既に検討したように，制限従属形式を採用する見地からは，共犯が成立するためには，正犯の不法が不可欠なのである。さらに，共犯の正犯行為への従属性を純粋事実的なものと把握した点に対しては，正犯の不法要素が共犯の処罰を法的に支えており，正犯の不法要素が共犯の構成要件に取り込まれているという構造になっているので，共犯の従属性は，事実的依存性ではなく，また，構成要件の明確性の要請からも，共犯の従属性は事実的依存性ではなく法的依存性と解さなければならないとして，理由づけの放棄であるとの批判が加えられている[66]。

---

[62] Vgl. Jakobs, Strafrecht Allgemeiner Teil, 2. Aufl., 1991, S. 660. 松宮・前掲注(10) 284 頁。

[63] Vgl. Lüderssen, a.a.O. [Anm. 1], S. 137f., Jakobs, a.a.O. [Anm. 62], S. 660. 松宮・前掲注(10) 285 頁。

[64] 松宮・前掲注(10) 285 頁。

[65] Vgl. Herzberg, Anstiftung und Beihilfe als Straftatbestände, GA 1971, S. 3.

[66] Roxin, a.a.O. [Anm. 16], Vor §26 Rn. 12ff., Stratenwerth, Strafrecht Allgemeiner Teil Ⅰ, 4. Aufl., 2000, S. 334. 高橋・前掲注(7) 144 頁以下。もっとも，その後，リューダッセンは純粋惹起説に依拠しつつ「正犯なき共犯」を否定する立場に転じた。Vgl. Lüderssen, Der Typus des Teilnehmertatbestandes, Festschrift für Koichi Miyazawa, 1995, S. 449ff..

第 4 節　学説の状況　*27*

　リューダッセンの論文が公表される以前から，わが国では，純粋惹起説に分類され得る内容の学説が展開されていた[67]。わが国における純粋惹起説の萌芽は，牧野博士，植田博士の所説に見出すことができる。牧野博士は，教唆および従犯は，正犯の実行行為を通じて，犯罪の完成に影響を及ぼすのであり，その点において因果関係を具備するとされ，「教唆についていえば，教唆は，教唆者にとって実行行為たるものであり，従って，正犯の実行行為は，教唆者にとっては因果関係の経過たるに外ならぬものである」[68]と説明しておられる。そして，「教唆や幇助やは，それ自体で独立に犯罪たるの性質を具備しているものとせねばならぬのである」[69]とされ，「いわゆる教唆の未遂は，性質として罪となることのないものでない。教唆についていうときは，教唆行為は教唆者にとって犯罪の実行行為である」[70]から，教唆の未遂を可罰的とされるのである。植田博士は，間接正犯を否定的に解する立場から，人を教唆して自己固有の犯罪を実行させるものとして教唆犯を把握され，正犯が適法であるか違法であるかは問題でなく，「専ら教唆者の立場から見て違法な犯罪の実行であれば足る」ので，たとえば，当初から本人を他人の正当防衛の犠牲者にさせる目的をもって，被害者本人を教唆して他人を攻撃させ，予想通りこれを他人の防衛行為により殺害させた場合にも，教唆者には間接正犯ではなく教唆犯が成立すると解されている[71]。このように，わが国の純粋惹起説には，間接正犯を否定するために「正犯なき共犯」を認めるという側面がある[72]。

　純粋惹起説は，共犯の不法を，共犯固有の不法に基づくものと解し，正犯行為を，共犯行為と構成要件的結果との因果経過の途中に位置する事実上の存在と捉える。そして，「正犯なき共犯」を肯定する帰結に至ることになるが，これは，本来は予定されている正犯者の規範違反行為の存在していない場面

---

[67]　もっとも，必ずしもそれらの学説の全てが，自説を純粋惹起説と称していたわけではない。

[68]　牧野英一『刑法総論下巻』第 15 版全訂版（昭 34 年・1959 年）677 頁。

[69]　牧野・前掲注[68] 693 頁。

[70]　牧野・前掲注[68] 694 頁。

[71]　植田重正『共犯の基本問題』（昭 27 年・1952 年）105 頁。また，中博士も，これと類似の事例で，間接正犯の成立を否定して教唆犯の成立を肯定される（中義勝『講述犯罪総論』（昭 55 年・1980 年）236 頁）。

28　第2章　惹起説の再検討

での共犯処罰を肯定するものであって，処罰される当の共犯者自身から見れ
ば，そのような処罰の可否を十分に予測し得る契機が与えられていたとは，
少なくとも規範論的な見地からは言えないので，適切ではないであろう[73]。
この点につき，純粋惹起説に修正を加え，「正犯なき共犯」を否定する立場も
純粋惹起説の内部に見られる。山中教授は，純粋惹起説を，違法の相対性を
肯定する行為無価値型の純粋惹起説と，違法な結果から行為の違法性を判断
する結果無価値型の純粋惹起説とに分類して，自説を結果無価値型の純粋惹
起説であると位置づけられた上で，正犯結果が違法であることが共犯成立の
前提となるとされ，正犯者の行為は，共犯の因果経過に組み込まれているの
であるから，共犯は，正犯者の行為を通じて構成要件的不法結果を惹起せざ
るを得ないとされる。この見地からは，正犯が正当化されるならば，正犯行
為を通じた共犯行為は，結果無価値が否定され，正当化される。そして，共
犯の処罰のために正犯の構成要件該当性を要求するわけではないが，可罰的

---

(72)　佐伯博士は，間接正犯否定論の立場から「正犯の単純な違法行為」に加担することまたはそれ
を利用することによって共犯が成立するとされる（佐伯千仭『改訂刑法講義総論』（昭 49 年・1974
年）338 頁）。佐伯博士によると，教唆犯が成立するためには，必ずしも被教唆者の行為が，それ
単独で，いずれかの可罰的違法類型を完全に実現していることは必要でなく，教唆者にとって可
罰的違法であれば，実行させたと言えるとされる。しかし，被教唆者の行為は，少なくとも何ら
かの意味において違法でなければならず，適法行為の誘発は，教唆犯を構成しないが，まれに，
「他人を＜どろぼう，どろぼう＞と追呼して警察官をして現行犯人と誤信させて逮捕・監禁させる
ような場合」のように，直接の行為者にとっては適法行為であるものが，誘発者からすれば彼自
身の違法行為の過程事実として，教唆犯を成立させる場合があることも認めなければならないと
される（佐伯・前掲書 356 頁）。

(73)　照沼亮介「共犯の処罰根拠論と中立的行為による幇助」斉藤豊治＝日髙義博＝甲斐克則＝大塚
裕史編『神山敏雄先生古稀祝賀論文集第 1 巻』（平 18 年・2006 年）573 頁。
　かつて純粋惹起説を支持されていた山口教授は，「人を教唆して犯罪を実行させた」と言えない
にもかかわらず教唆犯の成立を肯定し，「正犯を幇助した」と言えないにもかかわらず従犯の成立
を肯定するのは，現行法の予定する教唆・幇助の概念を逸脱することになるとして，「正犯なき共
犯」を認めることの不都合性を指摘された。そして，このような不都合性を回避するため，「正犯
による（違法な）構成要件実現」の惹起が欠ける場合には，共犯の成立を否定すべきであるとさ
れ，たとえば，正当防衛等の違法性が阻却される行為に加功する者の共犯としての罪責について，
正犯による構成要件実現が違法でないことを理由として，その罪責を否定するべきであるとされ
たのである。しかし，このように純粋惹起説を修正してもなお，たとえば逮捕状を執行する警察
官を激励する者について，逮捕幇助罪の成立を否定することは，純粋惹起説では困難であるとさ
れ，こうした問題意識から，山口教授は，現在では修正惹起説へと改説されるに至っている（山
口厚『問題探求刑法総論』（平 10 年・1998 年）238 頁以下，同『刑法総論』第 3 版（平 28 年・2016
年）312 頁以下参照）。

に違法な行為であることを要求し，正犯の行為が可罰的不法を有しないかぎり，共犯は処罰されないと主張されている[74]。この見解が，「正犯なき共犯」を否定するという結論を導く点は妥当であるが，その理由づけにおいて，正犯の構成要件該当性を伴わない単なる違法を要求している点は，妥当とは言えない。

　たしかに，純粋惹起説が違法の相対性を積極的に肯定する点は画期的である。しかし，正犯行為を，単に共犯行為と構成要件的結果との因果経過の途中に位置する事実上の存在と捉える点は妥当でない。なぜならば，このような捉え方は，正犯不法への従属による共犯成立の限界づけを要求せず，可罰性の根拠のない拡張を招くことになるからである[75]。加えて，純粋惹起説からは，共犯処罰の独立性が強調されるので，いわゆる実行従属性を必要とする内在的な制約が存在せず，共犯独立性説に接近することになり，この点でも妥当性を欠くのである[76]。

第2款　修正惹起説とその検討

　従属性による修正を惹起説に加える見解が修正惹起説であり，ドイツの学説において多数を占めている[77]。修正惹起説は，イェシェック／ヴァイゲントとマウラッハ／ゲッセル／ツィプフの所説により代表される。イェシェック／ヴァイゲントは，共犯の処罰根拠を，共犯者が，犯行の故意の喚起を通じて，または，助言もしくは行為を通じて，構成要件に該当する違法な行為を惹起あるいは支援し，かつ，その際に自ら有責に行為するという点に求め，共犯者は自ら犯罪構成要件に含まれている規範を侵害するのではなく，共犯者の不法は，共犯者が正犯者の規範侵害に加功する点に存すると述べる。そ

---

(74)　山中敬一『刑法総論』第3版（平27年・2015年）861-2頁以下。この見解の詳細については，山中・前掲注(10) 94頁以下，同「共犯における可罰的不法従属性に関する若干の考察」『刑法の理論』中山研一先生古稀祝賀論文集第3巻（平9年・1997年）295頁以下参照。

(75)　髙橋・前掲注(7) 144頁以下参照。

(76)　照沼・前掲注(73) 571頁。

(77)　Rudolphi, Ist die Teilnahme an einer Notstandstat i.S. der §§52, 53 Abs. 3 und 54 StGB strafbar?, ZStW, Bd. 78, 1966, S. 92ff., Esser, Die Bedeutung des Schuldteilnahmebegriff im Strafrechtssystem, GA 1958, S. 321ff., Jescheck/Weigend, Lehrbuch des Strafrechts Allgemeiner Teil, 5. Aufl., 1996, S. 685f.［イェシェック／ヴァイゲント〔西原春夫監訳／山名京子訳〕『ドイツ刑法総論』第5版（平11年・1999年）538頁以下参照］, Maurach-Gössel-Zipf, a.a.O.［Anm. 32］, S. 322ff. usw.

30　第2章　惹起説の再検討

して，共犯者の行為の不法は，その根拠と程度において，正犯行為の不法に従属すると主張している[78]。マウラッハ／ゲッセル／ツィプフは，共犯を，独立した構成要件ではなく，単なる関係概念であるとした上で，共犯それ自体は存在せず，もっぱら他人の行為への共犯だけが存在すると説く。そして，共犯は正犯行為者によって実現された構成要件上で構築される刑罰拡張事由であり，共犯は一定の行為との関係によって，その行為に依存する概念になるとし，いわゆる共犯の従属性は，共犯者の責任の可能性が，正犯行為によって充足されなければならない一定の条件に依存するという点に現われると説明するのである。マウラッハ／ゲッセル／ツィプフは，このような考え方から，共犯の処罰根拠は，共犯者が他人の不法を誘発ないし援助したことにあると主張している[79]。

　修正惹起説は，ドイツの判例によっても採用されてきた。ライヒ裁判所は，共犯者の故意が犯罪の既遂にまで及ばなければならないと判示するとともに[80]，「刑法48条[81]によれば，教唆される行為は，教唆者にとっては他人の行為である。教唆のこの非独立的な（従属的な）性質ゆえに，可罰的行為の構成要件メルクマールは正犯者の側に存することで十分である。行為が，教唆者自身によって実行されたとしても，同様に可罰的であることを要しない。」として，法益侵害が，正犯から見て不法な結果であれば，仮に共犯から見て不法でなくても，共犯の可罰性が基礎づけられるとする立場をとっていたのである[82]。ライヒ裁判所の立場は，連邦通常裁判所によっても引き継がれた。連邦通常裁判所も，共犯の処罰根拠を，正犯から見て不法な法益侵害の惹起に求めており，法益侵害が共犯から見て不法であることを要求しない。したがって，連邦通常裁判所は，たとえば，犯人蔵匿罪，逃亡罪等の必要的共犯者の処罰を肯定するのである[83]。

---

(78)　Jescheck/Weigend, a.a.O.［Anm. 77］, S. 685f. 西原監訳／山名訳・前掲注(77) 538 頁以下参照。

(79)　Maurach-Gössel-Zipf, a.a.O.［Anm. 32］, S. 322ff. 高橋・前掲注(7) 148 頁。

(80)　RGSt Bd. 15, S. 315. 大越・前掲注(4) 145 頁，高橋・前掲注(7) 149 頁。

(81)　現行ドイツ刑法 26 条。

(82)　RGSt Bd. 59, S. 34.

(83)　BGHSt Bd. 5, S. 75, Bd. 9, S. 71, Bd. 15, S. 377, Bd. 17, S. 236, Bd. 19, S. 107. 大越・前掲注(4) 146 頁以下，高橋・前掲注(7) 149 頁以下。

わが国において，修正惹起説は，とりわけ物的不法論の立場から主張されている[84]。平野博士は，本来，違法が客観的なものであり，責任が主観的なものであるということからくる帰結として，正犯の行為が違法であれば共犯の行為も違法であるから，「違法は連帯的である」と言うことができるが，正犯に責任がなくとも共犯には責任があることもあり，その反対のこともあるから，「責任は個別的である」と言えるとされる[85]。このように，正犯が違法ならば原則的にはそれに連帯して共犯も違法となるとされるが，例外的に，正犯の行為は適法であるが共犯の行為は違法であるという場合もあり，また正犯の行為は違法であるが共犯の行為は適法であるという場合もあるとされる。たとえば，「正当防衛に防衛の意思が必要だとしたとき，AがBを教唆してCになぐりかからせ，他方事情を知らないCに対しては正当防衛としてBをなぐるように教唆した場合，Aには正当防衛の意思がないから違法であるが，Cには正当防衛の意思があるから適法だということになるであろう。また，同意傷害が違法だとしたとき，甲が医師乙に頼んで自分の指を切ってもらったとき，乙は傷害として違法であるが，甲はその教唆として処罰されることはない」[86]として例外的に違法性が相対的に作用する場合のあることを認めておられる。

　修正惹起説の中には，違法の相対性を，利益不存在の原則から説明する立場もある。大越教授は，違法性の本質を法益侵害またはその危険に求める立場から，法益侵害を共同惹起した場合には各々は平等で，違法評価を一方が適法であり，他方が違法であるというように，人によって区別しないことになるが，主観的要素が違法判断に不可欠である場合のあることを認められ，行為者の認識が危険判断に影響を及ぼす場合には，違法は相対化することもあり得るとされる。そして，違法の相対性は，主として，関与者の一人に違法性阻却事由の存在が認められる場合に問題となるが，利益不存在の原則により違法性が阻却される場合には，その効果は相対的に作用し得ることになり，優越利益保護の原則により違法が阻却される効果は関与者の全てに及ぶ

---

(84)　平野・前掲注(4)167頁以下，町野・前掲注(10)113頁以下，大越・前掲注(4)210頁以下等。

(85)　平野・前掲注(12)355頁。

(86)　平野・前掲注(12)358頁。

32　第2章　惹起説の再検討

ことになるとされる。その理由は，法益は一般的に法益主体に対しては保護されていないが，その他の人からの攻撃からは保護されていること，これに対し，優越利益の判断を法益主体に委ねる場合であっても，優越利益の存在は客観的なものであることに存するとされる[87]。大越教授の見解によると，利益不存在の原則により違法阻却を受けるのは，正犯でも共犯でもよいので，この立場からは，「共犯なき正犯」のみならず「正犯なき共犯」をも肯定することになる[88]。

　このように，修正惹起説は，従属性の概念を用いて正犯の不法から共犯の不法を導く見解である。その根拠は，客観的違法性論に基づく違法の連帯性にあると考えられる。つまり，本来，違法性は客観的なものであり，そうである以上，誰にとっても同じように作用するはずであるというところから違法の連帯性を導いているのである。しかし，修正惹起説が違法の客観性およびそれから導かれる連帯性を当然の前提としていることには，疑問がある。たとえば，故意による行為と過失による行為とでは結果発生の確実度が全く異なるのであり，故意・過失のような行為者の主観的な側面は違法性の存否ないし程度に影響を及ぼすと考えられるので，主観的違法要素の存在は一般的に肯定されるべきである。故意・過失等の主観的違法要素の存在が一般的に肯定される限り，違法性は主観的かつ個別的にも作用するはずであると言える[89]。また，修正惹起説によると，従属性の根拠づけをもっぱら違法の連帯性に求めることになるが，これは共犯固有の不法を無視するものであり妥当とは言えない。加えて，修正惹起説は，従属性の程度の意味を必ずしも正確に捉えていないと思われる。既に検討したように，本来，従属性の程度は，共犯成立のために必要とされる正犯の要素の問題として扱われているにもかかわらず，修正惹起説は，従属性の程度を，共犯成立に影響を及ぼす正犯の要素の問題として捉えているように思われるのである。このことは，たとえば，修正惹起説の一部の論者が，同意殺人罪の被害者が共犯として処罰されることはないという事例から違法の相対性を導き出し，それを根拠に最小限

(87)　大越・前掲注(4) 257 頁以下。
(88)　なお，大越教授は自説を「第3の惹起説」と名づけておられる（大越・前掲注(4) 260 頁）。
(89)　川端・前掲注(10) 166 頁以下参照。

従属形式を採用していることからも分かる[90]。しかし，制限従属形式は，共犯成立の必要条件として正犯の不法を要求するにすぎないのであるから，制限従属形式をとりつつ，この事例で違法の相対性を肯定することも可能である。さらに，修正惹起説に対しては，その必要的共犯の処理をめぐっても批判が加えられている。修正惹起説がその立場を一貫させるならば，必要的共犯者は常に可罰的となるはずであるが，必要的共犯の場合，修正惹起説は自説の立場に修正を加えて，その一部を不可罰とする。たとえば，ドイツの判例は，刑罰法規が必要的共犯者を特に保護している場合に限り，その者を不可罰としている[91]。しかし，修正惹起説が違法の連帯性により共犯の処罰根拠を基礎づけるからには，一方が違法ならば他方も違法とするのでない限り論理的一貫性を欠くと言わなければならない[92]。

第3款　混合惹起説とその検討

混合惹起説は，共犯から見た構成要件的結果の惹起と，共犯成立の必要条件としての正犯不法が，両方とも備わって初めて共犯の処罰が根拠づけられるとする見解である。

ヘルツベルクは，「共犯構成要件は，その固有の要素の範囲によって自己完結的であると同時に，正犯構成要件の要素による補充と変形への制限を伴わない」として，共犯構成要件の独自性を強調しつつも，共犯構成要件が固有の要素と正犯の要素との混合から構成されることを明示した[93]。これには，共犯構成要件における混合した要素の存在を指摘したのみであって，それぞれの要素についての根拠づけを欠いているとの批判が加えられる[94]。しかし，いずれにせよ，共犯構成要件における固有の要素と正犯の要素との混合を指摘した点で，ヘルツベルクの所説に混合惹起説の淵源があるとされ[95]，以後，オットー[96]，シュトラーテンヴェルト[97]，ヤーコプス[98]およびロクシン[99]等に

---

(90)　前田・前掲注(27) 329 頁注 13，332 頁。

(91)　RGSt, Bd. 18, S. 273. 大越・前掲注(4) 147 頁。

(92)　高橋・前掲注(7) 151 頁。

(93)　Herzberg, a.a.O.［Anm. 65］, S. 12. 高橋・前掲注(7) 154 頁。

(94)　高橋・前掲注(7) 161 頁。

(95)　高橋・前掲注(7) 154 頁。

(96)　Otto, Anstiftung und Beihilfe, JuS 1982, S. 557f.

34　第 2 章　惹起説の再検討

よって混合惹起説が展開されてきたのである。オットーは，正犯の不法が，
構成要件に該当する法益侵害の因果的な惹起として認識されるだけでなく，
法益侵害において実現される危険を基礎づけるもの，または高めるものとし
て認識されるならば，正犯の不法は個別的に意味を持つと説く。そして，故
意犯の正犯および共犯にとっては，正犯および共犯が一定の法益侵害を達成
しようとすることにより，法共同体の信頼基礎を社会的に有害な態度を通し
て危殆化するということが共通しているが，危殆化の態様において正犯と共
犯は区別されるとして，次のように説明する。すなわち，正犯による危殆化
は，直接的な危殆化であり，「他人に対する」正犯の危険は，行為に「出るか
出ないか」および「どのようにして」行為に出るかということに関する正犯
の最終的な決定に，その表出が認められ，その実現は，正犯がその表象に従っ
て直接的に法益侵害に取り掛かることにより開始する。それに対して，共犯
による危殆化は，間接的で非独立的な，その実現において正犯の決意に依存
する危殆化であるとするのである[(99)]。こうしたオットーの所説に対しては，
共犯を間接的法益侵害と把握する一方で，共犯は正犯の不法に依存すると説
明するが，両者の関係が述べられていないという批判や，もっぱら危殆化の
態様という行為無価値的側面によって正犯と共犯を区別するが，共犯の固有
の不法を行為無価値のみで根拠づける点は，共犯を間接的法益侵害と把握す
る立場と矛盾するという批判を加えることができる[(101)]。

　オットーは，共犯の不法が共犯固有の不法と正犯の不法との両方から成り
立つことを示したが，必ずしも共犯固有の不法の意味を明らかにしていな
かったと言える。この点を明らかにしようとしたのが，ロクシンである[(102)]。ロ

---

(97)　シュトラーテンヴェルトは，以前は，正犯と共犯の規範違反の差異を理由に，共犯の処罰根拠
　　を正犯の行為無価値の惹起に求める見解であったが，その後，混合惹起説へと改説した。もっと
　　も，シュトラーテンヴェルトは，自説を不法共犯説（Unrechtsteilnahmetheorie）と称して，混合
　　惹起説（gemischten Verursachungstheorie）から区別している。Stratenwelth, Der agent provo-
　　cateur, MDR 1953, S. 717ff., ders., Strafrecht Allgemeiner Teil Ⅰ. 4. Aufl., 2000, S. 335.

(98)　Jakobs, a.a.O.［Anm. 62］, S. 657ff.

(99)　Roxin, Zum Strafgrund der Teilnahme, Festschrift für Walter Stree und Johannes Wessels zum
　　70. Geburtstag, 1993, S. 365ff.

(100)　Otto, a.a.O.［Anm. 96］, S. 558f.

(101)　高橋・前掲注(7) 156 頁。

(102)　Roxin, a.a.O.［Anm. 99］, S. 365ff.

クシンは，共犯不法の独立的，非従属的要素から，次のような帰結を導き出した。第1に，可罰的な共犯は，正犯により侵害される法益が共犯に対しても守られていなければならない，ということを前提とする。暴利行為（ドイツ刑法302a条）の被害者や，緊急避難に似た状況にある，自己の犯罪の証拠隠滅等（ドイツ刑法258条）を他人に依頼する者は，教唆犯として処罰されることはない。なぜならば，当該構成要件によって保護されている法益は，その被害者や緊急避難に似た状況にある者に対しては守られていないからである。また，生命や身体は，その享有主体に対してではなく，それ以外の全ての者に対して保護されている。したがって，自己の殺害（ドイツ刑法216条）や身体の切断（ドイツ刑法226条）を他人に要求する者は，可罰的な教唆を遂行していない。なぜなら，自己の生命や身体を刑法上意味のある方法で侵害することは誰にもできないからである[103]。

　第2に，可罰的な共犯は，共犯者自身が構成要件実現への故意を持っている，ということを前提とする。たとえば，毒殺を決意した行為者に無害の粉末を渡す者や，初めからその場で拘束させようとして空き巣に助力する者といった，単に未遂に至らせることを意図する者は，幇助を理由としては処罰され得ない。故意は非従属的なメルクマールである。正犯が故意を持っており，共犯がそれを知っているということでは，共犯処罰にとり不十分である。むしろ，共犯は，正犯の故意から独立した，独自の共犯不法の一部を意味する共犯自身の故意を持っていなければならない[104]。

　第3に，可罰的な共犯は，共犯が法益に関係する目的の実現をもその故意の中に持っている，ということを前提とする。多くの犯罪の主観的構成要件が含む法益関係的な目的も，非従属的なメルクマールとして扱われるべきである。たとえば，偽造文書の完成後，警察に引き渡すことを初めから計画して，文書を偽造させた者は，文書偽造の教唆を理由としては可罰的とならない。なぜならば，当該文書によって取引における詐欺が行われるということを，教唆者が知っているとともに意図していなければならないからである。教唆者の故意がそれを目指していない場合，教唆者は保護法益を攻撃しよう

---

[103]　Roxin, a.a.O.［Anm. 99］, S. 370f.

[104]　Roxin, a.a.O.［Anm. 99］, S. 372f.

としておらず，不処罰にとどまる。この場合，共犯の処罰根拠が存在しないのである。同様に，窃取に至った直後に窃盗犯を拘束させるつもりのアジャン・プロヴォカトゥールも，窃盗の教唆を理由としては可罰的とならない[105]。なぜならば，ドイツ刑法242条所定の方法で被害者の所有権を侵害しようとしているのではなく，短期的な使用窃盗を引き起こすことを意図しているにすぎないからである。このことは，全ての法益関係的な目的犯に準用される。

第4に，可罰的な教唆は，目的に向けられた誘因を前提とする。結局，独立した教唆者の不法の一部は，現在きわめて有力で妥当な見解によれば，行為決意を故意により惹起することでは教唆者の処罰にはなお不十分である，という点に現れている。ある者が，他人にその妻の不貞を，自分が教えることで他人が不貞の相手方を殴打するであろうと想定して教える場合，その者は，夫が想定通りに反応するとき，故意に身体の傷害への決意を引き起こしたことになる。同様に，他人を誘惑に負けさせるために，一杯になった第三者の紙入れを他人の手の届く距離に置いておく者は，窃盗の決意を故意に惹起したことになる。しかし，このような場合，教唆者の故意は認められない。教唆に関して，より適切な方法で要求しなければならないことはもっと多いのである。すなわち，以前はドイツ刑法49a条1項（現行ドイツ刑法30条1項）に関して法律上の文言で要求されていた，教唆者と正犯者の意思の連絡，教唆者による目的に向けられた誘因がそれである。そのような誘因だけが法益への攻撃と評価され得る。したがって，教唆は否定されるべきである。なぜならば，犯罪の決意を引き起こすことに向けられた行動という明白な意味内容が欠けるからである[106]。

第5に，幇助は犯罪の意味に関係することを前提とする。幇助も，従属的な惹起を超える無価値を帯びるものでなければならない。このことは，幇助によって危険が高められることを要するという点に示される。たとえば，ある者がドライバーを他人に売る際，当該他人がそのドライバーを住居侵入のために使うつもりであるということを知っている場合には，「日常的な行為」や「無色の行為」であっても，道具を引き渡すことがもっぱら犯罪的な目的

---

[105]　ただし，これは本来のアジャン・プロヴォカトゥールとは異なる。
[106]　Roxin, a.a.O.［Anm. 99］, S. 376f.

に役立っているので，間接的な法益への攻撃と評価されるべきである[107]。

これらの帰結のうち，第1の点が，各構成要件で保護されている法益は共犯者に対しても保護されていなければならないという理由から，必要的共犯の不可罰性を説明することは妥当であるが，第2，第3の点が，故意および法益に関係する目的を従属しないメルクマールとし，未遂の教唆を不可罰としていることについては，さらに検討するべき問題があるように思われる。未遂の教唆の場合，教唆者は，初めから構成要件的結果を発生させるつもりはないが，正犯が実行に着手することは認識しており，修正された未遂犯の構成要件に該当する結果が発生することを認識しているので，可罰性を認める余地も残されていると考えられる。また，第3の点で挙げられている事例は，既遂犯の教唆であり本来のアジャン・プロヴォカトゥールとは異なるので適切ではないであろう。第4の点で，意思の連絡がない限り教唆犯は成立しないとされていることにも，なお検討の余地があると思われる。教唆行為により正犯が実行を決意すれば，正犯に教唆されているという認識がなくても，教唆犯が成立すると解することもできる。第5の点が，「日常的な行為」や「無色の行為」であっても，それが犯罪的な目的に役立つのであれば幇助犯として処罰されるとしていることについては，次のように考えるべきである。たとえば，ドライバーが住居侵入に使われるということを知りながらドライバーを売ったとしても，ドライバーを売ること自体は日常的な行為にすぎない。この場合に幇助犯の成立を認めるのであれば，日常の取引をする者は，その取引のプロセスから犯罪が実行される恐れのあることを知った場合，これを告発するか，その取引を中止しなければならない義務が生じることになるが，そのように解することは妥当ではない。したがって，日常的な行為の場合，それが犯罪に役立つとしても，通常，幇助犯の成立は否定されなければならない[108]。

ともあれ，ロクシンの混合惹起説は，共犯から見た構成要件的結果の惹起

---

(107) Roxin, a.a.O.［Anm. 99］, S. 378f.

(108) 斉藤・前掲注(9) 40 頁。もっとも，わが国では，このような事例は，私法の領域において，動機に不法のある場合として規律されることになる。すなわち，商品が買主の犯罪に使われるということを，売主が知りながら売買契約を締結した場合，公序良俗違反（民法 90 条）を理由に当該契約は無効とされるのである（我妻栄『新訂民法総則』（昭 40 年・1965 年）284 頁参照）。

という共犯固有の不法を重視するものであり，共犯は自己の不法と責任に基づいて罪責を負うという惹起説の根幹部分を維持している。この見解が，共犯成立の必要条件として正犯不法を要求する点で制限従属形式と調和すること，刑法規範の保護範囲の観点から違法の相対性を肯定できること，および，その帰結において，共犯の処罰根拠から，たとえば必要的共犯の不可罰性を説明すること等は，基本的に妥当な方向を示していると言える。

　わが国において，混合惹起説はどのように説明されるのであろうか。共犯の不法が共犯固有の不法と正犯の不法の両方から基礎づけられるとする見解を，混合惹起説に分類するとき，わが国では混合惹起説を主張する立場が多く見られると言ってよい[109]。高橋教授は，共犯の処罰根拠は構成要件上の保護法益への従属的な侵害の点に存するとして，共犯の不法は，法益侵害という独立・固有な要素と正犯行為の不法から導かれる従属的な要素から構成され，法益侵害原理（因果性原理）と従属性原理との両方が共犯における帰属基準となるとされる[110]。そして，共犯における本来的結果は正犯結果であるから，共犯の因果関係が正犯結果にまで及んでいることを要求される。そうすると，正犯結果が発生することにより共犯は既遂（既遂犯への共犯）となり，正犯行為が未遂の場合には可罰的共犯未遂（未遂犯への共犯）となると説明される。法益侵害原理については，共犯は一定の行為態様によって構成要件上の保護法益を侵害あるいは危殆化する犯罪行為であるということが，共犯固有の法益侵害性の意味であるから，この法益侵害性は正犯の法益侵害性とは独立したものであると解されている[111]。さらに，違法の相対性について，正犯の不法は共犯の不法の外枠を構成するが，この正犯不法の内容は，正犯の実現した法益侵害だけであり，その意味で，法益侵害の点では不法は連帯するとされ，共犯固有の不法が共犯の不法の前提的根拠であるから，正犯固有の不法と共犯固有の不法とは独立した関係にあり，その行為無価値的要素によって，不法は相対化することになるとされる[112]。この見解が，構成要件的結果の

---

[109]　斉藤・前掲注(9)1頁以下，高橋・前掲注(7)93頁以下，井田良「共犯の処罰根拠と従属性」『現代刑事法』3巻9号（平13年・2001年）116頁以下，松宮・前掲注(10)275頁以下等。

[110]　高橋・前掲注(7)280頁。

[111]　高橋・前掲注(7)281頁。

関与者ごとの相対性という意味を含んで共犯の不法を把握されるのか，また，正犯行為の不法から導かれる従属的な要素を，共犯成立の必要条件としての正犯不法の意味で把握されるのかは，必ずしも明らかでないように思われる[113]。この点に関して，松宮教授は，共犯はその性質上，正犯の不法を前提にするのであって，その範囲内で自己の不法と責任を理由に処罰されると見るべきであり，共犯の処罰根拠は，正犯不法の範囲内での共犯から見た構成要件的結果の惹起であると説明される[114]。そして，リューダッセンの見解を援用しつつ，結果に他人性が要求される構成要件では，構成要件的結果に自己と他人の区別を読み込むことにより，不法は相対化すると主張されるのである[115]。この見解によると，たとえば，自己の蔵匿を教唆した者は，犯人蔵匿罪（刑法103条）が予定している「他人の蔵匿」という結果を発生させていないので，同罪の教唆犯とはならないが，被教唆者は「他人の蔵匿」という結果を発生させているので同罪の正犯となる[116]。

　このように，混合惹起説を主張する諸説は，共犯の不法を，共犯固有の不法と正犯の不法の両方から構成する点で一致している。そこに言う共犯固有の不法は，共犯から見た構成要件的結果の惹起であり，正犯の不法は，共犯成立の必要条件であると解される。この考え方によると，正犯の不法は共犯成立の必要条件として要求されるにすぎないから，たとえば，関与者が複数の場合，正犯が不法である限りにおいて，共犯者ごとに異なる違法評価をすることも可能である。混合惹起説は，違法の相対性を肯定しつつ制限従属形式を採用する立場と調和する上に，必要的共犯者の不可罰性を，必要的共犯者が自己の立場から見た構成要件的結果を発生させていない，という共犯の処罰根拠のレヴェルで説明することができ，惹起説の中で最も優れた見解であると言える[117]。

---

(112)　高橋則夫「共犯論と犯罪論体系─違法の連帯性を中心に」『刑法雑誌』39巻2号（平12年・2000年）284頁。

(113)　松宮・前掲注(10) 288頁注47。

(114)　松宮・前掲注(10) 288頁。

(115)　松宮・前掲注(10) 278頁以下。

(116)　松宮・前掲注(10) 287頁以下。

第4節 結 論

　共犯の従属性の程度の問題は，共犯の成立に必要な正犯の要素は何かという問題として理解されるべきである。適法行為への共犯というものはおよそ考えられないし，責任は個別的に判断されるべきであるから，制限従属形式が妥当である。制限従属形式は，共犯成立のために正犯の不法が必要であるということを内容とするのであり，決して，正犯が不法ならばそれに連帯して共犯も不法となるということを意味するのではない。したがって，制限従属形式に依拠しつつ，違法の相対性を肯定することも十分に可能である。

　惹起説の根幹は，共犯が自己の不法と責任に対して罪責を負うという点にある。混合惹起説は，一方では刑法規範の保護範囲の観点から不法の相対化を認め，他方では共犯成立の必要条件として正犯の不法を要求することから「正犯なき共犯」を否定するが，共犯から見た構成要件的結果の惹起が共犯固有の不法を基礎づけるとし，正犯の不法に限界づけられた枠内で不法の相対化を認めるので，惹起説の根幹部分を維持している。

　混合惹起説を採用することにより，従属性の程度における制限従属形式と，複数の関与者間における不法の相対化との論理的整合性を担保することができる。

　以上の検討から，本章は，共犯の処罰根拠を，共犯から見た構成要件的結

⑾　混合惹起説と大越教授の「第3の惹起説」とは似ているが，以下の点で異なるとされる。すなわち，第1に，「第3の惹起説」は違法の相対性を，関与者の中に法益主体が含まれている場合に限定するが，混合惹起説は，このような場合ばかりでなく，刑法がその者からの攻撃を法益の保護範囲から除外している場合にも違法の相対性を認める。第2に，犯人による司法に対する罪の教唆の場合，「第3の惹起説」が，関与者の中に法益主体が含まれていることを不可罰の根拠とするのに対して，混合惹起説は，「自己の蔵匿」，「自己の刑事事件の証拠隠滅」が既に構成要件に該当する結果でないことを，教唆不成立の根拠としている。第3に，未遂の教唆の不可罰の根拠を，「第3の惹起説」は，その行為に危険性が認められないことに求めるが，混合惹起説は，共犯の故意は結果に及ぶべきであると解した上で，未遂の教唆の場合には結果発生の認識がないということに求める。第4に，「第3の惹起説」は，正犯行為が常に違法である必要はないとするが，混合惹起説は，正犯の不法を共犯処罰の必要条件とする。第5に，構成的身分犯への共犯に関して，「第3の惹起説」は，違法身分が原則として連帯的に作用すると説くが，混合惹起説は，構成的身分犯の共犯は「正犯の義務違反の誘発・促進」に処罰根拠を見いだす特別のルールに服すると解している（松宮・前掲注⑽ 288 頁注 47）。なお，第3の点に関して，混合惹起説の中には，未遂の教唆を可罰とする立場もある。

果の惹起と，共犯成立の必要条件としての正犯不法との両方に求める見解，すなわち混合惹起説が妥当であるという結論に到達したのである。

第3章

身分犯の法的性質

第1節　本章の目的

　わが刑法65条は，身分犯と共犯の関係につき，その1項において「犯人の身分によって構成すべき犯罪行為に加功したときは，身分のない者であっても，共犯とする。」と規定するとともに，その2項において「身分によって特に刑の軽重があるときは，身分のない者には通常の刑を科する。」と規定して，一方では身分が連帯的に作用するとしながら，他方では身分が個別的に作用することを定めている。たとえば，収賄罪（刑法197条）は，公務員の身分のあることがその成立要件とされる犯罪であるので，刑法65条1項の「犯人の身分によって構成すべき犯罪」に当たり，これに非公務員が加功した場合，その非公務員は共犯となる。他方，賭博行為は誰でも行うことのできる犯罪であるが，常習性という身分のあることが通常よりも刑を加重するので，刑法65条2項の「身分によって特に刑の軽重があるとき」に当たり，賭博の非常習者が常習者の賭博行為を幇助した場合，非常習者には刑法185条の刑が科されるのに対して，常習者にはそれよりも重い刑法186条の刑が科されるのである。

　しかし，刑法65条が，どのような理由で矛盾する規定を設けたのか，つまり，真正身分犯の場合には身分の連帯的作用を規定し，不真正身分犯の場合には身分の個別的作用を規定したのかということは，必ずしも明らかでない[1]。

　現実の事件処理においても，刑法65条1項と2項の矛盾は，不都合をもたらすことがあると指摘されている。たとえば，医師による虚偽の死亡証書の作成に関して，虚偽公文書作成罪[2]（刑法156条）と虚偽診断書作成罪[3]（刑法160条）とは不真正身分犯の関係にあると考えれば，医師でない者が国立病院の医師に虚偽の死亡証書の作成を依頼する場合，刑法65条1項の適用によ

第 1 節　本章の目的　*43*

り虚偽公文書作成罪の共犯となり[(4)]，民間の医師が国立病院の医師に同じことを依頼する場合に，刑法 65 条 2 項の適用により虚偽診断書作成罪の刑が科されることと比較して，不利な扱いを受けることになるとされるのである[(5)]。

---

(1)　この点に関して，瀧川博士は，「一項と二項とは矛盾して居る」と述べられ（瀧川幸辰『刑法総論（現代法学全集第 10 巻）』（昭 4 年・1929 年）［後に団藤重光＝中武靖夫＝竹内正＝木村静子＝大野真義＝瀧川春雄編『瀧川幸辰刑法著作集第 1 巻』（昭 56 年・1981 年）に収録］332-3 頁［引用頁数は後者による］），「共犯と身分関係について，現行刑法は対立する二つの主義を認めて」おり，「正当な立場は，六五条一項によって代表されて居るが，六五条二項によって裏切られている」と明言された（瀧川幸辰『刑法講義』改訂版（昭 5 年・1930 年）172 頁以下）。しかし，その後，瀧川博士は改説され，刑法 65 条に矛盾はなく，1 項は違法の連帯性を，2 項は責任の個別性をそれぞれ明らかにしたものであり，「身分犯に謂ゆる身分は違法要素と責任要素とに分配せられることにより，刑法の理論体系中に抱擁せられ，実際的にも妥当な解決を見出すことになる」と解されるに至った（瀧川幸辰『犯罪論序説』改訂版（昭 22 年・1947 年）254-5 頁）。これに対し，木村博士は，共犯独立性説の見地から，「もし刑法の共犯規定をもって第六五条第一項を根拠として従属性の見地に立つと解するときは，従来の通説がそのような見解の下でしたように，刑法第六五条第二項・第二四四条第二項等の独立性の見地を規定した規定はすべて例外規定と解せられるし，また，もし刑法第六五条第二項等の規定を根拠として共犯独立性の見地をもって刑法の立場だとするときは，逆に，第六五条第一項の従属性の見地を明らかにした規定が例外規定だと解せられる」とされたが（木村亀二『犯罪論の新構造(下)』（昭 43 年・1968 年）211-2 頁。同旨，金沢文雄「共犯と身分」木村亀二編『現代法律学演習講座刑法（総論）』（昭 37 年・1962 年）393 頁以下，大野平吉「共犯と身分」日本刑法学会編『刑法講座第 4 巻』（昭 38 年・1963 年）160 頁），このような図式化に対しては，同じ共犯独立性説の立場から，「従属性の立場からは，一項が原則的規定，二項が例外的規定とされ，独立性の立場からは，逆に，一項が例外的規定，二項が原則的規定とされるが，どちらの説明も十分ではない」という指摘がなされている（阿部純二『刑法総論』（平 9 年・1997 年）252 頁）。このように，従来，共犯従属性説と共犯独立性説のいずれの立場をとるかにより，刑法 65 条 1 項，2 項のいずれを原則規定と解するかが決まると図式化されてきたが，そこに論理必然的な関係はないと解するのが妥当である（川端博「第 65 条（身分犯の共犯）」大塚仁＝河上和雄＝佐藤文哉＝古田佑紀編『大コンメンタール刑法第 5 巻』第 2 版（平 11 年・1999 年）［後に同『共犯論序説』（平 13 年・2001 年）に収録］140 頁［引用頁数は後者による］）。一般に，共犯独立性説の代表者とされている牧野博士は，両者の関係を否定されたのであり（牧野英一『刑法総論下巻』全訂版（昭 34 年・1959 年）741 頁），小野判事は，身分犯と共犯の規定と従属性の理論との関連は「必ずしも論理必然的なものではない」と指摘しておられる（小野慶二「共犯と身分」日本刑法学会編『刑事法講座第 3 巻』（昭 27 年・1952 年）485 頁）。圧倒的多数の学説と判例が共犯従属性説の見地に立脚するようになっている今日の状況の下においては，共犯従属性説と共犯独立性説の論争は実際上の意義を失っていると言える（川端・前掲論文 140 頁）。
(2)　虚偽公文書作成罪の法定刑は，1 年以上 10 年以下の懲役である。
(3)　虚偽診断書作成罪の法定刑は，3 年以下の禁錮または 30 万円以下の罰金である。
(4)　判例によれば，公務員の医師が虚偽の診断書等を作成した場合には，虚偽公文書作成罪が成立する。最判昭和 23 年 10 月 23 日刑集 2 巻 11 号 1386 頁。

44   第3章　身分犯の法的性質

　さらに遡って考えると，刑法65条は「身分」それ自体の概念について何も述べていない。したがって，身分概念をどのように解釈するべきか，ということが問題となる。

　また，刑法65条1項の「共犯」の意義に関して，「共犯」には狭義の共犯（教唆犯，幇助犯）だけでなく共同正犯も含まれるかという問題が，従前より争われている。

　これらの諸問題の解決には，身分犯の法的性質の理解が影響を及ぼすと考えられる。たとえば，身分犯の法的性質を，身分者が，その身分によって一定の義務を負担し，その義務に違反することによって犯罪が成立するという点に見出すならば，身分概念を厳格に解するべきことになるであろうし，刑法65条1項の「共犯」の意義に関しては，およそ身分のある者しか正犯となり得ないのであるから，身分のない者は共同正犯とはなりえず，「共犯」には共同正犯は含まれないとする解決に至りやすいであろう[6]。これに対し，身分犯の法的性質について，法益侵害に重点を置いた捉え方をするならば，身分概念を広く解するべきことになるであろうし，刑法65条1項の「共犯」の意義に関しては，身分のない者であっても，身分のある者との共同により法益を侵害することは可能であるから，共同正犯となることができ，「共犯」には共同正犯も含まれるとする解決に至りやすいであろう。したがって，刑法65条をめぐる諸問題を解決するのに先立って，身分犯の法的性質を明らかにしておく必要がある。

　加えて，共犯の処罰根拠からの検討も，刑法65条をめぐる諸問題の解決に必要であると考えられる。たとえば，惹起説は，共犯者は自己の不法と責任について罪責を負うと解し[7]，共犯固有の不法を重視するので，身分は個別

---

(5)　松宮孝明「共犯と身分」中山研一＝浅田和茂＝松宮孝明『レヴィジオン刑法1 共犯論』（平9年・1997年）118頁。この事例に関して，松宮教授は，「たしかに，160条は医師に対する構成的身分犯ではあるが，65条2項，156条との関係では，公務員という身分のない者に＜通常の刑＞を定めた規定と解することになろう。公務所に提出すべき診断書等の限りでは，160条が構成的身分犯，156条はその加重類型と解してもよい。」として，医師でない者にも虚偽診断書作成罪を適用するべきであると主張される（松宮・前掲論文127頁）。

(6)　ただし，真正身分犯につき，義務犯説に依拠しつつ，身分者と非身分者による共同正犯の成立を肯定することも可能である。

(7)　Lüderssen, Zum Strafgrund der Teilnahme, 1967, S. 25.

的に作用するという考え方と結びつきやすく，刑法 65 条 1 項が構成的身分の連帯的作用を定めていることについては，特別な説明を要することになるであろう。

　本章は，共犯の処罰根拠の観点から身分犯の法的性質を明らかにし，刑法 65 条をめぐる諸問題の解決に役立てることを目的とする。

第 2 節　身分犯の法的性質

第 1 款　ドイツにおける義務犯論の展開

　身分犯とは，構成要件上，行為者に一定の身分のあることが必要とされる犯罪のことである[8]。ドイツでは，義務犯の観点から身分犯の法的性質を把握する見解が主張されており[9]，まず，この見解に検討を加えておくことにしたい。

　「義務犯」(Pflichtdelikt) という名称は，ロクシンにより付されたものである。ロクシンによれば，義務犯は，当該構成要件に前置される刑法外の特別義務を侵害する者だけが正犯となり得るような構成要件であると定義されるとともに[10]，その処罰根拠は法益侵害に求められる[11]。これは，従来，身分犯と呼ばれてきたものとほぼその内容を等しくするものであって，その名称は，当該犯罪の本質的構造に由来し，その正犯性を認定するための核心的要素を標示するものであるとされる。ロクシンは，犯罪行為の正犯を「具体的な行為事象の中心形態」と定義し，ほとんどの犯罪では，条文ごとに記述された行為事象を支配する者が正犯であり，行為支配が正犯原理であるとするが，これとは別の正犯原理が働く犯罪が存在すると説く[12]。たとえば，ドイツ刑法 343 条によると，官吏が供述を強制すれば罰せられるところ，官吏を強制状

---

(8)　大塚仁『刑法概説（総論）』第 4 版（平 20 年・2008 年）140 頁。

(9)　Roxin, Täterschaft und Tatherrschaft, 8. Aufl. 2006, S. 352ff., Jakobs, Strafrecht Allgemeiner Teil, 2. Aufl., 1991, S. 783, 820ff.

(10)　Roxin, Leipziger Kommentar, 11. Aufl., 1993, §25 Rn. 37.

(11)　Roxin, Täterschaft und Tatherrschaft, 8. Aufl. 2006, S. 371.

(12)　Roxin, a.a.O. [Anm. 11], S. 26ff. 平山幹子「＜義務犯＞について(一)—不作為と共犯に関する前提的考察—」『立命館法学』270 号（平 12 年・2000 年）[後に同『不作為犯と正犯原理』（平 17 年・2005 年）に収録] 123 頁以下 [引用頁数は後者による]。

46　第3章　身分犯の法的性質

態（ドイツ刑法52条）にして供述を強制させた者は，行為支配を有しているが，取調官の身分がないから，正犯とはなり得ない。同条の正犯となるための要件は，行為主体が，一般に公務員の身分を有していることでも，取調官としての抽象的身分を有していることでもなく，自身の管掌事務によって与えられる適切な審問をするべき具体的かつ特別の義務を侵害したことであるとされる。これと同じことが，他の職務犯や身分犯にも妥当するとされる。たとえば，ドイツ刑法340条が，公務員による傷害につき，その刑を通常の傷害よりも加重している趣旨は，公務員が，その職務の執行にあたり虐待に及んではならない，という公法上の義務に違反することにあるとされている。また，秘密侵害罪（ドイツ刑法300条）の主体となる医師や弁護士も，これらの職において具体的に取り扱った事項から由来する沈黙義務を侵害した場合に限り問題とされ，この関係を離れたところにまで同罪の効力が及ぶものではないとされているのである。

　ロクシンによると，これらの犯罪は，その構成要件の実現にとり特別義務の侵害が必要とされる点で，共通の構造を持つ。この義務は，直接的に刑法規範から由来する義務と区別される必要があるのであり，たとえば，公法上の公務員の義務，身分者法上の沈黙義務および私法上の誠実義務といった，刑法規範に論理的に先行する他の法領域から由来する義務であると考えなければならないとされる。そして，これらの犯罪においては，それぞれの義務を保持する者の行為の不法内容は，特別の義務関係において捉えられるのであり，立法者は，義務を保持する者を，その義務を有することによって行為事象の中心形態としたものと解さなければならないとされる。このようにして，ロクシンは，特別の義務侵害が，義務犯における行為事象の中心形態であり，したがって，その唯一の正犯原理であると説明するのである[13]。

　このような考え方から，ロクシンは，共犯論の領域において，次のような帰結を導いている。すなわち，関与者の態度が犯罪の記述に包摂され得ない場合，つまり，構成要件的記述によれば関与者は正犯になり得ないとされる

---

(13)　Roxin, a.a.O. [Anm. 11], S. 352ff. 中義勝「いわゆる義務犯の正犯性」団藤重光＝平場安治＝平野龍一＝宮内裕＝中山研一＝井戸田侃編『犯罪と刑罰(上)』佐伯千仭博士還暦祝賀（昭43年・1968年）463頁以下。

場合に，教唆および幇助が問題となる。義務犯においては，正犯態度の外見ではなくて，刑法外の義務が重要であり，義務を侵害するような行為のみが構成要件に該当し，また，義務を侵害する者は常に構成要件に該当し，それゆえ，正犯として行動し得る。非身分者が正犯とされることはない。したがって，ロクシンによれば，「共犯とは，正犯性を根拠づける刑法外の特別義務を侵害することなく，構成要件充足に加担する者」ということになる[14]。

　それでは，学説上，ロクシンの見解は，どのように位置づけられるのであろうか。ドイツにおいては，1968年の刑法典の部分改正に伴い，50条2項[15]（現行ドイツ刑法28条1項）が新設されるまでは，構成的身分の連帯的作用を定めた明文規定が存在せず，真正職務犯罪に加担した非身分者の処罰の可否が問題となっていた。判例および通説は，加減的身分の個別的作用を定めていた1871年のドイツ帝国刑法典50条[16]を，共犯従属性原則の例外規定と解して，その反対解釈により，構成的身分には当然に従属性原則が妥当し，それゆえ構成的身分は連帯するとした上で，真正職務犯罪に加担した非身分者の可罰性を基礎づけていた[17]。これに対し，ナーグラーは，身分犯を，主権的命令ないし禁止が特定のグループにのみ向けられている犯罪であると捉え，その本質は，規範の名宛人の制限にあると解した上で，犯罪の中核が法秩序の命令違反ないし禁止違反であるとすれば，正犯となり得るのは，法構成員の中で義務づけ法規の名宛人として具体的義務を有する者のみであるから，非身分者は，いかなる形式においても正犯とはなり得ないが，狭義の共犯とし

---

(14)　Roxin, a.a.O.［Anm. 11］, S. 364. 平山・前掲注(12) 126 頁以下。

(15)　同項は，「正犯者の可罰性を基礎づける特別の一身的資格，関係または事情（特別の一身的要素）が共犯者に欠如するとき，その者の刑は未遂犯処罰の規定に従い減軽される。」と定めていた。訳文は，西田典之『共犯と身分』新版（平 15 年・2003 年）125 頁による。

(16)　同条は，「法規が，ある行為の可罰性を，その行為を実行した者の一身的資格または関係により加重または減軽している場合，これらの特別な所為事情は，それの存する正犯または共犯（共同正犯，教唆犯，従犯）に帰責される。」と定めていた。訳文は西田・前掲注(15) 17 頁による。この規定は，1943 年の刑法調整令により 50 条 2 項に移行し，「法規が，特別の一身的資格または関係が刑罰を加重，減軽または阻却する旨を規定する場合，この法規は，その資格または関係の存する正犯または共犯にのみ適用される。」と改正された。訳文は西田・前掲注(15) 100-1 頁による。

(17)　RGSt Bd. 55, S. 181, Bd. 59, S. 140, Beling, Die Lehre vom Verbrechen, 1906, S. 442, Birkmeyer, Teilnahme am Verbrechen, VDA, Bd. Ⅱ, 1907, S. 57, 78, Frank, Das Strafgesetzbuch für das Deutsche Reich, 18. Aufl., 1931, S. 134f., Mezger, Strafrecht, ein Lehrbuch, 3. Aufl., 1949, S. 451ff. usw. 西田・前掲注(15) 32 頁以下，125 頁以下。

48 第3章 身分犯の法的性質

てならば，非身分者も，身分者の効果的な侵害行為と結合するときは，法益を侵害することができるとして，真正職務犯罪に加担した非身分者の可罰性を基礎づけたのである[18]。規範の名宛人の制限に身分犯の本質を求めるナーグラーの見解は，その後のドイツの身分犯論にも影響を及ぼしたと言われており，その代表的な例として，ガラス，ランゲ，ヴェルツェルおよびシュトラーテンヴェルトの見解を挙げることができる。ガラスは，真正職務犯罪における非公務員のように，行為の固有の不法内容を実現し得ない者は，その事実上の影響力にもかかわらず，行為支配者とはなり得ず，したがって，非身分者はいかなる形式においても身分犯の正犯とはなり得ないと主張していたが[19]，ランゲは，より端的に，身分犯においては正犯者資格のある者のみが行為支配を有しており，たとえば，公務員のみが職務執行を支配し得ると主張した[20]。ガラスおよびランゲの見解は，行為支配と身分とを結合させ，身分犯においては身分者のみが行為支配を有し，したがって，正犯となり得るとするものであったが，明確に身分者の義務違反的要素を指摘したのはヴェルツェルである。ヴェルツェルの見解は，目的的行為支配を一般的正犯要素とし，身分犯においては，これに特殊的正犯要素として特別の義務者的地位が付加されなければならない，ということをその内容とするものであった[21]。これと同様に，身分犯における特別義務を重視したのが，シュトラーテンヴェルトである。シュトラーテンヴェルトは，身分犯においては，特別義務が正犯性の要件であり，その侵害に刑法上重要な不法が存すると解したのである[22]。

　このように，ドイツの身分犯論においては，義務思想がその前提とされていたと言えるのであり，それを正犯原理として明確化したものがロクシンの見解，すなわち，義務犯においては，特別義務の侵害が唯一の正犯原理であ

---

(18)　Nagler, Die Teilnahme am Sonderverbrechen, 1903, S. 47, 51, 72, 79, 113ff. 西田・前掲注(15) 137頁以下。

(19)　Gallas, Täterschaft und Teilnahme, Materialien zum Strafrechtsreform, Bd. I, 1954, S. 133. 西田・前掲注(15) 180頁。

(20)　Kohlrausch-Lange, StGB, 43. Aufl., 1961, S. 159f. 西田・前掲注(15) 180頁。

(21)　Welzel, Das Deutsche Strafrecht, 11. Aufl., 1969, S. 100f. 西田・前掲注(15) 181頁。

(22)　Stratenwerth, Strefrecht Allgemeiner Teil, 4. Aufl., 2000, S. 99f. 西田・前掲注(15) 182頁。

第 2 節　身分犯の法的性質　*49*

り，特別義務を負う者だけが正犯となり得るとする見解であると位置づけることができる。それは，身分犯における正犯理論の極点とも言うべき意味を持つだけでなく，行為支配説において基礎づけの困難な，いわゆる「身分なき故意ある道具」の場合における，身分者の間接正犯性を容易に基礎づけ得る点で，きわめて実践的な意義をも有するとともに，義務犯においても，通常の犯罪と同様，その処罰根拠は法益侵害にあるとされていることに注目しなければならないと評価されている[23]。

　しかし，ロクシンの見解に対しては，次のような問題のあることが指摘されている。すなわち，特別義務の侵害を義務犯における唯一の正犯原理としていることについて，ロクシン自身が認めているように，義務犯の処罰根拠は法益侵害に求められるところ，少なくとも，作為の義務犯は，一面において義務犯の性質を帯びるとともに，他面において，それが作為による法益侵害を内容とする限り，支配犯としての性質をも具備すると考えられるから，義務犯における正犯原理は，特別義務の侵害だけではなく，同時にそれが行為支配をも含むものであると解しなくてはならないと指摘されており[24]，また，特別義務を，刑法規範に論理的に先行する他の法領域から由来する義務としていることについても，特別義務の存在はどのようにして明らかになるのか，そして，どのような理由で，刑法外の特別義務が犯罪の可罰的な構成要件に影響し得るのか，という疑問の存在することが指摘されているのである[25]。

　ロクシンの義務犯論は，その後，ヤーコプスによりさらに展開されていった。ヤーコプスによれば，義務犯は，ポジティヴな義務の違反である制度的管轄に基づく犯罪であると定義され，その負責根拠により，支配犯から区別される。支配犯においては，ネガティヴな義務（組織化管轄に基づく義務）の違反が，その負責根拠であり，このネガティヴな義務（組織化管轄に基づく義務）は，他の人格を侵害してはならないという，全ての人格に課された法的義務，

---

(23)　西田・前掲注(15) 183 頁。

(24)　中義勝「クラウス・ロクシン＜正犯と行為支配＞(二)」『関西大学法学論集』15 巻 3 号（昭 40 年・1965 年）295 頁以下。

(25)　平山・前掲注(12) 132 頁。

50 第3章 身分犯の法的性質

つまり，自分の自由な態度から生じた結果についての責任は自分で負わなければならないという義務であるとされる。これに対し，義務犯においては，ポジティヴな義務（制度的管轄に基づく義務）の違反が，その負責根拠であり，このポジティヴな義務（制度的管轄に基づく義務）は，社会のアイデンティティを決定する制度に由来する，他の人格とのポジティヴな関係に足を踏み入れ，社会の存続にとって必要とされる一定の役割を持続的に果たすべき法的義務，つまり，一般的に，または特定の危険に対して，一定の法益を保護しなければならない特別な義務であると説明される[26]。このようにして，ヤーコプスは，支配犯と義務犯を，それぞれの負責根拠により区別するのである。

　その上で，支配犯の場合は，行為支配に対応した組織化の拡張の量により正犯と共犯が区別されるのに対して，義務犯の場合には，義務者は，一身専属的に自身に結びつくような特別な役割を果たしており，それ以外の者がその役割を分担することはできないのであるから，常に正犯と評価されると主張する[27]。そして，非身分者が義務犯に関与した場合における，共犯としての可罰性と身分の連帯的作用については，次のように解している。すなわち，特別な役割の担い手によって守られるべき制度は，非身分者もその構成員である社会のものであり，非身分者は制度の担い手を通して制度を攻撃することができ，また，義務者がポジティヴな義務（制度的管轄に基づく義務）に違反する際に行なう組織化行為は分業することができるので，非身分者が，義務者の義務違反を誘発ないし助長したときは，組織化行為による分業として，義務者と非身分者との間に部分的な連帯を認めることができ，その範囲で部分的に負責される。したがって，ヤーコプスによれば，義務犯においては，義務者だけが正犯となり得るのであって，非身分者は，間接正犯や共同正犯となることはないが，義務者の義務違反を誘発ないし助長することにより，社会のアイデンティティを決定する制度を攻撃した場合には，義務犯への教唆犯または幇助犯として負責されるということになる[28]。

　ヤーコプスによると，義務犯の負責根拠は，ポジティヴな義務（制度的管轄に基づく義務）の違反であるから，通常の犯罪も，ポジティヴな義務（制度的管

---

(26) Jakobs, a.a.O.［Anm. 9］, S. 783. 平山・前掲注(12) 132 頁以下。

(27) 平山・前掲注(12) 138 頁以下。

轄に基づく義務）に違反する作為または不作為で実現される場合は，義務犯となる[29]。そして，義務犯の場合，義務者は，常に正犯となる。しかし，この考え方は，不当な帰結をもたらすこともある。たとえば，自分の子を殺害する者にナイフを手渡す父親は，親子関係という制度に由来する特別な義務を侵害しているので，義務犯として扱われ，殺人罪の正犯となるのである[30]。さらに，通常の犯罪が，どのような場合に，義務犯，すなわちポジティヴな義務（制度的管轄に基づく義務）の違反として扱われるのかは，必ずしも明確とは言えない。ヤーコプスの見解においては，その時々の社会において社会の根本条件を形成し，そのあり方を決定するような，常に保護されるべき制度に由来する義務が，ポジティヴな義務（制度的管轄に基づく義務）であり，何をポジティヴな義務（制度的管轄に基づく義務）とするかは，社会に規定される。このように，何がポジティヴな義務（制度的管轄に基づく義務）に含まれるかは，決して固定的ではないのである[31]。

　ロクシンとヤーコプスの義務犯論に共通しているのは，義務犯においては，特別義務の侵害が正犯原理であるから，義務者が常に正犯とされ，義務犯に加担する非身分者は，間接正犯または共同正犯の形式によっても，正犯となることはできない，ということである。その理由は，特別義務を侵害することができるのは，一身専属的な役割を負う義務者だけであり，その役割を非身分者が分担することはできないという点にある。つまり，義務犯においては，特別義務の侵害が，正犯性を示すメルクマールであると考えられているのである。しかし，そのことと，法益侵害との関係は必ずしも明らかではない。義務犯においても，ロクシン自身が認めているように，その処罰根拠は法益侵害にあるとすれば，非身分者も，義務者との相互利用補充により法益を侵害することはできるので，ロクシンおよびヤーコプスの考え方に修正を

---

(28)　Sánchez, Pflichtdelikt und Beteiligung-Zugleich ein Beitrag zur Einheitlichkeit der Zurechnung bei Tun und Unterlassen, 1990, S. 126ff., 167f., 172ff. 平山幹子「＜義務犯＞について（二・完）―不作為と共犯に関する前提的考察―」『立命館法学』273号（平12年・2000年）［後に同『不作為犯と正犯原理』（平17年・2005年）に収録］189頁以下［引用頁数は後者による］。

(29)　平山・前掲注(28) 219頁。

(30)　平山・前掲注(12) 139, 186頁。なお，この事例で，ヤーコプスが，実行行為者の罪責をどのように解しているかは明らかでない。

(31)　平山・前掲注(28) 196-7頁。

加え，義務犯における特別義務の侵害は「単独正犯の形式での」正犯性を示すメルクマールであると解して，非身分者であっても，義務者の義務違反を誘発ないし助長することを通して，義務犯の構成要件により保護されている法益を義務者と共同して侵害し，構成要件を実現することができると考えられるから，非身分者が共同正犯となることもあり得ると解する余地も残されていると思われる。

　ともあれ，ロクシンおよびヤーコプスにより展開されてきたドイツの義務犯論は，以上で検討したように，わが国において全面的に受け入れるには不都合な部分も含んでいるが，少なくとも，身分犯を義務犯の観点から捉え，特別義務の侵害が義務犯における正犯原理であると解しつつ，その処罰根拠を法益侵害に求める点は，わが国の身分犯論に有益な示唆を与えるものであると考えられる。

第2款　身分概念をめぐるわが国の判例と学説

　わが国においては，主として刑法65条の「身分」の意義に関して，身分犯の法的性質が論じられてきた。

　判例は，大審院の時代から，身分概念を広く解している。すなわち，公金の占有者である収入役と占有者でない村長が共謀して，これを横領したという事案において，原判決が刑法65条の適用を明示せずに村長である被告人を横領罪の実行正犯と解したことにつき，弁護人が上告趣意で，刑法65条の身分とは，男女の別，内外人の別，親族関係，囚徒，公務員たるの資格等の身上関係を総称するものであって，占有のような身上の関係ではない1つの事実は身分と称すべきものではなく，本件被告人に対し同条の適用がないことは明らかであるにもかかわらず，原判決が占有者でない被告人を横領罪の実行正犯としたことは，法律の適用を誤った違法があると主張したのに対して，大審院は，「而シテ刑法第六十五条ニ所謂身分トハ必スシモ論旨ノ如ク男女ノ性，内外国人ノ別，親族ノ関係，公務員タルノ資格ノ如キ関係ノミニ限ラス汎ク一定ノ犯罪行為ニ関スル犯人ノ人的関係タル特殊ノ地位又ハ状態ヲ指称スルモノトス故ニ刑法第二百五十二条及第二百五十三条ニ於テハ横領罪ノ目的物ニ対スル犯人ノ関係ガ占有又ハ業務上ノ占有ナル特殊ノ状態ニ在ルコト即チ犯人カ物ノ占有者又ハ業務上ノ占有者タル特殊ノ地位ニ在ルコトカ

各犯罪ノ条件ヲ成スモノニシテ刑法第六十五条ニ所謂身分ニ該ルモノトス」
と判示して，物の占有者という特殊の地位にあることが，刑法65条の「身分」
に該当すると解したのである[32]。

　最高裁判所の判例も，大審院が示した身分概念を踏襲している。すなわち，
被告人が経済事犯の揉み消し料の名目で預かり保管中の金銭を，別の被告人
とともに消費したという事案をめぐって，上告趣意が，「＜身分とは性別，国
籍，親族，夫婦関係，公務員，仲裁人，業務者，常習者，宣誓者等刑法に規
定せられた特殊の資格や地位を称する＞のであって，横領罪に於ける他人の
財物の占有又は保管ということは刑法第六十五条第一項にいう所謂身分に該
当しない」と主張したのに対し，最高裁判所は，上で挙げた大審院判決を援
用して，「刑法六五条にいわゆる身分は，男女の性別，内外国人の別，親族の
関係，公務員たるの資格のような関係のみに限らず，総て一定の犯罪行為に
関する犯人の人的関係である特殊の地位又は状態を指称するものであって，
刑法二五二条においては，横領罪の目的物に対する犯人の関係が占有という
特殊の状態にあること，即ち犯人が物の占有者である特殊の地位にあること
が犯罪の条件をなすものであって，刑法六五条にいわゆる身分に該るものと
云わなければならない」と判示したのである[33]。判例は，刑法65条1項の「身
分」と2項の「身分」を区別していないので，この身分の定義は，両項に共
通するものであると解される[34]。

　通説は，「＜身分＞を正確に定義することはなかなか困難だが，実例につい
て考えれば身分かどうかを決めることはそれほど困難ではな」く，「一身に具
わる資格，地位，性質，他人に対する関係等を考えればよい」と解し，判例
の身分概念を「周到な定義」として評価している[35]。もっとも，平野博士は，
判例の「定義は，あまり内容のあるものとはいえない」とされるが[36]，これに
対しては，「実定法上，判例と異なる定義を考えることができないし，平野教
授も積極的な定義を掲げていない」という批判が加えられている[37]。また，刑

(32)　大判明治44年3月16日刑録17輯405頁。
(33)　最判昭和27年9月19日刑集6巻8号1083頁。
(34)　福山道義「共犯と身分」西原春夫＝宮澤浩一＝阿部純二＝板倉宏＝大谷實＝芝原邦爾編『判例
　　刑法研究第4巻』（昭56年・1981年）221頁。

54 第3章 身分犯の法的性質

法65条1項と2項の身分概念を統一的に把握することにつき，大塚博士は，「今日の刑罰法規を通観するとき，身分として取り扱われるべき要素はすこぶる多岐にわたっているのであり，それは，抽象的には，まさしく判例が定義しているように広い意味にとらえられるべきである。そして，……本条1項は真正身分犯および不真正身分犯について共犯の成立を定め，2項は不真正身分犯における科刑の方法を規定したものと解する立場においても，真正身分犯の身分も不真正身分犯の身分もそれを有する者に対してのみ当該刑罰法規を適用するという本来的意図に異なるところはないから，1項の身分と2項の身分とをことさら区別して別個の意味を与えようとすることは失当である」とされ，判例の立場を支持されている[38]。

　通説が判例の身分概念を支持するのとは異なり，義務犯説と呼ばれる見解が主張されている。これは，真正身分犯を義務犯として把握する見解である[39]。木村博士は，真正身分犯の本質は，一定の身分のある者が，その身分によって一定の義務を負担させられている点にあり，したがって，本来は，そのような義務を負担する身分のある者についてだけ，その義務違反によって犯罪の成立があるので，刑法65条1項の「身分」は，たとえば，収賄罪（刑法197条1項）における「公務員」，背任罪（刑法247条）における「他人のためにその事務を処理する者」，および偽証罪（刑法169条）における「法律により宣誓した証人」等のように，「社会的・法律的等の人的関係において特定の義務を負担するところの地位又は資格を意味し，単なる犯罪の常習性や目的犯

⑶5　小野（慶）・前掲注⑴492頁。ほかにも判例を支持する見解として，団藤重光『刑法綱要総論』第3版（平2年・1990年）418-9頁，小野清一郎＝中野次雄＝植松正＝伊達秋雄『刑法（ポケット註釈全書）』第3版（昭55年・1980年）207頁，西原春夫『刑法総論』（昭52年・1977年）356頁，藤木英雄『刑法講義総論』（昭50年・1975年）271-2頁，荘子邦雄『刑法総論』第3版（平8年・1996年）102頁，内田文昭『刑法Ⅰ（総論）』改訂補訂版（平9年・1997年）95, 99-100頁，吉川経夫『刑法総論』3訂補訂版（平8年・1996年）286頁，斉藤金作『刑法総論』改訂版（昭30年・1955年）251頁等。

⑶6　平野龍一『刑法総論Ⅱ』（昭50年・1975年）367頁。

⑶7　荘子・前掲注⑶5 105頁。

⑶8　大塚仁『注解刑法』増補第2版（昭52年・1977年）448頁。

⑶9　さらに，刑法65条1項と2項を通じて身分を義務犯として把握する見解もある（高橋則夫「共犯と身分」阿部純二＝板倉宏＝内田文昭＝香川達夫＝川端博＝曽根威彦編『刑法基本講座第4巻』（平4年・1992年）172頁）。

における目的のような行為者の永続的又は一時的な心理状態を含まない」が，同条2項の「身分」は，「刑の加重・減軽の原因たる地位・資格・状態であればよい。その意味において，判例に定義せられた身分の概念は第2項の意味における＜身分＞を意味するにすぎない」として，1項の身分概念を厳格に解されている[40]。

　義務犯説に対して，平野博士は，次のように批判を加えられる。すなわち，義務犯説は，違法性の実質を義務違反であるとする見解を基礎にするものであるが，そもそも義務違反が違法性の実質であるとすることが疑問であるし，一定の身分を有する者に対してのみ高い倫理を要求するのは憲法14条の趣旨にも反するとされるのである。そして，法益侵害ないしその危険が違法性の実質であるとする見地からは，「一定の身分の者についてだけ犯罪が成立するのは，その身分を持った者でなければ，事実上，その法益を侵害することができないからだということになる」と主張されている[41]。

　このような考え方に対して，大塚博士は，「犯罪には，義務の違反として把握されるべき一面をもつものがあることも認めなければならない」のであり，不真正身分犯の場合に，侵害される法益が全く同一であるにもかかわらず，身分者の行為が非身分者の行為に比して重く処罰されている理由は，身分者の義務違反の観点を無視しては説明できないと指摘される[42]。たしかに，犯罪は，第一次的に法益侵害として捉えるべきであるから，犯罪の本質の捉え方として，一般的に犯罪を義務違反として把握するのは，義務思想を強調することになり妥当でない。しかし，真正身分犯について義務犯性を肯定しても，それは身分犯という特殊な犯罪類型についての問題であり，決して犯罪一般を義務犯とすることにはならない。したがって，真正身分犯を例外的に義務犯と捉えることは，直ちに義務思想を強調するものではなく，むしろ，その特質に適合する解釈なのである[43]。

---

(40)　木村亀二『刑法総論』（昭34年・1959年）［阿部純二増補］（昭53年・1978年）156頁以下，同・前掲注(1)380頁以下。同旨，大野・前掲注(1)167頁，同「身分犯と共犯」藤木英雄＝板倉宏編『刑法の争点』増補版（昭59年・1984年）131頁。

(41)　平野・前掲注(36)368頁。

(42)　大塚・前掲注(8)92頁。

(43)　川端・前掲注(1)121-2頁。

第3款 共犯の処罰根拠からの検討

　共犯の処罰根拠の観点からは，身分犯の法的性質を，どのように説明できるのであろうか[44]。この場合，真正身分犯に関与した非身分者の可罰性の根拠づけが，特に重要である。なぜならば，不真正身分犯においては，身分の有無は刑の軽重に差をもたらすが，非身分者であっても構成要件的結果を惹起することができるので，それにより非身分者の固有の不法は基礎づけられるのに対して，真正身分犯においては，本来，一定の身分を有する者に限り構成要件を実現することができるのであり，非身分者は，少なくとも単独では構成要件的結果を惹起することができず，その固有の不法を基礎づけるためには，特別な理由が必要とされるべきことになるからである。

　修正惹起説は，違法の連帯性の観点から，真正身分犯に関与した非身分者の可罰性を，もっぱら正犯の不法から導かれる不法により基礎づける[45]。しかし，このような考え方は，共犯の従属性の意義を正確に捉えていないと思われる。共犯の従属性は，共犯が成立するためには正犯にどのような要素が備わっていなければならないかという観点から把握されるべきであり，制限従属形式は，共犯が成立するための必要条件として，正犯の不法を要求するのである。そうすると，正犯が不法であるとしても，それに連帯して共犯が常に不法となるわけではないということになる。したがって，修正惹起説のように，真正身分犯に関与した非身分者の可罰性を，義務者の不法から導かれる不法により基礎づけることは，妥当でない。

　混合惹起説は，既に述べたように，共犯の処罰根拠を，共犯固有の不法と正犯の不法の両方に求める立場である。この立場において，共犯固有の不法は，共犯から見た構成要件的結果の惹起であり，正犯の不法は，共犯成立の必要条件であると解されている。この立場を貫くとすれば，真正身分犯関与した非身分者の可罰性を説明することが難しくなる。なぜならば，真正身分犯の場合，正犯である義務者に不法が認められるとしても，それは共犯成立の必要条件であるにすぎず，正犯が不法であればそれに連帯して共犯も不法

---

[44]　なお，本書は，共犯の処罰根拠は，狭義の共犯（教唆犯，幇助犯）に限り妥当し，共同正犯の処罰根拠は，それとは別に基礎づけられることを要すると考えている。

[45]　平野・前掲注(36) 355，366頁以下参照。

となるわけではないから，義務者の不法により非身分者の不法を基礎づけることは困難であるとともに，非身分者は，少なくとも単独では構成要件により保護されている法益を侵害することはできないと考えられ，そうである以上，共犯である非身分者から見た構成要件的結果の惹起はあり得ないということになるからである。たとえば，非公務員は，職務の対価である賄賂を収受することができず，それゆえ，自身から見た構成要件的結果を惹起することができないことは明らかであるから[46]，非身分者が収賄罪に関与した場合，その可罰性を基礎づけるための，非身分者の固有の不法は，非身分者から見た構成要件的結果の惹起ということ以外に求められるべきことになる。

　この点に関して，純粋惹起説の立場から，リューダッセンは，身分者の行為は純粋事実的なものであり，非身分者には法益が身分者よりも弱く保護されているので，非身分者も共犯として可罰的になるとする[47]。そして，真正身分犯に対する共犯は，「身分者の義務違反を誘発・助長する」という内容の，規範の名宛人を拡大する特別のルール，すなわち「共犯者用の構成要件」に該当すると説くのである[48]。また，同じく純粋惹起説に依拠するシュミットホイザーは，非身分者は法益を侵害し得ないから，共犯に固有の不法は認められず，身分犯に対する非身分者による共犯は，一般の共犯とは異なる独立の共犯形式を定めたものであると解している[49]。この立場においては，真正身分犯に非身分者が関与する場合，因果的要素は連帯するが義務違反的要素は連帯しないので，共犯の可罰性を説明するためには，惹起だけでなく正犯の義務違反的要素が不可欠であると考えられているのである[50]。

　真正身分犯に関与した非身分者の可罰性についての，このような純粋惹起説の考え方は，基本的には，混合惹起説の立場からも採用し得るものであると思われる[51]。なぜならば，真正身分犯に関与した非身分者の可罰性を検討

---

(46)　松宮孝明「＜共犯の処罰根拠＞について」『立命館法学』256 号（平 9 年・1997 年）［後に同『刑事立法と犯罪体系』（平 15 年・2003 年）に収録］284 頁参照［引用頁数は後者による］。

(47)　Lüderssen, a.a.O.［Anm. 7］, S. 193ff.

(48)　Vgl. Lüderssen, a.a.O.［Anm. 7］, S. 137f., Jakobs, a.a.O.［Anm. 9］, S. 660. 松宮・前掲注(46) 285 頁。

(49)　Schmidhäuser, Strafrecht Allgemeiner Teil, 1970, S. 420ff., 432f., 438. 松宮・前掲注(46) 284 頁参照。

(50)　松宮・前掲注(46) 285 頁。

する場合，正犯の不法が存在することは当然の前提なのであり，問題となるのは非身分者の固有の不法であるところ，純粋惹起説と混合惹起説の最大の相違点は，純粋惹起説が，正犯の不法を共犯成立の必要条件として要求しないのに対し，混合惹起説は，それを要求するという点にあるのであり，その点を除けば，両説とも，共犯固有の不法については基本的に共通した説明をするからである。

　端的に言えば，身分犯と共犯の問題の特殊性は，「通常の犯罪なら，正犯が機械に置きかわれば，背後者は正犯に変わるのに，構成的身分犯の場合は構成要件実現自体がなくなってしまう」点にある[52]。たとえば，収賄罪を教唆する代わりに，情を知らない公務員を利用する収賄の間接正犯というものが成立するか否かを考えると，賄賂であることを知らせずに公務員に金銭を受け取らせても，供与者と収受者の取り決めがない以上，金銭の賄賂性が否定され，「賄賂を収受」したとは言えないことになるので，間接正犯は成立し得ない。この例は，真正身分犯に関与した非身分者の可罰性が，単純な物理的因果性によっては説明され得ない，ということを示唆している。収賄罪の構成要件が，法益を一般には保護せず，その主体を公務員に限定したのは，公務員の忠実義務を担保することにより法益を保護する趣旨であると解するべきである。そして，この場合，法益が忠実義務と不可分的に結び付いていることに注目しなければならない。そうすると，収賄罪に関与した非身分者の可罰性は，外形的な結果の惹起だけではなく，公務員の義務違反を誘発ないし助長したという点に，その根拠を求めるべきことになる。また，たとえば，国家公務員法 111 条は，公務員の違反行為に対する命令，故意による容認，そそのかしおよび幇助を独立共犯として処罰しているが，その対象を，全ての違反行為ではなく，秘密の漏洩等に限定している。ここでは，公務員という身分は，当然に連帯するのではなく，特別な理由がある場合に限り，連帯的に作用することとされているのである。

---

(51)　もっとも，正犯の行為を純粋事実的な存在として理解する点は支持できない。制限従属形式の観点からは，共犯が成立するためには，正犯の行為が，構成要件該当性および違法性を具備していること，すなわち不法であることを要するからである。

(52)　Vgl. Jakobs, a.a.O.［Anm. 9］, S. 660. 松宮・前掲注(46) 284 頁。

このように考えると，真正身分犯に関与した非身分者は，正犯である義務者の不法を前提に，その特別義務の違反を誘発ないし助長したということを理由に処罰されると解するべきことになる。そして，刑法65条1項は，義務者の特別義務の違反を処罰するだけでは法益保護にとり不十分である場合に，非身分者が義務者の特別義務の違反を誘発ないし助長することを処罰し，それにより法益保護の一層の充実を図る趣旨の規定であるということになる[53]。

第3節　刑法65条1項の「共犯」の意義

　身分犯の法的性質をめぐる理解は，刑法65条1項の「共犯」の解釈に，どのような影響を及ぼすのであろうか。

　判例は，当初，刑法65条1項は共同正犯のみに適用されると解していた。すなわち，被告人が，法律により宣誓した証人を教唆して偽証させたという事案に関して，大審院は，「刑法第六十五条ハ共同正犯ニ関スル例外規定ニシテ之ヲ教唆ニ適用ス可キモノニアラサルコトハ同条文ニ＜犯罪行為ニ加功シタルトキ＞トアルニ因テ明瞭ナルノミナラス犯人ノ身分ニ依リ構成スヘキ犯罪ハ其身分ヲ有セサル者ニ於テ之ヲ実行スルモ犯罪ノ構成要件ヲ欠如スルヲ以テ右例外規定ノ存スルニアラサルヨリハ之ヲ処罰スル能ハサルモ教唆ハ正犯ニ従属シ常ニ正犯ト運命ヲ共ニスヘキモノナレハ犯人ノ特別身分ヲ有スルト否トニ拘ハラス正犯ニシテ其身分ヲ有スル以上ハ常ニ正犯ニ準シテ処罰スヘキモノナルヲ以テ特ニ例外規定ヲ設クルノ要ナシ」と判示し，刑法65条1項を適用せずに，刑法169条および刑法61条1項を適用して被告人に偽証教唆罪を成立させたのである[54]。その後，判例は，解釈を変更して，刑法65条1項は全ての共犯形式，すなわち教唆犯，幇助犯および共同正犯に適用されると解し，現在に至っている。この点，傍論において，「犯人ノ身分ニ因リ

---

[53]　松宮・前掲注(46) 285頁以下，同「身分の連帯作用について」『刑法雑誌』38巻1号（平10年・1998年）[後に同『刑事立法と犯罪体系』（平15年・2003年）に収録] 294頁以下参照 [引用頁数は後者による]。

[54]　大判明治44年10月9日刑録17輯1652頁。

60 第 3 章　身分犯の法的性質

テ構成スル犯罪ニ付キ身分ナキ者カ加担スルニ於テハ共犯ヲ以テ之ヲ論スヘ
キコトハ刑法第六十五条第一項ノ規定スル所ニシテ加担行為ノ種類ニ従ヒ或
ハ実行正犯タルヘク或ハ教唆若クハ従犯タルヘシ」[55]と述べた判決が注目さ
れるが，この判決は，実際には，被告人に教唆犯，幇助犯ではなく，共同正
犯を成立させたものであった。実際に，刑法 65 条 1 項の適用により幇助犯を
成立させた判例は，たとえば，次のようなものである。すなわち，大審院は，
軍人の身分を有しない被告人らが，資金または拳銃実弾を供与し，海軍軍人
の「反乱行為ヲ幇助シ之ニ加功シタ」ときは，「刑法第六十五条第一項第六十
二条第一項ニ依リ右反乱罪ノ従犯トシテ処断スヘキモノトス」と判示したの
である[56]。

　通説は，判例の立場と同様，刑法 65 条 1 項の「共犯」は，全ての共犯形式
を含むと解しているが[57]，同項の「共犯」は教唆犯および幇助犯のみを含むと
解する説[58]（共同正犯排除説）も有力であり，それ以外にも，同項の「共犯」は，
真正身分犯の場合には教唆犯および幇助犯のみを含むが，不真正身分犯の場
合には全ての共犯形式を含むと解する説[59]（二分説）のほか，旧判例の立場と
同様，同項の「共犯」は共同正犯のみを含むと解する説[60]（狭義の共犯排除説）
が存在する。

　共同正犯排除説は，主として構成要件理論の立場から主張されるが，真正
身分犯を義務犯として捉える立場からも主張されている。小野博士は，構成

---

[55]　大判大正 4 年 3 月 2 日刑録 21 輯 194 頁。

[56]　大判昭和 10 年 10 月 24 日刑集 14 巻 1267 頁。

[57]　牧野・前掲注(1) 742 頁，植松正『刑法概論 I 総論』再訂版（昭 49 年・1974 年）387 頁，佐伯千
仭『刑法講義（総論）』改訂版（昭 49 年・1974 年）367 頁，青柳文雄『刑法通論 I 総論』（昭 40 年・
1965 年）399 頁，藤木英雄『刑法講義総論』（昭 50 年・1975 年）303 頁，西原・前掲注[35] 358 頁，
前田雅英『刑法総論講義』第 6 版（平 27 年・2015 年）338 頁，板倉宏『刑法総論』補訂版（平 19
年・2007 年）321 頁以下，高橋・前掲注[39] 174 頁等。

[58]　小野清一郎『新訂刑法講義総論』（昭 23 年・1948 年）215 頁，瀧川幸辰『犯罪論序説』改訂版
（昭 22 年・1947 年）254-5 頁，木村・前掲注(1) 378 頁，平場安治『刑法総論講義』（昭 27 年・1952
年）168 頁，吉川・前掲注[35] 288 頁，香川達夫『刑法講義〔総論〕』第 3 版（平 7 年・1995 年）406
頁，中義勝『講述犯罪総論』（昭 55 年・1980 年）261 頁，中山研一『刑法総論』（昭 57 年・1982
年）489 頁，小野（慶）・前掲注(1) 495 頁等。

[59]　団藤・前掲注[35] 420 頁，大塚・前掲注(8) 316 頁，内藤謙「共犯と身分」団藤重光編『注釈刑法
(2)のⅡ』（昭 44 年・1969 年）838 頁。

[60]　井上正治『刑法学（総則）』（昭 26 年・1951 年）239 頁以下，内田・前掲注[35] 319 頁。

要件理論の立場から，「共同正犯は，本来正犯，即ち実行者であり，身分犯は
その身分ある者のみが之を実行しうる」のであるから，刑法 65 条 1 項の「加
功」は実行以外の加功であり，「共犯」は教唆犯および幇助犯のみを意味する
と解されている[61]。木村博士は，共犯独立性説の立場から，真正身分犯を義務
犯として把握した上で，次のように主張される。すなわち，刑法 65 条 1 項は，
たとえば，真正身分犯である刑法 197 条の公務員による収賄行為に対して非
公務員が加功した場合を規定したものであり，この場合の収賄罪の主体は，
それが単独犯であるか共同正犯であるかにかかわらず，常に公務員であるこ
とを必要とするから，非公務員は，いかなる意味においても共同正犯者では
あり得ないということが，真正身分犯の概念の当然の結論である。したがっ
て，真正身分犯である収賄罪に非公務員が加功する場合は，教唆者または幇
助者として以外ではあり得ない。その意味において，刑法 65 条 1 項の「共犯」
は，狭義の共犯を意味し，共同正犯を含まないと解するべきであるとされる
のである[62]。しかし，共同正犯排除説に対しては，身分犯をもっぱら法益侵害
犯として理解する立場から，非身分者は身分犯の実行行為をなし得ないとい
う共同正犯排除説の論拠は，身分犯の義務犯的理解を前提とするものであり，
「正犯原理である実行行為概念の内に身分の概念を取り込むことにより，非
身分者の共同正犯性はア・プリオリに排斥されている」という批判が加えら
れている[63]。また，「身分犯の本質ということにこだわれば，身分のない者に
教唆犯・従犯の成立を認めることもできなくなる。一定の身分を欠くため本
来単独には犯罪主体たり得ない者でも，身分ある者の犯罪に協力することを
放置するのは不合理であるから，＜身分ナキ者ト雖モ仍ホ共犯トス＞と規定
して，妥当な解決を図ったものと思われる」という指摘もある[64]。

　二分説は，刑法 65 条に関し，1 項は，真正身分犯および不真正身分犯の成
立について規定しており，2 項は，特に不真正身分犯の科刑のみについて規
定したものであると解する立場から主張されている。団藤博士は，真正身分

---

(61)　小野・前掲注(58) 215 頁。
(62)　木村・前掲注(1) 378 頁。
(63)　西田・前掲注(15) 183 頁以下。
(64)　植松正『刑法総論』(昭 33 年・1968 年) 302 頁。

犯の場合には，身分のない者の行為はその実行行為としての類型を欠くから，共同実行ということはあり得ず，たとえば，非公務員が公務員とともに賄賂を収受したとしても，「法律的な目でみれば，非公務員にとっては，その目的物は＜賄賂＞ではないし，これを受け取ることは，＜賄賂の収受＞の実行行為ではない。非公務員のその行為は，公務員の収受行為の幇助にほかならない」ので，刑法65条1項の「共犯」に共同正犯を含まないと解するべきであるが，不真正身分犯の場合には，非身分者であっても実行行為を共同することができるから，同項の「共犯」に共同正犯も含むと解するべきであると主張される[65]。しかし，二分説が前提としている立場は，罪名と科刑を分裂させるものであり，妥当でない。犯罪と刑罰は不可分なものであるから，特段の事情がない限り，犯罪としては身分犯であるが，刑は非身分者のそれによるというような分離的観察をするべきではない[66]。犯罪の成立と科刑は常に一体として考えるのが，理論上，より妥当であり，二分説によるならば，刑法の効力，公訴時効，親告罪等との関係で，理論上，問題を生じさせるおそれがあると考えられる[67]。

　狭義の共犯排除説は，井上博士の所説により代表される。井上博士は，「元来身分とは正犯としての身分であり，教唆犯・幇助犯としての身分ではないが故に，教唆者・幇助者が身分者と共犯関係に立ち得ることは当然であって，その点から本条は，むしろ共同正犯に対する特別規定と解し得ないであろうか」と述べておられる[68]。しかし，この見解は，教唆犯および幇助犯の可罰性を，その従属的性格から当然に基礎づけるものであって，惹起説の観点からは支持できない。狭義の共犯排除説を支持する見解は，現在ではきわめて少数であるので，刑法65条1項の「共犯」の意義に関する主要な争点は，「共犯」に共同正犯が含まれるか否か，ということに集約される。

　真正身分犯を義務犯として把握する立場からは，本来，義務者だけが，義

---

[65]　団藤・前掲注[35] 420 頁。

[66]　柏木千秋「共犯と身分」『法学教室』第 1 期 1 号（昭 36 年・1961 年）49 頁。

[67]　植田重正「＜共犯と身分＞について」団藤重光＝平場安治＝平野龍一＝宮内裕＝中山研一＝井戸田侃編『犯罪と刑罰(上)』佐伯千仭博士還暦祝賀（昭 43 年・1968 年）488 頁，柏木・前掲注[66] 49 頁。

[68]　井上・前掲注[60] 240 頁。

務に違反することにより、真正身分犯の構成要件を実現することができるのであるから、義務を負わない非身分者は、少なくとも単独では真正身分犯の主体にはなり得ないと考えられる[69]。この点、真正身分犯に教唆犯または幇助犯として関与した非身分者の可罰性は、正犯である義務者の義務違反を誘発ないし助長したことを理由に基礎づけられると解するべきであるということは、既に述べた通りである。しかし、このこととは別に、非身分者が真正身分犯の共同正犯となり得るかという問題、より厳密に言えば、非身分者が、義務者との相互利用補充の態様で、真正身分犯の構成要件を実現することができるかという問題については、共同正犯の本質の観点から考察する必要がある。共同正犯の客観的な成立要件は、共同実行の事実に求められるところ、非身分者が真正身分犯の実行行為を共同することができるかが考察の対象となる。共同正犯において「一部実行の全部責任の原則」が認められるのは、人的結合によって強められた個々人の行為が、協同関係に基づく合同力を強め、犯罪遂行を確実にするので、これを抑止する趣旨であると解される。したがって、個々人の行為は、全体との関連において実質的に評価されるべきであるから、実行行為を常に形式的に解しなければならないわけではない[70]。そうすると、非身分者も実質的な意味で真正身分犯の実行行為の一部を共同することができると考えてよいように思われるので、結論的には、刑法65条1項の「共犯」には全ての共犯形式が含まれると解する通説の立場が妥当であるということになる[71]。

---

[69] もちろん、真正身分犯を法益侵害犯として把握する立場も、非身分者は、単独では真正身分犯の保護法益を侵害することはできないと説明する（西田・前掲注[15]190頁参照）。

[70] 川端博『刑法総論講義』第3版（平25年・2013年）556-7頁。

[71] 実行行為の実質的把握は、共謀共同正犯の解釈論上の基礎と共通する側面を持つ。この点に関して、最決昭和52年3月16日刑集31巻2号80頁における岸裁判官および岸上裁判官の補足意見が、「刑法六五条一項が共同正犯に適用があることを認める判例は共謀共同正犯についての判例と共通の問題点を包蔵しているのである。身分のない者は単独では身分を構成要素とする犯罪を犯すことはできないが身分のある者と共同加功することによって身分犯の共同正犯となることを認めてきた従来の判例の態度は、具体的事実に即して、共謀に関与したが実行には加担しなかった者でも共同正犯となることを認める基本的な態度に基づいている」と述べたことが注目される。

第4節　結　　論

ロクシンの創唱にかかり，ヤーコプスにより展開されてきたドイツの義務犯論は，わが国において全面的に受け入れるには不都合な部分も含んでいるが，特別義務の侵害が義務犯における正犯原理であると解しつつ，その処罰根拠を法益侵害に求める点は，わが国の身分犯論にも有益な示唆を与えるものであると考えられる。

共犯の処罰根拠を，共犯固有の不法と，共犯成立の必要条件としての正犯の不法に求める混合惹起説の立場からは，真正身分犯に非身分者が関与した場合，正犯である義務者に不法が認められるとしても，それは共犯成立の必要条件であるにすぎず，正犯が不法であればそれに連帯して共犯も不法となるわけではないから，義務者の不法により非身分者の不法を基礎づけることは困難であるとともに，非身分者は，少なくとも単独では真正身分犯の構成要件により保護されている法益を侵害することはできないので，共犯である非身分者から見た構成要件的結果の惹起はあり得ないということになり，非身分者の固有の不法は，非身分者から見た構成要件的結果の惹起ということ以外に求められるべきことになる。真正身分犯においては，法益が一定の義務と不可分的に結び付いていることに注目しなければならず，これに関与した非身分者の可罰性は，正犯である義務者の不法を前提として，非身分者が義務者の義務違反を誘発ないし助長したことを理由に基礎づけられると解するべきである。

これに対し，非身分者が真正身分犯の共同正犯となり得るかという問題については，共同正犯の本質の観点から考察しなければならない。「一部実行の全部責任の原則」の趣旨からは，共同正犯の客観的成立要件である共同実行の事実を，常に形式的に解する必要はないので，非身分者も実質的な意味で真正身分犯の実行行為の一部を共同することができると考えられる。したがって，刑法65条1項の「共犯」には，教唆犯，幇助犯だけでなく共同正犯も含まれると解することができる。

以上の検討を通して，本章は，共犯の処罰根拠の観点から，真正身分犯の法的性質は義務犯であるとの結論に到達するとともに，共同正犯の本質の観

点から，非身分者が，義務者との共同正犯の態様により，真正身分犯の構成
要件を実現することは可能であると解するに至ったのである。

第4章

必要的共犯の構造

第1節　本章の目的

　必要的共犯とは，構成要件上，法律の罰する行為をするにあたり数人の協力を必要とする犯罪のことであり[1]，集団犯と対向犯に大別される。集団犯は，同一方向に向けられた多数の者の共同行為を類型化したものであり，たとえば，内乱罪（刑法77条），騒乱罪（刑法106条）および凶器準備集合罪（刑法208条の2第1項）がこれに当たる。対向犯は，相互に対向関係にある共同行為

---

[1] Freudenthal, Die nothwendige Theilnahme am Verbrechen, 1901, S. 100. 瀧川幸辰「必要的共犯」『法学論叢』1巻1号（大8年・1919年）66，78頁。なお，佐伯千仭「必要的共犯」同編『現代刑事法学の諸問題』宮本博士還暦祝賀（昭18年・1943年）［後に同『共犯理論の源流』（昭62年・1987年）に収録］230頁は，「研究の出発点においては問題のあらましを把握させる程度の概念規定が与えられていれば十分であって，始めから厳格な必要的共犯の定義は無用である」とし，ランゲの見解（Lange, Die notwendige Teilnahme, 1940, S. 5）を引用しつつ，「数人の加担において，法律がその者の行為を正犯としての観点から不処罰と宣言した場合に，その者を共犯として処罰できるか」という問題が生じる場合は，全てこれを必要的共犯に含ませて差し支えないと主張する［引用頁数は後者による］。

　このような考え方に対して，団藤重光『刑法綱要総論』第3版（平2年・1990年）433頁は，必要的な関与者の「存在」が概念上必要とされるにすぎない場合は必要的共犯に含まれないのであり，必要的な関与者の「行為」が概念上必要とされている場合のみが必要的共犯に含まれると解し，たとえば，犯人蔵匿罪においては，犯人の「存在」は概念上必要とされるが，犯人の「行為」は概念上必要とはされていないから，犯人蔵匿罪は必要的共犯には含まれないとする。したがって，この見解によれば，定型的な関与行為は処罰されないという，必要的共犯に特有の理論を，犯人蔵匿罪には適用することができないので，犯人が他人を教唆して自己を蔵匿させたときは，犯人蔵匿罪の教唆犯が成立するということになる（同書432-3頁）。

　たしかに，犯人蔵匿罪および証拠隠滅罪を必要的共犯に含めるか否かが争われることもあるが，本章は，この対立をあまり重要な問題であるとは考えていない。なぜならば，後で述べるように，本章は，必要的共犯の問題を，共犯の処罰根拠の観点から解決するべきであると考えているのであり，このように考えるならば，片面的対向犯における必要的な関与者は，共犯として処罰される根拠が欠けることを理由に不可罰とされることになるところ，仮に，犯人蔵匿罪および証拠隠滅罪を必要的共犯に含めないとしても，両罪における関与者の不可罰性を，共犯として処罰される根拠が欠けるという，片面的対向犯における必要的な関与者が不可罰とされるのと同じ理由により基礎づけることができるからである。

を類型化したものであり，これには，第1に，重婚罪（刑法184条）のように関与者双方が同一の法定刑で処罰されるカテゴリー，第2に，収賄罪（刑法197条1項）と贈賄罪（刑法198条）のように各関与者が異なる法定刑で処罰されるカテゴリー，第3に，わいせつ物頒布等の罪（刑法175条1項）のように関与者の一方だけが処罰されるカテゴリーがある。このうち第3のカテゴリーは，片面的対向犯と呼ばれ[2]，歴史上，現在に至るまで，必要的共犯という用語の下でもっとも議論されてきた問題であるとされる[3]。一般に，必要的共犯の概念の重要性は，それが刑法典総則の共犯規定の適用を排除し，関与行為の不可罰性を導くための概念枠組であるということに存するとされているが，片面的対向犯においては，そのような考え方が通用せず，正犯としては不可罰的な対向的関与行為が，教唆犯または幇助犯としてならば可罰的となり得るのかという問題が争われているのである[4]。

この問題をめぐっては，従来，関与行為が，立法者の予想した定型的な行為である場合には不可罰であるが，立法者の予想を超える非定型的な行為である場合には可罰的であるとする立法者意思説と，必要的な関与行為の不可罰性を，違法性または責任の欠如という実質的な観点から個別的に基礎づける個別的実質説とが対立してきた。両説の対立は，具体的事例の処理において，異なる帰結をもたらすことがある。たとえば，わいせつ物頒布等の罪の

---

(2) 「片面的対向犯」という用語は，鈴木義男「非弁護士に法律事務の取扱を依頼する行為は弁護士法違反の罪の教唆となるか」臼井滋夫＝前田宏＝木村栄作＝鈴木義男『刑法判例研究Ⅱ』（昭43年・1968年）151頁において初めて使われたようであるが，現在では，この用語を使う文献も比較的多く見受けられるようになっている。たとえば，西田典之『必要的共犯』阿部純二＝板倉宏＝内田文昭＝香川達夫＝川端博＝曽根威彦編『刑法基本講座第4巻』（平4年・1992年）261頁，山中敬一『刑法総論』第2版（平20年・2008年）781，783頁，井田良「公職選挙法の寄附禁止違反の罪と受寄附者における認識の内容」『判例時報』1649号（平10年・1998年）240頁，松宮孝明「＜共犯の処罰根拠＞について」『立命館法学』256号（平9年・1997年）［後に同『刑事立法と犯罪体系』（平15年・2003年）に収録］280頁［引用頁数は後者による］，豊田兼彦「必要的共犯についての一考察㈠」『立命館法学』263号（平11年・1999年）186頁等。

(3) 豊田・前掲注(2)189頁。なお，片面的対向犯の場合，対向する関与行為のうち一方しか処罰されないのに，これを対向「犯」と称したり，必要的「共犯」に含めたりすることは適切ではないとの指摘がある（団藤・前掲注(1)432頁参照）。しかし，「片面的対向犯」という用語は，比較的多くの文献で使われるようになっており，それが必要的共犯の一種であるという理解も広く定着していると思われるので，本章では，「片面的対向犯」という用語を使うことにし，それを必要的共犯に含めて考察の対象としたい。

(4) 西田・前掲注(2)261頁。

場合，立法者意思説によると，購入者が「売ってくれ」と言ったとしても，それが普通の売買契約に見られる単純な購入者としての定型的な申込にすぎないときは不可罰であるが，相手に対して積極的に働きかけて目的物を売るように仕向けたときは可罰的であるとされるのに対し[5]，個別的実質説によると，わいせつ物頒布等の罪の保護法益は個人の性的モラルであるとされ，わいせつ物の購入者は，被害者であるから違法性が欠けることになり，行為が定型的であるか非定型的であるかとは無関係に不可罰であるとされるのである[6]。

　もっとも，一般的な個別的実質説は，違法性および責任を具備した関与行為であっても，それが，概念上当然に必要とされる関与行為である場合には不可罰であるとする。この説は，主として違法性および責任の欠如という実質的な観点から必要的な関与行為の不可罰性を基礎づける点で立法者意思説と決定的に異なるが，その思考方法においては，立法者意思説と共通する側面を持つ。すなわち，この説も立法者意思説も，ある一定の範囲内にある関与行為を不可罰とし，その範囲を超える関与行為を可罰的とする思考方法を採用するのである[7]。その限りで，一般的な個別的実質説は，立法者意思説の思考方法を否定してはいないのである[8]。

　しかし，このような思考方法が，問題の解決にとり必ずしも常に役立つと

---

(5) 団藤・前掲注(1) 432-3 頁。

(6) 内田文昭『刑法解釈論集（総論Ⅰ）』（昭 57 年・1982 年）340 頁，平野龍一「必要的共犯について」『警察研究』49 巻 3・4 号（昭 53 年・1978 年）［後に同『犯罪論の諸問題(上)総論』（昭 56 年・1981 年）に収録］196 頁以下［引用頁数は後者による］，大越義久『共犯の処罰根拠』（昭 56 年・1981 年）237 頁。

(7) もちろん，共通するのは思考方法であって，関与行為が不可罰とされる範囲は異なる。つまり，立法者意思説が，立法者の予想した定型的な関与行為を不可罰とするのに対し，個別的実質説の一部の見解は，概念上当然に必要とされる関与行為を不可罰とするのであるから，立法者意思説のほうが，関与行為が不可罰とされる範囲は広いということになる。

(8) 西田・前掲注(2) 268-9 頁は，「実質説は基本的に妥当な方向を示すものといってよい。しかし，だからといって従来の立法者意思説的な必要的共犯の概念の必要性を完全に否定することはできないと思われる。たとえば，実質説によって，違法性が欠如するとされる事例も―弁護士法違反の事例にせよ，猥褻物販売罪の事例にせよ―その保護法益を，弁護士の職業上の利益（弁護士として法律事務の取扱いを独占し得ること），個人を超越した社会全体の性的モラルの健全性と解するならば，必要的関与者は＜被害者＞から＜共同加害者＞に転化し，当然に処罰されることになってしまうであろう。」と指摘し，「実質説を採る場合であっても，立法者意思説の意味における必要的共犯の概念はなお維持すべきものと思われる。」としている。

は限らない。たとえば，立法者意思説に対して，法が他の関与者について処罰規定を設けなかったのは，正犯としては処罰しないというだけの趣旨であって，他の関与者に対する教唆，幇助としても罰しないという趣旨まで含むものではない，という解釈も可能であるとの指摘がある[9]。仮に，そのような解釈を前提とするならば，関与行為は，それが一定の範囲内にあるか否かにかかわらず，共犯として処罰され得ることになる。個別的実質説の一部の見解に対しても，その見解が立法者意思説と同様の思考方法を採用する限りで，同様の指摘をすることができるであろう。そうすると，いずれの立場においても，関与行為が一定の範囲内にあるか否かという基準によっては，それが可罰的となる場合と不可罰とされる場合とを区別できないことになる。

さらに，個別的実質説の中には，立法者意思説の思考方法を全く採用せず，もっぱら違法性または責任の欠如を理由に必要的な関与者の不可罰性を基礎づける見解もあるが，このような考え方によっては解決することのできない事例の存在が指摘されている。たとえば，破産法266条の「特定の債権者に対する担保の供与等の罪」は，特定の債権者に対する債務について，他の債権者を害する目的で，担保の供与または債務の消滅に関する行為をした債務者を処罰する規定であるが，その相手方となった特定債権者を処罰する規定は設けられていない。個別的実質説は，片面的対向犯において，必要的な関与行為の違法性が欠ける理由を，関与者が被害者であることに求めるが，この場合の特定債権者は，被害者ではなく，いわば，他の債権者の利益を侵害する加害者であるから，弁済を受領する行為の違法性を否定することはできない。また，弁済を受領しないという適法行為に出ることが期待不可能であると当然には言えないので，責任も否定されない[10]。したがって，立法者意思説の思考方法を全面的に否定した上で個別的実質説に立脚する見解は，この場合の特定債権者の不可罰性を説明することができず，特定債権者が共犯としても不可罰となる余地のあることを認めてきた実務の立場[11]と調和しない

---

(9) 平野・前掲注(6)195頁。

(10) なお，この場合に，弁済を受領した特定債権者には可罰的違法性だけでなく期待可能性もないということを理由に，これを不可罰とする立場もある（佐伯・前掲注(1)294頁）。

(11) 札幌地判昭和41年7月20日下刑集8巻7号1021頁，大阪地判昭和49年5月31日判時759号111頁。

70 第4章 必要的共犯の構造

のである[12]。

　このように考えてくると，立法者意思説と個別的実質説の対立という図式は，問題の解決に必ずしも役立つわけではない，ということが明らかである[13]。そこで，より根本的な観点から問題を解決することが必要となる。すなわち，片面的対向犯において関与者が処罰されるか否かは，その関与行為に共犯として処罰される根拠があるか否かにより決定されるべきなのである。本章は，共犯の処罰根拠の観点から[14]，必要的共犯のうち主として片面的対向犯の問題に検討を加え，その解決に役立てることを目的とする。

第2節　学説の状況

第1款　対立の淵源となった学説

　わが国の戦前の通説は，正犯として罰せられない者は，教唆犯または従犯として罰せられることもないという理由で，法律が必要的に関与した2人の中の1人のみを罰する場合には，他の1人が概念上必要である以上の行為をしたとしても罰せられるべきでないと解していた[15]。

　これに対し，佐伯博士は，「不可罰的な必要的加担者の不処罰の理由は，これを違法性または責任性の阻却減軽の事由である点に求めなければならない」とされた上で，「必要の程度を超えた加担が，相手方に対する教唆，従犯の型に該当する限り一応これを共犯とみるべき」であるが，「ただそれらが共犯として可罰的であるかどうかは，その必要の程度を超えた加担行為について，さきに必要的加担行為について彼を不可罰的とした違法または責任の阻却減軽事由が，なお，妥当するかどうかを検討して決すべき」であり，「必要的加担行為をして罰されないからといって，必要の程度を超えた教唆，幇助行為についても当然に処罰されえないとするようなことは断じて正当でな

⑿　豊田・前掲注⑵201-2頁。

⒀　豊田・前掲注⑵206頁。

⒁　なお，本章は，共犯の処罰根拠は，狭義の共犯（教唆犯，幇助犯）に限り妥当し，共同正犯の処罰根拠は，それとは別に基礎づけられることを要すると考えている。この点につき，第2章第2節第1款参照。

⒂　瀧川幸辰『犯罪論序説』（昭13年・1938年）317頁。

い」と主張された[16]。そして，たとえば，わいせつ物頒布等の罪において，わいせつ物の販売者が風俗を紊乱する行為の「絶えない源泉」であるのに対し，わいせつ物を買うことは，反復性も積極性もない偶発的行為であるから，購入者よりも販売者の違法性のほうがはるかに強大であるが，購入者が，消極的，受動的地位を去って「積極的なる造意者」として販売者に働きかける場合には，これを共犯として処罰するべきであるとされたのである。

　佐伯博士の学説の大きな特徴は，次の2点にある。すなわち，第1は，犯罪の成立に必要な程度を超える加担については，共犯として処罰される場合があることを認めた点であり，第2は，処罰規定を欠く必要的な関与者が処罰されない実質的な理由を解明し，それをベーリング流の犯罪論体系に対応させて説明しようとした点である。そして，第1の点は団藤博士に代表される立法者意思説に，第2の点は平野博士に代表される個別的実質説に，それぞれ受け継がれ，わが国の戦後の必要的共犯論の主要な方向を基礎づけたのである[17]。

第2款　立法者意思説とその検討

　団藤博士は，片面的対向犯につき，「対向犯的な性質をもつa・bという2つの行為の中で，法律がa行為だけを犯罪定型として規定しているときは——当然に定型的に予想されるb行為を不問に付したわけであるから——b行為は罪としない趣旨だと解釈しなければならない。したがって，b行為がa罪の教唆行為または幇助行為にあたるばあいでも，それがa罪に対する定型的な関与形式であるかぎりは，これをa罪の教唆犯・幇助犯として処罰することは許されないものと解するべきである。その限度で，六一条・六二条は適用を制限されることになる。」と解され，佐伯博士の主張のうち，必要な程度を超えた関与行為は共犯となり得るとされた部分をより明確に形式化され，片面的対向犯において，必要的な関与行為を処罰する規定を設けなかった立法者の意思を重視された上で，必要的な関与行為が立法者の予想した定型性の範囲内にあるか否かという基準により，共犯の処罰の可否を区別され，定型性を超えた関与行為は共犯として可罰的であると説明される。

---

(16)　佐伯・前掲注(1) 286-7頁。

(17)　豊田・前掲注(2) 193頁。

72 第4章　必要的共犯の構造

　そして，関与行為が定型性の範囲内にあるか否かは，関与行為が正犯の行為を積極的に促進したか否かにより判断される[18]。団藤博士によれば，たとえば，わいせつ物頒布等の罪の場合，わいせつ物を目的物とした売買契約の申込が，普通の売買契約に見られる単純な購入者としての定型的な申込にすぎないときは不可罰であるとされるが，購入者が販売者に対して積極的に働きかけてわいせつ物を売るように仕向けたときは，関与行為が定型性の範囲を超えるので，可罰的であるとの結論が導かれる[19]。また，団藤博士によると，関与者の「行為」が概念上必要とされている場合のみが必要的共犯に含まれ，関与者の「存在」が概念上必要とされるにすぎない場合は片面的対向犯に含まれないとされるので，たとえば，犯人の「存在」が必要とされるにすぎない犯人蔵匿罪 (刑法103条) は片面的対向犯に含まれず，したがって，立法者の予想した定型性の範囲内にある関与行為は不可罰であるという理論を同罪には適用することができないから，自己の蔵匿を他人に教唆した犯人は，それが定型性の範囲内にあるか否かにかかわらず，常に犯人蔵匿罪の教唆犯となる[20]。

　団藤博士の見解に対しては，平野博士から次のような批判が加えられる。すなわち，立法者意思説は，不可罰の関与行為を「必要な行為」に限定することからくる不都合[21]を避けるために，「通常の行為」[22]にまで広げることによって，不可罰の範囲を一律にある程度まで拡張しようとするが，そのことによって，第1に，不可罰とされる行為の範囲が不明確となるし，関与者が正犯の行為を積極的に促進した場合に，対向犯の特殊性による不可罰の限度

────────────

[18]　最判昭和52年3月16日刑集31巻2号80頁における団藤裁判官の補足意見。

[19]　団藤・前掲注(1)432-3頁。

[20]　団藤・前掲注(1)433頁。これに対し，犯人蔵匿罪の成立に必要とされている犯人は，単に存在としてのみならず常に主体的な働きかけを伴うものであるから，犯人を対象とし予定する対向犯的性格をもつ蔵匿行為と犯人の教唆においては，教唆行為は定型的な関与形式として不問に付されたものとして，共犯規定の適用を制限されるべきであるとする見解もある（鈴木享子「偽証・犯人蔵匿の教唆」『法学教室』第1期6号（昭38年・1963年）119頁）。

[21]　たとえば，わいせつ物頒布等の罪において，関与者の「必要な行為」は，「自分からは要求していないのに，販売者から差し出されたわいせつ物を購入するだけの行為」に限られると解するならば，単に「売ってくれ」という行為も「必要な行為」の範囲を超えるので可罰となってしまう。

[22]　「通常の行為」という表現は，平野博士によるものである。これは，立法者意思説の「立法者の予想した定型性の範囲内にある行為」のことを意味する表現である。

内には属さず，教唆犯として処罰を免れないとしていることについても，どの程度の行為が正犯を積極的に促進したことになるのか，かなり不明確である。第2に，関与者が被害者である場合，または関与者に責任がない場合には，不当に関与者を処罰することになる。たとえば，価格統制違反の場合，販売者が嫌がるのに購入者が積極的に推進したとしても，購入者を処罰すべきではない。暴利罪の場合も，借主が哀訴嘆願するのは「通例」と言えるかは疑問であるが，貸主が嫌がるのに借主が哀訴嘆願して貸してもらったとしても，借主を処罰するべきではない。第3に，関与者が，違法性，有責性において欠けることがない場合には，処罰するべき行為まで不可罰にしてしまうことにもなる[23]。

　立法者意思説は，わが国の判例によっても採用されてきた。たとえば，被告人が，自己の法律事件の示談解決を弁護士でない者に依頼し，報酬を支払ったという事案に関して，第1審[24]および第2審[25]が，被告人に弁護士法72条違反の罪の教唆犯を成立させたのに対し，最高裁判所は，「弁護士法72条は，弁護士でない者が，報酬を得る目的で，一般の法律事件に関して法律事務を取り扱うことを禁止し，これに違反した者を，同法77条によって処罰することにしているのであるが，同法は，自己の法律事件をみずから取り扱うことまで禁じているものとは解されないから，これは，当然，他人の法律事件を取り扱う場合のことを規定しているものと見るべきであり，同法72条の規定は，法律事件の解決を依頼する者が存在し，この者が，弁護士でない者に報酬を与える行為もしくはこれを与えることを約束する行為を当然予想しているものということができ，この他人の関与なくしては，同罪は成立し得ないものと解すべきである。ところが，同法は，右のように報酬を与える等の行為をした者について，これを処罰する規定をおいていないのである。このように，ある犯罪が成立するについて当然予想され，むしろそのために欠くことができない関与行為について，これを処罰する規定がない以上，これを，関与を受けた側の可罰的な行為の教唆もしくは幇助として処罰することは，

---

(23)　平野・前掲注(6)194頁。

(24)　静岡地裁沼津支判昭和41年5月20日刑集22巻13号1637頁。

(25)　東京高判昭和42年6月14日刑集22巻13号1641頁。

原則として，法の意図しないところと解すべきである」と判示し，被告人につき，弁護士法72条違反の罪の教唆犯の成立を否定したのである。この判決が，「原則として」とする点に，定型性を逸脱する関与行為には当然に共犯規定の適用があるとする趣旨がうかがわれる。この結論は，他の片面的対向犯またはそれと類似した構造の犯罪にも妥当し得ると指摘されている。判例は，犯人蔵匿罪において犯人が自己の蔵匿を他人に教唆した場合や，証拠隠滅罪(刑法104条)において犯人が自己の刑事事件の証拠隠滅を他人に教唆した場合，防御権の濫用等を理由に教唆犯を成立させるが[26]，立法者意思説からも，これと同じ結論を導くことができるとされるのである[27]。

　ドイツでは，片面的対向犯のうち，関与者が被害者である場合や，被拘禁者による被拘禁者の解放(ドイツ刑法120条)の教唆，犯人による処罰妨害罪(ドイツ刑法258条)の教唆の場合等においては，必要的な関与者は，その関与の程度にかかわらず不可罰であると解されており，この結論に反対する学説はほとんど存在しない[28]。したがって，ドイツでは，これらの場合を除く片面的対向犯において，関与者を処罰することの可否が問題とされる。ここでは，この問題をめぐるドイツの学説のうち，わが国の立法者意思説に相当する学説を検討しておくことにしたい。

---

[26]　大判明治45年1月15日刑録18輯1頁，大判昭和8年10月18日刑集12巻20号1820頁，大判昭和10年9月28日刑集14巻997頁，最決昭和35年7月18日刑集14巻9号1189頁，最決昭和40年2月26日刑集19巻1号59頁，最決昭和40年9月16日刑集19巻9号679頁。

[27]　丸山雅夫「必要的共犯」西田典之＝山口厚＝佐伯仁志編『刑法の争点』(平19年・2007年)114頁。

[28]　もっとも，その根拠は争われている。必要的な関与者が被害者である場合の不可罰性については，刑罰法規がその者の保護を目的としていることを根拠とする見解(Jescheck/Weigend, Lehrbuch des Strafrechts Allgemeiner Teil, 5. Aufl., 1996, S. 699. [イェシェック／ヴァイゲント〔西原春夫監訳／山名京子訳〕『ドイツ刑法総論』第5版(平11年・1999年)550頁], Welzel, Das Deutsche Strafrecht, 11. Aufl., 1969, S. 123.)と，被害者は法益主体であり，その法益は，被害者自身による攻撃からは保護されていないということを根拠とする見解(Roxin, Leipziger Kommentar, 11. Aufl., 1993, Vor §26 Rn. 38, Lüderssen, Zum Strafgrund der Teilnahme, 1967, S. 131f., 167.)が対立しており，被拘禁者による被拘禁者の解放の教唆と，犯人による処罰妨害罪の教唆の場合の不可罰性については，緊急避難類似状況に基づいた責任減少を根拠とする見解(Welzel, a. a.O., S. 123, Jescheck/Weigend, a.a.O., S. 699. 西原監訳／山名訳・前掲書550頁)と，刑の執行や刑事訴追という法益が被拘禁者や犯人による攻撃からは保護されていないということを根拠とする見解(Roxin, a.a.O. [Anm. 28], Vor §26 Rn. 39, Lüderssen, a.a.O., S. 169ff.)が対立しているのである。

ドイツの通説は，片面的対向犯の一部について，犯罪の成立にとって必要な範囲内にある関与行為は不処罰であると解しており，判例もこの見解に立脚している[29]。ロクシンは，構成要件の実現に必要な程度を超えない共犯は，全て不処罰であると解しており，たとえば，解放される被拘禁者が，ドイツ刑法120条の幇助を理由として可罰的とされることはないし[30]，相手方代理人の当事者への背信を利用する訴訟関係者が，ドイツ刑法356条（当事者に対する背信行為）の共犯を理由として可罰的とされることもないとする[31]。そして，特定債権者庇護罪（ドイツ刑法283条c）において，債務者によって自己に渡された物を受け取ったにすぎない特定債権者を幇助犯として処罰しようとする見解[32]を批判し，仮に，対向犯において，関与者双方を可罰的とするのであれば，立法者は，そのことを明白に規定したはずであると強調するのである[33]。

このように，わが国およびドイツの学説は，立法者の意思を重視して片面的対向犯の問題を解決しようとするのであるが，この点につき，平野博士は次のように指摘される。すなわち，立法者の意思について，「法が他の関与者について処罰規定を設けなかったのは，正犯としては処罰しないというだけの趣旨であって，他の関与者に対する教唆・幇助としても処罰しないという趣旨まで含むものではない，という解釈も可能であ」り，「法は，他の関与行為を全面的には処罰せず，ただ，総則の教唆・幇助にあたる場合にかぎって，総則の規定の適用によって処罰しようという意思を持つことも十分に可能である。このように，他の関与者についての特別の処罰規定がないからといって，教唆・幇助をしても処罰しないのが法の趣旨であるという推論は，必ずしも必然的なものではない。」と指摘されるのである[34]。この指摘は，片面的

---

(29)　BGH NJW 1993, 1278.

(30)　ただし，ロクシンは，ドイツ刑法120条において被拘禁者が処罰されない理由を，刑の執行という法益が被拘禁者による攻撃からは保護されていないということに求め，被拘禁者は，そもそも当該法益を侵害することができないのであるから，その関与の程度が犯罪の成立にとり必要な範囲を超えたとしても，不処罰であるとする。Roxin, a.a.O. [Anm. 28], Vor §26 Rn. 39.

(31)　Roxin, a.a.O. [Anm. 28], Vor §26 Rn. 34.

(32)　Jakobs, Strafrecht Allgemeiner Teil, 2. Aufl., 1991, S. 696.

(33)　Roxin, a.a.O. [Anm. 28], Vor §26 Rn. 37.

(34)　平野・前掲注(6) 195-6頁。

対向犯の一部の場合に、立法者の意思から構成要件の実現に必要な関与行為の不可罰性を導くドイツの学説に対しても妥当するものと思われる。

立法者意思説は、一方では、片面的対向犯における必要的な関与者の不可罰性の根拠を統一的、形式的に説明し得ると評価されることもあるが、他方では、「定型」という語が多義的であることから、立法者が当然に予想していた行為であるか否かの判断基準が曖昧であるという難点を持つ。立法者の予想した定型性の範囲を超えた関与行為に共犯規定の適用があるとして、この考え方を徹底するならば、たとえば、わいせつ物頒布等の罪においては、販売者の誘因に応じて購入した場合を除いて、購入者には常に共犯が成立するということにもなりかねないのである[35]。また、立法者意思説は、犯人の「行為」が成立に必要とされる犯罪のみを片面的対向犯に含むとするが、これを前提とする立場の内部で、具体的事例の処理においては、異なる結論が導かれることもある。たとえば、犯人蔵匿罪は、その成立に犯人の「存在」のみを必要とし、その「行為」を不要とするのであるから、片面的対向犯に含まれず、したがって、犯人が自己の蔵匿を他人に教唆したときは、任意的共犯として常に犯人蔵匿罪の教唆犯が成立すると解する説[36]と、犯人は、存在としてのみならず常に主体的な働きかけを伴うものであって、犯人が自己の蔵匿を他人に教唆することは定型的な関与形式であると言えるから、犯人蔵匿罪は片面的対向犯に含まれ、自己の蔵匿を他人に教唆した犯人は不可罰となると解する説が対立している[37]。このように、立法者意思説に依拠しても、それだけで常に具体的事例を統一的に解決できるとは限らないのである。

第3款　個別的実質説とその検討

佐伯博士の主張の一部、すなわち、処罰規定を欠く必要的な関与者が処罰されない実質的な理由を解明し、それをベーリング流の犯罪論体系に対応させて説明しようとした部分を受け継いだ学説が、わが国の個別的実質説である。平野博士は、犯罪の成立に「欠くことのできない」関与行為については、共犯としての可罰性が否定される場合もあるが、仮に、犯罪の成立に欠くこ

---

[35]　丸山・前掲注[27]114-5頁。

[36]　団藤・前掲注(1)433頁。

[37]　鈴木（亨）・前掲注[20]119頁。

とができないということだけを理由に当該行為の共犯としての可罰性が否定されると解するのでは，たとえば，わいせつ物頒布等の罪において，売ってくれるように頼む行為や，弁護士法72条違反の罪において，事件を依頼する行為は，もはや「欠くことのできない」行為ではないから，教唆犯として処罰されることになってしまうとされ，「必要的共犯のなかには，実質的に考える必要があるものもある。それは必要的共犯を処罰しない理由が，共犯者に違法性がないか，責任がないかのどちらかである場合である。」と強調される。そして，違法性がないのは，関与者が被害者である場合であり，たとえば，わいせつ物頒布等の罪におけるわいせつ物の購入者や，弁護士法72条違反の罪における非弁活動の依頼者は，被害者であることを理由に共犯としての違法性を否定され，関与行為が，犯罪の成立に「欠くことのできない」程度を超えていたとしても，当該関与者は不可罰であるし，また，関与者が被害者でない場合であっても，責任がないとき，たとえば，犯人蔵匿罪において，犯人が自己の蔵匿を他人に依頼したときには，犯人は，正犯としても責任がない以上，共犯としても責任がないから不可罰であると主張される[38]。

　西田教授は，平野博士とほぼ同様の主張をされるが，一定の範囲内にある関与行為を不可罰とする思考方法の必要性を完全には否定できないと明言されている。すなわち，個別的実質説が基本的に妥当であるとされながら，同説を採用するとしても，違法，責任の両面において当罰的であるがなお可罰性の枠外に置かれる領域を認めることは十分に可能であると解され，立法者意思説の意味における必要的共犯の概念はなお維持すべきであると主張されるのである。ただし，立法者の予想した定型性の範囲内にある関与行為を不可罰とする立法者意思説の基準はかなり曖昧であって，処罰範囲が不明確になるので，立法者意思説よりも不処罰の範囲を限定し，犯罪の成立に「概念的に当然必要とされる」範囲内にある関与行為を不可罰とするべきであるとされる[39]。

　わが国の個別的実質説は，立法者意思説が，必要的な関与者についての特別の処罰規定がないときは，教唆，幇助をしても処罰しないのが法の趣旨で

⑻　平野龍一『刑法総論Ⅱ』（昭和50年・1975年）379-380頁，同・前掲注(6)194頁。

⑼　西田・前掲注(2)268-9頁。

78　第4章　必要的共犯の構造

あるという推論によって，定型性の範囲内にある関与行為を不可罰とする点を批判するが，個別的実質説も，犯罪の成立に「欠くことのできない」行為については，立法者の意思による推論を肯定する。しかし，立法者意思説に対するこの批判は，個別的実質説にも妥当するのではないであろうか。なぜならば，両説とも，一定の範囲内にある関与行為について，立法者の意思による推論を根拠にその不可罰性を説明するのであり，その意味で共通の思考方法に依拠していると言えるが，立法者意思説に対する個別的実質説からの批判は，まさにそのような思考方法に対する批判であるとも解することができるからである。

　ドイツでも，わが国の個別的実質説に相当する学説が主張されている。イェシェック／ヴァイゲントによると，必要的な関与者は，刑罰規定が当該関与者の保護を目的とする限りで，常に不処罰となり，たとえば，生徒が教師によるわいせつな接触を生起させる場合には，通常，幇助の段階にすら達することはない。同じく，教師を自分自身との性的行為について教唆する女子生徒（ドイツ刑法174条1項1号），保護監督権の挫折に共同する未成年者（ドイツ刑法235条），および暴利による取引の成立へと融資者を誘因する暴利行為の被害者（ドイツ刑法302条a）も，保護されている者として不処罰となる。さらに，イェシェック／ヴァイゲントは，緊急避難に類似した状況が責任を減軽する場合にも，必要的な関与者は不処罰であると説く。すなわち，犯罪者に対する支援を禁止する刑罰規定において，庇護される者の積極的な関与の不処罰は是認される。なぜならば，その犯行に特有の動機づけ事情が，役割を超える共同を理解できるものと思わせるからである。したがって，被拘禁者の解放についての，被拘禁者自身による教唆および幇助は，不処罰にとどまらなければならない。処罰妨害罪（ドイツ刑法258条5項）の場合，（たとえば，処罰妨害罪の教唆を理由とする，）その犯行を通して利益を受けることになる者の不処罰は，現在，法典それ自体により規定されている。同じことは，犯人庇護における本犯への関与者（ドイツ刑法257条3項）にも妥当する[40]。

　このように，個別的実質説は，関与者が被害者であることを根拠に違法性

---

[40]　Jescheck/Weigend, a.a.O.［Anm. 28］, S. 698f. 西原監訳／山名訳・前掲注(28)550頁。

が欠如すると解しているが，なぜ，関与者が被害者であれば直ちに違法性が欠如することになるのか，必ずしも十分な説明はなされていないように思われる。たしかに，「法規がその者の保護を目的とした場合は，必要的共犯行為に違法性がない場合である。すなわち，正犯者にとっては違法であるが，必要的共犯者にとっては違法でないという，相対的違法が認められるべき場合である」との説明はなされている[41]。しかし，この説明は，理由を結論で置き換えたにすぎず，法がその者の保護を目的とした場合に違法性が欠如することの理由を述べているわけではない[42]。さらに，片面的対向犯における関与者が常に被害者であるとは限らない。構成要件の解釈によっては，関与者は加害者とされることもあり得るのである。たとえば，わいせつ物頒布等の罪においては，性秩序ないし健全な性的風俗が保護法益であると解されているから[43]，わいせつ物の購入者は，被害者ではなく，むしろ，性秩序ないし健全な性的風俗を侵害する加害者ということになる[44]。また，弁護士法72条違反の罪においては，当事者その他の関係人らの利益，法律生活の公正円滑な営み，ひいては法律秩序が保護法益であると解されているから[45]，非弁活動の依頼者は，自己の利益を侵害される被害者であるとともに，法律秩序を侵害する加害者であるとも言えるのである[46]。

　一般に，個別的実質説は，犯罪の成立に「欠くことのできない」関与行為ないし「概念的に当然必要とされる」関与行為が不可罰となることを肯定するが，個別的実質説の中には，この考え方を採用しない見解もある。大越教授は，個別的実質説が，必要的な関与者の不可罰性の根拠を，その被害者としての地位や，責任の欠如に求める点をより徹底させ，平野博士の見解を引用されつつ，実質的に見て，必要的な関与者は違法性または責任がないから処罰されないと解され，たとえば，わいせつ物頒布等の罪の場合，購入者は，被害者であるから処罰されないのであり，また，犯人蔵匿罪の場合，犯人は，

---

[41]　平野・前掲注(6) 190頁。

[42]　豊田・前掲注(2) 199頁。

[43]　団藤重光『刑法綱要各論』第3版（平2年・1990年）310頁。

[44]　西田・前掲注(2) 268頁。

[45]　最判昭和46年7月14日刑集25巻5号690頁。

[46]　豊田兼彦「必要的共犯についての一考察㊁」『立命館法学』265号（平11年・1999年）622頁。

80 第4章 必要的共犯の構造

責任がないから同罪の教唆犯としては処罰されないのであると主張される[47]。平野博士が，犯罪の成立に「欠くことのできない」関与行為が不可罰となる余地を認め，その限りでは，一定の範囲内にある関与行為は不可罰であるという，立法者意思説と共通する思考方法を否定しなかったのに対し，大越教授は，このような思考方法を採用されず，必要的な関与者の不可罰性を，もっぱら被害者としての地位および責任の欠如という実質的な根拠から基礎づけられる。その点で，大越教授の見解は，平野博士の見解の特徴的な部分をより徹底させた見解であると位置づけることができる。さらに，大越教授は，「必要的共犯の問題は，共犯の処罰根拠の問題である」とされる[48]。すなわち，共犯の処罰根拠としては，基本的には修正惹起説に立脚するべきであるが，関与者の中に法益主体が含まれている場合には違法の相対性を肯定する立場[49]が妥当であるとされ，その立場からは，片面的対向犯における必要的な関与者は不可罰になるとされる。たとえば，わいせつ物頒布等の罪におけるわいせつ物の購入者，および弁護士法72条違反の罪における非弁活動の依頼者は，正犯の行為が違法であっても，被害者としての地位に基づいて相対的に違法性が阻却されるので不可罰になるとされ，また，犯人蔵匿罪および証拠隠滅罪において，自己の蔵匿や自己の刑事事件の証拠隠滅を教唆した犯人は，自らそれらを行ったときに期待可能性がないとされる以上，より軽い犯罪形式である教唆を行ったときも当然に期待可能性がないとされることになるから，不可罰であると主張されるのである[50]。

　大越教授が，片面的対向犯において，必要的な関与者が被害者である場合に違法性が欠如すると説明される点については，一般的な個別的実質説に対するのと同様，被害者であることから直ちに違法性の欠如が導かれる理由が十分に説明されてはいないという批判や，構成要件の解釈によっては，関与者は加害者になり得るという批判を加えることができる。また，大越教授の見解によると，片面的対向犯において，関与者が被害者でなく，期待可能性

---

(47)　大越・前掲注(6) 237頁。

(48)　大越・前掲注(6) 20頁。

(49)　大越・前掲注(6) 257頁以下。大越教授は，この立場を「第3の惹起説」と名づけておられる（同書260頁参照）。

(50)　大越・前掲注(6) 260頁。

を有する場合の不可罰性を説明することができない。たとえば，破産法266条の「特定の債権者に対する担保の供与等の罪」において，債務者から弁済を受領した特定債権者は，他の債権者の利益を侵害する加害者であるし，弁済を受領しないという適法行為に出ることが期待不可能であるとも言えないから，違法性も責任も欠如せず，可罰的とされることになる。しかし，この結論は，特定債権者が共犯としても不可罰となる余地のあることを認めてきた実務の立場[51]と調和しないのである[52]。さらに，必要的共犯は共犯の処罰根拠の問題であるとされ，基本的に修正惹起説に立脚されながら，必要的共犯者の不可罰性を，被害者としての地位や期待可能性の欠如という，共犯の処罰根拠とは別次元の根拠で説明される。しかし，修正惹起説は，本来，違法の連帯性を当然の前提とし，共犯の不法はもっぱら正犯の不法により基礎づけられると解する立場であり[53]，修正惹起説に立脚する以上，正犯が違法であれば共犯も常に違法となると解しなければならないはずであるから，片面的対向犯においても，関与者は常に違法とされなければならないはずである。このように考えると，大越教授の見解は，修正惹起説を一貫させると，共犯の処罰根拠のレヴェルでは妥当な解決を導くことができなくなるので，被害者としての地位や期待可能性の欠如という，共犯の処罰根拠とは別次元の根拠により，片面的対向犯における必要的な関与者の不可罰性を説明しているようにも思われるのである。

---

(51) 前掲注(11)で挙げた判例を参照。

(52) 豊田・前掲注(2) 201-2頁。

(53) Vgl. Rudolphi, Ist die Teilnahme an einer Notstandstat i.S. der §§ 52, 53 Abs. 3 und 54 StGB strafbar?, ZStW, Bd. 78, 1966, S. 92ff., Esser, Die Bedeutung des Schuldteilnahmebegriff im Strafrechtssystem, GA 1958, S. 321ff., Maurach-Gössel-Zipf, Strafrecht Allgemeiner Teil Teilband 2, 7. Aufl., 1989, S. 322ff., Jescheck/Weigend, a.a.O. [Anm. 28], S. 685f. [西原監訳／山名訳・前掲注(28) 538頁以下参照]，平野龍一「責任共犯論と因果共犯論」『法学教室』2号（昭55年・1980年）［後に同『犯罪論の諸問題(上)総論』（昭56年・1981年）に収録］167頁以下［引用頁数は後者による］，町野朔「惹起説の整備・点検」松尾浩也＝芝原邦爾編『刑事法学の現代的状況』内藤謙先生古稀祝賀（平6年・1994年）113頁以下，曽根威彦『刑法の重要問題〔総論〕』第2版（平17年・2005年）298頁以下，大越・前掲注(6) 210頁以下。

第3節　共犯の処罰根拠による解決

第1款　惹起説による解決

　ここまでの検討からは，立法者意思説と個別的実質説の対立という観点で片面的対向犯を把握することは，問題の解決にとり必ずしも役立つわけではない，ということが明らかになってきた。そこで，より根本的な観点から問題を解決することが必要となる。すなわち，片面的対向犯において関与者が処罰されるか否かという問題は，その関与行為に共犯として処罰される根拠があるか否かという観点から解決されるべきなのである。共犯の処罰根拠をめぐっては，多くの学説が主張されているが，刑法の任務を法益保護に求め，違法性の本質を，法益侵害およびそれに影響を及ぼす行為者の主観面の要素に求める立場からは，共犯固有の不法を，共犯から見た構成要件的結果の惹起により基礎づける惹起説が基本的に妥当であると考えられる。

　惹起説とは，共犯者は自己の不法と責任に対して罪責を負う，という帰結に至る見解のことである[54]。惹起説は，共犯の不法を何によって基礎づけるかという基準に従い，純粋惹起説，修正惹起説および混合惹起説に分類される[55]。すなわち，純粋惹起説は，もっぱら共犯固有の不法によって，修正惹起説は，もっぱら正犯の不法によって，そして混合惹起説は，共犯固有の不法と正犯の不法の両方によって，共犯の不法を基礎づけるのである。共犯の不法を基礎づけるにあたり，純粋惹起説と混合惹起説は共犯固有の不法を必要とするが，修正惹起説はそれを必要としない。この点で，純粋惹起説と混合惹起説は共通するが，両説と修正惹起説は大きく異なると言わなければならない。修正惹起説は，客観的違法性論に基づく違法の連帯性により従属性を根拠づけ，正犯が不法ならばそれに連帯して共犯も不法となるはずであると解しているが[56]，このような考え方は，共犯の従属性の意味を正確に捉えていないように思われる。共犯の従属性は，共犯が成立するために必要な正犯の要素という意味で理解されるべきであり，決して，共犯の成立に影響を及

---

(54)　Lüderssen, a.a.O. [Anm. 28], 1967, S. 25.

(55)　惹起説の分類につき，第2章第2節第2款参照。

(56)　前掲注(53)で挙げた文献を参照。

ぼす正犯の要素という意味で理解されるべきではない[57]。このように考えると、正犯の不法は、共犯成立の必要条件であると解されるから、正犯が不法であっても、共犯は不法ではないという場合もあり得るということ、さらに、正犯の不法だけでは共犯の不法を基礎づけることができないということが明らかとなる。したがって、共犯固有の不法がない限り、共犯の不法は基礎づけられないと解するべきなのである。

そこで、共犯の不法を基礎づけるにあたり、共犯固有の不法が必要であるとする純粋惹起説と混合惹起説が注目される。しかし、純粋惹起説は、共犯固有の不法のみで共犯の不法が基礎づけられると解し、共犯成立の必要条件として正犯の不法を要求しないから[58]、いわゆる「正犯なき共犯」を認めることになり[59]、妥当でない[60]。なぜならば、違法でない行為への共犯が可罰的であるとして問題になることはあり得ないからである[61]。制限従属形式の観点からは、共犯が成立するためには、正犯の行為が、構成要件該当性および違法性を具備していること、すなわち不法であることを要すると解しなければならない[62]。この点、混合惹起説は、共犯固有の不法と、正犯の不法の両方により共犯の不法を基礎づける[63]。ここに言う共犯固有の不法は、共犯から見た構成要件的結果の惹起であり、正犯の不法は、共犯成立の必要条件であると解される。混合惹起説によると、正犯の不法は共犯成立の必要条件として

---

[57] 第2章第3節参照。

[58] Lüderssen, a.a.O.［Anm. 28］, S. 25, Schmidhäuser, Strafrecht Allgemeiner Teil, 1970, S.430f., 牧野英一『刑法総論下巻』全訂版（昭34年・1959年）677頁、植田重正『共犯の基本問題』（昭27年・1952年）105頁、佐伯千仭『刑法講義（総論）』改訂版（昭49年・1974年）338頁、中義勝『講述犯罪総論』（昭55年・1980年）236頁。

[59] Vgl. Lüderssen, a.a.O.［Anm. 28］, S. 168.

[60] Vgl. Herzberg, Anstiftung und Beihilfe als Straftatbestände, GA 1971, S. 3.

[61] Max Ernst Mayer, Der allgemeine Teil des deutschen Strafrechts, 2. Aufl., 1923, S. 391.

[62] 第2章第3節参照。

[63] Herzberg, a.a.O.［Anm. 60］, S. 12, Otto, Anstiftung und Beihilfe, JuS 1982, S. 557f., Stratenwelth, Strafrecht Allgemeiner Teil I, 4. Aufl., 2000, S. 335, Jakobs, a.a.O.［Anm. 32］, S. 657ff., Roxin, Zum Strafgrund der Teilnahme, Festschrift für Walter Stree und Johannes Wessels zum 70. Geburtstag, 1993, S. 365ff. 斉藤誠二「共犯の処罰の根拠についての管見」西原春夫＝渥美東洋編集代表『刑事法学の新動向上巻』下村康正先生古稀祝賀（平7年・1995年）1頁以下、高橋則夫『共犯体系と共犯理論』（昭63年・1988年）93頁以下、井田良「共犯の処罰根拠と従属性」『現代刑事法』3巻9号（平13年・2001年）116頁以下、松宮・前掲注(2)275頁以下。

84　第4章　必要的共犯の構造

要求されるにすぎないから，関与者が複数の場合，正犯が不法である限りにおいて，共犯者ごとに異なる違法評価をすることも可能である。このように，混合惹起説は，違法の相対性を肯定しつつ制限従属形式を採用する立場と調和する，妥当な見解であると言える[64]。

　それでは，共犯の処罰根拠によって，片面的対向犯の問題は，どのように解決されるのであろうか。最近のドイツの文献や，わが国の有力な見解によると，片面的対向犯には，第1に，必要的な関与者が法益主体である類型，第2に，刑法規範が必要的な関与者による攻撃からは法益を保護していない類型，第3に，第1と第2の類型に属さない，必要的な関与者が他人の法益や社会的法益を侵害する類型があるとされる。具体例として，第1の類型には，嘱託殺人罪（ドイツ刑法216条）や暴利罪（ドイツ刑法291条）等が，第2の類型には，被拘禁者の解放および処罰妨害罪等が，第3の類型には，特定債権者庇護罪，当事者に対する背信行為およびわが国のわいせつ物頒布等の罪等が，それぞれ挙げられる[65]。以下では，これらの類型に即して検討を加えていくことにしたいが，ここでは，混合惹起説に立脚しつつも，純粋惹起説の考え方を参考にしてよいと思われる。なぜならば，片面的対向犯における関与者の可罰性を検討する場合，正犯の不法が存在することは当然の前提なのであり，問題となるのは関与者の固有の不法であるところ，純粋惹起説と混合惹起説の最大の相違は，純粋惹起説が，正犯の不法を共犯成立の必要条件として要求しないのに対し，混合惹起説は，それを要求するという点にあるのであり，その点を除けば，両説とも，共犯固有の不法については基本的に共通した説明をするからである[66]。

　純粋惹起説の立場から，リューダッセンは，刑法上の不法が存在するか否かは，もっぱら刑法典各則の構成要件から明らかになるので，正犯が構成要件に該当して行為するということでは十分ではなく，まさに，法益侵害が共犯の一身においても構成要件に該当しているということが重要であり[67]，共

---

[64]　第2章第5節参照。
[65]　豊田・前掲注(2) 207頁。Vgl. Roxin, a.a.O.［Anm. 28］, Vor §26 Rn. 34ff., Jakobs, a.a.O.［Anm. 32］, S. 695f., Jescheck/Weigend, a.a.O.［Anm. 28］, S. 698f. 西原監訳／山名訳・前掲注(28) 550-1頁。
[66]　第2章第2節第2款参照。
[67]　Lüderssen, a.a.O.［Anm. 28］, S. 25.

犯者も，自身に対して保護されている法益の侵害または共犯者によって保護
されるべき法益の放置に加担する場合に限り，構成要件に該当して行為する
ということは，ほとんど基礎づけを要しない命題の1つであると主張する[68]。
たとえば，第1の類型に属する嘱託殺人罪の保護法益は「他人の生命」であ
るところ，自己の殺害を嘱託した者は，これを侵害することができないから，
自身に対して保護されている法益を侵害したとは言えず，不可罰となるので
ある。混合惹起説の立場から，ロクシンも，第1の類型について同様に解し
ている。すなわち，法典の意味における共犯は，共犯者が自身に対しても保
護されている法益（auch ihm gegenüber geschütztes Rechtsgut）を侵害する場合に
限り，存在し得る[69]。たとえば，暴利行為の被害者が，暴利行為をするよう正
犯に教唆する場合，被害者の財産は，被害者自身に対しては保護されていな
いのであるから，可罰的な共犯とはならない。同様に，誰も自己の固有の性
的完全性を刑法上重要な方法で侵害することはできないので，ドイツ刑法
174条（保護を命じられた者による性的虐待）以下の被害者の共同行為は，全て不
可罰である。さらに，嘱託殺人未遂の被害者のように，共同する被害者が侵
害される法益を処分できない場合も，処罰されない[70]。

　このように，第1の類型においては，法益が法益主体による攻撃からは保
護されていないということを理由に，法益主体たる必要的な関与者の不可罰
性を基礎づけることができる。たとえば，「自殺罪」という構成要件が存在し
ないことからも分かるように，同意殺人罪（刑法202条）において，被害者の生
命は，被害者自身による攻撃からは保護されていないので，同意殺人が未遂
に終わったとき，自己の殺害を教唆した被害者は処罰されない。つまり，被
害者は「他人の生命」の侵害という，被害者自身から見た構成要件的結果を
惹起することができず，共犯固有の不法が存在しないことになるので，共犯
として処罰されないのである。したがって，第1の類型における必要的な関
与者は，その関与の程度にかかわらず，不可罰となる。

　第1の類型には，法益主体の法益を含む複数の法益を重畳的に保護する構

---

(68)　Lüderssen, a.a.O.［Anm. 28］, S. 166.

(69)　Roxin, a.a.O.［Anm. 28］, Vor §26 Rn. 2.

(70)　Roxin, a.a.O.［Anm. 28］, Vor §26 Rn. 38.

86　第4章　必要的共犯の構造

成要件も分類される。そして，それらの法益の全てが共犯によって侵害されない限り，共犯から見た構成要件的結果が惹起されたとは言えないところ，法益主体は，自己の法益を侵害することができないのであるから，正犯による当該構成要件の実現に関与した者は，不可罰となる。たとえば，弁護士法72条は，当事者その他の関係人らの利益，法律生活の公正円滑な営み，ひいては法律秩序という複数の法益を重畳的に保護していると解されるところ[71]，非弁活動を他人に依頼した者は，法律秩序を間接的に侵害することはできるかもしれないが，当事者たる自己の利益を侵害することはできないから，不可罰となる[72]。

　法益主体自身による攻撃から法益は保護されていないということを理由に，必要的な関与者の不可罰性を基礎づける説明は，第2の類型には通用しない。なぜならば，第2の類型に属する構成要件は，国家的法益をその保護法益としており，必要的な関与者が国家的法益の主体となることはあり得ないからである。それでは，第2の類型における必要的な関与者の不可罰性は，どのように基礎づけられるべきであろうか。

　リューダッセンは，人的庇護（ドイツ旧刑法257条）および被拘禁者の解放において，国家の刑事訴追および刑の執行という法益は犯人および被拘禁者に対しては保護されていないので，犯人または被拘禁者は，いかなる手段を用いても不可罰であるとする[73]。ロクシンも，刑事訴追や刑の執行という法益は，犯罪者が自己を刑事訴追や刑の執行から逃れさせることからは保護されていないということを理由に，自己を刑罰から逃れさせるために処罰妨害や被拘禁者の解放を教唆する者は，法益を間接的に侵害しても，罪責を問われることはないとする[74]。わが国の有力な見解も，リューダッセンやロクシンの議論を参考にしながら，次のように主張する。すなわち，刑法は，社会生活上不当とされる行為の全てを禁止するものではなく，そのような行為のうち，刑罰という最も厳しい法的制裁を科すのに値する行為のみを禁止するも

---

[71]　前掲注(45)で挙げた判例を参照。

[72]　豊田兼彦「必要的共犯についての一考察(二)」『立命館法学』264号（平11年・1999年）444-5頁。

[73]　Lüderssen, a.a.O.［Anm. 28］, S. 169ff. 豊田・前掲注(72) 448頁。

[74]　Roxin, a.a.O.［Anm. 28］, Vor §26 Rn. 39, ders., a.a.O.［Anm. 63］, S. 370f.

のであるから，刑法によって保護されるべき利益は断片的なものとなるし，同一の利益に対する侵害であっても，「誰による侵害か」が問題となり得る。刑法が，誰の攻撃からどのような利益を保護しようとしているのかということは，各則の構成要件の解釈から明らかになる。刑法上の法益は，構成要件の保護範囲によって決まるものなのである。たとえば，わが国の犯人蔵匿罪や証拠隠滅罪に相当する処罰妨害罪の構成要件が，犯人自身による処罰妨害を構成要件から排除していることから，処罰妨害罪の保護法益は，犯人以外の者による攻撃から保護されている司法作用であるという解釈が導かれる[75]。

　要するに，第2の類型においては，必要的な関与者は，自身による攻撃から保護されていない法益を侵害することができないのであり，そうである以上，自身から見た構成要件的結果を惹起することはできないのであるから，共犯固有の不法が存在しないことになる。したがって，第2の類型における必要的な関与者，たとえば，自己の刑事事件の証拠隠滅を他人に教唆した犯人や，自己の蔵匿を他人に教唆した犯人は，その関与の程度にかかわらず，不可罰となる[76]。このように解することで，証拠隠滅罪の客体を明文で他人の刑事事件の証拠に限定し，また，蔵匿された犯人を処罰する規定をあえて設けないことにより，立法者が，証拠隠滅罪や犯人蔵匿罪の自己庇護罪的な性格[77]を表明したこととも調和した結論を導くことができる。

　第1と第2の類型では，必要的な関与者の不可罰性は，当該関与者が自身から見た構成要件的結果を惹起しておらず，共犯固有の不法が存在しないということを理由に基礎づけられるが，第3の類型では，この基礎づけは通用

---

[75]　豊田・前掲注[72] 451-2 頁。

[76]　なお，立法者が必要的な関与者を構成要件から除外した理由と，不法が存在しない理由とは区別されなければならない。前者は立法理由であり，後者は犯罪論体系上の理由なのである。たとえば，犯人蔵匿罪において，犯人が逃亡しても，期待可能性がないから処罰されないというのは，類型的に見て，犯人には期待可能性がないから，立法者が犯人を違法・有責類型としての構成要件から除外したという立法理由を説明しているのであって，「犯人であること」が責任阻却事由なのではない。犯人蔵匿罪における犯人は，そもそも構成要件に該当しないのであるから，不法ではあり得ないという犯罪論体系上の理由で処罰されないのである（豊田兼彦「ドイツ処罰妨害罪に関する一考察（二・完）」『立命館法学』273 号（平 12 年・2000 年）2024 頁参照）。

[77]　川端博『刑法各論講義』第 2 版（平 22 年・2010 年）690, 697 頁参照。

しない。なぜならば，必要的な関与者の不可罰性は，第1の類型では，必要的な関与者が法益主体であることを理由に，第2の類型では，法益の保護範囲が必要的な関与者には及ばないということを理由に基礎づけられるのに対し，第3の類型では，必要的な関与者は法益主体でなく，また，法益は必要的な関与者による攻撃からも保護されているからである。したがって，第3の類型における必要的な関与者の不可罰性を，共犯の処罰根拠からストレートに基礎づけることは困難であると考えざるを得ない。ただし，そのように解したとしても，共犯の処罰根拠の観点は重要であると思われる。そこで，共犯の処罰根拠の観点を重視しつつ，別の根拠から第3の類型を解決することが必要となる。

第2款　比例原理による解決

　第3の類型における必要的な関与者の不可罰性は，どのようにして基礎づけられるべきであろうか。この点につき，共犯固有の不法がない限り共犯は成立しないと解する惹起説からは，共犯の処罰は，問題となる各則の構成要件の解釈から明らかとなる正犯の不法の質によって限定されるのであり，共犯が処罰されるためには，共犯が，正犯の不法と質的に合致した不法を実現しなければならないということが主張される[78]。たとえば，第1の類型においては，「自殺罪」という構成要件が存在しないこと等から考えると，法は，自己の生命の侵害を禁止していないと解されるので，嘱託殺人罪の場合，正犯の不法の質は，他人の生命の侵害であるという解釈が導き出される。そうすると，自己の殺害を教唆した者は，他人の生命の侵害という，正犯の不法と質的に合致した不法を実現することができないので，死亡に至らなかったときに嘱託殺人未遂罪の教唆犯として処罰されることはないということになる。このように，第1の類型においては，正犯の不法の質は，「構成要件的結果の他人性」であるということが分かるが，それでは，第3の類型においては，正犯の不法の質は，どのようなものであると解されるのであろうか。

　わが国の有力な見解によれば，正犯の不法の質は，潜在的な増幅作用によって特徴づけられることもある。たとえば，わいせつ物の頒布は，それによっ

---

[78]　Gropp, Deliktstypen mit Sonderbeteiligung, 1992, S. 73ff., Lüderssen, a.a.O.［Anm. 28］, S. 25f., Roxin, a.a.O.［Anm. 28］, Vor §26 Rn. 1ff., ders., a.a.O.［Anm. 63］, S. 370ff. 豊田・前掲注(46) 603頁。

てわいせつ物が全方向に拡散し，そして，そのような行為が反復される可能
性が高いゆえに，社会にとって危険なのであり，立法者はそのような行為の
質的な特徴に着目してこれを可罰的とし，犯罪類型化するのである[79]。ドイ
ツでも，グロップが次のような主張を展開している。すなわち，第3の類型
に属する片面的対向犯の構造上の特徴は，1人の正犯が繰り返し不特定の第
三者と共同する可能性，すなわち増幅作用を持っていることにある[80]。この
ような質的特徴を持った不法を「増幅不法」(Multiplikatorunrecht)と呼ぶ[81]。た
とえば，わいせつ物頒布等の罪においては，わいせつ物1000冊を所持する1
人の販売者から，1000人の購入者が発生し得る。この場合，販売者1人のみ
を正犯として処罰することと，正犯に加えて購入者1000人をも処罰するこ
ととの間で，法益保護の効果に大きな違いがあるとは思われないし，むしろ，
購入者1000人を処罰することにより得られる法益保護の効果よりも，1000
人の犯罪者を作り出し，行為自由を制限する不利益のほうが大きいと考えら
れる。そこで，法益保護と行為自由との衡量を内在させた比例原理の考え方
が注目される。比例原理とは，行為自由の制限は，それが法律目的の達成に
とり最も適切かつ最も穏やかな手段である場合に限り許されるという原理の
ことである。比例原理によると，たとえば，わいせつ物頒布等の罪において，
わいせつ物の購入者を処罰することは許されない。なぜならば，性秩序ない
し健全な性的風俗の保護という法律目的は，販売者の処罰によるわいせつ物
の流通の阻止という，最も穏やかな手段で達成できるからである。わいせつ
物頒布等の罪のような，「頒布」や「販売」といった行為態様を記述する犯罪
において，増幅不法の周辺での共同が可罰的であるとして類型化されていな
い場合，それは，比例性の内容を特徴づける最も穏やかな手段の原則に基づ
いているのである。また，増幅不法は，特定債権者庇護罪のような，正犯が
出来事の中心点となって犯罪遂行のために類型的に第三者をおびき寄せる行
為態様を記述する犯罪にも見られる。特定債権者庇護罪における債務者は，
通常の方法では完全な債権の満足を得られない複数の債権者を繰り返しおび

---

(79)　豊田・前掲注(46)603-4，638頁。

(80)　Gropp, a.a.O.［Anm. 78］, S. 207ff., 238.

(81)　Gropp, a.a.O.［Anm. 78］, S. 214, 228, 229.

き寄せることのできる立場にあるので，債務者は，潜在的な増幅作用を持っていると言えるのである[82]。

このように，惹起説の観点を取り入れた上で比例原理に着目する考え方からは，正犯が潜在的な増幅作用を持つことに特徴のある犯罪においては，関与者は，正犯の不法と質的に合致した不法，すなわち増幅不法を実現しない限り，処罰されないと解するべきことになる。このようにして，第3の類型における必要的な関与者の不可罰性は，当該関与者が増幅不法を実現し得ないということを理由に基礎づけられるのである。たとえば，わいせつ物頒布等の罪における増幅不法の中心は，わいせつ物の販売者なのであり，購入者は，増幅不法の周辺に関与するにすぎないから，販売者の不法と質的に一致した不法を実現することができず，基本的には，その関与の程度とは関係なく不可罰となると解するべきである[83]。また，特定債権者庇護罪における特定債権者の不可罰性は，特定債権者が，他の複数の債権者を繰り返しおびき寄せることはできず，増幅不法を実現できないということを理由に基礎づけられると解するべきである。

第4節 結 論

必要的共犯の中心的な問題は，片面的対向犯において関与者を処罰することの可否である。この問題をめぐっては，従来，立法者意思説と個別的実質説が対立してきたが，両説の対立という図式が問題の解決にとり必ずしも常に役立つとは限らない。一般に，立法者意思説は，立法者の予想した定型性の範囲内にある関与行為を不可罰とし，個別的実質説は，犯罪の成立に欠く

---

[82] Gropp, a.a.O.［Anm. 78］, S. 206ff. 豊田・前掲注(46) 609 頁以下。

[83] この点，豊田・前掲注(46) 614 頁は，正犯の犯罪遂行の機会を単に利用するにとどまる場合は，周辺的な関与者として不可罰であるが，正犯の犯罪遂行の機会を創出する場合は，増幅不法を実現したことになるから可罰的となると解し，たとえば，現に販売されているわいせつ物を購入する行為は，わいせつ物の販売の機会を単に利用するにとどまるから不可罰であるが，注文を受けて初めて販売者が注文通りのわいせつ物を調達することになったような場合は，購入者は当該わいせつ物を販売する機会を新たに創出したことになるので可罰的となるとする。

もっとも，販売者の意思を制圧して販売させるような場合には，強盗罪等の別罪が成立し得ると考えられる。

ことのできない関与行為を不可罰とするが，両説とも，一定の範囲内にある関与行為を不可罰とする点で，共通の思考方法に依拠している。立法者意思説に対しては，片面的対向犯において関与者を処罰する規定が設けられていないのは，正犯としては処罰しないというだけの趣旨であって，教唆，幫助としても処罰しないという趣旨ではないと解釈することも可能であるとの指摘があるが，この指摘は，個別的実質説が立法者意思説と共通の思考方法を採用する限りで，同説にも妥当すると思われる。仮に，そのような解釈を前提とするならば，関与行為が一定の範囲内にあるか否かという基準によっては，それが可罰的となる場合と不可罰とされる場合とを区別できないことになる。

　そこで，より根本的な観点から片面的対向犯の問題を解決することが必要となる。片面的対向犯において関与者が処罰されるか否かは，その関与行為に共犯として処罰される根拠があるか否かにより決定されるべきである。共犯の処罰根拠としては，共犯固有の不法，すなわち共犯から見た構成要件的結果の惹起がない限り，共犯は成立しないと解する惹起説が基本的に妥当であり，その中でも，正犯の不法を共犯成立の必要条件とする混合惹起説が最も優れている。

　片面的対向犯には，第1に，嘱託殺人罪や暴利罪のように必要的な関与者が法益主体である類型，第2に，処罰妨害罪のように刑法規範が必要的な関与者による攻撃からは法益を保護していない類型，第3に，特定債権者庇護罪やわいせつ物頒布等の罪のように，第1と第2の類型に属さない，必要的な関与者が他人の法益や社会的法益を侵害する類型がある。

　第1と第2の類型においては，法益が必要的な関与者による攻撃からは保護されておらず，当該関与者は，自身から見た構成要件的結果を惹起し得ないのであるから，その関与の程度とは関係なく不可罰とされるべきである。このように，第1と第2の類型では，必要的な関与者の不可罰性は，惹起説から直接的に基礎づけられる。

　第3の類型の構造上の特徴は，1人の正犯が繰り返し不特定の第三者と共同する可能性，すなわち増幅作用を持っていることにある。第3の類型において，必要的な関与者を処罰する規定が設けられていない趣旨は，比例原理

にあると考えられる。この場合，惹起説の観点を取り入れた上で比例原理に着目する考え方からは，関与者は，正犯の不法と質的に合致した不法，すなわち増幅不法を実現しない限り，不可罰とされるべきである。このようにして，第3の類型における必要的な関与者の不可罰性は，当該関与者が増幅不法を実現し得ないということを理由に基礎づけられる。

　以上の検討を通して，本章は，片面的対向犯における必要的な関与者の不可罰性を，共犯の処罰根拠および比例原理の観点から基礎づけるべきであるという結論に到達したのである。

第**5**章

不作為犯における正犯と共犯の区別

第1節　本章の目的

　不作為犯と共犯の問題が本格的に論じられ始めたのは，戦後になって以降のことである。当時の西ドイツで，不作為による幇助[1]，不作為による共同正犯[2]および自殺の不防止[3]に関する判決が相次いだことを契機として，不作為犯と共犯の問題が注目されるようになったのである[4]。当初は，作為犯に適用される正犯と共犯の区別の基準を，そのまま不作為犯にも適用する立場が通説であったのに対し，次第に，作為犯の構造と不作為犯の構造は本質的に異なるので，両者に同じ基準を適用することはできないとして，不作為犯の構造上の特色から不作為犯と共犯の問題を把握する立場が台頭するようになったと言われている[5]。グリュンヴァルトやアルミン・カウフマンの所説がそうである[6]。たとえば，アルミン・カウフマンは，プールで溺れた子供を救助しなかった監視員の不作為を問題にする際，その子供が自分で誤って溺れた場合と，第三者によって故意に突き落とされた場合とで，監視員の作為義務違反の不法内容が異なるわけではないとし，いずれの場合にも不作為による正犯の成立を認めるべきであると解している[7]。たとえ子供を突き落としたのが第三者であっても，監視員が，結果の発生を防止するべき義務に違

---

(1) BGHSt Bd. 2, S. 129, Bd. 3, S. 18, Bd. 4, S. 327, Bd. 14, S. 229, Bd. 17, S. 321.

(2) BGH NJW 1966, S. 1763.

(3) BGHSt Bd. 2, S. 150, Bd. 13, S. 162, Bd. 32, S. 367, BGH NJW 1960, S. 1821.

(4) 神山敏雄『不作為をめぐる共犯論』（平6年・1994年）1頁。

(5) 阿部純二「不作為による従犯(上)」『刑法雑誌』17巻3・4号（昭46年・1971年）1-2頁，斉藤誠二「不作為犯と共犯」『Law School』14号（昭54年・1979年）13頁，中義勝「不作為による共犯」『刑法雑誌』27巻4号（昭62年・1987年）[後に同『刑法上の諸問題』（平3年・1991年）に収録]330頁[引用頁数は後者による]。

(6) Grünwald, Die Beteiligung durch Unterlassen, GA 1959, S. 111ff., Armin Kaufmann, Die Dogmatik der Unterlassungsdelikte, 1959, S. 291ff.

(7) Armin Kaufmann, a.a.O. [Anm. 6], S. 296f.

反して，溺れた子供を救助しなかったという点では，自分で誤って溺れた子供を救助しなかった場合と不法内容は同じというわけである。このように，不作為犯の構造上の特色から不作為犯と共犯の問題を把握する立場は，結果の発生を防止するべき義務を負う者の不作為を原則的に全て正犯とし，不作為による共犯の成立を例外的にしか認めない傾向にある。そのような考え方に従うと，不作為による共犯の成立を例外的に認めるための要件が，不作為犯における正犯と共犯を区別する基準となる。

しかし，少なくとも不真正不作為犯においては，正犯と共犯の区別に関して，作為犯と同じ基準が適用されなければならないはずである[8]。なぜならば，不真正不作為犯は，いわば「不作為による作為犯」なのであって，作為犯の形式で規定されている構成要件を不作為によって実現することにほかならないからである[9]。そこで，不作為犯の構造上の特色から不作為犯と共犯の問題を把握する立場の論理的妥当性について，それ以外の立場との比較を通して検討しておく必要性が生じる。

わが国でも，ドイツの学説の影響を受けて，不作為犯と共犯の問題が論じられてきており，また，実際にこの問題が争点となった事案も多く存在する。近時の下級審においては，類似の事案について異なった判断が示されることもあり，不作為による共犯の成立を肯定したものと否定したものとが存在している[10]。したがって，不作為犯と共犯の問題は，実務上も統一的に解決される必要に迫られているのである。

不作為犯と共犯の問題は，まず，不作為による共犯の問題と，不作為犯に対する共犯の問題に大別される。さらに，不作為による共犯の問題は，不作

---

(8) 真正不作為犯については，作為義務を負う者が正犯に対する狭義の共犯となることは，事実上，想定しにくいであろう。真正不作為犯は，正犯が作為義務に違反することによって実現するのであり，同じ内容の作為義務を負う他人がこれに加功することは，通常，不作為による共同正犯の問題となるように思われる（ただし，両者に意思の連絡がなければ，単独正犯の同時犯となり得る。）。なぜならば，その他人が正犯に加功し，作為に出ない時点で，構成要件は実現してしまっているからである。

(9) 平山幹子『不作為犯と正犯原理』（平17年・2005年）172頁参照。

(10) 同一の事案に関して，札幌高判平成12年3月16日判時1711号170頁，判タ1044号263頁は，不作為による共犯の成立を肯定したが，原審の釧路地判平成11年2月12日判時1675号148頁は，これを否定していた。このほか，不作為による共犯の成立を否定した判例として，東京高判平成11年1月29日判時1683号153頁，大阪高判平成2年1月23日判タ731号244頁。

為による幇助，不作為による教唆および不作為による共同正犯の問題に細分され，不作為犯に対する共犯の問題は，不作為犯に対する幇助および不作為犯に対する教唆の問題に細分される[11]。

このうち不作為による幇助の問題は，不作為犯における正犯と共犯の区別の問題として論じられることが多い。ある犯罪の結果の発生を防止するべき義務を負う者が，他人による当該犯罪の実行を阻止せず，結果の発生を防止しなかった場合に，それは結果の発生に対する不作為による正犯なのか，それとも他人の犯罪に対する不作為による共犯なのか，ということが問題とされるわけである[12]。その意味で，かかる不作為が正犯となるのか，それとも共犯となるのかという問題は，当該不作為が幇助犯の成立要件を充足するか否かという問題に先行して論じられている。したがって，ここでは，不作為犯における正犯と共犯の区別が中核的な問題となる。さらに，ドイツで展開されてきた客観的帰属論の視点は，不作為犯の領域にまで及んでいる。そこで，本章は，これらの問題に検討を加え，その解決に役立てることを目的とする。

第2節　学説の状況

第1款　主観説とその検討

バウマンは，不作為犯において，客観的な基準によって正犯と共犯を区別することはほとんど不可能であるが，そうであるからといって，ドイツ刑法典の25条以下で一般的に規定された，人間の態度についての区別を否定することは許されないと説く。そして，不作為犯において，客観的な基準によって正犯と共犯を区別するのが困難であるということは，作為および不作為について同じように使用できる区別の基準を提供する主観説が支持されるべきことを証明していると述べて，主観的な基準によって正犯と共犯を区別しようとする[13]。この見解からは，正犯と共犯は，関与者が自己の犯罪行為をなす

⑾　不作為犯に対する共同正犯は，不作為による共同正犯の問題に包括される。なぜならば，共同正犯は，共同実行を問題にするので，共同者のそれぞれについて加功行為の態様と対象が同時に問題となり得るからである（川端博『刑法総論講義』第3版（平25年・2013年）243頁。）。

⑿　斉藤・前掲注⑸15頁。

⒀　Baumann, Strafrecht Allgemeiner Teil, 8. Aufl., 1977, S. 556.

96 第5章 不作為犯における正犯と共犯の区別

意思（animus auctoris）を持っていたか，それとも他人の犯罪行為に加担する意思（animus socii）を持っていたかによって区別されることになる[14]。

　しかし，そもそも自己の犯罪行為をなす意思と故意との関係が不明であるし[15]，また，正犯に対する不作為による関与者が自己の犯罪行為をなす意思を持つことは通常あり得ないように思われる。そのような関与者は，犯罪の実行を正犯に委ねなければならないのであるから，自己の犯罪行為をなす意思を持つとは一般的に考えられないのである[16]。しかも，自己の犯罪行為をなす意思の存在を認定するのは困難であるから，それを正犯と共犯の区別の基準とすることは，実務上も役に立たない。外部的事情によって自己の犯罪行為をなす意思の存否を判断することも全く不可能なわけではないとも考えられるが，外部からも認識できる怨恨，利害関係といった事情は，正犯でも共犯でも有し得るのであるから，外部的事情が，常に自己の犯罪行為をなす意思の存在を裏付ける決定的な根拠になるとは限らない[17]。したがって，主観的な基準によって不作為犯における正犯と共犯を区別しようとすることは，妥当でない。

　主観説は，不作為犯の単独犯の場合にも不当な結論を導くことがある。たとえば，誤って水に落ちた子を救助しないで溺死させた父親は，殺意が存在する限り，ことさら自己の犯罪行為をなす意思がなくても，殺人罪の正犯とされなければならないが，この事例に主観説の基準を適用すると，父親は，自己の犯罪行為をなす意思がなければ，子自身の過失による死亡に対する不可罰的な共犯となってしまうのである[18]。

　連邦通常裁判所の判例にも，主観説に立脚したものがある。すなわち，自殺の意思を持つ姑からダムに突き落として欲しいと要請された被告人が，それに応じないでいるうちに，姑は水中に落ちて溺死したという事案に関して，原審が不作為による嘱託殺人罪の成立を認めたのに対し，連邦通常裁判所は，被告人は姑を死に導く事象を支配しようとしておらず，それゆえ正犯者意思

---

(14)　Baumann, a.a.O.［Anm. 13］, S. 545.

(15)　神山・前掲注(4) 37 頁参照。

(16)　阿部・前掲注(5) 9-10 頁参照。

(17)　神山・前掲注(4) 50-1 頁参照。

(18)　阿部・前掲注(5) 10 頁参照。

が欠けるとして，原判決を破棄し，差し戻したのである[19]。この判決は，主として被告人の正犯者意思について論じ，自殺を阻止するべき作為義務について明確には言及していないが，嘱託殺人は義務に違反した不作為によっても可能であると述べた部分があることから，被告人がそのような義務を負うことを前提としているものと解される[20]。この判決によれば，被告人は，作為義務を負うが，正犯者意思を欠くので，嘱託殺人罪の正犯とはなり得ないし，自殺を処罰する規定が存在しない以上，それに対する幇助犯ともなり得ず，一般不救助罪（ドイツ刑法323条c）に問われ得るにすぎないことになる。

　しかし，結論の当否は別として，そのような論理には矛盾があると指摘されている。すなわち，自殺を阻止するべき作為義務を負わせることは，保障人が他人の自由な決意に従属することなく，むしろ，その意思に反してでも救助しなければならないということを意味するのであるから，保障人が作為義務を怠った場合，正犯者意思は常に存在するはずであって，一方で作為義務を負わせながら，他方で正犯者意思を導入し，その実際上の意義を減殺するのは矛盾しているというわけである[21]。

第2款　目的的行為支配説とその検討

　マウラッハは，不作為犯においても，目的的行為支配の有無によって正犯と共犯が区別されるとする。マウラッハによれば，故意犯において複数の者が共同する場合，誰が正犯とみなされ，誰が共犯とみなされなければならないのかは，行為支配という客観的なメルクマールによって決定される。行為支配とは，構成要件に該当する事象の経過を，故意による包括のもとで手中に保持することであり，当該保持者に認識された，構成要件を形成する目的的な制御の可能性のことを言うとされる。構成要件の実現を自分の意思に従って進行させたり，阻止または中断したりすることができる者は全て行為支配を有しているが，そのような正犯との対比において，あらゆる共犯の形態は，共同者の行為支配が欠けているということによって特徴づけられるとされる[22]。そして，マウラッハは，幇助者に特別な結果回避義務が課される場

---

(19)　BGHSt Bd. 13, S. 162.

(20)　神山・前掲注(4)36頁。

(21)　阿部・前掲注(5)10頁。

合に，幇助が不作為によってもなされ得ることを肯定し，次のように述べる。回避されるべき結果が実際に生じ，不作為者が行動を起こしていれば，ほぼ確実に結果を回避できたという場合，幇助は成立する。ここでも，通常の幇助の場合と同様，幇助者の行為は，結果に対して相当因果的なものであったことを要する。他人の介入により結果が生じない場合，未遂に対する可罰的な幇助ではなく，不処罰的な幇助の未遂が考えられる。不作為の事例において，固有の正犯が認められるべきか，または幇助が認められるべきかという決定は，行為支配の程度に従ってなされる。これは結果阻止の可能性という基準と一致することが多くなるが，原則として，それよりも厳格な諸要件を示すものである。一般に，共同正犯ではなく幇助を理由とした帰責だけを基礎づける一定の結果回避義務は存在しない[23]。

　フリードリッヒ・クリスチャン・シュレーダーは，事象への支配が欠けることを理由にして行為支配による区別を不可能であると考えるのは，自然主義的に行為支配の概念を把握することになるとして，これに疑問を呈し，行為支配の概念が実体化されれば，不作為の内部でも，それは程度の区別ということになるとの主張を展開している[24]。

　連邦通常裁判所の判例には，目的的行為支配説に立脚したものもある。すなわち，自殺を企てて首を吊っている夫を，まだ救助できると知りながら，綱から引き離さなかった被告人につき，原審が一般不救助罪で有罪としたのに対し，検察官が故殺を主張して上告したという事案に関して，連邦通常裁判所は，婚姻共同体に基づく被告人の義務を認めた上で，被告人が，義務に違反する不活動により，夫の惹起した因果の経過を中断せず，そのことによって夫の死の結果を共同して惹起したと指摘し，救助義務者は，事実状態に対する支配の全部または大部分を有し，介入によって決定的な転換をすることができると述べて，原判決を破棄し，差し戻したのである[25]。

　このように，目的的行為支配説は，目的的行為支配の有無を，不作為犯に

---

[22]　Maurach, Deutsches Strafrecht Allgemeiner Teil, 4. Aufl., 1971, S. 627.

[23]　Maurach, a.a.O.〔Anm. 22〕, S. 693.

[24]　Friedrich-Christian Schroeder, Der Täter hinter dem Täter, 1965, S. 106.

[25]　BGHSt Bd. 2, S. 150. 宮沢浩一「不作為犯」山田晟編『ドイツ判例百選』（昭44年・1969年）160頁以下参照。

おける正犯と共犯の区別の基準とするのであるが，そもそも，目的的行為支配の考え方が不作為犯にも通用すると言えるのであろうか。本来，行為支配というものは，行為のプロセスを実際にコントロールすることができることを前提としているが，法律上，行なうべきことを行なわないという不作為では，そのような行為支配の前提を欠いている。この点について，不作為では，結果の発生を阻止するべき義務を負う者が，結果の発生するプロセスに入り込んで結果を防止できるという状態があるので，不作為には，現実的な行為支配はないが，潜在的な行為支配はあると表現されることがあり得るかもしれない。しかし，そのような用語法は妥当でない。潜在的な行為支配というのは，不作為の前提である結果阻止の可能性のことを言うのであるから，この意味で行為支配という用語を使うと，不作為と行為支配とは同じことになってしまう[26]。そうすると，刑法上，不作為は結果阻止の可能性を有しているからこそ問題となるのであり，潜在的な行為支配も結果阻止の可能性のことを言うのであるから，不作為の場合には，常に潜在的な行為支配があることになって，正犯と共犯を区別することができなくなる。マウラッハは，行為支配の程度の判断にあたって，原則的に結果阻止の可能性よりも厳格な諸要件が求められるとするが，それが具体的に何であるのかという肝心なことを明らかにしていない。また，作為による教唆犯や幇助犯においても，教唆行為や幇助行為の後で，警察に通報したり，他人の救助を求めたりすることによって，結果の発生を阻止することができるのであるから，潜在的な行為支配があることになり，教唆犯も幇助犯も，不作為による正犯ということになってしまうのである[27]。したがって，不作為犯において正犯と共犯を区別するにあたり，目的的行為支配の考え方を不作為犯にも適用することは妥当でなく，目的的行為支配説を支持することはできない。

第3款　同価値説とその検討

　同価値説は，不作為犯における正犯と共犯を価値的に区別しようとする見解であり，保障人の潜在的な行為支配が，作為による正犯と同等の価値を帯びるときに限り，その正犯性を肯定する。同価値説の代表的な論者であるガ

---

(26)　斉藤・前掲注(5) 20-1頁。

(27)　斉藤・前掲注(5) 21頁。

ラスは，次のように論じる。不作為は，決して，事実的な行為支配を操作することではなく，常に，潜在的な行為支配を操作しないことなのであるから，不作為犯における正犯と共犯は，積極的な作為の場合のように，行為支配を基準としては区別され得ない。むしろ，積極的な正犯との同価値性であれ，積極的な共犯との同価値性であれ，同価値性だけが，区別の基準となり得るであろう。構成要件が正犯性を特別な諸要件（自手犯，人的資質，特別な目的）に依存させている作為犯では，それらの諸要件を充足しない者は，初めから共犯にしかなり得ない。それらの諸条件を充足しない者の不作為の態度も，共犯の無価値だけを有し得るということが明らかである。その一方で，先行する危険な作為が，第三者により遂行される故意の犯罪行為を，故意および非故意で促進することに存する諸事例において，そのことに由来する，当該第三者の犯罪行為の結果を阻止するべき保障人義務に違反することは，幇助を理由とした責任のみを基礎づけ得る，ということが法律上の幇助の特別な規律から明らかとなる。故意の作為犯の行為支配をなす正犯に並んだ，当該正犯が結果を惹起するのを阻止しないあらゆる保障人には，原則として幇助者の役割しか残されていない。このような考え方に対しては，保護されるべき法益が，自然の威力の被害を受けるのか，それとも犯罪的な攻撃の被害を受けるのかは，保障人の不介入の判断にとって，何らの区別もなし得ないとの異論が唱えられた。しかし，故意で行為に出る第三者が積極的に介入することによって，保障人が行動を起こさないことの意味は変わる。すなわち，積極的な行為者が自身の作為によって行為の経過を支配する限りで，当該行為者は，行動を起こさない保障人に対し，可罰的結果への直接的な接近を遮るのである。保障人の不介入は可罰的結果の発生にとって，行為者の不阻止としての意味だけを持ち，したがって，行為者により展開される活動の消極的な促進としての意味だけを持つのである。正犯行為者に並んだ不作為の保障人は，価値的には，幇助者の役割を果たしているにすぎない[28]。

　これに対し，たとえば，保障人が，重傷を負った殺害計画の被害者に遭遇する場合のように，保障人が，正犯による行為支配の操作をさらに修正し得

_____

[28]　Gallas, Strafbares Unterlassen im Fall einer Selbsttötung, Beiträge zur Verbrechenslehre, 1968, S. 186ff.

る影響力を有すると認められる場合，保障人は，結果を回避し得るにもかかわらず行動に出ないのであれば，自身に委ねられた法益にとり脅威となる危険が，全く第三者の犯罪行為に基づいているのではなく，事故に基づいている場合におけるのと同様，正犯とみなされるべきである。被害者の別の運命に対する責任が，もっぱら保障人の手に移っているからである。それと同時に，いずれにせよ，一般に，直接的に救助して干渉することは，対立する犯罪的な行為意思を打ち負かすことよりも少ない要求を保障人に課すものであるという事情のもとでは，正犯性の承認に結びつけられた，より重い処罰が正当化される[29]。

　このようにして，ガラスによれば，保障人の不作為が問題となるような場合には，基本的に，作為者が行為の経過を支配しているのであるから，作為者の犯行を阻止しなかった保障人は幇助犯となるが，そのような支配が作為者から離れたときに，結果の発生を阻止しなかった保障人は正犯となるとされる。たとえば，自分の子を作為者が断崖から突き落として即死させるのを阻止しなかった親は，行為の経過を支配しているのが当該作為者である以上，殺人罪の幇助犯となるのに対し，泳げない自分の子を作為者が湖沼に突き落として逃走した後に，これを救助せず死亡させた親は，行為の経過の支配が当該作為者から離れている以上，殺人罪の正犯になるというわけである。このような結論は，作為者の犯行を阻止することよりも，被害者を直接的に救助することのほうが一般的に容易であるという根拠からも正当化されている。ここで挙げた後者の事例に即して言えば，自分の子を作為者が湖沼に突き落とすのを阻止することよりも，突き落とされた後でこれを救助することのほうが容易であると考えられているのである。

　ガラスの見解は，保障人の不作為による関与を原則的に幇助犯とする通説的な考え方と共通の基盤に立脚しつつ，これに事理に即した修正を加えたものであるとも解され，その点で一般に受け入れられやすい側面を持つ[30]。しかし，ガラスの見解に対しては疑問も表明されている。ガラスの見解に従うと，結論的に，たとえば，作為者による自分の子の殺害を阻止しなかった親

---

(29)　Gallas, a.a.O.［Anm. 28］, S. 188.

(30)　阿部純二「不作為による従犯（中）」『刑法雑誌』18 巻 1・2 号（昭 46 年・1971 年）72-3 頁。

は，子の死亡が，断崖から転落死させるという殺害方法により生じたものであれば幇助犯となるが，湖沼で溺死させるという殺害方法により生じたものであれば正犯となる。このように，作為者がどのような実行手段を選択したかという偶然的事情によって，保障人たる不作為者の罪責が変わってしまうのは妥当でない[31]。また，作為者の犯行を阻止することよりも，被害者を直接的に救助することのほうが一般的に容易であるとのガラスの主張に対しても，批判が加えられている。たとえば，自分の子を作為者が湖沼に突き落とすのを阻止することよりも，突き落とされた後でこれを救助することのほうが常に容易であるとは断言できない。前者の場合に，大声を上げて救助を求めていることを作為者に知らしめ，もって当該作為者に犯意を放棄させ，逃走させるといった方法で，犯行を阻止することも可能なのであって，そうすることよりも，突き落とされた後で救助することのほうが容易であるとは一概には言えないのである[32]。したがって，第三者の犯行を阻止することよりも，被害者を直接的に救助することのほうが一般的に容易であるとの前提のもとで，結果の発生を阻止しなかった保障人が正犯となり得る場合のあることを認めるのは，妥当でない。

第4款　区別否定説とその検討

区別否定説の代表的な論者は，グリュンヴァルトとアルミン・カウフマンである。両者の見解は，不作為犯における正犯と共犯の区別を否定する点で共通するが，次の点で大きく異なる。すなわち，グリュンヴァルトが，作為による正犯とも作為による共犯とも異なる固有の関与形態として不作為による関与を把握し，これを作為による幇助の刑罰の範囲内で処罰するべきであるとしているのに対し，アルミン・カウフマンは，結果の発生を防止するべき義務を負う者の不作為を原則として全て正犯とするのである。

このように，両者の見解には著しい相違が存するので，以下では，それぞれについて個別的に検討を加えることにしたい。

(1)　**グリュンヴァルトの所説とその検討**　　グリュンヴァルトは，不作為に

---

[31]　阿部・前掲注(30)75-6頁，斉藤・前掲注(5)21頁。Vgl. Roxin, Täterschaft und Tatherrschaft, 8. Aufl. 2006, S. 498.

[32]　Armin Kaufmann, a.a.O.［Anm. 6］, S. 296f. 中・前掲注(5)334頁，阿部・前掲注(30)75頁。

よる関与を，作為による正犯とも作為による幇助とも異なる固有の関与形態として把握し，以下のように論じる。まず，不作為による関与者には，事象への現実的な影響力が欠けている。不作為による関与者の事象に対する関係は，純粋に潜在的な関係であって，当該関与者が事象へと介入する可能性を有している点に存する。事象の支配への種類および強さによって関与形態を区別するべきであるという観点のもとでは，事象への現実的な影響力の存否が相当な重要性を持つのであるから，不作為による関与は，作為による正犯とも作為による共犯とも同視され得ない。それゆえ，不作為による関与，作為による正犯および作為による幇助が，３つの異なった関与形態として並存することになる。ここでは，正犯および共犯と並んで，不作為による関与というものが存在することを確認するだけではなく，法典で規律された作為による関与形態との比較がなされなければならず，不作為による関与が正犯または幇助に対応して取り扱われるべきか否かが決定されることを要する[33]。

　そこで，次に問題となるのが，法律効果の側面で刑罰の重さを決定する関与形態の無価値の程度である。不作為による関与は，その無価値の程度によって，適用されるべき刑罰について正犯か，それとも幇助と同等に扱われるか，ということが問われるのである。不作為による幇助は，事象の支配に関して，正犯および幇助から量的でなく質的に区別される。事象への現実的な影響力が欠けるからである。この点で，概念上，正犯にも幇助にも属しない，事象に対する潜在的な関係，すなわち結果回避の可能性が存する。無価値の程度を確定することは，量的な比較を意味するが，そのことに実務上の困難はない。質的な相違を衡量することは，法的な評価の領域で一般に使われている方法なのであり，これは，異なった種類の犯罪に関して，一方がより重い犯罪であり，他方がより軽い犯罪であると認められるような場合に，常に逡巡なく使われている。実際に，不作為による関与と作為による関与形態との衡量は，言うまでもなく日常的に行われており，結論的には，不作為による関与は，幇助それ自体よりも重くないものであると考えられている[34]。通常，他人の行為に幇助者として関与した者は，関与後に，なお結果を回避する可能

---

(33)　Grünwald, a.a.O.［Anm. 6］, S. 111f.

(34)　Grünwald, a.a.O.［Anm. 6］, S. 112.

性を有している。たとえば，凶器を渡した者は，正犯を阻止したり，被害者に警戒するよう伝えたり，または警察に通報したりすることによって謀殺を阻止できることが多い。幇助行為には，通常，不作為が接続しているのである。まさに原因を設定することによって幇助犯となる者は，不作為者と同様の，結果発生に向けた力を有している。作為に接続する不作為は，危険を基礎づける先行の作為を理由として構成要件に該当するような不作為に対応するのであるから，非故意的に生じた危険を放置しておく不作為よりも軽くないものである。それにもかかわらず，後に続く不作為が刑法上の評価にあたって考慮されていないということは，後に続く不作為が，幇助する行為よりも重要とはされないということである。事象の支配の程度，したがって無価値に関しては，不作為による関与は，幇助それ自体よりも重くない関与形態である。それゆえ，不作為による関与は，幇助に適用される刑罰の枠に従ってのみ処罰され得る[35]。

　要するに，ここでグリュンヴァルトが主張しているのは，作為による幇助行為の後に続く不作為でさえ，刑法上，幇助行為それ自体が処罰されることに加えて処罰されることはないのであるから，先行行為を伴わない不作為によって正犯の犯行に関与する行為は，それよりも重くない刑罰の範囲内で処罰されなければならないということなのである。

　さらに，グリュンヴァルトは，不作為犯において，正犯と共犯を区別することはできないとする。事象の支配の種類および程度は，回避されない結果が他人の犯罪行為によって引き起こされるのか，それ以外の現象によって引き起こされるのかということに左右されないというわけである。たとえば，傷害を負った子を母親が失血死させる場合，その傷害が正犯としての第三者によって惹起されたのか，不慮の事故によって惹起されたのかということは，評価にとって無意味であるとしている。かかる見地においては，不作為犯の場合に正犯と共犯の区別を認めると，ドイツ刑法では，幇助の未遂は処罰されないのであるから，たとえば，自分の子を救助しない父親は，子が殺害されると誤信したのであれば，不可罰となるのに対し，水に落ちたものと誤信

---

(35)　Grünwald, a.a.O.〔Anm. 6〕, S. 113.

第2節 学説の状況　　*105*

したのであれば，不作為による正犯の未遂として処罰されることになり，不均衡が生じるとのことも指摘される[36]。

　不作為による関与が幇助の従属性に対応するものであるか否かという問題について，グリュンヴァルトは，これを基本的に否定している。結果を回避しないという不作為は，概念上，結果が他人の犯罪行為によって引き起こされることを前提とせず，それゆえ，他人との共同を前提としないというわけである。グリュンヴァルトによれば，そのような不作為は，他人の犯罪行為によるのとは異なった方法で惹起される結果の不回避と同じようにして，不作為による関与の形態で現れることがある。このようにして，不作為による関与は，本質に即した特殊性を伴わない，結果回避の不作為の現象形態であるにすぎないとされる[37]。

　もっとも，グリュンヴァルトは，一定の犯罪には，この考え方が通用しないとする。グリュンヴァルトによれば，挙動犯（たとえば，近親相姦）や特別な性質の行為による結果の惹起に関係する構成要件（たとえば，窃盗）のように，単純な結果の惹起に尽きるのではない一定の犯罪は，概念上，不作為によっては遂行され得ないにもかかわらず，この種類の作為犯への不作為による関与は可能であるとされ，そのことが，これらの犯罪において，不作為による関与が概念的に従属的であることを意味するのであるとされる。したがって，ここでは，不作為による関与は，作為者の犯罪行為が未遂の段階に達し，かつ，不作為者が結果を回避する状況にあったという条件のもとでのみ可罰的とされることになる。これらの犯罪への不作為による関与の従属性は，作為犯の場合と相似しており，公務員たる身分や利得の意思といった客観的または主観的な正犯者メルクマールを含む一定の構成要件においては，このメルクマールを充足しない者は，その構成要件に従い，他人の犯行への関与を通してのみ可罰的となり得るとされる[38]。

　しかし，このような考え方には疑問がある。そもそも，グリュンヴァルトの主張は，不作為には事象への現実的な影響力が欠けているから，これを作

---

(36)　Grünwald, a.a.O.〔Anm. 6〕, S. 116ff. 阿部・前掲注(30)78 頁，斉藤・前掲注(5)18 頁参照。

(37)　Grünwald, a.a.O.〔Anm. 6〕, S. 118.

(38)　Grünwald, a.a.O.〔Anm. 6〕, S. 119.

為犯の条文で処罰することはできないとの前提のもとで展開され，不作為による関与を，作為による正犯や作為による幇助とは異なる固有の関与形態として把握するものであるが，そのような構成は現行法の立場と整合しない。現行法は，正犯，教唆犯および幇助犯という形態でしか他人の犯罪に加わる形態を認めていないのであるから，少なくとも現行法の解釈としては，不作為による関与を，それらと異なる固有の関与形態として把握することはできないはずである[39]。

　また，作為による幇助行為の後に続く不作為が，幇助行為それ自体に対する処罰に加えて処罰されることはないとの理由から，不作為による関与は，その無価値性において，作為による幇助よりも重くないので，幇助に適用される刑罰の範囲内で処罰され得るとの帰結を導いている点も妥当でない。典型的な作為による幇助行為の場合にまで，先行行為に基づく作為義務が生じるとは，およそ考えられないからである[40]。

　さらに，事象の支配の種類および程度は，回避されない結果が他人の犯罪行為によって引き起こされるのか，それ以外の現象によって引き起こされるのかということに左右されないとしている点に関しても，現行法との整合性が疑われる。現行法は，少なくとも作為犯については，複数人の行為が競合する場合と１人の行為しか存在しない場合とで価値的な相違を認めている。たとえば，被害者に対して，暴漢をけしかけて傷害を負わせた者が傷害罪の共犯となり，猛犬をけしかけて傷害を負わせた者が傷害罪の単独正犯となることに争いはないのである。このような価値的な相違を不作為犯の場合に限って平準化してよいという根拠は示されていない[41]。

　このほか，挙動犯や特別な性質の行為による結果の惹起に関係する構成要件の場合には，正犯への不作為による従属的な関与があり得るとしている点に対しては，それを認めるのであれば，ここで挙げられた以外の犯罪形態についても，価値論的に不作為による幇助が認められるのではないかとの指摘

---

[39]　斉藤・前掲注(5) 21 頁，島田聡一郎「不作為による共犯について(1)」『立教法学』64 号（平 15 年・2003 年）34 頁。

[40]　神山・前掲注(4) 155 頁。

[41]　島田・前掲注(39) 38 頁。

がある[42]。

⑵　アルミン・カウフマンの所説とその検討

アルミン・カウフマンは，不真正不作為犯を，作為犯の構成要件とは別の，記述されない保障人命令構成要件に該当するものとして把握する。この見地においては，原則として，結果の発生を防止するべき義務を負う者の不作為は全て正犯とされ，不作為による共犯は存在し得ないとされる。その独自の主張は，次のようにして，目的的行為論が有力化するまで不作為による幇助を認めてきた判例や学説を批判しつつ展開される。第1に，不作為による幇助を認める立場は，それが保障人によってなされることを前提としているが，幇助犯は，結果に対する原因力を有しさえすればよいのであるから，保障人的地位といった構成要件メルクマールを備える必要はないはずである。それにもかかわらず，これを要求することは，共犯論の一般的な考え方に反する[43]。

第2に，不作為による幇助を認める立場が，不作為による教唆を認めないのは疑問である。たとえば，判例は，証人が偽証を決意することを阻止するべき作為義務を負っているのに，これを怠った者を，偽証への不作為による教唆としてではなく，幇助として処理している。その背景に，不作為による教唆は，その無価値内容において，不作為による幇助と区別できないのであるから，正犯と同一の刑で処罰するべきでないという判断が存するのであれば[44]，そのことは，作為犯に関する正犯，教唆犯と幇助犯の区別の基準が不作為犯の実体に即した評価とは一致しないということを示している[45]。

第3に，判例は，不作為による幇助犯の成立にとって，不作為による関与者が作為に出ていれば，正犯の犯行は阻止されたであろうという関係の存在することまでは必要でなく，それが困難になったであろうという関係が存在すれば足りると解している。幇助は正犯の犯行を容易にすることを言うのであるから，不作為の場合には，作為がなされなかったことによって，正犯の犯行が容易にされたのであれば，そのことが幇助に該当するというわけであ

⑷　神山・前掲注⑷156頁。

⑷　Armin Kaufmann, a.a.O. [Anm. 6], S. 291f.

⑷　教唆犯の刑は正犯の刑と同一であるのに対し，幇助犯の刑は必要的減軽を受ける（ドイツ刑法26条，27条2項）。

⑷　Armin Kaufmann, a.a.O. [Anm. 6], S. 292. 阿部・前掲注㉚79-80頁参照。

る。しかし，このように解すると，たとえば，工場の監視員が強盗団に無抵抗で縛られた場合，抵抗していれば強盗団の犯行は困難になったかもしれないのであるから，これに幇助犯を成立させざるを得ないという不当な帰結に至ってしまう。この監視員に，強盗団に対して抵抗させることは無理であるから，そのような場合には，作為義務が欠けると解するべきである[46]。

　第4に，不真正不作為犯が作為犯の構成要件に該当するという原理は貫き得ないものであるということを認識するならば，不真正不作為犯の諸事例を，解釈上，作為犯への共犯として構成する可能性も閉ざされる。不真正不作為犯は，禁止構成要件に該当するのではなく，保障人命令構成要件に該当する。不作為による幇助は，かかる不作為犯の構成要件に該当して正犯となるから，それとは別に，これを作為犯への幇助として評価することは刑事政策的に無意味である。理論上も，およそ不作為は結果に対する原因力となり得ないのであるから，作為犯を促進することはあり得ず，作為犯への不作為による幇助というものは考えられない。そのように解するのでなければ，保障人的地位を不作為による正犯を基礎づける要素として把握する以上，保障人的地位のない者のあらゆる不作為が不作為による幇助とみなされることになってしまう[47]。

　第5に，結果犯の場合，不作為による正犯と共犯を区別することはできない。たとえば，プールで溺れた子供を救助しなかった監視員の不作為を問題にするとき，その子供が自分で誤って溺れたのか，それとも第三者によって故意に突き落とされたのかといった事情は，作為義務違反の不法内容に影響を及ぼすものではない。偶然の事故や第三者の過失による侵害から法益を保護しないという不作為と，法益が第三者によって故意に侵害されるのを阻止しないという不作為とでは，不法内容が同じなのである[48]。

　第6に，財産犯や純粋な挙動犯のように，不作為の構成要件が存在せず，不作為による正犯を成立させることができない場合には，不作為による共犯を認めてよい。第三者が財物を窃取するのを阻止しなかった守衛は，他人の

---

[46]　Armin Kaufmann, a.a.O.〔Anm. 6〕, S. 293.
[47]　Armin Kaufmann, a.a.O.〔Anm. 6〕, S. 295. 中・前掲注(5) 338-9 頁。
[48]　Armin Kaufmann, a.a.O.〔Anm. 6〕, S. 296f.

犯罪を阻止する義務を負うわけではなく，他人の財物を奪取等から保護するべき義務を負っている。理論上，この守衛は，かかる義務に違反しているので，財物奪取の不作為による正犯となるはずである。しかし，ドイツ刑法に単純な財物奪取を処罰する作為の構成要件が存在しない以上，その類推に基づく記述されない不作為の構成要件も存在しないことになるから，守衛を処罰することはできず，可罰性の欠缺が生じる。そこで，このような場合には，可罰性の欠缺が生じることのないように，不作為による幇助を認めてよい。また，理論上，純粋な挙動犯に対する不作為による共犯は存在しないが，刑事政策的には，挙動を阻止する保障人命令への違反は，自手犯への積極的な共犯と相似しているから，不作為による共犯として特徴づけてよい[49]。

　それでは，このような考え方を妥当な見解として支持することができるであろうか。もっぱら存在的次元で考察するならば，たしかに，不作為は，一定の作為をしない態度であるから，物理的な原因を設定したり，犯罪を促進したりすることはない。しかし，規範的次元においては，作為による幇助と同程度の無価値と評価され得るような不作為の形態が存在するのである。アルミン・カウフマンの見解は，不作為の事実的側面を過剰に重視している[50]。この批判は，不真正不作為犯を保障人命令構成要件のもとで把握することを中核とした主張の全体に対して加えられるものである。このことは，アルミン・カウフマンの見解の特徴が顕著に現れている第5，第6の点について検討することで，さらに明白になる。第5の点においては，保障人が偶然の事故や第三者の過失による侵害から法益を保護しないという不作為と，法益が第三者によって故意に侵害されるのを阻止しないという不作為とでは，作為義務違反の不法内容が同じであるとされている。しかし，プールで溺れた子供を救助しなかった監視員の作為義務違反の不法内容にとって，その子供が自分で誤って溺れたのか，それとも第三者によって故意に突き落とされたのかといった事情は，決定的な影響を及ぼすはずである。子供が自分で誤って溺れた場合には，監視員のみが結果の発生を阻止するべき義務を負うので，それに違反して子供を救助しなければ，監視員は正犯となる。これに対し，

---

(49)　Armin Kaufmann, a.a.O. [Anm. 6], S. 299f.

(50)　神山・前掲注(4) 145 頁以下。

子供が第三者によって故意に突き落とされた場合には，第一次的に当該第三者に結果を侵害してはならないとの命令が発せられ，これに違反して設定された因果経過を阻止しない監視員の不作為は，第二次的ないし補充的に結果の発生を助長する役割を果たすものと評価されるのであるから，このような規範的役割を無視して，監視員の不作為を正犯として位置づける必然性も合理性もないのである[51]。また，不作為による共犯は理論上あり得ないとされているが，第6の点においては，財産犯や純粋な挙動犯のように，不作為の構成要件が存在せず，不作為による正犯を成立させることができない場合には，可罰性の欠缺を生じさせてはならないとの刑事政策的な理由や，純粋な挙動犯に関しては，それが自手犯への積極的な共犯に相似しているとの理由から，不作為による共犯が認められている。しかし，その理論的な根拠は示されていない。不作為による共犯は理論上あり得ないとしておきながら，例外的にそれを認めるということは，価値的評価に基づくものである。価値的評価が不作為による共犯を認める根拠となり得るならば，ほかの事例においても同じ方法論を適用する可能性が残される。このように検討してみると，アルミン・カウフマンの主張は，その前提を恣意的命題とすることによってしか成立し得ないと考えられるので，これを妥当な見解として支持することはできない[52]。

第5款　保障人義務説とその検討

　保障人義務説は，行為者の不作為によって侵害される義務の質と内容が，不作為犯における正犯と共犯を区別する基準になるとする。シェンケ／シュレーダーによれば，不作為による共犯が問題となる類型は，保障人の義務の質と内容に応じて，不作為者が法益との特別な関係に基づいて，その法益を維持するべき義務を負う場合，不作為者が自分の監督する特定の者の犯罪を阻止するべき義務を負う場合，および不作為者が第三者の犯罪を可能にし，法益に対する危険を作り出す先行行為に基づく義務を負う場合の3つに分類される。これらは以下のように説明される。第1に，不作為者が，保護される法益との特別な関係を理由として，その維持を保障しなければならない場

---

[51]　神山・前掲注(4) 147 頁。
[52]　神山・前掲注(4) 147 頁。

合，法益への犯罪的な攻撃を義務に違反して回避しないのであれば，正犯の規律が適用される。このことは，たとえば，父親が母親による子の毒殺を阻止しない場合や，母親が自分の娘の可罰的な妊娠中絶に介入しない場合に適用される。法益に対する危険が自然力によって差し迫るのか，それとも有責的でない行為によって差し迫るのかということには，何らの相違もない。なぜならば，たとえば，父親が自分の子を動物の攻撃から救助しないのか，それとも人間の攻撃から救助しないのかということは，不作為の無価値に何の影響も及ぼさないからである。また，不作為者の不介入のタイミングが，積極的な作為者が構成要件の実現にとり必要なことを全てした時点よりも前であったか，それとも後であったかということは，区別をなさない。したがって，たとえば，毒がその子に既に与えられ，まだ結果は回避できるのに父親が何もしない場合に，正犯の規律が適用されるのと同様に，自分の子に対して第三者によって殺人の目的で毒が与えられるのを父親が阻止しない場合にも，正犯の規律が適用される。保障人は，保護されるべき法益に対する，犯罪への関与による正犯の責任から免れることができない[53]。

その一方で，保障人的地位にかかわらず，正犯の可能性が，構成要件により予定された目的または正犯行為者の質の欠如で挫折する場合や，犯罪が自手によってのみ遂行され得るということで挫折する場合に限っては，幇助の規律が適用される。たとえば，偽証の共同の場合や，不作為者自身が領得意思を持たない窃盗の場合には，不作為は幇助の形態においてのみ考えられる。しかし，ここでも，従属性の規律は直ちには転用され得ないということが考慮されるべきである。このことは，不作為者が，侵害される法益の保障人である限度でのみ責任を負わされ得るということから明らかになる。たとえば，他人の所有権の保護だけを任された者は，主たる行為者が奪取にあたり所有権者に対して暴力をふるうのを放置しておく場合，もっぱら窃盗への幇助を理由として可罰的となるのであり，脅迫または傷害への幇助を理由として可罰的となるわけではない[54]。

第2に，行為義務が，侵害される法益と不作為者との特別な関係を理由と

---

[53] Schönke/Schröder, Strafgesetzbuch Kommentar, 27. Aufl., 2006, S. 514 [Cramer/Heine], Schönke/Schröder, Strafgesetzbuch Kommentar, 29. Aufl., 2014, S. 505 [Heine/Weißer].

しては存在せず，むしろ，不作為者の義務が，不作為者が特に責任を負う特定の者による犯罪的な攻撃を阻止することを目的としており，それに尽きている諸事例が存在する。ここでは，質的に異なった法的義務を理由として，原則的に，幇助の規律に基づく処罰だけが考慮される。たとえば，親や教師たちは，その未成年の子供や生徒らが違法な行為を故意で遂行するのを阻止しない場合，もっぱら幇助を理由として処罰される。囚人の監督者が自身によって監督されるべき囚人の窃盗の遂行を阻止しなかった場合や，航海士が乗組員の密輸を黙認する場合も同様である。例外的に，監督されるべき者が有責的には行為をしなかった場合や，間接正犯の諸要件が存在する場合は，正犯となる。さらに，法律上の例外もあり，たとえば，部下の可罰的な行為の意図的な放置に存する幇助を正犯として処罰するドイツ刑法357条（犯罪行為への部下の煽動）がそうである。このように，例外を除く全ての諸事例には，監督義務者は，可罰的な行為の阻止のみを義務づけられており，したがって，たとえば，故意犯の遂行を阻止しない場合に限り，幇助を理由として処罰される，ということが共通している[55]。

　これに対し，監督されるべき者が構成要件の実現にとり必要なことの全てをした後で，監督義務者が単に結果の発生を阻止しなかったということに，監督義務者の不作為が限定される場合，監督義務者はドイツ刑法323c条（一般不救助）に従ってのみ可罰的となる。しかし，監督義務者が，行為者を故意で十分には監督していなかったということを通して，犯罪的な行為の遂行を可能にする場合，関係する犯罪への幇助が認められるべきである。たとえば，父親は，被害者が既に傷害を負った後で初めて行き合い，なお可能な救助をしない場合には，幇助者としては可罰的とならないのに対し，その未成年の息子が第三者を殺害するのを阻止しない場合には，ドイツ刑法211条（謀殺）以下への幇助を理由として可罰的となる。父親が息子の行為を義務に従って監督していれば阻止し得たであろうとか，（たとえば，先行行為に基づく）息子の

---

(54)　Schönke/Schröder, Strafgesetzbuch Kommentar, 28. Aufl., 2010, S. 493 [Heine], Schönke/Schröder [Heine/Weißer], a.a.O. [Anm. 53], S. 505.

(55)　Schönke/Schröder [Cramer/Heine], a. a. O. [Anm. 53], S. 515, Schönke/Schröder [Heine/Weißer], a.a.O. [Anm. 53], S. 505.

不真正不作為犯を阻止しなかった，というような場合には，正犯ではなく，幇助を理由とした帰責のみが問題となる。なぜならば，そのように解するのでなければ，刑法上の対応の範囲が，積極的な行為による犯罪の促進の場合よりも大きくなってしまうからである。幇助者は，主たる行為者により進行される因果経過を後で止める可能性を持っていたとしても，そのことを理由として正犯とはされない[56]。

　これと相応する原則が，物に対する責任または一定の空間的な支配領域から生じる，可罰的な行為を阻止するべき義務にも当てはまる。この場合，優先的に，これらの安全義務の内容と範囲が確定されるべきである。住居それ自体の場合，いずれにせよ特別な諸事情，たとえば，犯罪行為の実行についての特別な適性が，さらに加わらなければならない。そのような特別な諸事情は，夫婦の住居にも認められるので，夫が夫婦の住居での自分の妻の堕胎行為を阻止しない場合，堕胎への幇助を理由として可罰的となるはずである。安全義務の対象物を放置する場合にも，幇助が存在し得るから，たとえば，拳銃の所有権者は，当該拳銃が他人によって第三者の殺害のために使用されるのを黙認している場合，ドイツ刑法211条以下への幇助を理由として可罰的となり得る。これに対し，行為者が既に発砲した場合，それが所有権者の義務違反により可能となったのでなければ，拳銃の所有権者には，ドイツ刑法323c条を超える帰責は当てはまらない[57]。

　第3に，第三者に犯罪の遂行を可能とし，脅かされている法益にとっての危険を作り出す先行行為に基づく義務の場合に，特別な問題が浮上する。たとえば，Aが武器をBに売り，その後で，Bがその武器で殺人を遂行しようとしていることを知るといった事例がこれに当たる。まず，Aは，殺人を阻止しない場合，正犯行為者としては処罰され得ないということが確実である。このことは，AがBの殺人の目的を販売時に既に知っていた場合でも，正犯ではなく，幇助を理由として処罰され得るということから明らかである。な

⑸⑹　Schönke/Schröder [Cramer/Heine], a. a. O. [Anm. 53], S. 515, Schönke/Schröder [Heine/Weißer], a.a.O. [Anm. 53], S. 505.

⑸⑺　Schönke/Schröder [Heine], a.a.O. [Anm. 54], S. 493f., Schönke/Schröder [Heine/Weißer], a.a.O. [Anm. 53], S. 506.

ぜならば，行為を積極的に促進した幇助者は，主たる行為者が行為を実行するのを阻止しないことや，行為の実行の後で犯罪結果を回避しないことによっては正犯行為者の役割へと昇格しないからである。さらに，幇助を理由とした処罰も否定されるべきである。なぜならば，幇助を理由として処罰することは，そのような事例では，帰結において見落とすことのできない，先行行為の視点からの帰責の拡大となるからである。自分の先行行為が義務違反であった場合に限り，例外が認められるべきである。ここでは，A は殺人を阻止しない場合に，幇助を理由として処罰されるべきである。武器の販売に伴い，事情によっては同時に遂行される過失致死は，幇助の背後へと後退する[58]。

このようにして，シェンケ／シュレーダーは，不作為による共犯が問題となる類型を，保障人の義務の質と内容に応じて３つの場合に分類するわけである。一般に，このうち，第１の場合に保障人が負う義務は，保護的保障義務と呼ばれ，第２の場合に保障人が負う義務は，監視的保障義務と呼ばれる。シェンケ／シュレーダーの見解においては，保護的保障義務を負う保障人がそれに違反すれば正犯となり，監視的保障義務を負う保障人がそれに違反すれば幇助となるとされているが，先行行為に基づく義務を負う保障人がそれに違反しても，原則的に不処罰となるとされているから，不作為犯における正犯と共犯の区別にあたって直ちに重要となるのは，第１と第２の場合に関わる保護的保障義務と監視的保障義務の区別である。シェンケ／シュレーダーの見解に従えば，たとえば，自分の子が他人に殺害されるのを阻止しない親は，殺人罪の正犯とされ，自分の子が他人を殺害するのを阻止しない親は，殺人罪の幇助犯とされることになるであろう。たしかに，このような結論は直感的に妥当であるとして支持されやすいかもしれないし，現に，保障人義務説はドイツで有力説の地位にあると言われている。しかし，どのような根拠で，同説が保護的保障義務に違反した保障人を正犯とするのに対し，監視的保障義務に違反した保障人を共犯とするのかということについて，説得力のある論証はなされていない。保護的保障義務に関して，父親が自分の

---

[58] Schönke/Schröder [Cramer/Heine], a.a.O. [Anm. 53], S. 515f, Schönke/Schröder [Heine/Weißer], a.a.O. [Anm. 53], S. 506.

子を動物の攻撃から救助しないのか，それとも人間の攻撃から救助しないのかということは，不作為の無価値に何の影響も及ぼさないとの説明はなされているが，このような考え方が妥当でないことは，既に指摘した[59]。また，保護的保障義務と監視的保障義務を区別することに関して，端的に言えば，保護的保障義務の内容は，他人の攻撃から法益を保護することであり，監視的保障義務の内容は，監視対象者の犯罪を阻止することであると解されるが，本来，刑法の任務は法益の保護に存するのであるから，監視的保障義務の内容も，究極的には法益を保護することであるはずなのであり，そうであるならば，監視的保障義務と保護的保障義務を決定的に区別するのは難しくなるとのことが指摘されている[60]。しかも，保障人の義務は，保護的保障義務と監視的保障義務の両方に該当することもあるので，常にそのような義務の内容に対応させて，不作為犯における正犯と共犯を区別することができるとは限らない。たとえば，長男が次男を殺害するのを阻止しない親は，次男に対して保護的保障義務を負うのと同時に，長男に対しては監視的保障義務を負うことになる。この親が正犯となるか共犯となるのかは，義務の内容によっては決定され得ないわけである[61]。

　さらに，第2の場合に，物に対する責任または一定の空間的な支配領域からも，いわゆる犯罪阻止義務が生じるとして具体的な事例を挙げているが，これにも疑問がある。たとえば，夫婦の住居での自分の妻の堕胎行為を阻止しない夫は，堕胎の幇助犯となるとされるが，夫が空間を支配しているとしても，空間それ自体から結果発生の危険が生じるのではなく，妻自身がその危険を惹起しているのであるから，空間的な支配領域から犯罪阻止義務を導くことには理由がない[62]。自分の拳銃が他人によって第三者の殺害に使用さ

---

(59)　区別否定説に立脚するグリュンヴァルトおよびアルミン・カウフマンの見解に検討を加えた際に指摘した。

(60)　神山・前掲注(4)89-90頁。

(61)　Vgl. Seelmann, Nomos-Kommentar zum Strafgesetzbuch, Bd. 1, 1. Aufl., 5. Lieferung, 1999, S. 40f. 山中敬一「不作為による幇助」渥美東洋＝椎橋隆幸＝日髙義博＝山中敬一＝船山泰範編『刑事法学の現実と展開』齊藤誠二先生古稀記念（平15年・2003年）14頁参照。

(62)　神山・前掲注(4)92頁。Vgl. BGHSt Bd. 30 S. 391, Herzberg, Die Unterlassung im Strafrecht und das Garantenprinzip, 1972, S. 332f., Schünemann, Grund und Grenzen der unechten Unterlassungsdelikte, 1971, S. 361.

116 第5章 不作為犯における正犯と共犯の区別

れるのを黙認するその所有権者を，謀殺の幇助犯としている点も妥当でない。なぜならば，そのような所有権者の不作為が，謀殺への作為による幇助と同価値であるとは考えられないからである。物に対する責任から犯罪阻止義務が基礎づけられるのは，物から直接的に法益侵害の危険が発生したか，それと同視されるときに限られると解するべきである[63]。

　ヘルツベルクも保障人義務説に立脚するが，部分的には，シェンケ／シュレーダーの見解とは異なる主張を展開している。ヘルツベルクによれば，保障人には，保護者的保障人と監視的保障人とがあり，保護者的保障人は，危険にさらされている法益を，損害それ自体から，因果経過にかかわらず守らなければならないとされ，監視的保障人は，損害の原因たる要因に対する責任を負うとされる[64]。ヘルツベルクの見解は，原則として，保護者的保障人の義務に違反した不作為を正犯とし[65]，監視的保障人の義務に違反した不作為を幇助犯とするものであり[66]，その点では，シェンケ／シュレーダーの見解と一致する。大きく異なるのは，義務に違反した監視的保障人の不作為を，例外的に間接正犯として構成することである。たとえば，Aが軽率に手渡したか，または監視していなかった拳銃の引き金を，Bが弾丸は装填されていないものと思って，冗談でCに向かって引こうとしていることを，Aが認識している場合や，Aが，自分の7歳の子が他人の物を壊そうとしていることに気づいている場合に，これらの事例におけるAの不作為を間接正犯とするのである[67]。しかし，そもそも不作為による間接正犯を認めることの当否について争いがあり，これは簡単には認められない。理論的に成り立ち得る構成としては，前者の事例でCが死亡したとき，Aの不作為を，殺人罪の間接正犯ではなく，Bの過失致死罪への幇助犯とするか，または，作為による幇助との同価値性が欠けることを理由にして，不可罰とするほかないように思われる。後者の事例で他人の物が壊されたとき，制限従属形式を前提とするならば，未成年者であっても器物損壊罪の不法を具備しているのであるか

---

[63]　神山・前掲注(4) 93頁。
[64]　Herzberg, a.a.O. [Anm. 62], S. 259.
[65]　Herzberg, a.a.O. [Anm. 62], S. 261.
[66]　Herzberg, a.a.O. [Anm. 62], S. 259f.
[67]　Herzberg, a.a.O. [Anm. 62], S. 260f.

ら，Aの不作為は，それに対する幇助犯となり得るように思われる。

第6款　義務犯説とその検討

　不作為犯を義務犯として構成するのが，ロクシンに代表される義務犯説である。この立場によれば，義務犯においては，義務侵害が正犯性のメルクマールとなるから，不作為犯においても，義務に違反して他人の犯罪を阻止しない保障人は，基本的に正犯とされることになるが，ロクシンは，そのような正犯は，作為の正犯と，社会倫理的な反価値性の質において同視され得るとしても，責任の重さおよび個別的な当罰性においては同視され得ないので，幇助の刑の枠内で処罰されるとしている[68]。そして，ロクシンによれば，不作為による共犯が問題になるのは，ある不活動が，法律上の基準に従うと，正犯の諸要件を満たさなくても，犯罪への共同とみなされるような場面であり，次のような二重の条件のもとでのみ，不作為による正犯が成立し得るとされる。すなわち，第1に，不作為構成要件が存在すること，つまり，当該犯罪を独立して不作為によって遂行できる可能性が存在しなければならないとされ，第2に，不作為者は，正犯となるべきときに，結果回避義務を負うのでなければならないとされるのである。したがって，これらの2つの条件のうち1つでも欠ければ，不作為による共犯が存在し得ることになる[69]。このような考え方に基づき，ロクシンは，第1の条件である不作為構成要件が欠けて，不作為による共犯が成立する類型について，以下のように論じる。正犯は，不作為が，法典で最優先に記述されている作為と，その社会倫理的な反価値性において質的に同視されるものであることを要する。このように解するのでなければ，たとえば，ドイツ刑法212条（故殺）における「故殺」の概念に死亡結果の不回避を包摂することは不可能になってしまう。そのような同価値性は，故殺の規定に存在する。刑罰の威嚇は，死亡結果に対する個人の責任と結びついており，その責任が行為支配に基づいているのか，それとも阻止義務の怠慢に基づいているのかということは，社会倫理的な反価値性の質にとって，何らの区別も意味しない。これに対応することが，それ以外の法典上の全処罰規定の多くに当てはまる。統一的な構成要件が，その都度，

---

(68)　Roxin, a.a.O.［Anm. 31］, S. 502f.

(69)　Roxin, a.a.O.［Anm. 31］, S. 477.

118　第5章　不作為犯における正犯と共犯の区別

重要であるとの命題は，何よりもまず，作為と不作為の不法の質が一致することの不可欠性および明白性に由来する。ある犯罪の不阻止が積極的な作為の不法の質に対応するものであるときには，それが，その無価値内容において，量的には作為に劣後するかもしれないとしても，結果回避義務は，常に正犯性を基礎づける力となる。かかる同質性が欠けるとき，保障人的地位が刑罰を基礎づけるとはいえ，作為と一致する不作為の正犯は存在せず，それゆえ，何らの命令構成要件も存在しないのである。このとき，義務に違反した不活動は，共犯の処罰に至り得るにすぎない[70]。

　不作為構成要件が欠ける例としては，自手犯，きわめて高度な一身的義務犯および領得罪が挙げられる。自手犯は，通常なら至る所で要求される法益侵害が欠けていることによって特徴づけられ，その刑罰の威嚇は，反社会的な生活態度の一定の形態またはある作為の単なる倫理的な非難を含むものである。そのことから，自手犯の構成要件は，記述された態度の自手による企てに限定されるということが明らかになる。そのような規定には，対応するいかなる不作為構成要件も存在し得ない。なぜならば，その都度の処罰規定において罰せられる法益侵害が，作為と不作為に共通して関係する点なのであり，様々な基準を理由にするとはいえ，同じ結果に対する同様な責任という同視を可能とするからである。そのような法益侵害が欠け，作為構成要件の犯罪的な質が，むしろ特殊で積極的な作為の道徳上の無価値内容にのみ見出される場合，当然，不作為構成要件が認められる余地はない。たとえば，軍隊の上官が，自身では関与することなく，部下の同性愛的な行為を好意的に黙認するとき，この上官は確実に非難に値する行為をしており，そのような作為を阻止することをも義務づけられるであろう。それにもかかわらず，当該上官は，ドイツ刑法175条（同性愛行為）[71]の不作為の正犯であるとは考えられない。なぜならば，当該上官の違反には，固有の不純な肉体的行為に結びつけられた反道徳性，すなわち同性のわいせつ行為の構成要件を特徴づける特別な不法の染色が付着していないからである[72]。

---

(70)　Roxin, a.a.O. [Anm. 31], S. 478.

(71)　同条は，現在では廃止されている。

(72)　Roxin, a.a.O. [Anm. 31], S. 479.

不作為の正犯とはなり得ないような，実務上，非常に重要な「不真正自手犯」とも呼ばれた諸事例が，きわめて高度な一身的義務犯の場合に現れる。重要なのは，たとえば，供述犯や脱走のように，ある一定の直接的な人的態度の形態でのみ存在し得る義務侵害が正犯性を基礎づける場合における違反である。この種類の構成要件は，おそらく不作為によって実現され得る。供述にあたって本質的な視点を隠すことによって，偽証を遂行することができるし，兵士は，行進する軍隊について行かなければ，脱走することができる。その限りで，問題になるのは，作為の義務犯の場合に，構成要件的に重要な，作為と不作為の区別が存在しないという様相だけである。これに対し，きわめて高度な一身的義務犯の場合，正犯は，ある者が自身の保障人たる立場に反して，他人の偽証または脱走に介入しないという態様では，なされ得ない。このような諸事例において不作為の正犯の可能性を排除することは，自手犯の場合とは完全に異なる理由に基づいている。なぜならば，ここでは，法益侵害が存在するからである。たとえば，偽証がなされないようにする義務を負っているのに，それを阻止しなかった者は，供述者自身と同様に司法を害している。それにもかかわらず，その者は，不作為の正犯には問われない。なぜならば，ドイツ刑法153条（誤った不宣誓による供述）以下の諸規定は，それぞれの正犯について，一身的な供述義務を前提としており，証言それ自体をするわけではない者には，そのような義務が欠けるからである。したがって，ここでは，一般的な結果回避義務と同一でなく，それと代替されることもできない，ある特殊な義務が正犯性を基礎づける。それゆえ，誤った宣誓の不阻止は，決して，不法の質において偽証とは同視されないのであるから，独立した不作為構成要件が初めから脱落しており，保障人の不活動は，刑法上，正犯性を欠く共同，すなわち幇助としてしか把握され得ないのである。どのような要件のもとで，主として虚偽の供述を回避するべき法的義務が存在するのかという，著しく争われている問題は，当然，そのこととは関係ない[73]。

　領得罪の諸規定からも，独立の不作為構成要件は展開され得ない。領得は，

---

(73)　Roxin, a.a.O.［Anm. 31］, S. 480f.

奪取よりも多くのことを意味する。その多くのこととは，奪い取った物を自己の領得とすることであり，行為者が経済的な利用の目的で物に対する独立の処分権を得るということである。不作為者には，処分権がなく，この犯罪の質を構成する要素が備わっていない。たとえば，義務に違反して窃盗を阻止しない夜警は，その不作為によって，常に他人の行為を促進することができるだけであって，その固有の人格においては，ドイツ刑法242条（窃盗）の意味内容を実現することができるわけではない。部下らが自分たちで保管している会社の所有物を着服するのを黙認する部長や，密猟者を好き放題にさせておく山林監視員は，横領や密猟の正犯としては処罰され得ず，同人らの態度は，もっぱら共犯の基準に従って把握され得る[74]。

　このように，ロクシンの見解においては，自手犯，きわめて高度な一身的義務犯および領得罪に不作為で関与する保障人の正犯性が否定される場合，なお共犯の成立する余地が認められている。その理由は，次のように説明される。すなわち，義務に違反して犯罪を阻止しない場合，作為者に帰属する支配という側面と，保障人の正犯性を基礎づける義務違反という側面が並存しており，保障人の正犯性が否定されるとしても，保障人は，なお正犯の作為犯を促進しているものと認められるというわけである[75]。

　さらに，ロクシンは，不作為による正犯の第2の条件たる結果回避義務が欠けるとしても，不作為による共犯が成立する類型もあるとして，これを具体的事例に即して説明する。すなわち，ある政治家を殺害しようとする暗殺者らが，当該政治家の住居へと，隣家の裏庭を通って侵入する計画を立てたところ，暗殺者らの知らないうちに，この計画は隣家の住人に気づかれたが，隣家の住人が当該政治家の個人的な宿敵であり，暗殺の成功を心から願って，暗殺者らが侵入できるよう，普段は閉鎖している門扉を，その晩は閉鎖しないでおいたので，計画通りに政治家は殺害された，という事例を挙げ，次のように論じている。隣家の住人は，保障人的地位になく，結果回避義務も認められないので，不作為による正犯とはなり得ない。故殺の観点のもとで隣家の住人に非難され得ることは，暗殺を阻止しなかったことではなく，門扉

---

[74]　Roxin, a.a.O.［Anm. 31］, S. 481f.

[75]　Roxin, a.a.O.［Anm. 31］, S. 483f.

を開いたままにしておくことによって，暗殺を意図的に促進したことだけである。このような不作為が，結果回避義務の不存在にもかかわらず，可罰的な共犯とされる理由は，事象の意味内容に求められるのであり，意図的に門扉を開いたままにしておくことによって，隣家の住人は，犯行を阻止しないどころか，それを積極的に容易にしたことになる。事実的に見れば不作為であっても，社会的意味に従えば，促進的な作為であることが明らかにされ得る。ここで挙げた事例と，隣家の住人が，常に閉鎖している門扉を，暗殺のために，その日に限って開けたという事例を比較すると，後者の事例で積極的な作為による幇助が認められるべきことは疑いないのであり，自然主義的な行為像における差異は，社会的な意味事象の同質性を否定するものではないから，両方の事例で謀殺の幇助が肯定される[76]。

　このようなロクシンの主張は，根本的に妥当でない。そもそも，義務に違反して他人の犯罪を阻止しない保障人を基本的に正犯とすることは，説得力のある考え方とは思われない。同一の法益侵害に複数人が関与する場合，刑法規範は，正犯規定と共犯規定のもとで各関与者の役割を評価するのであるから，作為者が法益を侵害し，保障人がそれを阻止しない場合，作為がなければ結果は発生しないことを考えると，作為者が法益侵害にとっての主たる役割を果たし，保障人はそれを促進する従たる役割を果たしているものと評価されるはずである[77]。

　次に，自手犯，きわめて高度な一身的義務犯および領得罪に関与する不作為者の正犯性が否定される場合に，それを基礎づける義務違反が欠けるとしても，なお作為犯への幇助が存在するとの理由で，共犯の成立する余地を認めることも妥当でない。なぜならば，結果の不阻止のみに関係する不作為による正犯と，常に他人の行為を前提とする共犯とが，主観および客観の両面において並存するということはあり得ず，同一の状況下で，同一の心理状態にある者に，不作為者の正犯性を基礎づける義務違反と，作為犯への幇助とが並存するとは考えられないからである[78]。

　さらに，不作為者が結果回避義務を負わないときであっても，幇助犯が成

---

(76)　Roxin, a.a.O.［Anm. 31］, S. 485f.

(77)　神山・前掲注(4) 162-3頁。

立し得るとの主張には，重大な疑義がある。罪刑法定主義の見地においては，不真正不作為犯は，作為義務に違反した不作為によってしか実現され得ない。作為義務の存在を無視して不作為犯を拡大することは，罪刑法定主義に反する[79]。

第3節　客観的帰属論の視点と不作為犯の因果関係

ドイツでは，一般に，不作為犯の領域にまで客観的帰属論の視点が及んでいる。この問題をめぐる学説の状況は，シェンケ／シュレーダーによって以下のように整理される。

不作為は，それ自体として何も引き起こすことができず，それゆえ不作為の場合，因果関係は，積極的な作為の場合と同様には論じられ得ないが，それでも，不作為が積極的な作為と同様に結果に対して因果的となり得るということは，部分的には承認される。その理由は，否定的な条件も，経験則によれば，結果の条件に属するからである，と説明される。そして，期待された行為が結果を阻止し得たであろう場合に限り，当該不作為は作為と同視され得る。もし不作為の行為が遂行されていたならば，結果は発生しなかったか，または軽い範囲で発生したであろうということに対する確実性または確実性に境を接するほどの蓋然性が存在しなければならない[80]。

客観的帰属の理論は，作為犯だけでなく，不作為犯に対しても適用される。客観的帰属の理論は，因果的原理に代替はしないが，それを補充する規範的な視点への着目によって特徴づけられる。その考え方によると，因果関係は，客観的な帰属に対する必要条件ではあるが十分条件ではないということから出発しなければならない。なぜならば，刑法上の構成要件の基礎を成す行動

---

[78]　松生光正「不作為による関与と犯罪阻止義務」『刑法雑誌』36巻1号（平8年・1996年）148，163頁，内海朋子「不作為の幇助をめぐる問題について」『法学政治学論究』56号（平15年・2003年）6頁。Ranft, Garantiepflichtwidriges Unterlassen der Deliktshinderung, ZStW 94, 1982, S. 855f.

[79]　神山・前掲注(4)164頁。ドイツ刑法13条（不作為による作為）1項は，不作為者が，法律上，結果の不発生につき責任を負わなければならない場合であって，かつ，その不作為が作為による法律上の構成要件の実現に匹敵する場合に限り，これを処罰することができると定めている。

[80]　Schönke/Schröder, Strafgesetzbuch Kommentar, 29. Aufl., 2014, S. 229f. [Stree/Bosch].

規範は，人間の行為の連関という観点から，純粋に惹起することを禁止するものではあり得ないからである。それゆえ，因果的判断に加わる因果的連関の法的な意味に着目する帰属の判断も，もっぱら刑法上の規範の意味と目的に基づいて行われることになる。帰属の要件は，結果発生までの因果的経過の制御可能性ではあり得ない。なぜならば，生起が行為者の支配領域を離れて独立し，もはや行為者にとって支配することができない危険となる場合，制御可能性は，そこで尽きてしまうからである。したがって，法的な行動規範の対象は，結果の喚起ではなく，もっぱらそれが現実的に支配可能であるゆえ，危険の創出，すなわち侵害結果または具体的な危険の中に独立して転換し得ることが客観的に予見可能な状態を創出することであり，客観的な結果帰属も，危険創出および危険実現に結びつけられなければならない。その際，法は，測定可能な危険に結びつく全ての態度を禁止するのではなく，社会的に相当な，許された危険を超える危険の創出だけを禁止するものである，という視点が意味を持つ，と強調される。これは客観的な構成要件を限界づけ，かつ故意行為および過失行為に当てはまる帰属の規律をもたらす。この規律によると，結果犯において，構成要件的結果は，当該行為者が，その原因となった行為によって，関係する法益客体の保護に役立つ一般的な行動規範に反して，したがって禁止に反して，危険を創出ないし増加させ，法的に禁止された危険を，具体的に発生した結果の中で実現する場合に帰属可能になる。結果帰属の要件としての禁止された危険創出の場合，具体的危険の発生ではなく，行動規範に違反する危険の創出，したがって行為の危険性だけが問題になるということが注目される。危険創出は，事後的に利用できる知識ではなく，事前的観点から，認識可能な事情を基礎にして判断され，場合によっては当該行為者の特別な知識によって補充される[81]。

　帰属の公式は，まず結果帰属の最低限の要件を含むが，一定の場合には，さらに別の帰属基準による補充と限界づけを必要とする基本的規律である，と理解されている。なぜ結果が第三者に同人の「しわざ」としては帰属され得ないのかということが問題となる場合，その根拠は答責原理に求められる。

---

(81) Schönke/Schröder [Stree/Bosch], a.a.O. [Anm. 80], S. 174f.

答責原理によれば，帰属は，まさしく禁止された危険創出が存在せず，他人が自己を侵害ないし危殆化する作為に対して自ら責任を負う場合，否定されることになる。答責原理は，同じようにして，他人の第三者危殆化に対する加功の場合も，負責を限界づけ，それゆえ共通の指導原理となっている。これを前提とする考え方からは，結果帰属は，因果関係にかかわらず，当該行為が法益客体に対して法的に重要な危険を創出しなかった場合には排除される。客観的に予見可能な構成要件上の結果発生の危険でさえ，そのような危険が行為自由と法益保護との衡量において社会的に相当である場合には，必ずしも常に回避される必要はない。もっとも，これは必然的なことではない。なぜならば，直接的な結果惹起にかかわらず，回避義務が，もっぱら他人の答責領域に属するという状況が，ここでも考えられるからである。したがって，何が法的に重要でない危険の程度を超え，禁止された危険創出となるのかを取り決めることは，因果関係の確定に引き続いて，結果の帰属という決定的な出発点の問題となる[82]。

　危険減少の場合，それが初めから禁止され得ないのであるから，行為者が既に進行している因果的経過への介入によって結果に影響を及ぼすが，その際に危険を弱めるか，または結果発生の時間的な引き延ばしを図るときには，結果も帰属され得ないことになる。たとえば，救助者が，被害者の頭に向けられた殴打攻撃を肩へと方向転換させる場合，身体傷害は存在しない。このことは，救助者が殴打攻撃を完全に逸らすことができたであろう場合にも妥当する。その根拠として，危険にさらされた結果を弱める行為は，その結果が完全に回避されることもあり得たとの理由では禁止され得ない，ということが強調される[83]。

　危険連関が欠ける場合，因果関係にかかわらず，結果は帰属され得ない。ここでは，行為者は，たしかに禁止に違反した危険を創出している。しかし，発生した結果の中には，禁止された危険ではなく，それ以外の危険が実現している。それゆえ，当該結果は，侵害された行動規範の保護領域の外側に存在することになる。構成要件的結果を惹起する具体的な生起の経過が，まだ

---

[82]　Schönke/Schröder［Stree/Bosch］, a.a.O.［Anm. 80］, S. 176f.

[83]　Schönke/Schröder［Stree/Bosch］, a.a.O.［Anm. 80］, S. 177.

第3節　客観的帰属論の視点と不作為犯の因果関係　　*125*

行動規範に属し，危険回避のために，法的な行動規範が危険の創出を禁止する
るか否かが問題とされるべきことになる。このような「危険連関」，「保護目
的連関」ないし「危険実現」という要件は，概ね広く承認されている[84]。負責
は，禁止された危険創出が欠けるゆえに，否定されることがある。関係する
客体に対して創出される危険ではなく，結果だけが侵害される規範の保護領
域の外側に存在する場合，危険連関の原則は，結果帰属にあたっての追加的
な修正の意味を持つ。この場合，結果の中には，禁止された出発点となる危
険ではなく，もはや規範の保護目的によって包括されていない，完全に異な
る危険が実現している。たとえば，傷害の被害者が，病院の火災で，その前
に受けた傷害とは無関係に死亡する場合，保護目的連関が欠けることにな
る[85]。

　さらに，行為者の行為がなくても，仮定的な因果的経過を基礎とすれば同
じように発生したであろう結果の帰属も，肯定される[86]。このことは，刑法
が，それが既に見込みのない状態であることを理由にしては，ある法益から
保護を奪い得ない，ということから帰結される。たとえば，死刑執行を目前
にした死刑囚も，第三者に対して自己の生命の無限定な保護を享受し，それ
ゆえ死刑囚の死は法的に否認された結果となるのである[87]。

　加えて，背後者が，実行行為者の行為に対する因果的寄与とは無関係に，
特別義務に基づいて，法益の完全性を保障しなければならない場合，保障人
の負責は，結果帰属に到達する。ここでは，保障人義務の内容が，答責的な
第三者によって創出された危険の回避をも含む場合，他人の法益を危殆化す
る態度を誘発，促進または容易化することが保障人に対して当然に禁止され

---

(84)　このような見解に対し，以下の文献は批判的である。Degner, "Die Lehre vom Schutzzweck der Norm" und die strafgesetzlichen Erfolgsdelikte, 2001, S. 48ff., 89, Frisch, Tatbestandsmäßiges Verhalten und Zurechnung des Erfolgs, 1988, S80ff., Namias, Die Zurechnung von Folgeschäden im Strafrecht, 1993, S. 85ff., Puppe, Naturalismus und Normativismus in der modernen Strafrechtsdogmatik, GA 1994, S. 308ff.

(85)　Schönke/Schröder [Stree/Bosch], a.a.O. [Anm. 80], S. 177f.

(86)　これに対し，以下の文献は異なる見解に立脚する。Arthur Kaufmann, Die Bedeutung hypothetischer Erfolgsursachen im Strafrecht, Festschrift für Eberhard Schmidt zum 70. Geburtstag, 1961, S. 200, Sancinetti, Hypothetische Kausalverläufe und Differenztheorie, ZStW 120, 2008, S. 661ff. usw.

(87)　Schönke/Schröder [Stree/Bosch], a.a.O. [Anm. 80], S. 178.

なければならないことになる。たとえば，ある物の譲渡が，それによって間接的に惹起された結果を帰属可能とするか否かは，当該物に対して答責される者が，他人による独断的な使用をも阻止しなければならなかったか否かに左右される[88]。

　このようなドイツの客観的帰属論がもたらす視点は，わが刑法学において，不作為犯の場合に相当因果関係の判断構造を維持するとしても，応用できるものとなる。なぜならば，危険創出は行為の相当性にほぼ匹敵し，危険実現は因果経過の相当性にほぼ匹敵する内容を持つと考えられるからである。客観的帰属論の視点は，一般的，抽象的な相当因果関係のパラダイムに個別具体的な判断基準を提供する点で，相当性判断の明確化に役立つものと評価され得る[89]。

第4節　結　　論

　不作為者が義務に違反して正犯の犯行を阻止せず，結果が発生した場合，その不作為を，自然現象によって危険にさらされた法益を保護しない保障人の不作為と同視することは妥当でない。なぜならば，そのような同視は，自然現象と人間の行為との区別を誤認するものであり，少なくとも，人間の態度を，自然現象との区別が考えられなくなるほどに，その社会的な関係から引き剝がしてしまうからである。自分の子が狼に殺されるのを黙認しているのか，それとも自分の妻によって殺されるのを黙認しているのかという点には，根本的な価値的相違が存する。前者の場合，自分だけが責任を負う者なのであり，いわば自然に対する唯一の人類の代表者なのである。後者の場合，自分の責任が他の人間の責任と競合しており，誰が責任を引き受けるのかという問題が生じる[90]。現行法は，正犯と共犯を区別しており，自然力を利用して結果を惹起する場合と，他の人間を介して結果を惹起する場合とでは，法的評価が異なることを当然の前提としている。作為犯の形式で記述された構

---

(88)　Schönke/Schröder［Stree/Bosch］, a.a.O.［Anm. 80］, S. 183.

(89)　川端・前掲注(11) 169 頁。

(90)　Friedrich-Christian Schroeder, a.a.O.［Anm. 24］, S. 105.

成要件から導き出される不真正不作為犯の構成要件についても，同じことが前提とされなければならない。いわゆる犯罪阻止義務は，他の人間の行為の阻止を内容とする作為義務なのであるから，これに対する違反は，現行法上，自然力を阻止しなかった場合とは明らかに異なった評価に服さなければならず，その評価も，作為犯の領域における正犯と共犯の原理的な差異に照らして検討されなければならないのである[91]。

　また，保障人が正犯を作為によって幇助した場合でさえ必要的に減軽されるのに（刑法63条），不作為によって幇助した場合に正犯を成立させるのでは均衡を欠く。この不都合を回避するために，保障人の不作為による幇助の場合に，正犯を成立させながら，その処罰は幇助の刑によると構成することも，刑法の評価規範としての側面を軽視するものであるから，妥当でない。

　かかる観点からは，義務に違反して正犯の犯行を阻止しなかった不作為者は，少なくとも正犯にはなり得ない。この場合，不作為者の義務は，その範囲が，正犯により侵害される法益の保護にまで及ぶ類型と，正犯の犯行の阻止にとどまる類型とに区別される。たとえば，前者の類型には，正犯により殺害される自分の子の生命を保護するべき保障人の義務が属し，後者の類型には，第三者を殺害する自分の子の犯行を阻止するべき不作為者の義務が属する。不真正不作為犯は，作為犯の形式で規定された構成要件を，不作為によって実現することにほかならないのであるから，ここでも，正犯と共犯を区別するにあたっては，作為犯における正犯と共犯の区別の基準が適用されなければならない。事例に即して考えると，前者の類型では，保障人は，たしかに自分の子の生命を保護するべき義務を負っている。しかし，殺人の実行行為を担っているのは正犯なのであるから，保障人が義務に違反した不作為によって正犯の犯行を容易にしたときは，幇助犯が成立し得ることになる。後者の類型では，不作為者は，そもそも第三者の生命を保護するべき義務を負っていないのであるから，それだけでも，不作為者が正犯となる可能性は否定される。当該不作為者が負っているのは，自分の子の犯行を阻止するべき義務だけなのである。この義務に違反して，正犯たる自分の子の犯行を容

---

(91)　松生・前掲注(78) 158-9頁。

易にした不作為者は，自ら実行行為を担っているわけではないから，幇助犯にしかなり得ない。

　以上の検討を通して，本章は，不真正不作為犯において正犯と共犯を区別するにあたり，作為犯における正犯と共犯の区別の基準を適用するべきであるという結論に到達した。

　さらに，ドイツの客観的帰属論の視点を応用しつつ，不作為犯の場合に相当因果関係の判断構造を維持するべきであるという立場を表明する。なぜならば，危険創出は行為の相当性にほぼ匹敵し，危険実現は因果経過の相当性にほぼ匹敵する内容を持つと考えられ，それゆえ客観的帰属論の視点は，相当性判断の明確化に役立つ個別具体的な基準を提供するものと評価され得るからである。

第6章

不作為による教唆と不作為による共同正犯

第1節 本章の目的

不作為による共犯は，一般に，保障人が義務に違反して作為者の犯行を阻止せず，結果が発生した場合に問題となる。ドイツでは，不作為による共犯を例外的にしか認めず，そのような保障人を原則的に正犯とする立場が台頭している[1]。たとえば，アルミン・カウフマンは，プールで溺れた子供を救助しなかった監視員の不作為が問題になる際，その子供が第三者によって故意に突き落とされたのか，それとも自分で誤って溺れたのかといった事情は，作為義務違反の不法内容に影響を及ぼすものではなく，法益が第三者によって故意に侵害されるのを阻止しないという不作為と，偶然の事故から法益を保護しないという不作為とでは不法内容が同じであるとして，いずれの場合にも不作為による正犯を成立させる[2]。このような考え方からは，義務に違反した保障人が共犯となることは，例外的な場合を除き，あり得ないとされることになる。

しかし，保障人が義務に違反して作為者の犯行を阻止せず，結果が発生した場合，その不作為を，自然現象によって危険にさらされた法益を保護しない保障人の不作為と同視することは許されない。なぜならば，そのような同視は，自然現象と人間の行為との区別を誤認するものであり，少なくとも，人間の態度を，自然現象との区別が考えられなくなるほどに，社会的な関係から引き剥がしてしまうからである[3]。現行法の体系は，正犯と共犯を区別しており，自然力を利用して結果を惹起する場合と，他の人間を介して結果

---

(1) Armin Kaufmann, Die Dogmatik der Unterlassungsdelikte, 1959, S. 291ff., Grünwald, Die Beteiligung durch Unterlassen, GA 1959, S. 111ff.

(2) Armin Kaufmann, a.a.O. [Anm. 1], S. 296f.

(3) Friedrich-Christian Schroeder, Der Täter hinter dem Täter, 1965, S. 105.

を惹起する場合とでは，法的評価が異なることを当然の前提としているのであるから[4]，保障人が自ら実行行為を担うのでなく，義務に違反した不作為で作為者に関与する場合，不作為による共犯が成立し得るものと解される[5]。

このように，義務に違反した不作為で作為者に関与する保障人が共犯となる可能性を一般的に認めるとしても，不作為による共犯の問題は，それが不作為による幇助，不作為による教唆および不作為による共同正犯の問題に分類される以上，幇助犯（刑法62条），教唆犯（刑法61条）および共同正犯（刑法60条）のそれぞれ固有の成立要件が不作為によっても充足され得るか否かという観点から解決されなければならない。本章は，このうち不作為による教唆および不作為による共同正犯の問題について検討を加え[6]，その解決に役立てることを目的とする[7]。

第2節　不作為による教唆

第1款　肯定説とその検討

メルケルは,不作為による共犯の問題について，教唆や幇助は不作為によっても遂行され得るか否かという観点から以下のように論じる。まず，幇助に関しては，それが不作為でも遂行され得ることは疑い得ない。なぜならば，自分の活動によって刑法上意味のある結果を回避することに対して義務を負う者は，他人がそのような結果を引き起こすのを阻止することをも義務づけられるに違いないからである。それゆえ，かかる義務を負う者は，そのような状況で意識的に消極的な態度をとるのであれば，行為を促進していることになる。次に，助言の形態での幇助や，不作為により遂行される教唆に関しては，共犯と正犯との間に心理的関係が存在しなければならないのであるから，これらを認めることは，たしかに困難である。しかし，（刑事責任のある）

---

[4]　松生光正「不作為による関与と犯罪阻止義務」『刑法雑誌』36巻1号（平8年・1996年）158-9頁。

[5]　第5章第3節参照。

[6]　本章においては，共同正犯を含む広義の共犯という意味で「共犯」の用語を使うことがある。

[7]　なお，不作為による幇助の問題は，不作為犯における正犯と共犯の区別の問題として扱われることが多く，これについては第5章で検討を加えた。

従属的な地位にある者が，支配権を有する者の沈黙および不動によって犯罪行為へと衝き動かされ得るということや，支配権を有する者の態度を行為への一層の動機づけとして理解するということは想定できる。支配権を有する者がそのことを認識し，了解している場合，同人は，結果の回避に対する法的義務があることを前提にして，教唆者または幇助者として責任を問われ得る。たとえば，看護師長が，自分は患者の苦痛をモルヒネで緩和するつもりであるが，患者が治癒しないかもしれないかどうかは知らないと医長に伝えたところ，医長は，患者がなお救われ得ると信じているにもかかわらず，黙って部屋を去ってしまい，そのことによって，看護師長は，医長が期待したように，行為を実行することへと動かされた，という事例が考えられる。錯誤を目的的に引き起こすことによる教唆は，法的義務に違反した不作為によって遂行される[8]。

このようなメルケルの見解においては，事実的な判断に重点が置かれ，価値論的な観点からの論証が十分にはなされておらず，作為義務の内容も明確にされていない。事例に即して言えば，医長の態度が積極的な意思表示に匹敵すると見られるのか否かということや，医長の作為義務が，患者の生命を保護する義務なのか，それとも看護師長の犯行を阻止する義務なのかということは明らかにされていないのである[9]。

ヘルツベルクは，肯定説を展開するのに先立って，否定説に対し，以下のようにして批判を加える。第1に，不作為による共犯を原則的に認めないアルミン・カウフマンは，純粋な行為犯（たとえば，近親相姦）の場合，理論的には不作為による共犯というものはほとんど考えられないとしながら，刑事政策的な根拠から，保障人義務に違反して犯行を阻止しないことを共犯として特徴づけ，処罰してよいとしている。これは明らかに承服できない考え方である。ロクシンが述べるように，理論的な手段で法律上の処罰根拠を見つけ出すことが不可能である場合，「法律なければ刑罰なし」の原則（nulla-poena-Grundsatz）の観点によれば，刑事政策上の必要性が法律の欠缺を埋めることはできないのである[10]。

---

(8) Merkel, Anstiftung und Beihilfe, Festgabe für Reinhard von Frank, Bd. 2, 1969, S. 149.

(9) 神山敏雄『不作為をめぐる共犯論』（平6年・1994年）365頁。

132　第6章　不作為による教唆と不作為による共同正犯

　第2に，バウマンは，行為をしないことによって，ある決意が引き起こされるわけではなく，せいぜい，その発生において阻止されないだけであるとしており，グリュンヴァルトは，教唆とは，行為決意を引き起こすことを言うのであるから，不作為による教唆というものが存在し得ないことは明らかであり，決意が阻止されないことを，行為決意が引き起こされることと同視するのは承服できないとしている。しかし，不阻止と惹起を同じように取り扱うことが常に重要である。いかなる場合でも不阻止が惹起と同視されることはないという理由で，教唆の場合に，不阻止と惹起を同じように取り扱うことができないのであれば，たとえば，不作為による殺人も，「不行為によって死亡の結果が引き起こされるのではなく，せいぜい，その発生において阻止されないだけである」という理解で挫折するに違いないであろう[11]。

　第3に，ヘルムート・マイヤーは，教唆とは，正犯に理解されるべき精神的な影響のことを言うのであるから，効果的な誘惑として正犯を事件へと追いやる外部的な状況だけを作り出す者は教唆者ではなく，それゆえ単に義務に違反して他人を行為から引き離さない者も教唆者ではないとする。ガラスは，教唆は犯行へと行為者を動機づけることを要求しており，したがって正犯行為の促進という特殊化された形態を要求するのであって，そのような形態にとり，不作為による同価値的な実現は，いずれにせよ規範的な諸事情のもとでは，存在し得ないとする。しかし，法典の文言からは，これらの諸説の前提は，ほとんど基礎づけられ得ない。たとえば，贈与，脅迫または詐欺のように，ドイツ刑法48条[12]で列挙されている特殊な教唆の手段では動機づけがなされない場合，それとは別の手段が明白に同視される。このように，教唆の概念が直接的な精神的影響のない決意の惹起をも包摂するということは，ほとんど否定され得ない。立法者は，あらゆる決意の惹起を禁止しようとしたものと思われるので，法典の文言が，教唆の概念に含まれる広い意味を少なくとも排除していない場合，教唆の概念に広い意味を持たせることが，正義および実務的な必要性に基づいて引き出されるべきである。構成要件上，

---

(10)　Herzberg, Die Unterlassung im Strafrecht und das Garantenprinzip, 1972, S. 119.

(11)　Herzberg, a.a.O. [Anm. 10], S. 120.

(12)　現行ドイツ刑法26条。

影響を受けた者が認識するであろう直接的な精神的影響に，教唆を限定することは，妥当な解決ではない。そのような限定は，望ましくない可罰性の欠缺をもたらす。教唆の場合，犯罪的結果（行為決意）の不回避が，保障人的義務に違反するにもかかわらず，積極的な惹起のように引き起こされることはないと解することは，体系を破壊することになる[13]。

　第4に，ガラスは，不作為による共犯に関しては，他人の犯罪行為の促進という一般的な形態，すなわち幇助だけが残されるとする。ここで，ガラスは，他人の行為決意の不阻止が動機づけであるとは評価され得ないとのことを決して引き合いに出さず，同じ程度の大きさの不法を，違うように罰してはならないとの正義の要請を引き合いに出す。しかし，ガラスの主張は，少なくともその一般性において，妥当でない。たとえば，Aが，軽率に自分の拳銃を机の上に置いておき，そのまま家を出てしまったことを理由にして，結果の阻止に対する保障人になるということを考えてみよう。その拳銃がきわめて首尾よく，急いで帰郷する同部屋の仲間Bに，既に思案していた（しかし，まだ決心してはいない）強盗の遂行を唆すことになるかもしれない，ということが，その時，外にいるAにとって喜びとなるならば，不作為による幇助の像は，Aの不活動が持つ特別な意味を表現するのに適していない。Aが保障人として責任を負う要因は，Bを助けることだけでなく，全体的生起を最初に生じさせることなのであるから，いずれにせよ強盗を決意したBが，その拳銃を，もっぱら追加的な補助手段として携帯した場合とは事情が異なる[14]。

　このようにして否定説を批判した上で，ヘルツベルクは，肯定説の立場から，不作為による教唆の場合，保障人的地位や決意の阻止への可能性を確定することでは十分でなく，むしろ，保障人の義務が，行為者の犯罪的な意思の形成に対する責任をも含むのか否かということを，常に吟味するべきであるとする。そして，保障人を監視的保障人と保護者的保障人に分類し，それぞれの類型に即して検討を加える。ヘルツベルクによれば，監視的保障人は，損害の原因たる要因に対する責任を負い，保護者的保障人は，危険にさらさ

---

(13) Herzberg, a.a.O.〔Anm. 10〕, S. 120ff.

(14) Herzberg, a.a.O.〔Anm. 10〕, S. 124f.

134　第6章　不作為による教唆と不作為による共同正犯

れている法益を，損害それ自体から，因果経過にかかわらず守らなければならないとされる[15]。まず，監視的保障人に関して，ヘルツベルクは以下のように述べる。法益への攻撃の源泉が不作為者の監視の領域にある場合，不作為者の包括的な責任が常に肯定されるべきである。なぜならば，その場合，発生から結果に至るまでの全体的生起が，当該不作為者に帰責され得るからである。たとえば，前述の事例において，Aは，先行行為により責任を負うべき危険源を直ちに塞ぐという観点のもとでは，故意でそうしないのであれば，熟慮して拳銃を置いた者と同じであると認められる[16]。

これに対し，保護者的保障人の場合には法状態が異なるとして以下のように説く。個別的な保護の対象に責任を負わなければならない者は，必ずしも確実には，潜在的な攻撃者の意思形成へと影響を及ぼし，予防することを要しない。なぜならば，可能な限り早い介入が，例外的な事例においては，唯一の可能な介入であり，それゆえ要求される介入であり得るとしても，危険の発生源は，それ自体として，潜在的な攻撃者とは何の関係もないからである。したがって，他人の所有権を保護しなければならない監視人は，所有権から他人に対する誘惑が生じないように監視する必要はない。監視人は侵害を阻止しなければならないが，それ以外には何も阻止する必要がないのである。そうすると，監視人には，常にその不作為だけを，幇助として帰責することができる。監視人が，例外的に確実に行為決意を防ぐことができたのに，故意でそうしなかった場合ですら，行為の不阻止だけが保障人的義務に違反する。不作為による教唆というものは考えられないとする立場は，この点に限って正しい[17]。

ヘルツベルクが肯定説を主張する決定的な根拠は，否定説に対する批判をも踏まえて分析すると，要するに，不作為者が全体的生起を最初に生じさせることにあるものと解される。しかし，このような理解は妥当でない。全体的生起を最初に生じさせるという考え方は，現実的な因果関係とは異なり，不作為には当てはまらないからである[18]。また，監視的保障人に関し，ここで

---

[15]　Herzberg, a.a.O.〔Anm. 10〕, S. 259.

[16]　Herzberg, a.a.O.〔Anm. 10〕, S. 125f.

[17]　Herzberg, a.a.O.〔Anm. 10〕, S. 126.

挙げられている事例のような場合にまで，先行行為に基づく作為義務を，あまりにも広く認めすぎるのは疑問であるし，その不作為を作為による教唆と価値的に同視することもできないと思われる。その一方で，保護者的保障人に関し，不作為による教唆を否定するのは妥当である。この場合，服従関係ないし監視者と被監視者の関係がなく，対人的な犯罪阻止義務は，一般的には認められないからである[19]。

　シュミットホイザーは，ドイツ刑法26条（教唆）によれば，（積極的な）教唆の行為不法は，教唆者が名宛人に精神的なコンタクトという手段で態度を提案することにあり，結果不法は，行為決意を引き起こすこと，および行為決意を実行することにあるとする。この場合，どの程度まで，そのような教唆は，ドイツ刑法13条（不作為による作為）に基づく不作為によっても遂行され得るのか，ということが問題にされる。ここでは，次のような具体的な事例を通した説明がなされる。BがAに，BはAの父Vを憎んでおり，自分がVを殺害するべきか否かを熟慮していると報告する。Aは，保障人としてVの生命に対し，Vの死亡を阻止し，したがって可能な限り確実に，死亡の結果を目指すBの決意を阻止することを義務づけられる。Aがそうせず，所与の状況のもとで，その不阻止が態度の提案であると理解されるべき場合，それによってBが決意し，実行するのであれば，Aは，ドイツ刑法212条（故殺），26条，13条に基づき，（AがBの決意を阻止できたであろうときには）故意の殺人犯の不作為による教唆者として罪責を負う[20]。

　この事例においては，AがVに対して保障人的地位にあることが何の断りもなく前提とされているが，これは誤りである。Vが病気である等の理由がない限り，一般に，AがVに対して保障人的地位に立つことはないと考えられる。したがって，その作為義務も問題にならない[21]。

　わが国にも，肯定説を主張する立場がある。植田博士は，不作為による教唆を全面的に否定することには疑問があるとして，具体的な事例を挙げて，

---

(18)　神山・前掲注(9)370頁。
(19)　神山・前掲注(9)371頁。
(20)　Schmidhäuser, Strafrecht AT, Studienbuch, 2. Aufl., 1984, S. 426.
(21)　神山・前掲注(9)372頁。

以下のように説明される。不注意な言動によって他人に犯罪意思を誘発した者が，後になってその事実を認識したにもかかわらず，あえてこれを是正しないで放置し，犯罪行為が遂行された場合や，教唆者が「やっつけてしまえ。」といった軽率な言辞で単に暴行のつもりで教唆をしたところ，正犯がこれを殺害の教唆であると誤って思い込み，教唆者も後になってその事実を知りながらこれを放置し，正犯によって殺人が実行された場合に，不作為による教唆の問題が生じる。この点に関連して，一般に，誤って，人を監禁したり，火を発したり，犯人を蔵匿したり，盗品を保管したり，浄水を汚染したりした場合等において，その事実を後で発見し，かつ，その事実を変更し得るにもかかわらず，これを変更しないでそのまま放置したときは，不作為による故意犯が成立するとされている。そうすると，ここで挙げた2つの事例においても，不作為による故意の教唆が認められるべきである。これらの事例において，不作為による教唆を認めないと，たとえば過失による監禁の事後的な不解放のように，不作為による故意の正犯を成立させるほかなくなるが，このような処理は妥当でない。なぜならば，ここで正犯を成立させると，自己の軽率を発見したにもかかわらず，これを是正しないでそのまま放置した時点で，既に犯罪の実行があったと見られるので，たとえ被教唆者がその後で犯意を放棄し，犯行に出なかったとしても，不作為者は未遂として処罰されることになってしまい，作為による教唆の場合に，被教唆者が実行に着手しない限り，教唆者は処罰されないとされていることと対比して，均衡を欠いた帰結が導かれるからである[22]。

　このような帰結は，不作為犯の実行の着手に関し，不作為者が，結果を防ぐ可能性のある初めての機会において，それを怠った時点に実行の着手を認める見解から導かれるものである。これに対し，結果の発生を防がないことから，客体に対する直接の危険が発生する時点に実行の着手を認める見解に依拠すれば，植田博士の指摘されるような問題は生じない[23]。したがって，ここで挙げられた事例は，肯定説を基礎づける根拠とはならない。

⑿　植田重正「不作為と狭義の共犯」『関西大学法学論集』13巻4・5・6合併号（昭39年・1964年）271頁以下。

⒀　斉藤誠二「不作為犯と共犯」『Law School』14号（昭54年・1979年）28頁。

第2款　否定説とその検討

　ヘルムート・マイヤーは，教唆を，正犯により理解されるべき精神的な影響として定義づけ，これは決して単純な不作為ではなされないとする。このような考え方からは，他人の犯罪的な作為を阻止する法的義務を負う者は，かかる法的義務を履行しない場合でも，何ら積極的な影響を及ぼしているのもではないとされ，同様に，他人に犯罪行為への誘惑的な機会を与えたり，事実的な態度によって誘惑したりすることも，教唆にはならないとされる。ここでは，直接的な精神的影響という条件に，処罰可能性の限界が存すると解されている。たとえば，郵便局員に横領をさせる目的で，上司が，それを勧める手紙を，誰が差し出したか分からないように，そっと目につくような場所に置いておくといった，いわゆるファンクブリーフの事例[24]や，愛人が男を破滅させ，過度な請求によって犯罪行為へと煽り立てることを明白に知っているはずであるという事例では，教唆は存在しないとされ，また，自発的に偽証する証人を申請することも，証人の偽証に対する教唆にはならないとされる[25]。

　これらの諸事例においては，たしかに直接的な精神的影響が問題となるであろう。しかし，手紙を置いたり，過度な請求をしたり，証人を申請したりすること自体は作為なのであるから，これらの諸事例を不作為による教唆の問題として把握することは，そもそも妥当でないと思われる[26]。

　グリュンヴァルトは，不作為による関与を，作為による正犯とも作為によ

---

[24]　Vgl. BGHSt Bd. 65, S. 145.

[25]　Hellmuth Mayer, Strafrecht Allgemeiner Teil, 1953, S. 321f.

[26]　これらの諸事例では，作為による片面的教唆が問題となる。たとえば，ファングブリーフの事例について，ディーター・マイヤーは，片面的教唆の当否の観点から論じている。Dieter Meyer, Das Erfordernis der Kollusion bei der Anstiftung-Ein Beitrag zum Verständnis des Unrechtstatbestandes des Anstiftungsdelikts-, 1973, S. 143f.

　　不作為による教唆の問題は，片面的教唆の問題と必ずしも同じ問題ではない。両者は混同されるべきでない。たとえば，片面的教唆という広い概念の中に，不作為による教唆が含まれると解するのは妥当でない。不作為による教唆の問題は，保障人が不作為でも正犯に犯行を決意させることができるか否かという問題であるのに対し，片面的教唆の問題は，意思の連絡が教唆犯の成立に必要であるか否かという問題なのである。そうすると，不作為による教唆が常に片面的教唆であるとは限らないことになる。少なくとも概念上は，片面的でない（黙示的ではあれ，意思の連絡のある）不作為による教唆というものも問題となり得るであろうし，作為による片面的教唆というものも問題となり得るであろう。

138 第6章 不作為による教唆と不作為による共同正犯

る幇助とも異なる固有の関与形態として把握し，不作為犯において正犯と共犯を区別することはできないとする見地に立脚し[27]，不作為の場合，正犯の行為から結果まで繋がっている因果的連鎖が引き起こされないのであるから，不作為による教唆も存在しないとする。不活動にとどまる者は，行為決意を引き起こすことができないというわけである[28]。

　しかし，不作為による関与を，作為による正犯や作為による幇助とは異なる固有の関与形態として把握することは，現行法の立場と整合しない。現行法は，正犯，教唆犯および幇助犯という形態でしか他人の犯罪に加わる形態を認めていないのであるから，少なくとも現行法の解釈としては，不作為による関与を，それらと異なる固有の関与形態として把握することはできないはずである[29]。

　ガラスは，不作為犯における正犯と共犯を価値的に区別しようとする立場から，以下のように論じる。ある不作為は，それが，その不法内容に従えば，関係する構成要件により要求される積極的な作為と同価値であって，構成要件により包括されていると認められる場合に限り，作為犯の構成要件を実現するものと認められる。そのような同価値性は，まず，不作為者が構成要件的結果の不発生に対する保障人であると考えられ，それに基づいて義務づけられる結果回避義務を侵害するということを前提とし，さらに，不作為が，構成要件の特別な行為メルクマールの観点および事例の特別な諸事情の考慮のもとでも，種類と重要さの点で，相当する積極的な作為と同視されるものである，ということを要求する。このことは，不作為による正犯と共犯の区別にも当てはまるはずである。不作為は，決して事実的な行為支配の活動ではなく，常に潜在的な行為支配の不活動なのであるから，正犯と共犯は，ここでは，積極的な作為の場合のように行為支配の基準では区別され得ない。むしろ，積極的な正犯との同価値性であれ，積極的な共犯との同価値性であれ，同価値性だけが，区別の基準となり得る。構成要件が正犯性を特別な諸

---

[27] Grünwald, a.a.O.［Anm. 1］, S. 111ff.

[28] Grünwald, a.a.O.［Anm. 1］, S. 122.

[29] 斉藤（誠）・前掲注[23]21頁，島田聡一郎「不作為による共犯について(1)」『立教法学』64号（平15年・2003年）34頁。

要件（自手犯，人的資質，特別な目的）に従属させるような作為犯が存在しており，それゆえ，これらの構成要件を充足しない者は，初めから共犯にしかなり得ない。これらの諸条件を充足しない不作為者の態度も，共犯の無価値だけを有し得るということは明白である。その一方で，先行する危険な作為が，第三者により遂行される故意の犯罪行為を故意または非故意で促進することに存する事例において，そのことに由来する，その犯罪行為の結果の阻止に対する保障人的義務の侵害は，もっぱら幇助を理由とした責任を基礎づけ得る，ということが幇助の法律上の特別な規律から明らかになる。行為支配を実行する故意の作為犯の正犯に並んだ，正犯が結果を引き起こすのを阻止しない全ての保障人には，原則的に幇助の役割だけが残される。このような考え方に対しては，保障人の不介入の判断にとり，保護されるべき法益が自然力の被害に遭うか，それとも犯罪的な攻撃の被害に遭うかということは，何らの区別もなし得ない，との批判が加えられた。しかし，故意で行為をする第三者が積極的に介入しても，保障人の不活動の意味が変わらない，というのは誤解である。積極的な行為者は，自分の作為で行為の経過を支配する限りで，不活動にとどまる保障人に対し，可罰的結果への直接的な接近を遮断するのである。保障人の不介入は，可罰的結果の発生にとり，行為者の不阻止としてしか意味を持ち得ず，したがって行為者により展開される活動の消極的な促進としてしか意味を持ち得ない。作為の正犯行為者に並んだ不作為の保障人は，価値的には，幇助者の役割を果たしているにすぎない[30]。

　保障人が正犯の行為決意を阻止しないのか，それとも実行を阻止しないのかということは，他人の犯罪行為の不阻止としての当該保障人の態度の無価値にとり，何らの区別をなすものではなく，教唆の特別な無価値は不作為の領域では現れ得ないのであるから，不作為による共犯については，他人の犯罪行為の促進という一般的な形式，すなわち幇助だけが残される[31]。

　このようにして，ガラスは，不作為による教唆を否定するわけである。この結論の当否は別としても，その論拠は妥当なのであろうか。たしかに，正犯の行為決意を阻止しないことも，実行を阻止しないことも，他人の犯罪行

---

(30)　Gallas, Strafbares Unterlassen im Fall einer Selbsttötung, JZ 1960, S. 686f.

(31)　Gallas, a.a.O. [Anm. 30], S. 687.

為を阻止しないという点では同じかもしれない。しかし，現行法上，教唆犯の刑は正犯の刑と同一であるのに対し，幇助犯の刑は必要的に減軽されるのであるから，行為決意の不阻止と実行の不阻止とを同視することはできないはずである。ここでは，作為による教唆に価値的に匹敵するような不作為の態度が存在し得るか否か，ということを検討しなければならないのである[32]。

ロクシンは，共犯不法の独立的，非従属的な要素から，教唆犯との関連では，可罰的な教唆は目的に向けられた誘因を前提としており，行為決意を故意により惹起することでは，教唆者の処罰にとり不十分であるとの帰結を導く。教唆者による目的に向けられた誘因だけが法益への攻撃と評価され得るのであり，そのような誘因が欠ける場合には，犯罪の決意を引き起こすことに向けられた行動という明白な意味内容[33]が欠けるから，教唆は否定されるというわけである[34]。

このような立場から，ロクシンは，不作為による教唆の可能性も基本的に否定されるべきであるとして以下のように論じる。目的に向けられた誘因という意味での，共謀による共同作業は，単なる不作為によっては成立し得ない。たしかに，保障人の意味深長な不作為が，行為決意を引き起こすこともないわけではない。しかし，不作為は，非保障人をも教唆として処罰することになりかねないような，推論的な行為の誘因を含むことがある。意味深長な沈黙や不活動は，通常，誘因ではなく，行為決意を強化する，単なる正犯行為の容認のことを意味すると考えるべきである。そうすると，沈黙や不活動は，教唆ではなく幇助として可罰的となる[35]。

単なる保障人的地位は，不活動の事例において，一般的に教唆には至り得ない。いわゆる教唆する司法巡査（アジャン・プロヴォカトゥール）が，被教唆者が行為を完成させ得ることを事後的に認識したのに，被教唆者が行為を完成させるのを阻止しない場合，その司法巡査は，たしかに（先行行為に基づく）保障人的地位を有している。しかし，当該司法巡査の故意の不活動は，正犯行

---

(32) 神山・前掲注(9) 402 頁。

(33) Vgl. Frisch, Tatbestandsmäßiges Verhalten und Zurechnung des Erfolgs, 1988, S. 343f.

(34) Roxin, Zum Strafgrund der Teilnahme, Festschrift für Walter Stree und Johannes Wessels zum 70. Geburtstag, 1993, S. 376f.

(35) Roxin, Leipziger Kommentar, 11. Aufl., 1993, §26 Rn. 61.

為に関しては，正犯（たとえば，謀殺の場合）または幇助（たとえば，窃盗の場合）だけを基礎づけるのであって，不作為による教唆を基礎づけるわけではない。また，旅行中の隣人と郵便ポストを空にしておく約束をしたのに，一杯になった郵便ポストが他人を押し込み強盗へと動機づけるであろうと期待して，これを空にしない者は，不作為による教唆者ではない。同人は，その状況が積極的な作為によって整えられた場合ですら教唆とはならないような，行為を誘発する状況を作り出したにすぎない[36]。

　その一方で，不作為者の保障人的義務が他人の教唆行為を阻止することに関係する場合には，不作為者は，教唆の規律に従って処罰されなければならない。たとえば，父親が，自分の未成年の息子が他人に窃盗を教唆するのを阻止しない場合，父親自身は，ドイツ刑法26条，242条（窃盗）に従って処罰されなければならない。このことは，実務上，可罰性に関する重要な意義を有する。けだし，不作為による窃盗の正犯行為者として，父親は処罰され得ない。なぜならば，盗まれた物に対して保障人的地位を占めるわけでも，利得の目的を有するわけでもないからである。窃盗に対する不作為による幇助も問題にならない。なぜならば，父親は，正犯行為者に犯罪行為を思いとどまらせることを義務づけられているわけでも，被害者を犯罪行為から保護することを義務づけられているわけでもなかったからである。もっとも，厳密な意味での不作為による教唆は存在しない。むしろ，父親は，教唆の不阻止における不作為の行為者である。父親に対して，そのことだけが非難されるべきであるから，父親は，もっぱら教唆の法定刑に基づいて処罰され得る。これに対し，Aの父親Vを殺害するBの行為決意を，Aが阻止しないというシュミットホイザーの事例では，Aは，不作為による殺人の正犯となる。なぜならば，Aは，死亡結果の不発生に対して責任を負う義務を有しており，かつ，Bの殺人の行為決意を阻止せず，これに介入しないことを通して，確実にその義務を侵害するからである[37]。

　このようにして，ロクシンは，不作為による教唆の可能性を，目的に向けられた誘因が欠けるとの理由で基本的に否定しておきながら，一定の事例に

⑶ Roxin, a.a.O. [Anm. 35], §26 Rn. 62.

⑶ Roxin, a.a.O. [Anm. 35], §26 Rn. 63.

142　第 6 章　不作為による教唆と不作為による共同正犯

限り，これを認めるわけである。しかし，そのようにして限定的に不作為による教唆が認められる場合，厳密な意味での教唆は存在しないと明言しているにもかかわらず，あえて不作為による教唆の可能性を肯定することの実質的な根拠を示していない。単に，そのような場合には，不作為による正犯の可能性も，不作為による幇助の可能性も否定されるから，不作為による教唆の可能性を肯定するほかないと述べるだけでは，説得力のある根拠を示したことにはならない。また，シュミットホイザーの事例の処理にあたって[38]，実行行為を担わない不作為者に，その義務の侵害を理由にして，直ちに正犯を成立させることも妥当でない。同一の法益侵害に複数人が関与する場合，刑法規範は，正犯規定と共犯規定のもとで各関与者の役割を評価するのであるから，作為者が法益を侵害し，保障人がそれを阻止しない場合，作為がなければ結果は発生しないことを考えると，作為者が法益侵害にとっての主たる役割を果たし，保障人はそれを促進する従たる役割を果たしているものと評価されるはずである[39]。

　ディーター・マイヤーは，不作為による共犯は原則的に可能であるが，不作為による教唆は，ドイツ刑法 26 条の教唆規定それ自体の解釈によって解決され得るとして，以下のように論じる。ドイツ刑法 26 条に従えば，教唆とは，（故意の）犯罪行為の遂行へと他人を動機づけることを言う。ここでの「動機づけ」は，「惹起」，「扇動」の意味にも解釈され得る。これらは不作為によっても可能であるから，必ずしも文言上の根拠を指摘することで，不作為による教唆の可能性が排除され得るわけではない。旧ドイツ刑法 48 条 1 項では，ほとんど例外なく作為を要求する態度のとり方が挙げられていたが，ドイツ刑法 26 条の新しい理解や，ドイツ刑法 13 条の存在によれば，不作為は，それが作為に匹敵する場合には，常に作為と同視される[40]。

　そうすると，不作為による教唆の問題は，もはや教唆の本質または処罰根拠に基づいてしか解決され得ない。この領域においては，教唆の場合に，不

---

[38]　そもそも，この事例に関するロクシンの考え方にも，シュミットホイザーに対して加えた批判が当てはまる。

[39]　神山・前掲注(9) 162-3 頁。

[40]　Dieter Meyer, Anstiftung durch Unterlassen?, MDR 1975, S. 983.

第2節　不作為による教唆　　143

作為を排除する基準が存在しなければならない。その観点から共同正犯，教唆および幇助という共犯形態ならびに不作為の法律上の規律を見ると，幇助と不作為は減軽されることができるか，または減軽されなければならないが（ドイツ刑法13条2項，27条2項），共同正犯と教唆は減軽されない。そこで，どのような理由で，立法者が，教唆を，幇助および不作為よりも危険であると考えたのか，ということが問題となる[41]。

　有力説によると，教唆の本質は，教唆者が，まだ一定の犯罪行為を決意していない者に，犯罪行為の遂行への決意を引き起こすという点に存する。行為決意は，一般に，（主たる）行為への故意と同一であると考えられる。その場合，「教唆」（動機づけ）を「惹起」と同視するのであれば，事実上，コンディティオ公式の意味において，教唆者により故意に設定される，正犯の決意をもたらす全ての条件は，正犯行為が遂行されるとき，教唆を承認するのに十分であるに違いないであろう。そのような諸条件が不作為によっても設定され得る，ということから出発するならば，不作為による教唆は可能となるかもしれない[42]。

　しかし，教唆の場合，比較的最近の文献においては，条件の単なる設定，つまり行為決意の惹起だけで，ドイツ刑法26条の意味での教唆を認めるのに十分であるか否かということ，または，さらにそれ以上のことが加わらなければならないか否かということが，争われている。行為決意の本来的な惹起と並んで，教唆者と被教唆者との間の精神的なコミュニケーション，相互的な理解，強い精神的なコンタクトおよび調整が決意に際して存在しなければならない，ということが要求される。実際に，法益侵害に対する教唆による関与者は共謀の上で共同するのであるということが，立法者により見出され，旧ドイツ刑法48条1項からドイツ刑法26条に引き継がれた教唆の行為像に合致する。保護されている法益の損失への関与者らの合意の上での共同という意味における共謀による協力は，教唆者が正犯を動機づけ，または正犯の動機に介入するということを通して，それも，正犯が教唆者の提案を拒否または承諾できるということを通して特徴づけられる教唆の状況にも合致

(41)　Dieter Meyer, a.a.O.〔Anm. 40〕, S. 983.

(42)　Dieter Meyer, a.a.O.〔Anm. 40〕, S. 983.

144　第6章　不作為による教唆と不作為による共同正犯

する[43]。

　したがって，共同正犯にも特徴的な，関与者の合意の上での共同ということが，教唆に本質的である。共同正犯者が行為の生起にもより広く関与するのに対し，教唆の場合，背後者の役割は行為決意の発生で果たされる，ということによってのみ，教唆は共同正犯から区別される。行為決意をなす瞬間に，教唆者が正犯の行為決意に決定的な刺激を与えるに違いないところの，共謀による協力こそが，結局，教唆を正犯と同じ処罰に値するものとさせる。強い意思の調整，影響は，決して単なる不作為ではなく，積極的な作為によってのみ可能である。それゆえ，意思の調整としての教唆の本質から，不作為による教唆は考えられないということが帰結される[44]。このようにして，ディーター・マイヤーは，教唆の本質を検討することを通して，不作為による共犯を否定するわけである。そのアプローチは，基本的に妥当な方向を示しており，わが国の学説にも有益な示唆を与えるものと考えられる。

　わが国の通説においては，教唆とは，他人に精神的影響を与えて犯行の決意を惹起することを言うと定義づけられるところ，不作為で他人と精神的なコンタクトを持つことはあり得ず[45]，活動しない者は行為への決意を喚起できないという考え方が強調され[46]，正犯に犯意を生じさせないようにする法的義務を履行しないという不作為から，正犯の犯意が生じたと言えるだけの因果関係が存在するかは疑問であるので，正犯に犯意を持たせる何らかの働きかけがない以上，不作為による教唆は認められないと解されている[47]。

　不作為による教唆は，正犯の刑に匹敵するほどの反価値的性格を帯びるものではない。現行法は，幇助に関しては，その刑を必要的に減軽すると定めているのに対し，教唆に関しては，これに正犯の刑を科すと定めている。既に犯行を決意した正犯の実行を単に容易にすることと比較して，まだ犯行を決意していなかった正犯に，あえて犯行を決意させることを重く処罰しているわけである。このような法定刑の差は，幇助と教唆との違法性の程度の差

[43]　Dieter Meyer, a.a.O.〔Anm. 40〕, S. 983f.
[44]　Dieter Meyer, a.a.O.〔Anm. 40〕, S. 984.
[45]　斉藤（誠）・前掲注(23)28頁。
[46]　宮澤浩一「不作為による共犯」同『刑法の思考と論理』（昭50年・1975年）135頁。
[47]　日髙義博「不作為犯と共犯」『法学セミナー』333号（昭57年・1982年）57頁。

を反映していると考えられる。そうすると，幇助よりも重く処罰される教唆には，そのような違法性の重さに即した実体が備わっていなければならないことになる。しかし，不作為による教唆には，そこまでの実体は備わっていない。教唆がなされて初めて正犯が犯行を決意する場合と，正犯が自発的に犯行を決意するのを阻止しない場合とでは，正犯が犯行に至るまでの心理的な構造や，その経緯における背後者の役割も実体的に異なるのであるから，不作為による教唆は，そのような理由によっても否定されなければならないのである。

第3節　不作為による共同正犯

第1款　不作為と不作為の共同正犯

(1)　**否定説とその検討**　　不作為と不作為の共同正犯について，否定説を主張する見解は少数にとどまる。アルミン・カウフマンは，不作為の故意というものは存在しないから，共通の行為決意というものも考えられないし，不作為には実行行為がないから，分業の可能性も存在しないとして，不作為の場合，共同正犯は認められないとする。このような理解からは，たとえば，50 人の泳げる者が，子供が溺死するのを，行為に出ず傍観している場合，その 50 人は，必ずしも「共同して」救助しなかったわけではなく，各人は，それ自体として不作為の行為者であるとされる。また，災難に際して，居合わせている 2 人の者が，共同の行為によってのみ損害の結果を回避できるのに，何もしないままでいる場合，同人らは，必ずしも共同正犯において不作為をするわけではないとされる[48]。

　これと同じ結論が，真正不作為犯は自手犯であるとの理由から導かれることもあるが，アルミン・カウフマンは，これについては，次のように述べて否定している。不作為犯の場合，命じられる行為は，必ずしも常に義務を負う者自身によって貫徹されることを要するわけではなく，「自手により」貫徹されることを要しない。ここで，いつ自手性が必要であるかは，完全に諸事

---

[48]　Armin Kaufmann, a.a.O.［Anm. 1］, S. 189.

情に左右され，それゆえ行為能力の構造および可能な限りの履行をなす必要性から帰結される。したがって，不作為犯は，命じられる履行が不作為者により一身においてなされなければならなかった限りでも，自手犯ではない[49]。

このような考え方は，要するに，不作為には故意および実行行為がないとの前提から，不作為による共同正犯を否定するわけである。しかし，かかる前提それ自体が先決問題要求の虚偽 (petitio principii) ではないかという疑問があるし，不作為の故意の存在を認めないにもかかわらず，不作為の単独正犯を成立させるのであれば[50]，共同正犯も同様に成立させないと論理的に一貫しないのではないかという疑問がある[51]。

(2) **肯定説とその検討**　バウマンは，不作為犯における正犯と共犯の区別に関する主観説の立場から，不作為による共同正犯を認める。バウマンによれば，不作為による共同正犯のうち，不作為と不作為の共同正犯は，たとえば，両親が自分らの子を餓死させる場合に存在するとされる[52]。

不作為による共同正犯と不作為による幇助との区別に関しては，計画された犯罪行為の不告発（ドイツ刑法138条）への加功の事例を通して，以下のような主張が展開される。既に差し出された，犯罪を告発する手紙を郵便局から取り戻すBを，車で郵便局に連れて行くことにより助けるAは，共同正犯ではなく，目前に迫っている犯罪を告発する手紙が重要なものであると知っていることを前提にして，単にBの幇助者となる。これに対し，Aは，行なわれようとしている犯罪について，自分自身が十分な認識を持っているのであれば，その場合に限り，共同正犯となり得る[53]。

このようにして，バウマンは，主観的な基準によって，不作為による共同

---

(49)　Armin Kaufmann, a.a.O.［Anm. 1］, S. 189.

(50)　アルミン・カウフマンは，不作為による単独正犯を否定していない。

(51)　Roxin, Täterschaft und Tatherrschaft, 8. Aufl., 2006, S. 470. 斉藤（誠）・前掲注(23) 25 頁。

(52)　Baumann, Strafrecht Allgemeiner Teil, 8. Aufl., 1977, S. 555, Baumann/Weber/Mitsch, Strafrecht Allgemeiner Teil, 11. Aufl., 2003, S. 691.

(53)　Baumann, a.a.O.［Anm. 52］, 8. Aufl., S. 557. バウマンは，この事例が不作為と不作為の共同正犯の問題であるのか，それとも作為と不作為の共同正犯の問題であるのかを明らかにしていないが，計画された犯罪の不告発の構成要件は，そもそも作為では実現され得ない。この事例において，Bを車で郵便局に連れて行くというAの行為それ自体は作為であるが，AはBと同じく犯罪を告発する義務を負うにもかかわらず，これを告発していないのであるから，その行為は不作為である。したがって，この事例は，不作為と不作為の共同正犯の問題に属すると考えられる。

正犯と不作為による幇助とを区別しようとするわけである。しかし，主観的な事情を認定するのは困難であるから，それを区別の基準とすることは，不作為による共同正犯と不作為による幇助との限界を不明確にすることになり，実務上，役に立たないと考えられる[54]。不作為犯の場合，主観面を裏付ける外部的徴表が欠如するので，主観説に結びついている不安定性がさらに増大し，それに基づく罪責の確定は，単なるフィクションにとどまることになる[55]。

イェシェック／ヴァイゲントは，不作為による共同正犯のうち，不作為と不作為の共同正犯だけが認められるとし，複数の者に共通して該当する法律上の作為義務に反して結果を回避しないことが共同正犯になると説く。ここでは，たとえば，共同して，生まれたばかりの婚外子の世話をしない父親と母親がその例に挙げられるが，それぞれの不作為者は，いずれにせよ保障人として結果全体に対して責任を負うのであるから，共同正犯にとって特徴的な行為寄与の相互的帰属がなされる必要はないとされる。夫婦が共同して査定を受けた所得税を申告しない場合や，複数の取締役らが健康に有害な製品を回収しない場合のように，共同の義務が共同して初めて果たされ得る場合に限り，本来の共同正犯が存在するというわけである。また，共同の義務が欠ける場合であっても，たとえば，負傷者を病院へと搬送した複数の事故関与者らが，届け出ないことを取り決める場合のように（ドイツ刑法142条（事故現場からの許されない退去）2項），同じ構成要件に該当する状況における複数の作為義務者が共同して活動しないことを決めるのであれば，共同正犯が存在するとされる[56]。

ロクシンは，不作為犯を義務犯として把握する立場から，共通の義務が存在する場合，不作為の共同正犯は十分に考えられるとして，不作為と不作為の共同正犯につき以下のように論じる。不作為の共同正犯は，たとえば，父

---

[54] 神山・前掲注(9)50-1頁。

[55] 斉藤彰子「不作為の共同正犯(一)」『法学論叢』147巻6号（平12年・2000年）115頁。Roxin, a. a.O.［Anm. 51］, S. 490, Kielwein, Unterlassung und Teilnahme, GA 1955, S. 226.

[56] Jescheck/Weigend, Lehrbuch des Strafrechts Allgemeiner Teil, 5. Aufl., 1996, S. 682.［イェシェック／ヴァイゲント〔西原春夫監訳／中村雄一訳〕『ドイツ刑法総論』第5版（平11年・1999年）537頁参照］, Jescheck, Leipziger Kommentar, 11. Aufl., 1993, §13 Rn. 58.

148　第6章　不作為による教唆と不作為による共同正犯

親と母親が自分らの子を扶養しない場合のように（ドイツ刑法223条（身体傷害）b）[57]，複数の不作為者が，取り決めに従って同一の結果回避義務を侵害する場合に存在する。具体的な事例を挙げて言えば，囚人を共同して監視する任務を負う2人の看守が，義務に反して，囚人の逃走を不活動で黙認することを取り決める場合，当該看守らは，ドイツ刑法120条（囚人解放）2項の構成要件を，不作為による共同正犯者として実現している。また，2人の財産管理義務者が，合意に基づいて，自分らに共同で委ねられた財貨の保持にとって必要な行為をしない場合（ドイツ刑法266条（背任））も同様である[58]。そのことは，「記述されていない」不作為の場合にも合致する。旅行者の集団を共同で先導する義務を，契約により引き受けた2人の山岳ガイドが，旅行者を危険な場所へと置き去りにする計画を立て，それを実現する場合，当該山岳ガイドらは，どのような構成要件が問題となるかに応じて，遺棄（ドイツ刑法221条），身体傷害（ドイツ刑法223条）または故殺（ドイツ刑法212条）の共同正犯となる[59]。

　もっとも，共同正犯で遂行される不作為の法的形象は，特別な実務上の意義を持たない。なぜならば，いずれにせよ，相互に依存している複数の不作為者は，要求される行為が，もっぱら共同してもたらされ得るという，きわめて稀な諸事例にのみ存在するからである。そのような事例に当たるのは，たとえば，夫婦が共同の納税申告を出さない場合や，誰かが閉じ込められた金庫室が，2人の異なる鍵の所持者によってのみ共同して開かれ得るといった場合である[60]。

　イェシェック／ヴァイゲントおよびロクシンの考え方に従うと，不作為と不作為の共同正犯を認めることの実益は，それぞれ単独では結果の発生を阻止することのできない複数の保障人が，共同して作為に出ることによって初めて結果の発生を阻止することができたはずであるのに，そうしなかった場合に限り存在することになる。イェシェック／ヴァイゲントが，各不作為者は，いずれにせよ保障人として結果全体に対して責任を負うのであるから，

---

[57]　RGSt Bd. 66, S. 71.

[58]　Roxin, a.a.O.［Anm. 51］, S. 469f., ders., a.a.O.［Anm. 35］, §25 Rn. 215.

[59]　Roxin, a.a.O.［Anm. 51］, S. 470.

[60]　Roxin, a.a.O.［Anm. 35］, §25 Rn. 215.

共同正犯にとって特徴的な行為寄与の相互的帰属がなされる必要はないとしていることや，ロクシンが，各関与者は，それ自体として不作為犯の正犯となるのであるから，共同正犯で遂行される不作為の法的形象は，特別な実務上の意義を持たないとしているのは，そのような趣旨であると解される。斉藤（誠）博士も同様の考え方を表明されている。すなわち，ある結果が発生するのを防がなければならない義務のある者が何名かいて，そのそれぞれが自分だけでその結果を防ぐことができたのに，その者らが共同してその義務を怠りその結果を発生させた場合には，それぞれの行為はそれだけで不作為の単独正犯そのものであって，不作為犯の同時犯であるとしておけばよいから，不作為と不作為の共同正犯を認める格別な実益はないとされるのに対し，ある結果を防がなければならない義務のある者が何名かいて，しかも，その者らが共同することによってのみ結果を防ぐことができたのに，その者らが共同してその義務を怠りその結果を発生させた場合に，不作為と不作為の共同正犯を認める実益が生じるとされるのである[61]。

　しかし，不作為と不作為の共同正犯を認めることの実益を，そのように消極的に解する必要はない。不作為による共同正犯は，因果関係の認定に関わる問題である。意思の連絡を根拠として共同正犯を考えるならば，その因果関係の認定は，共同行為を全体として考察してよいのに対し，これを同時犯として考えるならば，共同行為を個別的なものとして分割し，それぞれを独立させて，その因果関係を認定しなければならなくなる。この点にこそ，共同正犯と同時犯の区別が求められなければならないのである[62]。

　わが国でも，不作為と不作為の共同正犯は一般に認められている。たとえば，救助に必要な障害物を除去するためには，1人の力では不可能で，2人の協力が必要とされるところ，2人の義務者が共謀して当該障害物を除去せず，被害者を死亡させたという事例に関して，植田博士は，義務者がそれぞれ単独で救助することは不可能であり，したがって結果を防止することが不可能である場合には，不作為それ自体が成立し得ないと見るべきであって，これ

---

(61)　斉藤（誠）・前掲注(23) 24 頁。
(62)　内田文昭「不真正不作為犯における正犯と共犯」『神奈川法学』34 巻 3 号（平 13 年・2001 年）54 頁。

を不作為の同時犯（各自の単独正犯）と見ることは理論的に疑義があるから，理論上は不作為による共同正犯を肯定するのが妥当であるとされる[63]。大塚博士は，共通した作為義務を有する2人以上の者が，互いに意思を連絡して，その義務に違反する不作為を行なう場合，共同実行があったと認められ，共同正犯が成立し得るとされる。たとえば，セールスマンである甲と乙が，丙宅で商品の販売について交渉中，丙が「その商品は要らないから帰ってくれ。」と言ったのに，甲と乙が互いに目配せしながら，なおも購入を求めて立ち去らない場合，甲と乙は不退去罪（刑法130条）の共同正犯であり，また，父親と母親が，自分らの嬰児を殺そうと相談した上，ともに授乳せずに放置したことにより嬰児が死亡した場合，父親と母親は殺人罪の共同正犯であるとされている[64]。作為犯の構成要件を単独で実現するにあたり，その実行行為が，作為との同価値性を有する不作為によってもなされ得るのと同様，共同正犯における共同実行は，作為だけでなく，不作為によってもなされ得ると考えられる。したがって，複数の保障人が，共同実行の意思で，結果をもたらす不作為により構成要件を実現した場合，共同正犯が成立するものと解される。

第2款　作為と不作為の共同正犯

(1)　否定説とその検討

アルミン・カウフマンは，不作為には故意および実行行為が存在しないとの理由で，不作為による共犯を一般的に否定する[65]。この考え方からは，作為と不作為の共同正犯も，当然に否定される。しかし，既に述べたように，不作為について，そのような特異な理解を前提とすることはできない。

イェシェック／ヴァイゲントは，不作為と不作為の共同正犯を認める一方で，作為と不作為の共同正犯については，これを否定する。作為の行為者と不作為の行為者との共同正犯の可能性が問題となる場合，行為支配は常に作為の行為者のもとに存するとの理由から，積極的な行為者を正犯とし，不作為者を幇助犯とするのである[66]。しかし，行為支配の有無を，不作為犯における正犯と共犯の区別の基準とすることには疑問がある。本来，行為支配とい

---

[63]　植田・前掲注(22) 269-270頁。

[64]　大塚仁『犯罪論の基本問題』（昭57年・1982年）333頁。

[65]　Armin Kaufmann, a.a.O.［Anm. 1］, S. 189.

うものは，行為のプロセスを実際にコントロールできることを前提としているが，法律上，行なうべきことを行なわないという不作為では，そのような行為支配の前提が欠けている[67]。事象の形成に方向づけられた行為支配の概念を不作為犯にも適用することは，不作為犯において，正犯と共犯を区別することには役立たないのである[68]。

(2) 部分的肯定説とその検討　ロクシンは，義務犯の場合，支配犯とは異なる正犯者概念が通用するのであるから，義務犯の共同正犯にも，支配犯の共同正犯とは異なる考え方が通用するとして，以下のように論じる。作為者と不作為者が，ある1つの犯罪の共同正犯者となる可能性は，共同正犯が，複数の関与者に統一的な帰責基準を要求するという点で挫折する。ここでは，それが欠けている。なぜならば，作為と不作為は，原則として，異なる正犯者概念に属するからである。したがって，プールの監視員が，誰かが泳げない者を深い水へと突き落とすのを，平然と傍観している場合，突き落とした者の作為と監視員の不作為は，それぞれ正犯となるが，共同正犯とはならない。共同正犯は，共通の分業的な支配または共通の義務の違反だけから生じ得るところ，ここでは，それらが欠けているからである[69]。

　これに対し，作為の義務犯の場合には事情が異なる。義務犯における共同正犯は，共同者により提供される行為寄与の種類が問題になることなく，共通する刑法外の特別義務を共通して侵害する点に存する。したがって，ドイツ刑法266条（背任）の意味で，財産の保護を義務づけられている2人の者が，自分らに委ねられた資金を横領する場合，同人らは，一方だけが事実的な行為を実行して唯一の行為支配を内包し，他方がわずかな外部的な行為寄与にとどまる場合でも，共同正犯者である。義務侵害だけが正犯性を基礎づけるのであるから，故意犯の場合には，共通の行為計画に基づいた，ほかならぬ義務違反の共通性こそが，共同正犯にとっても必要である。構成要件が決し

---

(66)　Jescheck/Weigend, a.a.O.［Anm. 56］, Lehrbuch des Strafrechts Allgemeiner Teil, S. 640.［イェシェック／ヴァイゲント〔西原春夫監訳／大塚裕史訳〕『ドイツ刑法総論』第5版（平11年・1999年）502頁参照］, Jescheck, a.a.O.［Anm. 56］, Leipziger Kommentar, §13 Rn. 53.

(67)　斉藤（誠）・前掲注(23)20頁。

(68)　斉藤（彰）・前掲注(55)113-4頁。

(69)　Roxin, a.a.O.［Anm. 51］, S. 470., ders. a.a.O.［Anm. 35］, §25 Rn. 165.

て一定の犯罪行為を書き換えるのでなく、背任のように、それぞれの特別義務の侵害を、刑罰を伴って威嚇する場合、いずれにせよ、犯罪に対する特別義務の共同は全て、誘惑または促進であっても正犯となる。それゆえ、義務犯の場合、義務侵害だけが正犯性を基礎づけ、行為支配は何らの役割を果たさない、ということが認められる[70]。

義務違反の共通性が共同正犯を基礎づけるのであるから、義務犯の場合、一方の共同者の行為寄与が作為に存在し、他方の共同者の行為寄与が単なる不作為に存在することもあり得る。たとえば、2人の看守が、取り決めに従って、一方が囚人に独房を開けるための鍵を手渡し（積極的な作為）、他方が自分の義務に反して外の門を閉鎖しない（不作為）ということを通して、囚人に逃走を可能とさせる場合、看守らは、加重囚人解放（ドイツ刑法120条2項）の共同正犯となる。なぜならば、当該看守らは、同一の構成要件を充足しており、共通の監視義務に違反しているからである。共通の監視義務の侵害が、外部的な態度の種類を考慮することなく、当該看守らを正犯とするわけである[71]。

要するに、ロクシンは、基本的に、支配犯たる作為犯と義務犯たる不作為犯には、異なる正犯者概念が通用するが、作為犯には義務犯もあり、その正犯者概念は不作為犯と同様な特別義務の侵害なのであるから、義務犯の場合、共通の特別義務を負う作為者と不作為者が、これを共同正犯として侵害することは可能であると解しているのである。

このようなロクシンの主張は、不作為犯を義務犯として把握し、不作為犯において、特別義務を侵害する不作為者を原則として全て正犯とする考え方を前提としている。しかし、これは妥当性を欠く前提である。ロクシンのように解すると、不作為犯においては、正犯と共犯を基本的に区別することができなくなってしまい、例外的に共犯を認めるための要件を、正犯と共犯を区別する基準とするほかなくなるわけである。少なくとも不真正不作為犯の場合、それが作為犯の形式で規定された構成要件を不作為で実現する類型である以上、ここでも、正犯と共犯は、作為犯における基準に従って区別されなければならないのである[72]。

---

[70]　Roxin, a.a.O.［Anm. 35］, §25 Rn. 162.

[71]　Roxin, a.a.O.［Anm. 51］, S. 471, ders. a.a.O.［Anm. 35］, §25 Rn. 164.

第3節　不作為による共同正犯　*153*

(3)　肯定説とその検討　　作為と不作為の共同正犯は，ドイツでは，単なる理論上の問題にとどまっておらず，実際に問題となった事案が判例にも現れている。飲食店の経営者である女の被告人が，4人の男の常連客が同人らのうち1人と2度目に踊ることを拒否した若い女に対して，力づくで頭髪等を切り取るのを黙認していた，という事案に関して，連邦通常裁判所第5刑事部は，男らと被告人に，強要罪，侮辱罪および危険な身体傷害罪の共同正犯を成立させた原審を支持し，判決で以下のように述べた。

　被告人が飲食店を経営していることから，同人が処分権を持つ空間で，秩序に配慮する法的義務，特に，客を，ここで起きたような他の客の行き過ぎた行為から保護する法的義務が，被告人に生じた。被告人は，このような事例においては，原則的に，幇助の規律に基づく処罰だけが考えられるとのことを主張する。しかし，かかる主張は，当裁判所の判例と矛盾する。当裁判所の判例によれば，複数の者は，同一の刑法上の結果を，共同して様々な方法で，禁止された行為によって，または義務に違反した不作為によって，そして，行為および行為結果に対する内的な態度（意思の方向，行為支配，行為結果への関心，固有の構成要件の実現の範囲）に応じて，共同正犯者，教唆者または幇助者として，惹起することができる。原審の認定によれば，被告人は，被害者が前から下品な態度をとっていたと思ったので何もしようとしなかった。被告人は，4人の男の行為者の行為態様を楽しむことを通して明らかにしたように，男らの行動を承認し，自分を男らと同一視した。このことが，共同正犯の承認を正当化する[73]。

　この判決に対しては，保障人的地位を緩く解しすぎており，そもそも被告人は被害者に対する保障人的地位にないのではないかといった疑問や[74]，仮に被告人の保障人的地位の存在が前提とされているとしても，それが保護者的保障人なのか，それとも監視的保障人なのかは不明であるといった疑問が示されている[75]。しかし，ここでは，その点について議論することは避け[76]，

---

[72]　第5章第3節参照。

[73]　BGH NJW 1966, S. 1763.

[74]　神山・前掲注(9) 306-7頁。Vgl. Schönke/Schröder, Strafgesetzbuch Kommentar, 29. Aufl., 2014, S. 228 [Stree/Bosch].

[75]　内田・前掲注(62) 41頁。

判決が認定した事実を前提に、被告人に保障人的地位があるものとして、また、黙示的な意思の連絡もあるものとして、理論的な観点から、作為と不作為の共同正犯の成立要件について検討することを通して、何らかの示唆を得ることが有益である。その際、重要となるのは、不作為と結果との因果関係および保障人の作為の可能性である。因果関係については、不真正不作為犯の単独正犯の場合には、「作為がなされていれば、結果は発生しなかったであろう」という仮定的な条件関係が存在しなければならないが、作為と不作為の共同正犯の場合には、一部実行の全部責任の原則が通用するので、不作為と結果との仮定的な条件関係の存否を判断する必要はないのではないかということが問題となり得る。共同正犯においては、意思の連絡のもとで、共同者のうちの誰かが結果を発生させれば、直接的には結果を惹起していない他の共同者についても因果関係が肯定されるのであるから、作為と不作為の共同正犯の場合、作為者の行為と結果との因果関係が認められれば、不作為者についても因果関係が肯定されることになるはずである。

　作為の可能性については、保障人に期待される作為が、結果の発生を確実に阻止する程度の作為でなければならないのか、それとも作為者の犯行を困難にする程度の作為で足りるものなのかということが問題となる。本件では、男の作為者が４人もいるので、女の被告人がたった１人で結果の発生を確実に阻止する可能性があったと認めるのは無理であろうが、自身に危害が及ばない限りで、頭髪を切る鋏を取り上げること等により、作為者の犯行を困難にする可能性はあったと認めることができるようにも思われる。作為の可能性の要件を前者のように厳格に解するか否かということは、当然、不真正不作為犯の成否にも影響を及ぼすものである。不真正不作為犯の成立の余地は、作為の可能性の要件を厳格に解すると狭くなるのに対し、これを必ずしも厳格に解さないのであれば広がるわけである。本判決は、後者の立場に依拠しているようである。しかし、作為の可能性は、不真正不作為犯の単独正犯の場合、それが罪責に直結する作為義務の前提である以上、厳格に解されなければならないのであり[77]、これを共同正犯の場合には厳格に解さなく

---

[76]　被告人も、この点については争っていない。

てよいという理由は見当たらない。したがって，保障人に期待される作為は，結果の発生を確実に阻止する程度の作為でなければならないと解するべきであり，その可能性が欠ける場合には，作為と不作為の共同正犯は成立せず，作為の正犯に対する不作為による幇助の成否が問題となるにすぎない[78]。このように処理することが，謙抑主義の精神にも合致すると考えられる。

バウマンは，本判決の事例を挙げて，作為と不作為の共同正犯を認める。このほかにも，作為と不作為の共同正犯が存在する事例として，母親が子を溺死させるのを黙認する父親を挙げているが[79]，これらの事例において共同正犯を成立させる理論的な根拠は示していない。

作為と不作為の共同正犯の問題は，わが国でも論じられている。大塚博士は，ある犯罪を実現しようとする作為と，その犯罪的結果を惹起させない保障人的地位にある者の不作為とが，各行為主体間の意思の連絡のもとに行なわれた場合には，その犯罪についての共同実行があったと言えるとされる。たとえば，甲と乙とが意思を連絡して乙の子たる丙を殺そうと謀り，甲が丙を川へと投げ込み，乙はこれを救助しないで放置し，それにより丙が溺死した場合，丙を川へと投げ込む甲の作為が殺人罪の実行行為に当たるのはもちろんのこと，作為義務者である乙の不作為も，丙が川へと投げ込まれたことを知りながらこれを放置し，それにより丙が溺死したのであれば，それ自体として殺人罪の実行行為となり得るから，意思を連絡した甲の作為と乙の不作為は，殺人罪の共同正犯になるとされる。作為義務者である乙が，甲の作為に基づく因果関係を積極的に利用する意思で，その不作為を行っている以上，それは殺人罪の実行行為にほかならず，甲の作為との共同正犯になるというわけである[80]。

---

(77) 内藤謙『刑法講義総論(上)』（昭 58 年・1983 年）233-4 頁，塩見淳「不作為犯論」西田典之＝山口厚編『刑法の争点』第 3 版（平 12 年・2000 年）18 頁。

(78) 不作為による幇助の場合にも，作為の可能性が要件とされなければならないが，そこでは，保障人は正犯の実行を容易にするだけであって，直接的に法益を侵害するわけではないから，保障人に期待される作為の程度は，共同正犯も含めた正犯の場合より低くなると解しても差し支えないと思われる。

(79) Baumann, a.a.O. [Anm. 52], 8. Aufl., S. 555, Baumann/Weber/Mitsch, a.a.O. [Anm. 52], 11. Aufl., S. 691.

(80) 大塚・前掲注(64) 333-4 頁。

156　第6章　不作為による教唆と不作為による共同正犯

　不作為犯は，保障人的地位にある者だけが犯し得る真正身分犯であるから，作為者と不作為者が意思の連絡のもとで共同して犯罪を実行する場合，これを保障人たる構成的身分のある不作為者に，身分のない作為者が加功して構成要件を実現する態様，または，保障人たる構成的身分のある不作為者が，身分のない作為者に加功して構成要件を実現する態様として把握し[81]，身分犯と共犯の規律に従って処理するべきである。この場合，刑法65条（身分犯の共犯）1項が共同正犯にも適用されると解する立場からは[82]，作為と不作為の共同正犯の成立が肯定される[83]。

第4節　結　　論

　不作為による共犯は，一般に，保障人が義務に違反して作為者の犯行を阻止せず，結果が発生した場合に問題となる。その成否は，構成要件の実現態様に応じて，幇助犯，教唆犯および共同正犯のそれぞれ固有の成立要件が，不作為によっても充足され得るか否かという観点から確定されなければならない。本章は，かかる観点から，不作為による共犯のうち，不作為による教

(81) 後者のように，身分者が非身分者に加功した場合については，刑法65条は何も触れていないが，共同実行の意思が認められるときは，共同正犯が成立すると解するべきである（大谷實『刑法講義総論』新版第4版（平24年・2012年）456頁，川端博『刑法総論講義』第3版（平25年・2013年）614頁）。

(82) 第3章第4節参照。

(83) 川端・前掲注(81) 227-8頁。もっとも，このような考え方からは，大塚博士が挙げられた事例を援用しつつ部分的に変更して，甲と乙は夫婦であり，甲も乙も自分の子である丙に対して監護義務（民法820条）を負っていることにすると，身分犯と共犯の規律に従った処理は困難になるかもしれない。すなわち，意思の連絡のもとで，甲が丙を川へと投げ込み，乙がそれを救助しないで放置し，丙が溺死した場合，甲も乙も丙の生命に対する保障人的地位にあり，2人とも身分者であるから，身分者と非身分者との共犯関係を規律する刑法65条1項に従ってこれを処理することは無理であるようにも思われる。この場合，理論的に成り立ち得る構成は3つある。第1に，甲は，丙に対する監護義務を負うものの，作為犯の構成要件を作為によって実現する以上，不作為犯を基礎づける保障人的地位とは無関係であり，この意味では非身分者であるから，刑法65条1項の適用を受けて，乙との共同正犯になるとする構成，第2に，意思の連絡がある以上，刑法65条1項を適用しなくても，甲と乙は共謀共同正犯になるとする構成，第3に，甲は作為犯の単独正犯であり，乙は不真正不作為犯の単独正犯であって，意思の連絡にかかわらず，これらは同時犯になるとする構成があり得る。なお，大阪高判平13年6月21日判タ1085号292頁は，夫婦間の暗黙の共謀のもとで，妻による自分らの子の殺害を夫が阻止しなかったという事案につき，共同正犯の成立を認めた。

唆および不作為による共同正犯の問題について検討を加えたものである。その結論を最後にまとめておくことにしたい。

不作為による教唆は，否定される。教唆とは，他人に精神的影響を与えて犯行の決意を惹起することを意味すると解されるところ，不作為で他人と精神的なコンタクトを持つことはあり得ないからである。また，不作為による教唆は，正犯の刑に匹敵するほどの反価値的性格を帯びるものでもない。現行法は，幇助に関しては，その刑を必要的に減軽すると定めているのに対し，教唆に関しては，これに正犯の刑を科すと定めている。正犯の実行を単に容易にすることと比較して，その決意を誘発することを重く処罰しているわけである。このような法定刑の差は，幇助と教唆との違法性の程度の差を反映したものであると考えられる。そうすると，幇助よりも重く処罰される教唆には，そのような違法性の重さに即した実体が備わっていなければならないことになる。しかし，不作為による教唆には，そこまでの実体は備わっていない。教唆がなされて初めて正犯が犯行を決意する場合と，正犯が自発的に犯行を決意するのを阻止しない場合とでは，正犯が犯行に至るまでの心理的な構造や，その経緯における背後者の役割も実体的に異なるのであるから，不作為による教唆は，そのような理由によっても否定されなければならない。

不作為と不作為の共同正犯は，肯定される。作為犯の構成要件を単独で実現するにあたり，その実行行為が，作為との同価値性を有する不作為によってもなされ得るのと同様，共同正犯における共同実行は，作為だけでなく，不作為によってもなされ得る。したがって，複数の保障人が，共同実行の意思で，結果をもたらす不作為により構成要件を実現したときは，共同正犯が成立する。複数の保障人がそれぞれ単独では結果の発生を阻止することができず，共同して作為に出ることによって初めて結果の発生を阻止することができたであろう場合，明らかに不作為と不作為の共同正犯を成立させる実益が認められる。また，複数の保障人がそれぞれ単独でも結果の発生を阻止することができたであろう場合，これを不作為犯の同時犯と解する必要はなく，ここでも，不作為と不作為の共同正犯を成立させる実益が認められる。なぜならば，共同正犯の因果関係の認定は，意思の連絡があることを前提に，共同行為を全体として考察してよいのに対し，これを同時犯として把握すると，

158 第6章 不作為による教唆と不作為による共同正犯

共同行為を個別に分割し，それぞれを独立させて，因果関係を認定しなければならなくなるからである。

　作為と不作為の共同正犯は，肯定される。まず，不作為者たる保障人に期待される作為は，結果の発生を確実に阻止する程度の作為でなければならず，その可能性の存在が不作為による共同正犯の成立要件となる[84]。そして，不作為犯は，保障人的地位にある者だけが犯し得る真正身分犯であるから，作為者と不作為者が意思の連絡のもとで共同して犯罪を実行する場合，これは保障人たる構成的身分のある不作為者と，身分のない作為者との共犯関係に基づく構成要件の実現として把握され，身分犯と共犯の規律に従って処理される。この場合，刑法65条1項が共同正犯にも適用されると解する立場からは，作為と不作為の共同正犯の成立が肯定される。

　以上の検討を通して，本章は，不作為による教唆に関しては否定説を，不作為による共同正犯に関しては，不作為と不作為の共同正犯および作為と不作為の共同正犯のいずれについても肯定説を，それぞれ妥当な見解として支持するに至ったのである。

---

[84]　作為の可能性は，不作為と不作為の共同正犯の場合にも問題となるが，本章は，これを作為と不作為の共同正犯のコンテクストで扱うことにした。それというのも，作為と不作為の共同正犯の場合，保障人たる不作為者には，一般的に，作為者の実行を阻止して結果を発生させない作為に出ることが期待されており，その点で，不作為と不作為の共同正犯の場合よりも困難な作為が要求されるので，かかる作為の可能性の存否も，より重要な問題になると考えたからである。

第7章

不作為犯に対する共犯

第1節　本章の目的

　不作為犯と共犯の問題は，かつては意識的に論じられることはほとんどなかったが，次第に，作為犯の構造と不作為犯の構造は本質的に異なるので，作為犯を予想した共犯の理論を不作為犯に適用することはできず，不作為犯の構造上の特色から，不作為犯と共犯に関わる問題を把握しなければならない，という考え方がドイツで強調されるに至り[1]，刑法学上，注目を集めるようになったと言われている[2]。

　わが国でも，ドイツの学説の影響を受けて，不作為犯と共犯の問題が論じられるようになり，また，実際にこの問題が争点となった事案も，近年，下級審では比較的多く見られるようになっている[3]。不作為犯と共犯の問題は，単なる理論上の問題にとどまらず，実務上も解決される必要に迫られているのである。

　本章は，不作為犯と共犯の問題のうち，不作為犯に対する共犯の問題に検

---

(1)　Armin Kaufmann, Die Dogmatik der Unterlassungsdelikte, 1959, S. 111ff., 190ff., 291ff., Grünwald, Die Beteiligung durch Unterlassen, GA 1959, S. 111ff.

(2)　阿部純二「不作為による従犯(上)」『刑法雑誌』17巻3・4号（昭46年・1971年）1-2頁，斉藤誠二「不作為犯と共犯」『Law School』14号（昭54年・1979年）13頁，中義勝「不作為による共犯」『刑法雑誌』27巻4号（昭62年・1987年）［後に同『刑法上の諸問題』（平3年・1991年）に収録］330頁［引用頁数は後者による］，大野平吉「不作為と共犯」阿部純二＝板倉宏＝内田文昭＝香川達夫＝川端博＝曽根威彦編『刑法基本講座第4巻』（平4年・1992年）109頁。

(3)　不作為による共犯の事例として，大阪地判昭和44年4月8日判タ234号194頁，大阪高判昭和62年10月2日判タ675号246頁，大阪高判平成2年1月23日判タ731号244頁，東京高判平成11年1月29日判時1683号153頁，釧路地判平成11年2月12日判時1675号148頁，札幌高判平成12年3月16日判時1711号170頁，判タ1044号263頁，大阪高判平成13年6月21日判タ1085号292頁，福岡地判平成17年9月28日，さいたま地判平成18年5月10日，東京高判平成19年1月29日高検速報平19年107頁，東京高判平成20年10月6日判タ1309号292頁を挙げることができ，不作為犯に対する共犯の事例として，前橋地高崎支判昭和46年9月17日判時646号105頁，名古屋地判平成22年1月7日を挙げることができる。

160　第7章　不作為犯に対する共犯

討を加え，その解決に役立てることを目的とする[4]。

第2節　不作為犯に対する教唆

第1款　否定説とその検討

　不作為犯に対する教唆を否定する見解は，不作為犯と共犯の問題を，不作為犯の構造上の特色から把握する立場によって主張される。その代表的な論者がアルミン・カウフマンである。この見解は，不作為の故意というものは存在しないとの独特の前提から出発する。アルミン・カウフマンは，不作為の故意は存在しないのであるから，行為決意を引き起こすという教唆の本質的メルクマールも充足され得ないと強調する。そして，不作為犯に対する教唆を，命令履行の阻止として把握し，これを逆転原理によって以下のように説明する。不作為犯に対する教唆として，一般的に特徴づけられることは，実際には，「命令履行の阻止」（Abstiften von der Gebotserfüllung）である。ここでは，行為義務者の心理への影響は，存在もせず重要でもあり得ない「不作為の故意」を引き起こすという点には存在しない。むしろ，不作為正犯は，同人のもとで生じる動機づけ過程の構造に応じ，2つの方向でのみ影響を受ける。その1つは，命令された行為への決意が引き起こされることである。これは，肯定的に評価されるべき，義務に従った行為に対する教唆である。もう1つは，命令履行に対する行為決意は，それがまだなされていない場合には心理的影響によって阻止されることがあるし，それが既になされていた場合には取り除かれる（その行為力を阻止される）ことがあるはずである。しかし，後者は，行為に対する教唆の正反対である。それは，行為義務者の心理への影響を通して，行為を阻止することであり，命令履行の阻止ということなのである。通常，不作為に対する教唆として特徴づけられる現象は，そのようにして作り出される。不作為それ自体にとって，行為決意がなされず，実現されないということが重要であるならば，その態度への影響も，まさに決意を阻止することや，取り除くことを目的とするのでなければならない[5]。

---

(4)　なお，不作為による共犯の問題については，第5章および第6章で検討を加えた。

(5)　Armin Kaufmann, a.a.O.〔Anm. 1〕, S. 191.

行為に対する教唆と行為の履行の阻止との正反対の関係は，詳細な部分にまで現れる。たとえば，教唆が失敗するのは，行為決意が引き起こされないか，または実行されない場合であるのに対し，命令履行の阻止が失敗するのは，行為決意が成立し，実現される場合である。命令履行の阻止の様相は，不作為犯の場合，不作為の故意が問題になるのではなく，命令された行為への決意の欠如が問題になるということを，如実に示している[6]。

同時に，命令履行の阻止は，逆転原理によって説明することができる。解釈論的な機能において，命令された作為に対する命令された作為の教唆は，これを逆転させると，禁止された作為に対する禁止された教唆の不作為に相当し，禁止された行為の阻止の不作為は，これを逆転させると，命令された行為の阻止に相当する。救助義務者が，絶望した母親に，その子の殺害の決意を断念させない場合が後者の例である。禁止された行為の阻止の不作為は，構成要件に該当する不作為犯となるのであるから，逆転原理によれば，命令された行為の阻止の遂行は，作為犯の構成要件を充足することになるはずである[7]。

したがって，命令履行の阻止は，作為犯を実現するものである。通説は，命令履行の阻止が，その現象形態，すなわち義務者の決意への影響に関しては，作為犯における教唆ときわめて似ているとのことを引き合いに出すかもしれない。このことが正当であるとすれば，人間の死亡をそれ自体としてもたらす阻止行為は，人間の死亡に至る教唆行為以外の何物でもないものとして扱われ得る，ということだけが，たしかに帰結されるであろう。しかし，通説は，溺れている者の救助の阻止を，被害者の溺死に対する教唆と同様に扱うという結論を，決して引き出さない[8]。

アルミン・カウフマンの見解においては，命令履行の阻止は，このような逆転原理によって説明されるわけである。しかし，ここで示された逆転原理は，およそ妥当なものではない。すなわち，教唆は，禁止された作為を行なうように教唆することであるから，これを逆転させると，命令された作為を

---

(6) Armin Kaufmann, a.a.O. [Anm. 1], S. 191.

(7) Armin Kaufmann, a.a.O. [Anm. 1], S. 192f.

(8) Armin Kaufmann, a.a.O. [Anm. 1], S. 193.

行なわないように教唆しないことになるはずであり，命令履行の阻止は，命令された作為を行なわないように説得することであるから，これを逆転させると，禁止された作為を行なうように説得しないことになるはずなのである。この最後の場合は，作為犯を実行するように説得しないことであるから，まさしく教唆と逆の関係になる。そうすると，アルミン・カウフマンのようにして，不作為犯に対する教唆を否定することには理由がなく，むしろ，教唆と，命令履行の阻止とが，一方は作為犯に対する教唆であり，他方は不作為犯に対する教唆であるという点で，対応することになる[9]。

　アルミン・カウフマンは，さらに次のように述べて，不作為に対する教唆と命令履行の阻止との類似性は，単なる外面的な類似性でしかないとする。教唆の成功の後，すなわち行為決意の惹起の後で，教唆された正犯が，準備行為および未遂の段階を通して既遂に至るまで，故意を貫徹し，常に新しくするのでなければならない，ということが教唆にとってまさに本質的である。被教唆者は，自分が決意を実現するか否かを掌中に収めている。被教唆者の故意は，常に改めて行為力があるものと証明されなければならい。これに対し，命令履行の阻止の場合には事情が異なる。命令履行の阻止は，行為能力者にとって可能な行為が行なわれなければならなかったであろう決定的な時点において，行為決意が存在しなかった場合に初めて成功し，既遂に達したのである。しかし，この時点からは，もはや何らの後退または前進も不作為者にとって存在しない。決定的な時点において，不作為者には行為決意が欠けていたわけであるし，その場合，不作為者は，行為決意の欠如を補充的に修正することを，もはや掌中に収めない。当該不作為者は，たとえば，生じている救助の衝動を，もはや抑制することを要しない。なぜならば，事柄の状況に従えば，命令された行為を決意することは，もはや可能でないからである[10]。

　阻止行為がその固有の未遂の段階を通り過ぎた場合に，当該行為が阻止しようとした，命令された行為が成し遂げられるか否かということが，最終的

---

[9]　植田重正「不作為と狭義の共犯」『関西大学法学論集』13 巻 4・5・6 合併号（昭 39 年・1964 年）275 頁。

[10]　Armin Kaufmann, a.a.O.［Anm. 1］, S. 193f.

に確定する。阻止行為の終了後、被教唆者自身は、同人のさらに別の態度によって、禁止された行為が成し遂げられるか、または少なくとも着手されるかを決定する。被教唆者は行為支配者であるか、または行為支配者になる。これに対し、被阻止者は、命令された行為への行為支配を失う。被阻止者は、「不作為の支配」を保持するのでも、獲得するのでもない。したがって、場合によっては、命令履行の阻止を（いずれにせよ遂行される正犯行為が欠ける教唆としてではなく）作為犯の正犯として把握することは正当である[11]。

　このような考え方に対しては、アルミン・カウフマンによる比較は、不作為に対する教唆と命令履行の阻止との類似性を好ましくないものとするよりも、むしろ支えるものであるという批判が加えられる。ロクシンは、次のように指摘する。不作為者にとって、不活動への説得を受けた後、もはや後退は存在しないのに対し、教唆された作為の正犯行為者は、行為の既遂まで生起を掌中に収める、ということが本当にそうであるならば、不活動への説得の場合の教唆者に、そうでない場合よりも重い責任が当てはまることになってしまうであろう。しかし、これは、そういうことではない。むしろ、不作為者も、同人に他人が不活動を誘因したずっと後で、同人に結果回避が一般的にはまだ可能である限りで、まさに、あたかも固有の動機から不介入を決意した場合のように、自由かつ独立に行為を決定するのである[12]。

　この点に関連して、シュトレーは、次のような事例を挙げ、故意の貫徹は、行為支配にとって重要ではないと指摘し、さらに、作為犯の場合と不作為犯の場合における行為支配についても述べる。たとえば、毒が塗られた菓子1箱を、殺人の故意で他人に発送した直後、事故で意識を数日なくす者は、行為力のある故意を、死亡の結果まで貫き通すことができなかったのであり、いずれにせよ、その時までなお同人が行為の既遂への影響を持つことはできなかったという意味で、貫き通すことができなかったと言える。それにもかかわらず、同人の行為は、結果の発生によって、共犯の可能性を伴った既遂の故意行為となる。したがって、故意の貫徹ないし貫徹の可能性は、行為支配にとり、決定的な視点とはならない。もっとも、作為犯と不作為犯との区

---

(11)　Armin Kaufmann, a.a.O.［Anm. 1］, S. 194.

(12)　Roxin, Täterschaft und Tatherrschaft, 8. Aufl., 2006, S. 516.

別は認められるべきである。作為犯の場合，行為支配は，繰り広げられる生起の経過に対する事実上の力によって特徴づけられる。これに対し，不作為犯の場合，行為者は因果経過を掌中に収めない。むしろ，行為者は，因果経過に影響を及ぼさないのである。ここでは，損害の結果へと進行する因果経過を阻止すること，または因果経過を別の方向へと逸らすことは，その力においてのみ重要なのである。それゆえ，不作為犯の場合，作為犯における事実上の行為支配とは区別された，潜在的な行為支配が関係する。そのような潜在的な行為支配は，不作為行為に正犯行為の烙印を押すことを可能とするために，一方では必要的でなければならず，他方では十分でもなければならない。なぜならば，ここでも，行為者は，損害が発生するのか，それとも発生しないのかを掌中に収めるからである。この場合，潜在的な行為支配は，事実的な行為支配よりも弱い行為支配の形態であり得る。しかし，そのことから，潜在的な行為支配の保持への動機づけと，事実的な行為支配の行使への動機づけとの質的な区別は導き出され得ない。つまり，教唆と命令履行の阻止との質的区別は，アルミン・カウフマンの説明によっても，決して明らかにされないのである[13]。

　アルミン・カウフマンは，通説では不作為による作為または不作為犯に対する教唆として扱われるような事例を挙げ[14]，そこでは，作為の意思があるのに不作為を教唆された者が，保障人であったのか否かということや，ドイツ刑法330c条（一般不救助）（現行ドイツ刑法323c条）の意味での救助義務を負っていたのか否かということ，もしくは，そもそも救助者が存在しなかったのか否かということは，何らの役割も果たさないとして，以下のように通説的な見解を批判しながら独特の主張を展開する。「Aは，Xを狙撃し，致命傷を与える。」という事例が問題にならないのと同じように，「Bは，溺れているXへと流れていくゴムボートを，岸に引き止めておく。」という事例，「Cは，主人の幼い娘を水から上げようとする牧羊犬を引き止める。」という事例，および「Dは，溺れているXをRが救助しようとする際，それに使われるゴムボートに穴を空けるか，またはRを力づくで引き止める。」という事例にお

[13]　Stree, Teilnahme am Unterlassungsdelikt, GA 1963, S. 8.
[14]　Armin Kaufmann, a.a.O.〔Anm. 1〕, S. 195f.

いて，通説的な見解は，（作為の）正犯での謀殺を肯定する。とりわけ R の場合，保障人義務，救助義務を負っていたのか，それとも全く行為義務を負っていなかったのかということとはほとんど無関係に謀殺が肯定される。しかし，「E は，R に，X を救助するために水に飛び込むと，その後で著しい災難が見通されると伝え，R は岸にとどまる。」という事例においては，疑問が生じる。E が R に救助の放棄を強要する場合，R は行為能力を有したままであり，構成要件に該当する違法な不作為を遂行する。このような「道具」が不作為をする場合，本当に間接的な作為犯の正犯が存在するかは疑わしい。作為による間接的な不作為犯の正犯を認めるのであれば，E は，保障人でない場合，もっぱらドイツ刑法 330c 条（現行ドイツ刑法 323c 条）に従って処罰され得るであろう。これに対し，不作為に対する教唆を認めるのであれば，ドイツ刑法 211 条（謀殺）の刑に基づく不真正不作為犯に対する教唆を理由として罰せられるのか，それともドイツ刑法 330c 条（現行ドイツ刑法 323c 条）に基づく真正不作為犯に対する教唆を理由として罰せられるのかは，R の義務の種類に左右される。この異なった取り扱いには根拠がない[15]。

　加えて，「事故現場に自動車運転手 R が救助を行うためにとどまる。F は，それを阻止しようとして，真実に反して，負傷者が既に搬送されたものと R に信じ込ませる。」という事例においては，通説的な見解によれば，共犯の従属性の問題が浮上する。故意の正犯行為を要求するのであれば，この場合，不作為の故意が欠如する以上，不作為に対する教唆を理由としては処罰できない。そのようにして解決すれば，真正不作為犯に対する教唆か，それとも不真正不作為犯に対する教唆を理由として処罰されるべきなのか，という偶然的結論も回避される。しかし，この場合，正犯性が問題にされるべきである。作為による間接的な不作為犯の正犯として構成することは，F が保障人でない場合に，ドイツ刑法 330c 条（現行ドイツ刑法 323c 条）を適用することを意味するが，どのようにして間接的な作為犯の正犯が基礎づけられ得るのかは，必ずしも明白ではない。それゆえ，ドイツ刑法 211 条の意味での直接的な正犯だけが残される。これは何らかの関与者の資格に左右されないので，

---

[15]　Armin Kaufmann, a.a.O.［Anm. 1］, S. 196f.

たしかに納得できる。しかし，これでは前記 E の場合と異なる扱いになる[16]。

　不作為に対する教唆（命令履行行為の阻止）の古典的な事例は，「事故の後で，R は，事故にあった者を助けようとする。G は，100 マルク紙幣を差し出すことにより，R を先へ進ませる。」というものであろう。ここで救助意思のある者が保障人であるのか，それともドイツ刑法 330c 条（現行ドイツ刑法 323c 条）に基づく救助義務を負うのかということに応じて，いずれかの刑を G に適用するということは，正当であり得ない。けだし，共犯が問題になるか否かが，まさしくここで重要である。したがって，「謀殺者」G を 330c 条（現行ドイツ刑法 323c 条）に対する教唆を理由としてのみ処罰するのであれば，そして G を「命令履行の阻止」の失敗の場合においてすら，完全に不処罰とするのであれば，そのような結論は，これまでに挙げた全事例との比較において正当化されない[17]。

　おそらく通説は，「R は，重篤な病気の知人 X のために，X の知らないままに，抜群の効果を約束する薬を，大変な苦労のもとで入手した。X への道中で，R は，H に出くわす。H は，事情を知りながら，救助アンプルを破壊するか，または X が死亡するまで R を拘束する。」という事例において，H をドイツ刑法 211 条に基づく正犯として処罰することで決着するであろう。これと同じ状況で「R に出くわした K は，小切手帳を取り出し，1000 ドイツマルク以上の小切手で，R に救助アンプルを X のもとへ運ぶのをやめさせる。」という事例では，R も K も行為義務を負わない。K は，構成要件に該当しない態度を教唆している。不作為犯は全く射程にないのであるから，オルタナティヴとしての直接正犯での謀殺だけが問題になるかもしれない。ここで直接正犯での謀殺を認める場合，これまでに挙げた他の事例において，どのような根拠で同一の構成が否定されるのか，それとも K は不処罰のままでなければならないのかという疑問が残る[18]。

　要するに，アルミン・カウフマンは，ここで挙げられている全事例において，被害者の死亡は，行為者の介入がなければ生じなかったはずであり，し

---

[16]　Armin Kaufmann, a.a.O.［Anm. 1］, S. 197.

[17]　Armin Kaufmann, a.a.O.［Anm. 1］, S. 197.

[18]　Armin Kaufmann, a.a.O.［Anm. 1］, S. 197f.

かも，介入した行為者の故意は，いずれも被害者の死亡を包括する上に，行為の動機も強欲であるから，当該行為者らは全て謀殺者であり，ほとんど異ならない刑罰に値すると解しているのである。また，そのように解するのが法感情にも合致すると考えているようである[19]。

このような考え方には批判がある。ロクシンは，最後の事例をきわめて極端であるとし，この事例の検討を通して，アルミン・カウフマンの見解の問題点を次のように指摘する。ここでは，まず，Rが330c条（現行ドイツ刑法323c条）に基づく行為義務を負うか否かという問題が設定されるべきであろう。薬の入手は，もともと，それが期待可能ではなかった程度に困難であったかもしれないが，Rが薬を手に持った後で，救助は容易に可能になり，もはや期待不可能ではなくなった。救助がなく，病気が悪い方向に転じる場合，そのような，救助以外の方法では阻止され得ない展開を「事故」としても考慮しなければならないであろう。それゆえ，Kをドイツ刑法330c条（現行ドイツ刑法323c条）に対する教唆を理由として処罰することができる。しかし，これは当然に行為の問題である。したがって，Kの受難に性急な悪化が差し迫らないということが承認されよう。この場合，背後者は，もちろん刑法上の責任を負わない。そして，それが正当である。なぜならば，そう解するのでなければ，（看護の意思のある）他人に，病人の健康を回復させるのを思いとどまらせる者は全て，看護の意思のある者が生命擁護の義務を負わなかったにもかかわらず，身体傷害の正犯行為者となってしまうに違いないからである。この批判は，一般的にも通用する。作為についての決定を掌中に収める被誘因者が，道徳的に非難されるべき動機のもとでも争いなく不処罰となるのに対し，道徳的には非難されるべきかもしれないが，刑法上は禁止されていない態度をとるよう他人に誘因する者が投獄されるということは，承認に値しない。法論理も法感情も，不処罰的な態度に対する誘因は可罰的にならなければならない，と解することを支持しないように思われる[20]。

ここで挙げられた全事例において，アルミン・カウフマンは，作為犯の構成要件メルクマールが充足され，違法性および非難可能性に何らの疑いもあ

---

(19) Armin Kaufmann, a.a.O. [Anm. 1], S. 196.

(20) Roxin, a.a.O. [Anm. 12], S. 514f.

り得ない場合，いずれも直接的な作為犯の正犯における謀殺が問題になるとしているが，同時に，命令された行為の阻止の事例の中には，作為犯の刑では重すぎると思われるものが存在することも認めている。たとえば，「Rは，溺れているXを救助するために，水に飛び込もうとする。友人Lは，Rに＜君が風邪を引いてしまうよ！＞と言い，それにより救助の試みを断念するようRを煽動する。」という事例，または「KはRに＜あなたはXに救命薬を運ぶことを義務づけられていません。それに，Xはあなたに支払いをすることができないでしょう。＞と言う。それで，Rは帰宅する。」という事例がそうである。これらの事例の特徴は，救助行為の事情および結果を真実に即して伝えることによって，救助意思のある者が阻止されるという点に存在するのであって，救助意思のある者に，事情および作為の危険を真実に即して説明することは禁止され得ないというわけである。そのような行動は，故殺の故意によって（他人に救助決意の放棄をもたらす故意によって）担われるかもしれないとしても，社会的に相当なままであり，社会的相当性が構成要件該当性の制限であると認められる限りで，ドイツ刑法212条（故殺）の構成要件を充足するものではないとされる[21]。

　しかし，このような処理は妥当でない。作為義務を負わない者の救助行為を阻止する場合，真実を伝えることによって阻止すれば社会的相当性を有し，金銭を与えることによって阻止すれば作為犯になる，と解することには合理的な根拠がない。両者において，結果を発生させようとする意思は全く同一であり，異なるのは，その手段の点で，前者では表面的に真実を伝えているのに対し，後者では金銭を与えているということだけなのである。後者は前者よりも汚れた手段を用いているように思われるかもしれないが，いずれの手段も結果を発生させるために使用される限りでは，それは不道徳なことであり，表面的な繕いはそれほど重要ではないはずである。したがって，このような相違点だけで犯罪の成否を決定すること自体が，アルミン・カウフマンの見解の根拠の薄弱さを示している。そもそも，法的には全く自由であるはずの不作為の態度を生じさせることが，作為犯の構成要件に該当すると解

---

[21]　Armin Kaufmann, a.a.O.〔Anm. 1〕, S. 199f.

する前提が誤っており，前記事例の処理においても，そのような誤った前提
から否定説の矛盾が露呈することになるのである[22]。

　不作為の因果関係についても，アルミン・カウフマンは，次のようにして
検討を加える。命令履行の阻止の事例は，ゴムボートがもはや浮かない，犬
が飛び込まない，救助意思のある人物が行為をしないといった，行為者によ
る不変更の惹起を通して特徴づけられる。不作為の因果関係が，不変更も因
果的であるということによって基礎づけられるならば，命令履行の阻止の事
例においても，「作為による」因果的な不作為を承認するべきであろう[23]。状
況のある一定の不変更は，結果の発生または不発生の条件（原因）になり得る。
そして，人間は，たとえば救助の因果系列を抑制することによって，行為に
より不変更に対して因果的になり得るのであるから，人間の行為は，ある一
定の不変更の結果に対しても因果的になり得る。Ｘを救助できたかもしれな
いＲをＤが打ちのめす場合，Ｄは，まずＲの不行為に対して因果的となり，
このＲの不行為は，不救助に対して，すなわちＸの死亡に対して，再び因果
的となる[24]。因果的連関の適切な分析にあたっては，一定の不変更は因果的
連鎖へと組み入れられる，ということが常に示されるであろう。因果的経過
は全て，「存在する」現実の一定の変更および一定の不変更の連続的結果およ
び相互的結果を含む。行為をする人間は，変更の因果的作用ならびに不変更
の因果的作用を利用することができる。因果的生起の目的的決定は，「新たな」
因果的連鎖の契機によって，ならびに既に設定された因果的経過の抑制また
は転向によって行なわれる[25]。

　シュトレーによれば，このような思考方法の欠陥は，現実の因果関係と潜
在的な因果関係との区別から，法的に重大な結果が引き出されるという点に
存在する。シュトレーは，次のように指摘する。行為義務者に因果経過の変
更を思いとどまらせる「阻止者」は，事実的な因果関係によって，生起を支
配するのではないし，それを決して支配しようともしない。このことは，行

---

[22]　神山敏雄『不作為をめぐる共犯論』（平6年・1994年）587-8頁。

[23]　Armin Kaufmann, a.a.O.［Anm. 1], S. 201.

[24]　Armin Kaufmann, a.a.O.［Anm. 1], S. 202.

[25]　Armin Kaufmann, a.a.O.［Anm. 1], S. 203.

170　第7章　不作為犯に対する共犯

為義務者が同人に期待される救助行為を既に軌道に乗せたのに，その後，他人の説得を理由として行為を中断するか，または，それどころか同人により使われる救助者を呼び戻す場合に，とりわけ明白に示される。その場合，結果に対する「阻止者」の因果的な結びつきは，被教唆者による致命的な弾丸の発砲の事例における教唆者と同じく，影響を受ける者の態度に少しも左右されない。それゆえ，阻止行為の場合，法的に独立した，または決定された，正犯として評価され得る結果の分担が欠ける。したがって，現実的な因果関係と潜在的な因果関係との区別は，法的には何ももたらさない。さらに，刑法典は，この2つの因果的な結びつきに法的な質的相違を認めていない。むしろ，刑法典は，両者を完全に同様に評価する。この同等評価は，ドイツ刑法315条（鉄道交通，船舶交通および航空交通への危険な介入）に基づく可罰的な輸送の危殆化の場合に，きわめて明白に現れる。この場合，義務に違反した不作為による公共の危険の惹起は，違法な作為により引き起こされる公共の危険と同視される。鉄道職員が，鉄道事故を誤った転轍によって引き起こすのか，それとも転轍の不動作によって引き起こすかは，法的には，同人の態度と発生した結果との因果的な結びつきにおける何らの区別も基礎づけない。両方の事例において，この鉄道職員は，重大な結果を生じる生起に対する有責的な創出者として特徴づけられる。それゆえ，同人に，義務に違反した態度をとるよう説得した者の態度も同様に，すなわち両方の事例において，輸送の危殆化に対する教唆として評価されなければならないのである[26]。このようなシュトレーの指摘は，アルミン・カウフマンが，命令履行の阻止の場合，ある行為は不変更に対して因果的になり得るのであるから，人間の行為は，ある一定の不変更の結果に対しても因果的になり得るとの構成によって，作為犯の直接正犯を基礎づけようとすることの不当性を剔抉している。

第2款　肯定説とその検討

　不作為犯に対する教唆の当否につき，肯定説を支持するのが通説である。ドイツでは，とりわけロクシンおよびシュトレーが，この問題について詳細に論じている。ロクシンは，アルミン・カウフマンの見解に対する批判に重

---

[26]　Stree, a.a.O.〔Anm. 13〕, S. 13f.

点を置きながら，以下のように論じる。ドイツ刑法典は，48条（現行ドイツ刑法26条）において，常に，教唆者は他人を刑罰により威嚇される行為へと「説得」したのでなければならない，とのことだけを述べる。「刑罰により威嚇される行為」の概念は，不作為をも包括する。たとえば，誰かが事故に遭った者を救助しようとし，それを他人が断念させる場合，その他人は，救助しようとした者に，不作為の犯罪行為として現れる態度をとるよう「説得」したのである。刑法典の文言も，日常生活の用語法または経緯の事実的内容も，ここで「不作為に対する教唆」について語ることを禁止していない。可能な行為を断念するよう誰かを同時に説得することによって，不活動にとどまるよう，同人に指示することができる[27]。立法者から与えられた教唆の本質も，その概念を不作為へと適用することを妨げない。「教唆」の法的形象も，確固たる概念の核心を有する。教唆は，あらゆる様相の形態において，教唆者が，正犯となることなく，他人に，精神的な影響により，刑法上重大な態度をとるよう指示した，ということを前提とする。この概念上の最低限の要求は，不作為に対する教唆の場合でも充足される[28]。

アルミン・カウフマンのように，正犯のもとに作為の故意が惹起されることを教唆の不可欠の要件とする場合，その点に，共犯概念の構造的な固有性の誤認も存在する。教唆および幇助は，セカンダリーな性質である。すなわち，教唆および幇助は，プライマリーな正犯行為者概念によって確定される余地においてのみ法的に生じ得る。このことは，既に上で説明された消極的な意味で通用するだけではない。それに従えば，共犯とは，その都度，もっぱら正犯行為者の基準を充足しないことであり得る。むしろ，正犯性は，教唆および幇助が何に必ず関係しなければならないかを確定する限りで，共犯にとり，積極的な構成上の意味をも有する。正犯行為者が教唆の際に指示されなければならない態度の種類は，その都度の正犯行為者概念の種類によって取り決められる。非故意的作為に対する指示は，支配犯の場合，原則として間接正犯となり，自手犯の場合，不処罰となるのに対し，義務犯の場合に限り教唆となる。不作為行為の場合も，共犯の様相の形態が正犯者概念によ

---

(27) Roxin, a.a.O.［Anm. 12］, S. 512.

(28) Roxin, a.a.O.［Anm. 12］, S. 512.

172 第7章 不作為犯に対する共犯

り確定されるのと同様である。したがって，たとえ不作為の故意が存在する
べきでないとしても，その事情が，不作為に対する教唆の可能性を決して排
除することにはならないであろう[29]。

　ここでのロクシンの主張は，不作為犯を義務犯として把握し，かつ義務犯
における正犯者概念を特別義務の侵害に求める立場に基づくものである。こ
の立場から，義務犯たる不作為犯の場合，特別義務を負わない背後者は，（ア
ルミン・カウフマンが提示するような）他人の非故意行為を誘発したとしても，正
犯になり得ない以上，教唆犯になるとされるわけである。そのような背後者
の罪責について，単に，正犯になることができないから教唆犯になると述べ
るだけでは，たしかに不作為犯に対する教唆の可能性を必ずしも積極的に根
拠づけたことにはならないかもしれない。しかし，そのように指摘すること
自体は，たとえアルミン・カウフマンのように不作為の故意は存在しないと
いう考え方を前提にするとしても，それだけで不作為犯に対する教唆の可能
性が否定されることにはならないという疑義を示す点で，妥当であると考え
られる。

　ロクシンは，以下のようにして，不作為犯に対する教唆の当罰性について
も検討を加え，それが正犯となる可能性を行為支配の存否の観点から論じた
後に，アルミン・カウフマンの見解に内在する，社会的相当性に関わる問題
点をも指摘する。被誘因者が，あるときはドイツ刑法330c条（現行ドイツ刑法
323c条）の刑によって，あるときは不真正不作為犯の刑によって処罰される
ことは，実際にも不当ではない。なぜならば，立法者が，行われなかった救
助は，不活動者の人格に応じて，より大きな不法内容，または，より小さな
不法内容を示す，ということから出発する場合，同じことが，そのような行
為に対する教唆に妥当しなければならないからである。誰かが，自分の子を
溺死させるよう，その父親を誘因する場合，そうすることは，立法者の価値
基準によれば，誰かが，偶然に事故現場を通りかかる者を先に進むよう促す
場合よりも，確実に当罰性がある[30]。アルミン・カウフマンによれば，通説
は，正犯と教唆に同じ刑を用意しているにもかかわらず，不作為を正犯行為

---

(29) Roxin, a.a.O. [Anm. 12], S. 512f.
(30) Roxin, a.a.O. [Anm. 12], S. 515.

として把握するのに対し，その正犯行為に対する教唆なるものとして作為を把握するという批判にさらされる。アルミン・カウフマンは，そのような教唆行為の無価値は，単なる不作為の無価値，したがって正犯行為の無価値を上回るとのことを主張する。しかし，不作為に対する誘因が一般的に不作為それ自体よりも重い無価値を示すというのは，正しくない。むしろ，誰かが積極的な作為によって犯罪を遂行し，または，その実現に関与する場合，それは，誰かが作為の正犯行為者に介入することを単に行なわない場合よりも，大きな重さがある。より簡潔に述べると，結局のところ，ある態度に対する誘因は，論理的には，目指された態度それ自体と同程度でしか当罰的であり得ない。なぜならば，教唆の処罰根拠を形成する法益侵害は，背後者の意図に応じて，常に，それが正犯行為者の態度に表れるのと同程度にのみ大きくなり得るからである。あらゆる法感情への訴求が，このことを証明する。誰かが，ある母親に自分の病気の子を医者に連れて行かないで死なせるよう促す場合，たしかに，それは悪質であるが，そのような提案に従う母親は，それよりも悪質な（または少なくとも同様に非難されるべき）態度をとっているわけである。したがって，不作為に対する教唆が，一般的に，正犯行為よりも重い無価値を示すということは認められ得ない。それゆえ，当罰性の考察からは，そのような共犯形態の存在に反対する何らの論証も導き出され得ない[31]。

　作為犯の正犯の承認は，行為支配の欠如で挫折する。それぞれの事例における構成要件は，正犯性だけを輪郭づけるのであるから，いずれにせよ教唆は構成要件を充足することができず，したがって構造的に正犯と同じである必要もないが，作為犯の場合，構成要件を実現する単独正犯は，単なる因果関係よりも多くのこと，すなわち行為支配を前提とするのである[32]。実務上も，作為犯の正犯行為者として解決することは不可能である。アルミン・カウフマンは，作為犯，とりわけドイツ刑法 211 条以下の刑では重すぎると思われるような行為の阻止の事例が存在することを認め，そのような行動は，故殺の故意によって（他人に救助決意の放棄をもたらす故意によって）担われるかもしれないとしても，社会的に相当であるとするが，そのような解決はきわ

---

(31)　Roxin, a.a.O.［Anm. 12］, S. 517f.

(32)　Roxin, a.a.O.［Anm. 12］, S. 520f.

174 第7章 不作為犯に対する共犯

めて疑わしい。法典に何らの基礎も見出されない不処罰的な故殺という新し
い形式が取り入れられることになってしまうからである。故殺を社会的に相
当であると説明する場合，正犯行為者の動機および傾向（事情によっては生じ得
る正犯行為者の殺人の意図，下品な動機等）は完全に無視される[33]。

　法治国家的な根拠からも，社会的相当性の基準のような構成要件上ほとん
ど固定的でない基準は，不処罰的な作為と終身刑で威嚇された重罪との区別
を確定するのには適切でないと思われる。たとえば，背後者が，不作為者に，
救助行為を思いとどまらせるために，救助の危険性または結果回避義務の欠
如を指摘し，さらに追加的に金銭を提供する場合や，不作為者が，向こう見
ずな救助者への真摯な配慮から，救助者が現実的な警告を聞かないことを理
由にして，その救助者に初めから贈り物だけを提供する場合には，それ自体
としては考慮されないと説明される行為者の動機または心情が問題となるべ
きなのか，また，どのようにして動機と心情が評価されるべきなのか，とい
う疑問が生じる。ここでは，あり得る状況および動機の要因は，雑多に，看
過されないほどに分岐し，この領域での社会倫理的な価値の表象はほとんど
区別されず，個人の法感情さえ動揺しながら曖昧に反応するのであるから，
アルミン・カウフマンが意図するように，社会的相当性で可罰性を決定する
ならば，耐え難い法的不安定性と非常に矛盾した結論へと至るに違いないで
あろう[34]。

　ロクシンが，不作為に対する教唆の当罰性に関して，それが正犯行為より
も重い無価値を示すことはないとしているのは，当然のことである。正犯が
実行行為によって直接的に法益を侵害するのに対し，教唆者は，それへの加
担を通して間接的に法益を侵害するという，従属的な役割しか果たさないか
らである。間接的な法益侵害の無価値の程度が，直接的な法益侵害の無価値
の程度よりも大きくなるということは，およそ考えられないのである。

　不作為犯に対する教唆を，アルミン・カウフマンのように作為犯の正犯と
して構成することの不当性を，行為支配の欠如という観点から論証している
ことも，その限りでは妥当であると考えられる。本書の体系的視座によれば，

---

(33)　Roxin, a.a.O.［Anm. 12］, S. 521f.

(34)　Roxin, a.a.O.［Anm. 12］, S. 522.

第2節　不作為犯に対する教唆　*175*

目的的行為論に立脚しないとしても，行為支配の考え方それ自体は，故意に
よる作為犯には通用し得ると解する余地があり，一般的に不作為犯に対する
教唆として扱われるような事例においては，まさに背後者には行為支配が欠
けているのであるから，作為犯の正犯は成立しないことになる。

　不作為犯に対する教唆について，基本的には作為犯の正犯を成立させなが
らも，当罰性が低い場合には，社会的相当性によって可罰性を制限しようと
するアルミン・カウフマンの考え方への批判として，ロクシンが挙げた事例
も適切なものである。それらの事例は，ここでは，作為犯の正犯の成否の基
準を社会的相当性の有無に求めると，著しい法的不安定性がもたらされるこ
とになってしまう，という批判を裏付けるものである。

　さらに，ロクシンは，不作為者の具体的な行為義務の存否が，背後におけ
る教唆犯の成否を左右するとして，以下のように説く。具体的な行為義務が
不作為者に妥当する場合，その背後者は，当該行為義務を事実的な前提にお
いて認識していた限りで，常に教唆者として処罰されるべきである。社会的
相当性の誤った理解は，その点に何らの変更も加えることができない。たと
えば，救助の際に保障人に差し迫る危険が，法秩序の基準によれば，介入を
不可能と思わせるほどには大きくない，というような場合，教唆者は，真実
に即して表現された（小さな）危険を指摘して，他人に行為を止めさせるので
あれば，可罰的となる。これに対し，危険が，実際に，不作為者に行為が期
待され得ないほどに大きい場合，具体的な義務が脱落する。その場合，誘因
者は，構成要件に該当しない態度を教唆したことになるから，不作為者に
100 ドイツマルクを提供しようが，そうでなかろうが，不処罰となる[35]。

　このように，ロクシンは，不作為者にとって，作為の可能性が欠ける場合，
具体的な行為義務が欠けると説明するわけである。そのような場合，不作為
犯は成立しないから，背後者が教唆犯となる余地も否定されることになる。
作為の可能性を具体的な行為義務と直結させることの当否は別としても，い
ずれにせよ法は不可能を強いるものではないから，保障人的地位にある不作
為者にとって，作為に出ることが不可能である場合，不作為犯は成立せず，

---

[35]　Roxin, a.a.O.［Anm. 12］, S. 523.

その背後者の共犯としての罪責が問題にならないのも，共犯の従属性を前提とする限り，当然のことである。

シュトレーは，教唆犯の処罰根拠に即して教唆犯規定を解釈することから出発し，具体的事例を挙げながら，不作為犯に対する教唆の可能性について検討を加える。そこでは，アルミン・カウフマンの見解からは，具体的妥当性に欠けた結論が導かれるということも明らかにされている。まず，シュトレーは，以下のようにして，教唆犯の処罰根拠からの解釈論を展開する。ドイツ刑法48条（現行ドイツ刑法26条）によれば，教唆は，誰かが，他人を，同人により遂行され，刑罰により威嚇される行為へと動かした場合に存在する。法律上の文言を厳密に尊重する場合，「遂行される行為」（begangene Handlung）というメルクマールに手掛かりを求めることができるかもしれない。刑罰により威嚇される行為を，不作為行為者は，それ自体として作為では行なわなかった。むしろ，不作為行為者の刑罰に値するべき態度は，不活動，すなわち命令された行為の不実行である。それゆえ，法律上の文言に厳密に合致するようにドイツ刑法48条（現行ドイツ刑法26条）を取り扱うのであれば，不作為行為に対する教唆の可能性は排除されるに違いない。しかし，法典の文言のみに従うことは誤りであろう。ある一定の文言に，どのような意味が属するのかは，関係する文言が使われた，法律の規定の意味および目的との連関においてのみ認識され得る。そうすると，「遂行される行為」の概念については，どのようにして，この概念が教唆規定の意味に従って理解され得るか，ということが重要になる。したがって，この概念は，なぜ，正犯と並んで，教唆者も処罰されるべきなのか，という問題に関わる。他人の構成要件実現の誘発が，教唆の処罰根拠であると解される（惹起説）。教唆者が他人の刑罰法規への違反に協力したこと，すなわち他人の刑法上重要な不法に決定的な契機を与えたことを理由にして，教唆者に刑罰が科されるべきである。この前提からは，「遂行される行為」の概念を，あまりにも文言通りに解釈し，これを積極的な作為に限定するのは，不適当と思われる。命令された行為の不作為も，構成要件に該当する不法であり，第三者はそれを刺激することができたわけである。「遂行される行為」の概念は，正犯によってとられ，刑罰により威嚇された，構成要件に該当する態度であると教唆規定の意味に即して

第2節　不作為犯に対する教唆　*177*

解釈される。そのような解釈は，一般的に考えられる言葉の意味とも完全に一致するべきであるから，「遂行される行為」の概念によって，教唆を作為犯に限定することは，ほとんど基礎づけられ得ない[36]。さらに，教唆は，他人が構成要件に該当する態度へと説得されたことを前提とする。「説得」というメルクマールは，他人の行為決意の惹起として把握される。他人のもとに現実的な行為決意を生み出した者だけが，その結果として他人を行為へと説得し，それで他人を教唆したことになる[37]。このように，教唆犯の処罰根拠を，他人の構成要件実現の誘発に求めるならば，そこに不作為犯が含まれないと解するべき理由は見当たらないから，不作為犯に対する教唆犯も認められるべきことになる。シュトレーが，教唆犯の処罰根拠に即して教唆犯規定を解釈するのは，方法論としても妥当であると考えられる。

　次に，シュトレーは，不作為行為者は，積極的に作為をする行為者とは異なり，因果関係の経過における変更ないし状況の変更を目指していないから，たしかに作為犯の場合に見出され得るような実現意思が不作為行為者には欠け，この意味における実現意思は排除されるが，しかし，そのことは，およそ不作為の場合に，あらゆる主意的要因が欠けるということを意味するのではないとして，以下のように論じる。故意の，義務に違反した不活動に現れる刑法上重要な態度も，少なくとも通常は，主意的要因によって，すなわち一定の何かをしない意思および因果的生起の経過を妨害する意思によって特徴づけられる。提供能力があるにもかかわらず，意識的に，被扶養者に扶養を提供しない扶養義務者は，意図的に不活動にとどまっている。意識的に，申告義務もしくは告発義務に従わず，または必要な破産ないし和解の申し立てをしない者は，原則として，意図的に義務の履行を無視している。ここで意思に従って特徴づけられる態度を否定することは，現実と矛盾するであろう。意識的に，自分の新生児を餓死または凍死させる母親の場合も同様である。命令されることをしない，すなわち子に栄養を補給せず，または子を暖めない母親に，意思が存在しないとは考えられない。誰かが，命令されることを行なわない他人に影響を及ぼす場合，意思の側面で影響する。そして，

---

(36)　Stree, a.a.O. [Anm. 13], S. 4f.

(37)　Stree, a.a.O. [Anm. 13], S. 5.

178 第7章 不作為犯に対する共犯

このことは，行為への意思の成立が挫折させられ，または既になされた行為決意が打ち消されるという態様においてだけでなく，影響を受けた者が自分に期待される行為を履行しないか，もはや履行しようとしないという態様でも生起する。したがって，完全に行為に関係した意思が生み出され，それゆえ行為決意も生み出される。教唆の可能性は，行為義務者の心理への影響における法的な重要性が，もっぱら行為決意の阻止に存在するとのことによっては，簡単には否定され得ない[38]。

その上で，シュトレーは，作為と不作為は，異なった種類の人間の態度の形式ではあるが，そのような種類の違いがあるからといって，作為犯および作為犯への関与に妥当する規律が不作為犯には転用され得ないということにはならず，両者の法律違反とそれへの関与が平行することは誤解の余地がないとし，以下のようにして，具体的事例においても，アルミン・カウフマンの見解は妥当性を欠く結論に至ると指摘する。アルミン・カウフマンに従うとすれば，不作為行為者に対して刑罰に値する影響を及ぼすことは，刑法上，全く理解され得なくなる。特に，多くの身分犯の場合，いわゆる「阻止者」は無罪となってしまう。アルミン・カウフマンの見解が，どのような耐え難い結論を招いたかを，1つの事例が明白にするであろう。ドイツ破産法239条1項3号によれば，破産した債務者は，債権者の不利益を意図して，その管理が債務者に法律上義務づけられていたところの商業帳簿を管理しなかった場合，懲役で処罰される。債務者が債権者の不利益を目的にして法律上必要な商業帳簿を破棄した場合，ドイツ破産法239条1項4号によれば，同じ刑が債務者に当てはまる[39]。したがって，債務者に商業帳簿を全く管理しないよう説得する者は，（アルミン・カウフマンの見解によるならば，）不処罰のままでなければならないであろう。これに対し，債務者に商業帳簿を破棄するよう説得する者は，幇助を理由として可罰的になるであろう。この異なった結論の不当性は明白である。両者の行為態様は，その当罰性において同一であり，それゆえ同程度の刑罰に値する。ここで，可罰性の間隙を必然性のある

---

[38] Stree, a.a.O. [Anm. 13], S. 6f.

[39] 破産犯罪は，当時，このようにドイツ破産法で規律されていたが，現在はドイツ刑法283-283d条で規律されている。

第2節　不作為犯に対する教唆　179

根拠なく開けることは，刑法を現実と異なるものとし，人間の態度を，もはや共同体生活への作用の方向における社会的な側面として相応しいように評価しないということを意味する。その他の点では，立法者自身は，不作為行為に対する教唆の可能性を認めていた。ドイツ刑法109c条4項においては，脱走に対する教唆が問題になる[40]。脱走は，純粋な消極性によって，すなわち部隊へと戻らないことや，部隊から離れることによって遂行され得る。立法者は，ここで挙げられた規定においては，積極的な脱走に対する教唆，すなわち部隊から出て行くことに対する教唆を，想定することさえできなかったのである[41]。

　シュトレーは，以下のようにして，不作為犯に対する教唆を，作為犯の正犯として構成することの不当性を，作為犯における正犯と共犯の区別の基準を不作為犯にも適用するべきであるという論拠からも明らかにする。解釈論上の考察にあたっては，現実に正当な解決に到達するために，どのような観点に従って，正犯が共犯から区別されるのかということを想起しなければならない。作為犯の領域における区別が，その出発点となる。共犯が，他人の行為への単なる関与であるのに対し，正犯は，必ずしも必要的に自手によるのではない固有の行為の実行である。固有の行為の分担それ自体が処罰規定の完全な構成要件を充足する限りで，行為が他人の役に立つはずであるとしても，常に固有の行為が成し遂げられたことになる。金で雇われた「謀殺者」は正犯であって，たとえば依頼人の幇助者ではない。必ずしも完全には構成要件に該当せず行為をした場合に限り，一般的に，他人の行為に関与することができる。さらに，他人を固有の作為のための道具として，比喩的に表現すれば，延長された腕として利用する場合，他人の行為への単なる協力というメルクマールが欠ける。共犯は，他人の行為に従属すること，すなわち構成要件の実現にあたって他人に支配的な役割を委ね，それについてのみ他人に支援を与えることを，教唆の場合のように他人を行為へと衝き動かすことであるにせよ，幇助の場合のように行為の実行を容易にすることであるにせよ，必ず要求する。したがって，行為関与は他人の不法実現への単なる寄与

---

(40)　同条項は，現在では廃止されている。

(41)　Stree, a.a.O.［Anm. 13］, S. 8f.

である，ということが明らかにされなければならない。このことは，共犯が
他人の行為意思に合致し，それに服従するということ，すなわち行為が既遂
に達するべきか否かを，共犯が他人に委ねるということを前提とする。教唆
の場合，服従は，教唆者がまさに他人のもとに行為への決意を生み出し，そ
れにより決定的な影響をその他人に及ぼそうと努力するということを理由に
しては，脱落しない。なぜならば，ここでも，他人に，行為を決意するか否
かが委ねられているからである。教唆者は行為決意を引き起こすが，その場
合，被教唆者に服従するわけである[42]。

　これらの原則を，重大な結果を生じる救助行為の阻止に転用する場合，阻
止者は不作為行為に対する教唆者にしかなり得ず，たとえば結果犯の正犯と
はなり得ない，ということが明らかになる。阻止者は行為義務者の上位に置
かれたのでもなく，行為義務者と共通の行動について同盟を結んだのでもな
い。むしろ，阻止者は，行為義務者に，行為をするか否かということ，つま
り差し迫った災厄に対する不介入についての重大な決定を引き渡したのであ
る。これは他人の誤った態度への従属の典型的な事例である。主たる役割が
行為者に与えられる。阻止者は，付随的な役割，すなわち単なる分担で満足
した。もっとも，阻止者が，行為義務者に命令履行を断念することを強いた
場合に限り，事情は異なるかもしれない。ここでは，阻止者自身が，重大な
結果をもたらす生起に際して重要な役割を引き受けたことになるであろう。
しかし，阻止者は，強制または詐術なしに行為義務者に影響を及ぼすという
ことに制限される限りで，行為義務者の決定に服従する。正犯行為が不作為
であるのに対し，阻止が作為のうちに存在することは，この点に変更を加え
るものではない。それも，アルミン・カウフマンのように，行為のうちに明
らかにされた法秩序への敵対性を，不作為に存在する法律違反よりも非難す
るべきであり，かつ処罰に値すると考える場合でさえ，変更を加えない。あ
る態度への非難の程度は，量刑にとっての意味だけを有する。非難の程度か
ら，関与形式にとって役に立つ区別の基準は引き出され得ないのである[43]。

　このように，シュトレーは，教唆犯の処罰根拠や，不作為犯における正犯

---

[42]　Stree, a.a.O. [Anm. 13], S. 11f.

[43]　Stree, a.a.O. [Anm. 13], S. 12f.

と共犯の区別の基準という根本的な観点から，不作為犯に対する教唆の問題を論じるわけである。このアプローチは，基本的に支持できるものである。他人に精神的な影響を与えて不作為の意思を引き起こし，不作為犯を実現させることは十分に考えられるのであり，その場合，教唆者は正犯の作為義務違反を誘発したことになるから，それにより不作為犯に対する教唆の処罰も根拠づけられる。ここでは，作為義務に違反した実行行為を通して直接的に法益を侵害するのが正犯であり，それに間接的に加担するのが共犯であるという考え方が通用する。

第3節　不作為犯に対する幇助

第1款　否定説とその検討

　不作為犯に対する幇助を否定する立場は，アルミン・カウフマンの見解およびヴェルツェルの見解によって代表される。アルミン・カウフマンによれば，不作為犯に対する幇助は，当然に否定される。なぜならば，事実上，助長されるべき犯罪行為が存在せず，心理的に支えられ得る行為決意が欠けると考えられているからである。促進は，因果経過が進行する場合に限り可能であるとされる[44]。ここでは，「A は，ある犯罪計画を適時に告発することを決意し，それに即した内容の手紙を既に郵便局に持って行った。A は自分の決意を後悔し，その手紙を取り戻そうとする。そこで，A は自分が手ほどきした B を使い，手紙を取り戻させる。」という，計画された犯罪行為の不告発（ドイツ刑法 138 条）への幇助の事例が挙げられ，命令履行の試みの中止に対する B の幇助の解釈論上の運命は，「命令履行の試みの阻止」の運命以外の何物でもあり得ないから，そのような阻止だけを検討すればよいとされる[45]。これは，不作為犯に対する教唆の場合と同様，逆転原理から，作為犯の正犯を成立させる結論を導けばよいとする趣旨を述べたものであると解される。

　しかし，このような主張は，その論拠において独特の逆転原理に依拠する点で，そもそも妥当でないし，その結論においても具体的妥当性を欠くと批

---

(44)　Armin Kaufmann, a.a.O.［Anm. 1］, S. 190f.

(45)　Armin Kaufmann, a.a.O.［Anm. 1］, S. 195.

判される。たとえば，決意を強化された不作為者が，ドイツ刑法330c条（現行ドイツ刑法323c条）に従ってしか罪責を負わない場合であっても，不作為行為に対する心理的幇助という，きわめて些細な刑法上の関与形式が，作為犯の正犯の刑に従って処罰されることになってしまうのである[46]。

アルミン・カウフマンの見解に影響を受けたとされるヴェルツェルは，不作為犯に対する幇助は考えられず，不作為犯に対する心理的幇助は，行為決意の不成立に対する原因であるか，または正犯の不作為に対する原因でないかのいずれかであるとしている[47]。この見解においては，まず，心理的幇助が行為決意の不成立に対する原因となっている場合，アルミン・カウフマンの見解と同じく，逆転原理が適用され，作為犯の正犯が成立するとされる。

しかし，一般的に，作為犯に対する教唆と心理的幇助の区別が認められる限り，不作為犯に対しても，教唆と心理的幇助の区別は認められるはずであるから，不作為犯に対する教唆を否定する際に展開された逆転原理を，そのまま不作為犯に対する幇助にまで拡大するのは誤りである。さらに，ヴェルツェルの見解に対しては，不作為犯に対する幇助には，心理的幇助だけでなく，たとえば既に不作為の意思を持っている者から頼まれて，その不作為に役立てるために睡眠剤を与えたり，または作為を行なうべき場所から離れるために車に乗せたりするような幇助もあるのであって，これらを命令履行の試みの阻止として把握し，逆転原理によって解決することはできない，という批判も加えられる[48]。

次に，心理的幇助が正犯の不作為に対する原因となっていない場合，幇助者は，正犯に命令された作為をさせなかった不作為者であるとされる。しかし，心理的幇助が正犯の不作為に対する原因になっていないのであれば，そのような幇助は，正犯の不作為に何らの影響も与えたものではないから，共犯独立性説を前提とするのでない限り，犯罪を構成することはなく，不作為犯の成立とも関係ないはずである[49]。

---

[46]　Roxin, a.a.O.〔Anm. 12〕, S. 525.

[47]　Welzel, Das Deutsche Strafrecht, 11. Aufl., 1969, S. 206f.

[48]　植田・前掲注(9) 614-5頁。

[49]　植田・前掲注(9) 615頁。

第2款　肯定説とその検討

　不作為犯に対する幇助の当否についても，これを肯定するのが通説である。通説は，不作為犯に対する無形的従犯を肯定する点では一致しているが，不作為犯に対する有形的従犯も可能であるか否かについては，その内部で見解が分かれている。シュトレーおよびバウマンらは，不作為犯に対する無形的従犯だけを認める。シュトレーは，あり得る（不作為犯に対する）幇助の事例は，他人の行為決意の心理的強化の形式においてのみ考えられるのであって，それは要するに教唆に対する単なるマイナスであるから，通説に賛成する以上，幇助にとって何らの本質的な相違も生じないとする[50]。バウマンは，幇助は作為行為に対してだけでなく，不作為行為に対しても提供され得るとし，行為を義務づけられている者の，行為をしない（たとえば溺れている者を救助しない）という決意を強化する者は，不作為行為を心理的に促進することによって幇助を提供するものであるとしている[51]。

　不作為犯に対する無形的従犯だけでなく，有形的従犯をも認める見解は，ロクシン，シュトラーテンヴェルト／クーレンおよびシェンケ／シュレーダーらによって主張される。ロクシンは，不作為犯に対する積極的な作為による幇助は，一般的に，心理的な促進の形態で，たとえば誰かが不作為者に対して，その不介入への決意を強化するといった形態で可能であるとしている。物理的幇助に関しては，アルミン・カウフマンが提示した，計画された犯罪の不告発への幇助の事例を援用して，いったんは犯罪を告発しようとしたＡの手紙を，その後，不告発の意向に転じたＡの手ほどきに従って，Ｂが郵便局から取り戻した場合，Ｂの行為は，積極的な作為により提供される，ドイツ刑法138条の不作為犯に対する幇助として把握され，これと同じことは，誰かが，他人の命令履行の試みの中止に際して罪責を負わされ得るような，ほかの全ての事例にも当てはまると解している。この事例のＢは，中止に対して幇助を提供するわけであるから，不作為行為に対する幇助のみを理由にして処罰されてよいことになる[52]。

---

(50)　Stree, a.a.O.［Anm. 13］, S. 4.

(51)　Baumann, Strafrecht Allgemeiner Teil, 8. Aufl., 1977, S. 600.

(52)　Roxin, a.a.O.［Anm. 12］, S. 525.

184 第7章 不作為犯に対する共犯

　わが国でも，斉藤博士は，自分の占有する場所に面識のない他人の死体が
あることを知ったＡが，電話がないので，そのことを速達郵便で警察に知ら
せようとして手紙を書き，いったん郵便ポストまで持っていったが，関わり
合いになるのは面倒であると考え直し，事情を知ったＢに手紙を持ち帰って
もらったという事例を挙げて，不作為犯に対する有形的従犯を肯定される（軽
犯罪法1条18号，3条参照）。この事例においては，事情を知りながら手紙を持
ち帰るというＢの物理的な幇助行為が，Ａの不作為犯に対する有形的従犯を
構成することになるわけである[53]。このように，物理的な方法で，他人の不作
為犯を促進することも必ずしも不可能ではないと考えられる。

　もっとも，不作為犯に対する有形的従犯を認めるとしても，それは例外的
な場合に限られるという考え方もある。シュトラーテンヴェルト／クーレン
は，不作為行為者の行為決意を強化することが正犯として扱われ得ることも
なく，不処罰ともされ得ない心理的幇助になるという，実務上意味のある状
況が考えられるとし，その一方で，物理的幇助は，不作為行為者が，決定的
な時点での介入可能性をなくすために，救助の道具を破壊することによって
行為をする場合に限り，例外的に考慮されてよいとする[54]。たとえば，夫が，
水中で溺れている妻を見殺しにしようと考え，唯一の救助手段であるボート
を壊しかけたところ，事情を知った夫の愛人がそれを手伝ったという事例が
そのような場合に当たるであろう[55]。シェンケ／シュレーダーは，不作為犯
に対する幇助は，通常，心理的幇助（決意の強化）の形態で可能であるとする。
物理的幇助も，たとえば，ドイツ刑法142条（事故現場からの許されない退去）2
項1号における幇助者が，事故の痕跡を除去することよって正犯行為者の発
覚のリスクを低減する場合や，不作為行為者に，同人を行為無能力にして義
務に従うことができなくなるようにさせるために，睡眠薬が調達される場合
には考えられるが，多くの場合は因果関係が欠如するので，物理的幇助には
ならないとしている[56]。

---

[53]　斉藤・前掲注(2) 31 頁。

[54]　Stratenwerth/Kuhlen, Strafrecht Allgemeiner Teil Ⅰ, 5. Aufl., 2004, S. 365.

[55]　斉藤・前掲注(2) 31 頁。

[56]　Schönke/Schröder, Strafgesetzbuch Kommentar, 28. Aufl., 2010, S. 491 [Heine], Schönke/
Schröder, Strafgesetzbuch Kommentar, 29. Aufl., 2014, S. 503 [Heine/Weißer].

連邦通常裁判所の判例にも，不作為犯に対する幇助の可能性を認めたものがある。問題となったのは，次のような事案である。すなわち，被告人は，破産申立手続における区裁判所での尋問に際して，債権者らに，Ｉ有限会社は，支払能力がないのではなく，支払停止に陥っただけである，との説明をした。実際には，同社は，それ以前から苛烈な差し押さえを受けており，支払不能であった。それにもかかわらず，共同被告人たる会社経営者は，破産手続開始の申立をしなかった。被告人は，そのことを全て知っていたが，同社の破綻を隠蔽するために，前記の説明をした，という事案である。

この事案に関して，原審が，被告人は，その行為を通して，破産申立をする意図を持たない会社経営者に，そうと知りながら助力を提供したものであると評価したのに対し，連邦通常裁判所は，被告人が正犯行為を促進したか否かは解決されていないと述べて，以下のような判断を示した[57]。まず，ドイツ有限会社法84条のような真正不作為犯の場合[58]，可罰的な態度は，命令規範の違反，したがってある一定の活動の単なる不作為に尽きる。この活動は，間接的には（命令履行の）「結果」，すなわち，ここでは「破産手続の適時の開始」を引き起こすことにはなるが，それとは関係なく法律によって要求されるものである。それゆえ，可罰性にとっては，（命令履行の）「結果」の阻止が重要なのではなく，要求される行為の不作為だけが重要なのである。たとえば，ドイツ刑法138条に基づく告発義務は，「犯罪阻止義務」を含むものではない[59]。

次に，行為を義務づけられた人的範囲に属する者，したがって会社経営者や管財人，またはその代理人だけが，犯罪の正犯行為者または共同正犯者であり得る。これに対し，被告人のような指定代理人はそうではない。もっとも，この事情は，行為を義務づけられた人的範囲に属しない者に，教唆または幇助を理由として責任を負わせることを妨げない。そのように解することは，あらゆる身分犯について認められる原則に合致するからである。行為を

---

[57]　BGHSt Bd. 14, S. 280.

[58]　現在では，ドイツ破産法15a条が，破産申立義務とその違反に対して適用される罰則について定めている。

[59]　Vgl. RGSt Bd. 64, S. 273, 276, Bd. 73, S. 52, 54.

義務づけられた者の不作為を故意で助長した者だけが，そのような事例において，幇助の罪を犯したことになる[60]。それゆえ，被告人が自分の説明でＩ有限会社の破綻を隠蔽または遅延させるつもりであったか否かは決定的でなく，破産申立をしないという正犯行為者，すなわち，ここでは共同被告人の決意を，助言または行為により促進または強化したか否かだけが決定的である[61]。たとえば，被告人が，決意において揺れ動いている共同被告人を，説得によって破産申立をしないという点で強化した場合や，破産裁判所への説明が共同被告人の決意を容易にするはずのものであって，かつ容易にした場合がそうであろう。これに対し，被告人の態度と共同被告人の不作為との因果的な連関が確認され得ない場合，被告人は，法的根拠に基づいて無罪とされるべきであろう。

　従来，ライヒ裁判所は，不作為犯に対する幇助の可能性を認めてきており，本判決は，連邦通常裁判所としても，その立場を踏襲したものと解される。本判決は，結論においては，真実に反する説明をした被告人の行為と，正犯たる会社経営者の破産申立義務違反との因果関係を問題にしているが，それに先立って，作為義務を負う者だけが直接的に実現できる不作為犯に，義務のない者が幇助の形態で可罰的に関与し得ることを，身分犯の規律によって根拠づけているわけであるから，不作為犯に対する幇助それ自体の可能性については，これを肯定したものであると考えられる。

　わが国では，下級審の判例が，不作為犯に対する幇助の可能性を肯定しているが[62]，最近になって，不作為犯に対する心理的幇助の成否が争われた事案で，その要件について言及した地方裁判所の判決が現れた[63]。そこで扱われたのは，車両を運転していたＡが，同乗者たる被告人と共謀して危険運転致傷（刑法208条の2）に該当する事故を起こしたのに[64]，停車することなく加速して逃走した際，被告人がＡに「やばいなぁ。」，「（被害者が）縁石でバランスを崩した。電柱にぶつかってこけた。」等と言い，Ａは，パトカーや追跡車

---

[60]　RGSt Bd. 77, S. 268, 269, Bd. 51, S. 39, 41.

[61]　Vgl. RGSt Bd. 27, S. 158.

[62]　前橋地高崎支判昭和46年9月17日判時646号105頁。

[63]　名古屋地判平成22年1月7日。

[64]　本判決は，危険運転致傷については，被告人にＡとの共謀共同正犯が成立するとした。

両がいたら被告人が知らせてくれるから，2人で逃げたほうが安心と思っていた，という事案である。この事案に関して，名古屋地方裁判所は，判決で以下のように指摘し，Aの不救護不申告（道路交通法72条1項，117条，119条1項10号）に対する共犯の点では，被告人を無罪とした。すなわち，被告人は，Aによる被害者の救護や警察官への報告を妨害したり，Aに対し逃走を強く働き掛けたりしたこともなく，Aと運転を交替して逃走を援助する等の加功をした事実もない。被告人は，事故直後に「やばいなぁ。」等とAに言ったものの，それ以上に逃走を促すような具体的な発言はしていない。Aは，道路交通法上の救護義務および報告義務を負うべき運転者であるところ，当初から自己の意思に基づき車両の運転を継続して事故現場から逃走し，その後も被告人の言動から逃走を促されるような影響を受けることもなかった。したがって，被告人が，Aによる不救護不申告の実行に際し，Aと共謀したとは認められないだけでなく，Aに対し心理的な幇助をしたとも認められない，という判断が示されたのである。

　検察官は，事故直後の被告人の「やばいなぁ。」という発言や，事故の直接の原因が被告人やAにあるわけではないかのような発言が，Aにとって，そのまま逃走しようという意思決定の強化になった等と主張したが，本判決は，これを容れず，本件のような心理的幇助の場合，幇助行為の正犯に対する心理的な促進作用の有無を十分に検討する必要があると強調した上で，被告人の「やばいなぁ。」という発言は，不救護不申告をAに明確に促したり具体的に示唆したりするものではないし，A車との直接の接触が原因となって被害者が転倒したわけではなく，Aが事故を起こして心理的に激しく動揺していた様子もないから，Aが強い心理的な影響を受けるような状況は存在しておらず，「（被害者が）縁石でバランスを崩した。電柱にぶつかってこけた。」という発言も，Aの逃走意思を積極的に強化するものであったとは認められないとした。

　ここでは，不作為犯に対する心理的幇助の場合，それが正犯に「強い心理的な影響」を及ぼし，その意思を「積極的に強化」するものでなければならないとされたことが注目される。本判決は，心理的な手段による幇助行為がそのようなものであるか否かの判断にあたって，正犯に対する発言等の内容

が具体的に不作為を促進するものであるか否かという点を重視しているように
も思われるが、正犯の精神状態等によっては、幇助者の発言等の内容が具
体的でなくても正犯に強い心理的な影響を及ぼして、不作為の意思を積極的
に強化することもあり得るとしているように解されるので、心理的な手段
による幇助行為としての発言等が具体的に不作為を促進する内容を持つこと
を、必ずしも従犯の不可欠の要件として求めるものではないと思われる。本
件では、たしかに、結論においては、不救護不申告に対する従犯の成立が否
定された。しかし、ここで示された要件が充足される場合には、不作為犯に
対する無形的従犯の成立が肯定されるはずであるから、本判決は、明らかに、
その前提において、不作為犯に対する心理的幇助それ自体の可能性を認めて
いるものと解される。

第4節　結　論

　不作為犯に対する教唆は肯定される。正犯に精神的な影響を与えて作為義
務違反の決意を引き起こし、不作為犯を実行させることは十分に考えられる
からである。ここでは、そのようにして正犯の作為義務違反を誘発したこと
が、教唆者の処罰を根拠づける。これと異なり、不作為犯に対する教唆の場
合、それは命令履行の阻止であるから、逆転原理が適用され、作為犯の正犯
を構成するとの独特の主張を展開し、不作為犯に対する教唆を否定する見解
は妥当でない。この見解に従うならば、教唆者が正犯になるとともに、被教
唆者たる不作為者も正犯となり、両者は同時犯になるとされるのであろうが、
そのような処理は、あまりにも技巧的で、犯罪の実体から乖離したものであっ
て、刑法の評価規範の側面とも調和しない。単なる形式論理の帰結として、
不作為者を介して法益侵害に加担した教唆者に作為犯の正犯を成立させるの
は、正犯と共犯を区別する刑法の体系とも矛盾する。不作為犯における正犯
と共犯の区別についての基本的な考え方からは、作為義務に違反した実行行
為を通して直接的に法益を侵害するのが正犯であり、それに間接的に加担す
るのが共犯であると解されなければならない。

　不作為犯に対する幇助は肯定される。一般に、既になされた正犯の作為義

務違反の決意を，心理的な手段によって一段と強化し，その不作為犯の実行を容易にすることは可能である。不作為犯に対する幇助は，通常，そのような心理的幇助の形態で認められるが，物理的な手段によって正犯の不作為犯の実行を容易にすることも，必ずしも不可能ではない。学説により提示された事例の存在が，そのことを裏付ける。もっとも，現実の事例では，物理的な手段による幇助行為と，不作為犯の実行の容易化との因果関係が特定されないことも多いであろうから，その存在が明白であるような例外的な場合に限り，不作為犯に対する幇助は，物理的幇助の形態でも認められる。これと異なり，不作為犯に対する幇助を否定する見解は，不作為犯に対する教唆を否定する際に立脚したのと同様の逆転原理に基づく主張を展開するので，不作為犯に対する教唆を否定する見解に加えた批判が，ここにも当てはまる。

　以上の検討を通して，本章は，不作為犯に対する教唆および不作為犯に対する幇助のいずれについても，肯定説を妥当な見解として支持するに至ったのである。

第8章

過失犯に対する共犯

第1節　本章の目的

　過失犯と共犯の問題は，従来，わが国では必ずしも自覚的に論じられていたわけではなかったが，次第に，監督過失をめぐる議論が展開されたのを契機に注目を集めるようになった。監督過失には，第1に，被監督者も監督者も過失行為者である類型，第2に，被監督者も監督者も故意行為者である類型，第3に，被監督者は過失行為者であるが，監督者は故意行為者である類型，および第4に，被監督者は故意行為者であるが，監督者は過失行為者である類型が存するとされ，このうち第1の類型は，過失犯の共同正犯ないし過失犯に対する過失による共犯の問題として，第2の類型は，通常の故意犯の正犯と共犯の問題として，第3の類型は，通説によれば他人の過失行為を利用した間接正犯の問題として，および第4の類型は，故意犯の正犯に対する過失による共犯の問題として，それぞれ把握され得ると言われている[1]。これらの類型においては，被監督者の行動をコントロールしなければならないにもかかわらず，そうしなかったという意味での監督者の不作為が共通して問題となり，その点で，監督過失をめぐる議論は，被監督者に対する監督者の不作為による関与という特徴をも帯び[2]，より複雑さを増すことになる[3]。このように，監督過失の問題は，過失犯と共犯の問題と密接に関連するものである。過失犯と共犯の問題に検討を加えることは，監督過失の問題の根本的な解決にとっても役立つはずである。

　過失犯と共犯の問題は，過失犯の共同正犯，過失犯に対する狭義の共犯お

---

[1]　山中敬一「管理監督過失に関する西ドイツの理論状況」『刑法雑誌』28巻1号（昭62年・1987年）67-8頁，内海朋子「遡及禁止論と過失共犯論―ドイツ学説の検討を中心に―」『亜細亜法学』39巻1号（平16年・2004年）63頁。

[2]　なお，不作為による共犯の問題については，第5章および第6章で検討を加えた。

[3]　山中・前掲注[1]68頁。

よび過失による狭義の共犯の問題に分類され得る。本章は，監督過失の問題の根底にある過失犯と共犯の問題のうち，過失犯の共同正犯および過失犯に対する狭義の共犯の問題に検討を加え，その解決に役立てることを目的とする。

第2節　過失犯の共同正犯

　ドイツでは，過失犯の共同正犯を否定するのが判例，通説の立場であるとされてきたが，いわゆる皮革スプレー事件における連邦通常裁判所の決定は[4]，過失犯の共同正犯を暗黙のうちに承認したものであると一般に理解されており[5]，学説においても，過失犯の共同正犯を認める見解が次第に有力化しつつある。その背景には，たとえば「組織化された無責任」を見逃してはならないといった問題意識が存在するようにも思われる[6]。いずれにせよ，過失犯の共同正犯をめぐる議論は，より一層の進展を見せており，否定説および肯定説のいずれにおいても，実に様々な観点から自説を論拠づけることが試みられている。そこで，そのようなドイツの学説の検討を通して，過失犯の共同正犯の当否について論じることにしたい。

第1款　否定説とその検討

　シェンケ／シュレーダーは，過失犯において正犯を取り決めるにあたっては，故意犯の場合と全く同じことが通用するはずであるから，過失犯においても，故意犯の場合と同様，単なる因果的惹起は構成要件によって把握されるべきでなく，現行法のもとでは，過失犯の枠内で共同正犯を認める余地はないと説く[7]。このような見地からは，故意犯の共同正犯に類似した構成は，過失犯にも共同の危険創出という認識が存在し得る以上，必ずしも排除されないが，なお問題を残したままであると批判される。シェンケ／シュレーダーによれば，この構成に依拠する一部の見解は，過失犯の共同正犯が問題とな

---

(4) BGHSt Bd. 37, S. 106ff.

(5) Vgl. Renzikowski, Restriktiver Täterbegriff und fahrlässige Beteiligung, 1997, S. 283.

(6) Otto, Täterschaft und Teilnahme im Fahrlässigkeitsbereich, Festschrift für Günter Spendel zum 70. Geburtstag, 1992, S. 285.

(7) Schönke/Schröder, Strafgesetzbuch Kommentar, 29. Aufl., 2014, S. 508 [Heine/Weißer].

る場合に，同時犯を成立させることで各関与者の正犯性を基礎づけようとするものである。この見解は，各過失行為者の部分的寄与は，結果と直接的に関係づけられているから，同時犯になるとの理由で，過失犯の共同正犯の概念を不要なものと解している。しかし，いわゆる相加的因果関係の事例では，複数の者により分業的に実行された行為のうち，どの行為が結果に対する原因となったかが確定され得ないわけであるから，同時犯を成立させるのは疑問である。いわゆる落石事件におけるスイス連邦裁判所の決定で，このことが問題となった[8]。これは，AとBが２つの巨大な岩を見つけ，共同の決意のもとで，斜面の下に人がいないかどうかを不十分にしか確認しないまま，Bが先に１つの岩を斜面に転落させ，その次にAがもう１つの岩を転落させたところ，斜面の下にいた漁師に２つの岩が当たり，漁師は死亡したが，２つの岩のうち，どちらが致命傷となったかは確定されなかった，という事案である。過失犯の共同正犯の概念を不要とする見解は，同時犯の承認に必要な注意義務の侵害は，ここでは，危殆化行為の分業的実行が取り決められた点ないし他人の行為決意への相互的で心理的な共同が目指された点にのみ存在し得ると解することで，法益を危殆化する他人の行為への関与という，危険を増加させる全ての形式を，過失による正犯の基礎づけにとって十分であるとするのであろう。しかし，過失の共同にとり，危険増加が「相互的」な共同作業によって，すなわち危険な決意への関与によって生じたことで十分であるとするのは妥当でない。「相互的」という基準には，たとえば企業における多数の行為者が問題になる場合，限界づけの力が欠ける。故意領域では共同正犯の要件のもとでしか把握され得ない行動態様を，過失領域では同時犯の基礎づけにとって十分であるとすることは，第三者の危殆化行為に関して，過失責任を限界づけるために展開された基準および答責領域からの区別と必ずしも一致するものではない[9]。

　もっとも，シェンケ／シュレーダーがこのように指摘することでは，肯定

---

(8)　BGE Bd. 113 Ⅳ, S. 58ff. 阿部純二「過失の共同正犯—スイスの一判決を機縁として—」同編集代表『刑事法の思想と理論』荘子邦雄先生古稀祝賀（平3年・1991年）175頁以下参照。

(9)　Schönke/Schröder, Strafgesetzbuch Kommentar, 28. Aufl., 2010, S. 496f. [Heine], Schönke/Schröder [Heine/Weißer], a.a.O. [Anm. 7], S. 510.

説に対する積極的な批判が示されたことにはならない。ここで批判の対象となっている見解は、過失犯の共同正犯が問題となる場合に、共同正犯ではなく同時犯を成立させ、もって過失犯の共同正犯の概念を不要のものとするわけであるから、否定説に分類されるべきである。そうすると、シェンケ／シュレーダーの批判は、肯定説に向けられたものというよりも、むしろ否定説の内部から、異なる立場の否定説に対して加えられたものであると考えられる。ここに否定説の内部での対立が顕在化したことになる。

　いずれにせよ、シェンケ／シュレーダーの見解においては、過失領域へのドイツ刑法 25 条 2 項の適用は、犯罪故意の共同が同条項の決定的な基準であるとの理由で排除される。さらに、共同の危険創出という、そこで考えられる認識は、ドイツ刑法 25 条 2 項による帰属をほとんど担うことができないとされる。典型的な分業による共同作業の場合、各人の行為の結果に対する因果性が必ずしも疑問の余地なく証明され得るわけではない。このように、結果に対する個別的な因果関係を証明することができない場合、一部の見解では、過失による共同の危険創出に関与する者を、先行行為による保障人として把握することが試みられるが、それも困難であるとシェンケ／シュレーダーは指摘する。ここでは、事実関係に基づいて不作為を承認し、保障人的地位を基礎づけることが可能か否かが問題になるとともに、分業的な危険創出の場合、それぞれ別の部分から創出された危険をドイツ刑法 25 条 2 項の外で相互的に帰属させることになるような保障人連関が、人的に結びつけられた因果関係に代わり得るか否かという、不作為犯論の枠内で解決されるべき問題も生じる。そこで、このような困難を回避するために、過失犯の共同正犯としての帰属を基礎づけようとする見解は、共同で危険が創出された時点を、いわば前置させる。それらの見解においては、共同の行為決意[10]、共同で行為をしようという認識[11]、(危険な) 計画の了知[12]、意識的な連帯行動[13]ない

---

(10) Dencker, Kausalität und Gesamttat, 1996, S. 178f., Kim, Die Analyse des "gemeinschaftlichen Begehens" im Sinne des §25 Abs. 2 StGB und die Mittäterschaft beim Fahrlässigkeitsdelikt, 2001, S. 279.

(11) Kamm, Die fahrlässige Mittäterschaft, S. 199ff.

(12) Steffen Schneider, Risikoherrschaft als Täterschaftsattribut, 2003, S. 274.

(13) Lampe, Systemunrecht und Unrechtssysteme, ZStW, Bd. 106, 1994, S. 693.

194 第8章 過失犯に対する共犯

しドイツ刑法30条2項（関与の未遂）の意味での（拘束力のある）申し合わせで[14]，主観的には（帰属にとって）十分であるとされる。客観的には，結果と各行為寄与との因果的な結びつきという要件は放棄される。そのような寄与は，構成要件全体の因果的実現であり得る。この場合，結果と各行為寄与との因果的な結びつきに代えて，共同の義務者的地位の侵害[15]，法的に否認された危険の設定としての共同の行為計画[16]ないし必要な注意の不遵守としての機能的な共同作業[17]，または複数の者により共同で創出された許されない危険の実現で十分であるとされる[18]。

　ここでも，シェンケ／シュレーダーは，組織化それ自体としての責任に対する限界づけが明らかにされていないとの疑問を表明する。そして，その都度の特別な危険の潜在的可能性を確かめる特殊な解決は，必ずしも性急には探究されなくてもよいではないか，ということを問題にしている[19]。このような指摘は，たしかに肯定説に対する批判となり得るかもしれない。しかし，それだけでは，過失犯の共同正犯が問題となる場合における，否定説からの説得力のある解決が明示されたことにはならない。シェンケ／シュレーダーの見解は，否定説の積極的な論拠を十分には明らかにしていない。

　この点，グロップやバウマン／ヴェーバー／ミッシュは，ドイツ刑法25条2項の規定の文言や，共同正犯の主観的要件を手掛かりにして否定説を展開する。グロップは，過失犯の共同正犯の事例をドイツ刑法25条2項のもとへと包摂することは，大きな疑問に突き当たると強調する。ドイツ刑法25条2項の「犯罪行為」および「共同」遂行という2つの要素は，同条項を，過失で遂行される犯罪行為へと投影することと内容的に矛盾するから，同条項の文言が過失犯の共同正犯の構成を禁止していないとの帰結はほとんど導かれ得ず，これらの2つの要件もとで，共同の行為計画に基づいて認識かつ意図

---

(14)　Schlehofer, Täterschaftliche Fahrlässigkeit, Festschrift für Rolf Dietrich Herzberg zum siebzigsten Geburtstag, 2008, S. 367.

(15)　Otto, Mittäterschaft beim Fahrlässigkeitsdelikt, Jura 1990, S. 49.

(16)　Renzikowski, a.a.O.［Anm. 5］, S. 288f.

(17)　Lampe, a.a.O.［Anm. 13］, S. 693, Dencker, a.a.O.［Anm. 10］, S. 179.

(18)　Knauer, Kollegialentscheidung im Strafrecht, 2001, S. 196, Schünemann, Leipziger Kommentar, 12. Aufl., 2007, §25 Rn. 217, Steffen Schneider, a.a.O.［Anm. 12］, S. 293.

(19)　Schönke/Schröder［Heine］, a.a.O.［Anm. 9］, S. 497f.

された共同が理解される，というわけである。グロップは，まず，「犯罪行為」を共同計画の対象として位置づけ，以下のように論じる。共同遂行は，行為計画および行為決意の形成を前提としている。それゆえ，共同されなければならないのは，何らかの活動ではなく，刑法上の正犯性は犯罪構成要件に関係するものであることを前提とするという意味での，ある1つの犯罪行為なのである。関与者は，共同正犯として，行為計画の同等の担い手となる。過失による共同の場合，初めから行為者らの共同の意図が欠ける。皮革スプレー事件において採決に加わった者も，落石事件において共同した者も，たしかに完全に1つの計画を有しているし，1つの決意を形成している。これらの者は，採決を意図し，岩を斜面に転落させることを意図している。しかし，その計画および決意は，ドイツ刑法25条2項が要求する通りには，共同で遂行される「犯罪行為」と関係していない。加えて，関与者らの計画は，犯罪行為を構成する全てのメルクマールを含むものでなければならない。過失による結果犯の場合，結果も犯罪行為の一部なのであるから，行為計画は犯罪行為の結果にも関係するものでなければならないはずであるが，過失犯における共同者らの計画は，犯罪行為にまでは及んでいない。したがって，過失による共同は，ドイツ刑法25条2項の事例とはならない。過失行為に向けられた行為計画，過失による行為に最初につながる行為計画が存在しないとのクラーツの考察も[20]，この意味で理解される[21]。

　次に，グロップは，「共同」遂行について以下のように述べる。行為遂行の共同も，ドイツ刑法25条2項の意味で「犯罪行為」に全体として関係するものでなければならない。複数の行為者の行為が「共同の犯罪行為への寄与であると見られる」ほどに結びついたものであることが要求される。共同遂行は，少なくとも推論的には，行為についての申し合わせがあることを前提とする。ある行為結果が法律上の構成要件にも該当する限りで，行為の申し合わせも，結果を含むものでなければならない。たとえば，森林作業員が，時間を節約するために，前もって散策者のための区域を封鎖することなく，根なし木を落とすことを申し合わせ，その際，きっと何も通らないであろうと

(20) Kraatz, Die fahrlässige Mittäterschaft, 2006, S. 294.
(21) Gropp, Überlegungen zur fahrlässigen Mittäterschaft, GA 2009, S. 272f.

想定していた場合，その申し合わせは，たしかに相当な予防措置なしに木を落下させることとは関係するが，そのことから生じ得るであろう事故とは関係しない。危険な計画について申し合わせることはできるが，結果の中に危険が実現することについて申し合わせることはできない。したがって，「犯罪行為」の「共同」遂行は構成され得ないのであるから，過失犯の場合，ドイツ刑法25条2項の意味での共同正犯への道は閉ざされる[22]。

　バウマン／ヴェーバー／ミッシュは，共同正犯は，行為遂行に対する認識かつ意図された共同の場合に限り可能であり，それゆえ構成要件の充足が了知されること，および意図されることを要求するものであると説く。この見解においては，構成要件の充足を了知せず，少なくとも意図しないことは，過失行為の遂行にも当てはまるとされ，過失行為の場合，共同正犯は一般的には排除される。そして，同時犯が，過失犯の場合に不可能な共同正犯の代わりになるとされる[23]。

　それでは，否定説において，同時犯を過失犯の共同正犯に代替させることの論拠は，どのように説明されるのであろうか。シルトは，過失犯において共同正犯が必要か否かは疑わしく，2人（または複数）の者が構成要件に該当する結果を引き起こす場合，各人は，自分に妥当する注意義務を侵害する限りで，その固有の態度について責任を負うとする。その際，かかる注意義務の内容が他の行為者の態度にも関係するか否か，および，いつ関係するかが問題にされるべきであるとしている[24]。しかし，注意義務の内容が他の行為者の態度に関係することが何を意味するのかは，必ずしも明らかでない。シルトは，過失犯における共同正犯の必要性を疑わしいとはしているが，それが論理的に成り立ち得る可能性を完全には否定していないようにも思われるし，一般に，他の行為者の態度は，単独正犯たる同時犯の成否に影響を及ぼさないはずであるから，注意義務の内容が他の行為者の態度に関係する場合には，同時犯ではなく，共同正犯が成立する余地を認めているとも解される。

　否定説に立脚しつつ，一定の場合には，過失犯の共同正犯が成立すること

---

[22]　Gropp, a.a.O.［Anm. 21］, S. 273.

[23]　Baumann/Weber/Mitsch, Strafrecht Allgemeiner Teil, 11. Aufl., 2003, S. 691.

[24]　Schild, Nomos Kommentar Strafgesetzbuch, Bd. 1, 4. Aufl., 2013, S. 1151.

第2節　過失犯の共同正犯　*197*

を明白に認める立場もある。とりわけ，バウマン／ヴェーバー／ミッシュの見解が注目される。その見解によれば，団体的決定における因果関係の問題を克服するために，注意に違反した行為計画の共同実行，たとえば健康に損害を与える製品の流通が問題となる場合には，過失犯の共同正犯の肯定が推奨される。したがって，検査義務の意識的な無視による故意の義務侵害の事例や，消費者のもとでの健康上の損害であって，関与者らがその不発生を信じ込んだことを非難できるような過失の結果惹起（ドイツ刑法229条（過失による身体傷害））の事例では，過失犯の共同正犯が検討され得る。この帰結は，結果的加重犯（ドイツ刑法18条）の場合に，加重結果に関しては過失の要素が見られるにもかかわらず，それが共同正犯で遂行され得ることを援用したものである[25]。

　このように，否定説の内部においても，一定の場合には過失犯の共同正犯を認める見解が出現している。たとえば落石事件のように，複数の共同者の過失による共同実行から結果が発生した際に，共同者のうちの1人の行為が結果を発生させたことは間違いないが，それが誰の行為であるかという事実関係，言い換えると各共同者の個別の行為と結果との因果関係を特定できない場合，そのことを理由にして条件関係または帰属を否定するのは不当であると一般に感じられるから[26]，全面的に過失犯の共同正犯を否定する立場に固執し続けることはできないと考えられる。

　否定説の背景には，要するに，故意犯の正犯の基準は，過失犯の正犯ないし共同正犯を決定づけるのには適していないという考え方が存在するのであろう。この考え方は，結果犯の場合，過失の犯罪的態度は，故意領域で共同正犯を構成する，犯罪結果に向けられた生起の分業的コントロールによっては特徴づけられない，ということを確認したものである。しかし，それは自明のことである。そこからは，単に，結果を目指した生起の目的的コントロールという故意の要素が過失犯には欠けており，それゆえ過失犯の場合，正犯性が故意犯の基準によっては決定づけられないということ，ないし過失犯の共同正犯は，故意犯の共同正犯とは異なる基準に従って決定づけられるべき

---

[25]　Baumann/Weber/Mitsch, a.a.O.［Anm. 23］, S. 691f.

[26]　Vgl. Roxin, Leipziger Kommentar, 11. Aufl., 1993, §25 Rn. 221.

198　第8章　過失犯に対する共犯

であるということしか明らかにならない[27]。

　否定説が共同正犯の連帯的帰属のために共同の犯罪計画を要件とするの
は，レンツィコフスキーによれば，単なる先決問題要求の虚偽（petitio princi-
pii）である。重要な事例の全てを同時犯の概念で把握できるとの考え方は，
あまりにも楽観的すぎるとして批判される。共同の犯罪計画の要件が欠ける
場合に，過失犯の共同正犯を否定し，それに代えて同時犯を成立させようと
する基礎づけの脆弱性は，落石事件において露見する。共同行為の申し合わ
せは，共同正犯の典型的なメルクマールである。それにもかかわらず，共同
の行為計画で因果関係を支えることはできない。ドイツ刑法30条（関与の未
遂）2項が示すように，不法な協定の締結は，まだ共同正犯による構成要件の
実現ではない。そう解するのでなければ，犯罪の申し合わせで共同正犯の未
遂が開始することになってしまうからである[28]。故意犯の共同正犯の場合に，
共同の行為決意が構成要件的態度の構成部分でないとすれば，そのことは，
過失犯の共同正犯の場合にも異なるはずがない。また，仮に，落石事件で，
斜面の下に人がいないかどうかをBが不十分にしか確認しないで，Aに誰も
いないと報告し，それをAが信頼したのであれば，漁師の死亡を，Aが信頼
したBの義務に反する不十分な調査へと帰属することができるかもしれな
い。しかし，AとBのどちらが転落させた岩が漁師に致命傷を与えたかは特
定できないのであるから，結局，Bの調査不十分と漁師の死亡との因果関係
は不明なままである。よって，この逃げ道も閉ざされる。さらに，AとBの
両者とも，斜面の下に人がいないかどうかを確認しないで岩を転落させた場
合，どちらの義務違反が結果を惹起したことになるかは不明であるから，や

[27]　Otto, a.a.O.［Anm. 6］, S. 281, Renzikowski, a.a.O.［Anm. 5］, S. 284.

[28]　共同正犯の未遂については争いがあるが，デンカーによれば，本来の意味での行為決意は，行
　為の実行によって初めて生じる。したがって，行為計画は，共同正犯の主観的構成要件メルクマー
　ルではなく，集団の「行為全体」を構成するものである。共同正犯の客観的要件となるのは，認
　められない寄与の拠出である。それで，ドイツ刑法25条2項は，共同計画ではなく，共同「遂行」
　と述べているわけである。Dencker, a.a.O.［Anm. 10］, 1996, S. 21f., 132f.
　　共同正犯の未遂につき，藤吉和史「共同正犯の未遂―シリンクとキューパーの所説をめぐっ
　て―」『明治大学大学院紀要』20集(1)法学篇（昭58年・1983年）213頁以下，阿部力也「共同正
　犯の未遂について―全体的解決説と個別的解決説の展開―」『明治大学短期大学紀要』68号（平
　13年・2001年）27頁以下，および同「行為帰属説と共同正犯の実行の着手時期」三原憲三先生古
　稀祝賀論文集編集委員会編『三原憲三先生古稀祝賀論文集』（平14年・2002年）485頁以下参照。

はり同時犯を成立させることはできない[29]。

過失による単独正犯の観念は，故意による単独正犯も基礎づけられない状況に対しては，必然的に役立たない。たとえば，複数の暗殺者が，申し合わせに従って同時に被害者を狙撃するといった，相加的共同正犯の事例が問題になる。この場合，標的を外す者も，共同正犯による殺人を理由として処罰されるべきである。潜在的に結果を支配する様々な寄与が，失敗のリスクを最小限に抑えるために束ねられるということが集団的帰属の実践的基礎であり，帰属を拡張することが，まさしく共同正犯の規定の目的なのである。もし各関与者にそれ自体として単独で結果を帰属できるのであれば，共同正犯の規定は不要となるはずであり，共同正犯たるべきものは，単独正犯の下位形式，すなわち「多重の個別的正犯」ということになってしまう。このような事例で，過失犯の場合に，「疑わしきは被告人の利益に」（in dubio pro reo）の原則に基づく無罪判決を避けようとするのであれば，過失犯の場合にも共同正犯の帰属を承認することでしか，その目的は達成されないのである[30]。

第2款　肯定説とその検討

いわゆる皮革スプレー事件における連邦通常裁判所の決定は，過失犯の共同正犯をめぐる議論の状況に大きなインパクトを与えた。これは，ある会社が皮革スプレーを製造，販売したところ，その使用が健康上の損害を惹起したとの報告を受けたにもかかわらず，経営者らは，当該製品を回収しないで，販売の継続を会議で決定した，という事案に関わるものである。連邦通常裁判所は，各被告人の罪責は，「刑法上重要な結果が複数の正犯行為者の行為寄与の同時存在によってしか発生しないような事例形態を有罪とすることに一般的に通用する原則」から明らかになるとして，会議の前に生じた健康上の損害については，各被告人が不回収に部分的に寄与しただけであるにもかかわらず，過失による身体傷害を肯定し，会議の後で生じた健康上の損害については，被告人らが共同することによってしか回収を実施し得なかったとの理由で，被告人らを共同正犯による危険な身体傷害で有罪とした[31]。連邦通

---

(29)　Renzikowski, a.a.O. [Anm. 5], S. 284ff.

(30)　Renzikowski, a.a.O. [Anm. 5], S. 286f.

(31)　BGHSt Bd. 37, S. 106, 130f.

常裁判所は，会議後の故意犯たる危険な身体傷害については，明確に共同正犯を成立させたのに対し，会議前の過失による身体傷害については，そう述べていないから，そこでは必ずしも積極的に過失犯の共同正犯の成立が認められているわけではない。しかし，連邦通常裁判所が，過失による身体傷害について，「各被告人が，必要な回収に出なかったことに責任がある」，「各被告人が部分的関与しかしなかったことは何ら重要でない」と述べているのは，実質的に過失犯の共同正犯を肯定したものである，と評価する立場が一般的である[32]。

レンツィコフスキーによれば，過失による身体傷害に基づく経営者らの処罰は，過失による共同正犯の承認を前提とせざるを得ない。なぜならば，故意領域において，もっぱら共同正犯によって罪責が基礎づけられ得るならば，それが過失領域において，（不回収という）客観的に同じ行為寄与のもとで，異なるとされるはずがないからである。そうすると，連邦通常裁判所の決定によって，過失犯の共同正犯が暗黙のうちに承認されたと理解するのが自然である。そこで，ドイツ刑法25条2項を過失犯に適用することの当否が問題となる。過失犯の共同正犯の場合，危険な生起という点で共同行為が可能になる。危険な態度に対して責任を負う者が，過失で引き起こされた法益侵害に対して過失正犯者として負責される。ゆえに，過失犯の共同正犯は，共同の危険創出を必要とすることになる[33]。

ここに過失犯の共同正犯を肯定する手掛かりが見出されるわけであるが，レンツィコフスキーは，その必要性についても，いわゆる選択的共同正犯を例に挙げて論じ，さらにはドイツ民法の損害賠償責任に関わる規律にまで言及する。選択的共同正犯においては，共同で目指される結果は，選択的な行為寄与によって達成されるはずである。たとえば，2人の暗殺者が，狙った被害者が現れるはずの建物のそれぞれ別のバルコニーを標的にする。一方の暗殺者の狙いは無駄であったが，他方の暗殺者は成果を挙げ，狙撃し，命中した。この場合，帰属の実践的基礎は，2人の関与者が，結果の蓋然性が最大化

---

[32]　内田文昭「最近の過失共同正犯論について」『研修』542号（平5年・1993年）32頁。Renzikowski, a.a.O.［Anm. 5］, S.283, Otto, a.a.O.［Anm. 6］, S. 285.

[33]　Renzikowski, a.a.O.［Anm. 5］, S. 283f.

されるほどに，同人らの行為寄与を相互に同調させるという点に存在する。たしかに，どちらの関与者が結果を惹起したかについての疑いは生じない。しかし，過失の場合，結果を自手で引き起こさなかった者は，過失犯の共同正犯の承認のもとでしか，同様にして処罰され得ない。この考え方は，ドイツ民法830条（共同正犯者および関与者）1項によって間接的に裏付けられる。同条項は，選択的共同正犯および相加的共同正犯の事例に関して，因果関係の証明がなくても，犯罪による損害賠償責任が問われることを定めている[34]。各関与者がそれ自体として捉えれば違法に損害を惹起した場合には，それだけでドイツ民法823条（損害賠償義務）に基づく責任が生じ，ドイツ民法830条1項の規定は適用されない[35]。

　それでは，過失犯の共同正犯は，どのような場合に成立するのであろうか。レンツィコフスキーは，以下のように法典の文言から出発して，過失犯の共同正犯の要件を導き出す。ドイツ刑法25条2項の文言は，過失犯の共同正犯の構成と矛盾しない[36]。ドイツ刑法11条（人の概念および物の概念）1項5号の「違法な行為」という法定定義から，故意犯の場合に限り共同正犯が可能であるという解釈は引き出されないし，それは「共同で」という表現からも帰結されない。共同性は，行為の遂行のみに関係する。しかし，過失犯における単独正犯が決して犯罪結果に関係する故意を要件としないのであれば，共同正犯が例外なく犯罪目的の達成への共同の決意を必要とするということにもならないはずである。過失領域における相互的帰属の要件を，故意犯における共同正犯とパラレルに形成することを，もはや何も妨げない。したがって，過失犯の共同正犯は，まず共同の行為計画を要求する。共同行為は，法的に否認された危険の設定であると客観的に表現されるものでなければならない。さらに，共同者は，共同計画に従って企図された寄与をもたらしたので

---

(34)　ただし，民法学の通説によれば，ドイツ民法830条1項の規定は，故意責任の場合に限定して適用されるはずである。Vgl. Wagner, Münchener Kommentar zum Bürgerlichen Gesetzbuch, 7. Aufl., Bd. 6, 2017, S. 2175f., Christina Eberl-Borges, J. von Staudingers Kommentar zum Bürgerlichen Gesetzbuch mit Einführungsgesetz und Nebengesetzen, Neubearbeitung 2012, Buch 2, S. 7.

(35)　Renzikowski, a.a.O.［Anm. 5］, S. 287.

(36)　Dencker, a.a.O.［Anm. 10］, S. 179.

202　第8章　過失犯に対する共犯

なければならない。その場合，それぞれの行為寄与と結果との因果的な結びつきは必要でない。帰属は，各共同者が共同計画の危険性を認識でき，かつ認識しなければならなかった，ということを前提とする[37]。相互的帰属は，共同の行為計画を要求するのであって，共同者全員が同じ危険の表象を持つことは必要でない[38]。

　このような見地からは，たとえば，バイエルン最上級州裁判所で審理された以下の事件において[39]，火遊びをした侵入者は，失火の共同正犯を理由として処罰される。被告人らは，様々なレストランを巡る旅行の後で，もう少し休むために，同人らに馴染みの人の住んでいない週末用別荘へと行った。リビングルームで，被告人らは，数本のマッチに火をつけた。その後，被告人らは，屋階を見て回るためにリビングルームを出た。被告人らが数分後に戻った時，既に絨毯が燃えていた。被告人らは，消火しても無駄であろうと思ったので，その別荘を出て逃げた。その別荘は焼け落ちた。誰がマッチで火を惹起したのかは確定され得なかった。

　バイエルン最上級州裁判所は，ドイツ刑法309条[40]に基づいて被告人らを失火で有罪とし，被告人らのうち誰がマッチに火をつけたかとは無関係に，被告人らが火災防止に対する注意を無視したことに焦点を合わせた。しかし，そのような構成によらなくても，もっと直截に，両被告人を，失火の共同正犯者として把握することができる。なぜならば，マッチに火をつけたことは，共同の行為決意に基づいているからである。共同正犯による負責は，たとえば，屋根の骨組みを撤去する際に，前もって工事現場を封鎖しないで角材を道路に投げ，通行人を負傷させる建設作業員AとBにも当てはまる。このことは，角材をAとBが一緒に取り扱うのか，それとも各人が別々に連続して投げるのかということに左右されない。要するに，関与者全員が共同の行為計画を追求し，その際に，発生した結果について不注意で行為をしたことで十分なのである[41]。

(37)　Dencker, a.a.O. [Anm. 10], S. 177f., Otto, a.a.O. [Anm. 15], S. 49, ders., a.a.O. [Anm. 6], S. 282f.
(38)　Renzikowski, a.a.O. [Anm. 5], S. 288f.
(39)　BayObLG NJW 1990, S. 3032.
(40)　現行ドイツ刑法306d条。
(41)　Renzikowski, a.a.O. [Anm. 5], S. 289f.

レンツィコフスキーの見解と否定説とでは，共同の行為計画の位置づけが異なる。否定説が，端的に言えば，共同の行為計画に結果発生が含まれないことをその論拠とするのに対し，レンツィコフスキーは，共同の行為計画を，客観的要件の前提として要求するのである。

肯定説の内部には，過失犯の共同正犯を純粋に規範的な観点から論証しようとする立場がある。オットーの所説がそうである[42]。オットーは，以下のように論じる。作為犯の場合，正犯性を構成する要素が，法益侵害の中に実現された危険の創出または増加にあるとするならば，法益侵害の要素だけが，共同正犯性の可能性を取り決める。法益侵害の中に実現された共同の危険創出または危険増加が，共同正犯性を基礎づける。故意領域における行為計画に対応して，過失領域では，関与者が，危険創出または危険増加の際に，共同のコントロール可能性の基礎を成す分業的な行動を認識していることが必要である。危険それ自体が認識される必要はないが，法益侵害の中での危険の実現は，関与者にとり予見可能でなければならない。他人との意識的で分業的な共同作業において，認識可能な結果の中に実現された危険を創出または増加する者が，結果に対して共同で責任を負う。これらの者は，共同正犯者として負責される。また，個別的な行為寄与と結果との因果的な結びつきの証明は，故意領域におけるのと同様に必要ではないが，共同で創出された危険または共同で増加された危険が，結果の中に実現したことは必要である。たとえば，複数の者が，注意義務を無視して，一緒に1個の角材を住宅から道路へと投げ，それに第三者が当たって死亡した場合や，複数の者が屋根組を共同で除去する際，交互に複数の角材を道路へと投げ，そのうちの1個の角材に第三者が当たって死亡した場合には，たとえ誰が致命傷となった角材を投げたのかが確定されなくても，過失致死の共同正犯に基づく負責が肯定される[43]。

不作為の領域では，関与者がその回避または減少を法的に義務づけられているところの危険を，回避または減少させない関与者の合意が，共同の危険

---

(42)　オットーの所説は，松宮孝明「ハロー・オットー＜過失の正犯と共犯＞」『立命館法学』237号（平6年・1994年）1140頁以下で紹介されている。

(43)　Otto, a.a.O.［Anm. 6］, S. 282.

創出または危険増加に相当する。たとえば，爆破にあたって，周辺の道路を通行止めにする任務を負うAとBが，誰も道路上に近づかないであろうと確信して，飯場にとどまり，トランプをしようと決める場合，AとBは，危険にさらされた道路上で，爆破された岩の破片に当たった者の死亡に対し，共同正犯者として負責される[44]。

　一定の行動に対する義務を，共同で履行しない保障人たる関与者らの認識は，故意領域における行為計画に対応するものであり，過失領域における不作為による共同正犯にとっての本質的で事実的な要素である。オットーは，危険を回避または減少させないという共同の合意の代わりに，特定の危険の防止または減少に対する共同の法的責任を設定することによって，この事実的な要素を放棄するべきであると主張する。その際，「霧がかかって雨になりそうなある日，機関車と超満員のバスが無人の踏切に近づく。機関車の運転手Lは，法律上の義務に反して，踏切の前で警笛と音響信号を発しなかった。しかし，Lが信号を発していたとしても，バスの運転手Oは，規定に反して側面窓を開けていなかったので，それを聞くことはなかったであろう。」という事例が提示される[45]。この事例において，被害に遭った乗客の死亡に対する関与者らの刑法上の責任が，相互に別々に問題にされる場合，その責任は否定される。たとえLが義務に従って行動したとしても，そのことは事故の生起に影響を及ぼさなかったであろう。Oにも同じことが当てはまる。LとOの共同責任が基礎づけられ，LとOの態度が一体のものであると認められ得る場合に初めて，LとOが義務に従った態度をとっていれば，事故は発生しなかったであろうとの判断が基礎づけられ得る。しかし，LとOには，危険を阻止する措置を講じないという明白な合意も，決定的な合意も存在しなかったのであるから，共同正犯を基礎づける事実的な要素が，この生起には欠けている。そこで，危険な状況において，LとOとの共同責任を準分業的であるとして根拠のあるものと解し，両者を一体のものとして把握するならば，その義務に違反した不作為を理由にして，両者に，結果に対する責任を

---

[44]　Otto, a.a.O.〔Anm. 6〕, S. 283.
[45]　この事例は，実際に起きた交通事故をめぐる裁判の判決（BGH VRS Bd. 5, S. 284.）で認定された事実を，オットーがアレンジしたものである。

第2節　過失犯の共同正犯　*205*

負わせる可能性が開かれる。これは，従来，故意領域には相当するものがなかったような共同正犯の構成である[46]。

オットーは，以下のような事実関係に着目しながら，皮革スプレー事件を分析する。皮革スプレー事件においては，経営者の1人が他の経営者らとの共同でしか回収の権限を与えられていなかったこと，および少なくとも他の経営者らのうち1人は回収に協力しなかったであろうということが確定されたにもかかわらず，皮革スプレーの回収によって防止されたであろう予見可能な身体傷害の結果を，当該経営者に帰属できるか否かが問題とされた。連邦通常裁判所は，当該経営者への身体傷害の結果の帰属を肯定する。経営者らの共同行為が回収を可能にしたであろうという根拠づけは必要でない。たしかに，そうすれば損害の危険は減少したかもしれない。しかし，回収がなされていれば，被害者らがそのことを知らされ，それに応じたであろうと忖度することには，確実性と境を接するほどの蓋然性がない。一般的な経験則によれば，秩序に従って公表される回収も，必ずしも全ての被害者らに知られるわけではないし，必ずしも全ての被害者らが期待通りの態様で反応するとは限らないからである[47]。

このような視点に基づいて，オットーは，連邦通常裁判所が，共同責任の中に，一体的な行為へと各部分的行為を包括する基礎を見出しているとする。連邦通常裁判所は，個別の関与者に，他の関与者の義務に違反した態度を引き合いに出すことを認めない。なぜならば，連邦通常裁判所は，関与者全員の態度を一体のものとして評価するからである。それゆえ，他の関与者の義務に違反した態度を指摘することで，各関与者が責任を免れる可能性は否定される。すなわち，関与者らは，共同正犯として負責される。「大企業で，分業的ではあるが，様々な責任において組織的に行なわれる活動による法益侵害結果に対する負責の可能性が開かれる。＜組織化された無責任＞としての大企業の時代は，終わりに近づいている。」。これがオットーの問題意識である[48]。

---

(46)　Otto, a.a.O.［Anm. 6］, S. 283f.

(47)　Otto, a.a.O.［Anm. 6］, S. 284f.

(48)　Otto, a.a.O.［Anm. 6］, S. 285.

しかし，そのような問題意識から，過失犯の共同正犯を純粋に規範的に根拠づけ，事実的な要素を放棄してしまうのは，行き過ぎたモメンタムであろう[49]。過失犯の共同正犯において，複数の者が共同して義務を履行することによってのみ結果を回避することができたはずであるのに，そうしなかった場合，各人は，たとえ自分が義務を履行したとしても，他の者が義務を履行しなかったのであるから，いずれにせよ結果は発生したはずであり，そうである以上，自分に対する結果の帰属は否定される，との抗弁を主張することはできない。もちろん，この帰結は，共同実行の事実および共同実行の意思という共同正犯の成立要件が各共同者に備わっているからこそ導き出されるものである。他の共同者の義務違反を指摘することで主張される抗弁を排除するために，共同実行の事実および共同実行の意思の存否を十分に検討しないまま，純粋に規範的な根拠だけで共同正犯を成立させるのは，本末を転倒した論理である。皮革スプレー事件においては，各被告人が一定の製品の製造，販売を事実上も共同していたと見ることが不可能であったとは思われないし，その立証が困難であったとも思われない。大規模な共同作業の際の共同不注意の確認は，たしかに容易でない側面を持っているが，そうであるからといって，純粋に規範的な過失犯の共同正犯を認めるのは妥当でない。共同正犯になるか否かの判断は，評価であるには違いないが，事実上の共同を前提とするものである。同時犯にすぎないものまでを「共同正犯」とすることはできないのである[50]。

ロクシンは，義務犯において，同一の義務が，共同の不注意で，構成要件を充足する態様で侵害される場合には，過失による共同正犯も考えられ得るとする。純粋な結果犯である落石事例に関しては，一方の行為者が転落させた岩と漁師の死亡との因果関係も，他方の行為者が転落させた岩と漁師の死亡との因果関係も証明されない場合，不当と感じられる無罪判決を回避するために，過失犯の共同正犯を承認するのは当然であるとしている。その理由

---

[49] 松宮孝明＝川端博「対談＜共犯論の再構築をめざして＞」『現代刑事法』5巻9号（平15年・2003年）〔後に川端博ほか『現代刑法理論の現状と課題』（平17年・2005年）に収録〕303頁参照〔引用頁数は後者による〕。

[50] 内田・前掲注[32] 32頁。

は，個別の行為の因果関係ではなく，共同の行動の因果関係が確実に存在するからである，とされる。一方の行為者が，他方の行為者により創出された危険を「共同設定」する場合，同人は，他方の行為者による岩の転落をも共同惹起したことになるから，それにより引き起こされた死亡結果も同人に帰属され得るというわけである[51]。これは同時犯について共同惹起を認めたものというよりも，過失犯の共同正犯を（義務犯以外でも）認めざるを得なくなった帰結であると解される[52]。

　過失犯の共同正犯において，「不注意を共同しよう」という意思の連絡は不可能であるとしても，「意思の連絡に基づく共同行為」が「全体として不注意であった」という評価を受けることは可能である[53]。わが国で過失犯の共同正犯を肯定するにあたっては，これを行為共同説から基礎づけることができる[54]。行為共同説は，共同正犯の本質を，構成要件的行為の共同に求める。この見地に立脚するならば，共同正犯の成立にとって，相互に他人の行為を利用し，補充し合う意思とその事実があることで十分である。そうすると，これらの要件が過失犯において具備されることもあり得るから，過失犯の共同正犯の余地を認めることができるわけである。レンツィコフスキーのいわゆる選択的共同正犯が，過失犯の領域で出現する事例を考えてみたい。Cを野獣と誤認して，AとBが意思の連絡のもとに，これに向けて発砲したところ，Aの弾丸だけが命中してCを死亡させた場合，Cを野獣と誤認した点に過失があり，AとBが共同して発砲した行為は，まさしく過失致死罪の構成要件的行為である。その行為が共同して実行された以上，過失致死罪の共同正犯が成立する[55]。

　もっとも，過失犯の共同正犯は，各共同者の不注意が他の共同者の行為部分にまで及ぶものであることを必要とする。ゆえに，たとえば20人が共同射

---

(51)　Roxin, a.a.O.［Anm. 26］, §25 Rn. 221.

(52)　内田・前掲注(32) 35 頁。

(53)　内田・前掲注(32) 24 頁。

(54)　わが国における過失犯の共同正犯をめぐる議論の状況につき，土本武司「過失犯と共犯」阿部純二＝板倉宏＝内田文昭＝香川達夫＝川端博＝曽根威彦編『刑法基本講座第4巻』（平4年・1992年）138 頁以下参照。

(55)　川端博『刑法総論講義』第3版（平25年・2013年）561 頁。

撃練習を行なった際，たった1人の不注意な射撃で通行人を死亡させた場合には，過失致死罪の共同正犯の成立は否定される。これに対し，その1人の行為部分にまで，他の19人も注意を払わなければならなかった場合には，過失致死罪の共同正犯が成立し得る[56]。また，AとBが屋根の骨組みを撤去する際に，前もって工事現場を封鎖しないで角材を道路に投げ，通行人を負傷させた場合，AとBには，通行人の安全を守るべき共同の注意義務が課されており，それは各自が単に自己の行為に注意を払うことだけでなく，他の共同者の行為についても気を配り，相互に安全を確認し合うことをも要求するものであるから，その点で共同の注意義務違反が認められ，過失致傷罪の共同正犯が成立する[57]。

第3節　過失犯に対する狭義の共犯

現行ドイツ刑法は，故意で遂行される違法な行為へと，故意で他人を衝き動かした場合や，そのような他人の行為を，故意で助力した場合にしか，教唆犯（ドイツ刑法26条）や従犯（ドイツ刑法27条）の成立を認めていないから，ドイツでは，過失犯に対する狭義の共犯だけでなく，過失による狭義の共犯も問題にならない。しかし，現行の規定が設けられる以前の刑法改正作業の過程では，主として教唆犯の成立にとって，正犯行為が故意行為であることを要するか否かをめぐって，故意行為でなくてもよいとする立場と，故意行為でなければならないとする立場が対立していた[58]。前者の立場は故意不要説と表象説に分類され，後者の立場は故意必要説と称され得る[59]。この対立は，現行ドイツ刑法が故意必要説を採用することで決着したわけであるが，そこに至るまでに展開された論争は，わが刑法のもとで，過失犯に対する狭義の共犯の当否を検討するにあたっても，参考になると思われる。

---

[56]　内田・前掲注(32) 35-6頁。

[57]　川端・前掲注(55) 561-2頁。

[58]　高橋則夫『共犯体系と共犯理論』（昭63年・1988年）192頁以下。

[59]　表象説以外の2つの説は，高橋・前掲注(58)では，「非故意説」，「故意説」と呼ばれているが，本章では，特に違法性の認識に関する故意説との混同を避けるため，これらの2つの説を，差し当たり「故意不要説」，「故意必要説」と呼ぶことにしたい。

第1款　故意不要説とその検討

ドイツ連邦通常裁判所は，かつて故意不要説に立脚していた。非故意行為に対する共犯の成立は，たとえば以下のような事案で認められた。問題となったのは，医師である被告人が，かつて妻が最初の婚約者との子を窒息死させたと白状した，と主張することによって離婚訴訟を維持しようと考え，妻の治療を担当していた女性医師に，妻の診断について報告するよう書面で求め，女性医師は，被告人と妻の関係への言及がなく，厳格で節度ある書面の内容と形式から，それは治療した患者の照会であると信じ，医師の慣行に従って，依頼された情報を与えた，という事案である。裁判では，被告人に秘密漏示罪の教唆犯が成立するか否かが争われた。これについて連邦通常裁判所は，以下のような判断を示した。すなわち，1943年5月29日の施行命令と結びつけられた同日の刑法調整命令により，それまで支配的であった，被教唆者の有責性が欠ける場合，教唆は，正犯行為の欠如を理由として排除されるとの原則が放棄された。新しい教唆の規定によれば，ある1つの行為に複数の者が関与する場合，各人は，他人の有責性とは無関係に，自身の有責性に応じて処罰されるはずである。教唆者の処罰は，もはや正犯行為者の有責性を前提にはしない。立法者は，有責性の概念を，故意および過失の上位概念として理解したのである。違法な態度の惹起が教唆の本質を成すとすれば，どのような表象および意思方向に基づいて被教唆者が行為をしたかは，概念上，取るに足りないことである。正犯行為は故意で遂行されなければならないとの考え方は，現行法と整合しない。本件において，被告人は，女性医師により開示された職務上の秘密を，間接正犯として，自分自身では開示することができない。これに対し，正犯性にとって要件とされる特別な人的資質または関係の欠如は，教唆を理由とした処罰を阻害しない，として職務上の秘密の侵害に対する教唆を認めたのである[60]。

　非故意行為に対する幇助を認めた判決もある。たとえば，スクラップ卸商の従業員である被告人が，会社のために，盗品の屑鉄を買い付けたが，事業主は，そのことを知らなかったので，故意によらず犯罪隠匿を行なったこと

---

[60] BGHSt Bd. 4, S. 355ff.

になるという事案に関して，連邦通常裁判所は，正犯者が，法律上の構成要件メルクマールの不知ゆえ，故意では行為をしなかったことは，犯罪隠匿に対する幇助を理由とした有罪判決を妨げるものではないと判示したのである[61]。

　故意不要説は，わが国でも主張されている。高橋教授は，正犯が故意行為をするものと誤信して教唆したところ，正犯は過失行為をしたという「正犯の故意に関する錯誤」の事例を念頭に，非故意行為に対する共犯の問題を解決するにあたって，共犯の構造および違法性の本質からアプローチされる。高橋教授によれば，共犯における結果は，第1中間結果たる正犯意思，第2中間結果たる正犯実行および最終結果たる正犯結果に区別され，これらが完全に発生して初めて共犯の既遂が成立する。非故意行為に対する共犯が問題となる場合，第1に，故意は発生していないが，故意とは区別された意味での行為意思は発生しているから，正犯意思が認められる。第2に，故意の正犯行為は実行されていないが，たとえばAがBにXを殺害させるつもりで「撃て」と呼びかけたところ，BはXを野獣だと思って狙撃し，死亡させたという事例を考えてみると，客観的には，共犯が意図した実行行為が発生している。第3に，最終結果たる正犯結果は，完全に発生している。そこで，高橋教授は，このような構造を有する事態にも，共犯の成立要件が充足されるか否かを，以下のように実行行為と違法性の本質に遡って検討される。違法性は行為無価値と結果無価値の両方によって構成される。行為無価値の内容は，主観的行為無価値および客観的行為無価値に区別される。主観的行為無価値は故意と過失であり，客観的行為無価値は故意行為と過失行為である。これに対し，結果無価値の内容は，法益侵害とその危険である。そうすると，非故意行為に対する共犯の問題は，共犯不法と正犯の行為無価値との関係に集約することができる。共犯が間接的な法益侵害，すなわち構成要件に該当する違法な結果を志向し，惹起するものであるということは，惹起説からの必然的帰結である。この立場から出発するならば，共犯自身が構成要件に該当する法益侵害を教唆または幇助という行為態様で志向し，惹起したか否か，

---

[61]　BGHSt Bd. 5, S. 47.

およびその程度のみが重要である。共犯の不法内容に関しては，客観的行為無価値が教唆行為または幇助行為であることに問題はなく，共犯の主観的行為無価値は，構成要件に該当する法益侵害の惹起を志向すれば足りる。したがって，共犯不法は，故意（行為），過失（行為）といった正犯の行為無価値には左右されない。共犯の成立にとって，正犯行為は，結果無価値を有するものであればよく，それゆえ客観的に違法な行為であれば足りる。このようにして，高橋教授の見解においては，正犯が故意であることは共犯成立の要件とされず，非故意行為に対する共犯も肯定される[62]。

　故意不要説に対しては，主として過失犯に対する教唆の問題に関わる批判を加えることができる。故意不要説に従うと，過失犯に対する教唆も肯定されることになるが，その帰結は，教唆犯の要件を緩和させるのでなければ導くことができない。すなわち，被教唆者の犯罪的意思の惹起という要件を放棄し，何らかの行為をする意思の惹起で足りるとしなければならないのである。しかし，それは教唆犯規定の文言に合致しない。「教唆」という概念それ自体が，日常用語としては「犯罪の惹起」という要素を含んでいる。たとえば，適法行為の意思を生じさせることを「教唆」とは言わない。教唆犯の要件を緩和することは，拡張解釈の限界を超えるものである[63]。さらに，そのような教唆犯の要件の緩和は，処罰範囲を無限定に拡大することにもつながる。たとえば，真正身分犯において，非身分者が，故意のない身分者の不注意な行為を利用して犯罪を実行させた場合，一般的に，背後者を間接正犯として捉えるならば，身分を欠くので不処罰とすることになるが，過失犯に対する教唆として捉えるならば，教唆犯としての処罰を肯定しなければならないことになる。また，自手犯の場合，通常は，身分の有無にかかわらず，間接正犯の態様による実行が不可能とされているから，故意のない行為を実行させた背後者も不可罰とされるのに対し，非故意者に対する教唆犯の成立を認めると，ここでも教唆犯が成立し得ることになる[64]。

---

[62]　高橋・前掲注[58] 204 頁以下。

[63]　井田良「故意なき者に対する教唆犯は成立し得るか」『慶應義塾大学法学部法律学科開設百年記念論文集法律学科篇』（平 2 年・1990 年）478 頁。

[64]　井田・前掲注[63] 480 頁。

第2款　表象説とその検討

　表象説は，正犯が実際に故意で行為をすることは必要でなく，共犯は，正犯が故意で行為をすると表象していれば十分であるとする[65]。表象説からは，そのような表象があれば，非故意行為に対する共犯も可能とされることになる。

　しかし，現行ドイツ刑法のもとでは，表象説を維持することは困難である。ロクシンは，共犯が故意による正犯行為を要件とする以上，（正犯の故意の錯誤の場合，）実際に存在しない故意の錯誤による承認では十分でないから，もはや共犯の処罰は可能でないとしている。ロクシンは，改正の経緯を踏まえて，以下のようにも指摘する。法律の一義的な文言に反する特別な解釈可能性は留保されていない。法律の簡素化のために，（正犯に備わるべき）故意の要件によって，きわめて大きな可罰性の間隙を，そうなると完全に分かって空けた後でも，これを我慢しようとするのは当然である。いずれにせよ，ドイツ刑法26条，27条の文言は，正犯行為者のもとで，構成要件的故意の要件を放棄することについて，何らの余地も認めない。共犯処罰を可能とする解釈論上の唯一の方法は，ドイツ刑法26条，27条の類推解釈かもしれない。そして，そのような類推は，目的論的に必要とされるのかもしれない。しかし，共犯の場合，構成要件上の刑罰拡張事由が問題となるのであり，類推の禁止は，法律上は把握されない事例へと，あらゆる処罰を拡大する可能性を閉ざしている。したがって，不満足な結論で妥協しなければならない。たしかに，そのような妥協は，ドイツ刑法26条，27条において，故意による正犯という強固な要件を放棄すれば，簡単に避けられ得るかもしれない。しかし，正統とされるのは，立法者の自由気ままな「一筆」に従った改正の要望だけであり，現行法に対する服従の義務から，私たちが解放されることはない[66]。

第3款　故意必要説とその検討

　共犯が成立するためには，正犯が故意でなければならないとするのが故意

---

[65]　Dahm, Über das Verhältnis von Täterschaft und Teilnahme, NJW 1949, S. 809ff., Sax, Der Begriff der "strafbaren Handlung" im Hehlereitatbestand (§259 StGB), MDR 1954, S. 65ff., Schöneborn, Kombiniertes Teilnahme- und Einheitstätersystem für das Strafrecht, ZStW, Bd. 87, 1975, S. 902ff. usw.

[66]　Roxin, Täterschaft und Tatherrschaft, 8. Aufl., 2006, S. 556ff.

必要説であり，現行ドイツ刑法 26 条，27 条は，このことを明文で規定した。
当然，判例も故意必要説に従う。たとえば，麻薬中毒患者の被告人が，腎臓
の不調を装うこと等により，医師や薬剤師から多量の薬物を繰り返し入手し，
もっぱら自分の病的欲求を充足するために使用したことにつき，不正な処方
箋を作成する罪の教唆犯に問われたという事案に関して，連邦通常裁判所は，
以下のように判示した。すなわち，連邦通常裁判所は，他人を刑罰で威嚇さ
れた行為へと故意で衝き動かした者が教唆者であり，他人を衝き動かすとい
うのは，可罰的行為を遂行する決意を引き起こすことにほかならない。それ
は故意の行為者に対してのみ可能である。正犯行為者は，故意で行為をする
のでなければならない。教唆は惹起を含むが，惹起が教唆の本質を形成する
わけではない。むしろ，教唆の本質は，それ以上に正犯に行為決意を引き起
こすことを要求するとともに，正犯の意思決定に従属することを要求する，
と述べて故意必要説の立場を鮮明にしたのである[67]。

　学説も故意必要説に従っているが，その中には，非故意行為に対する教唆
が問題となるような場合，間接正犯が成立する余地を認める見解がある[68]。
シェンケ／シュレーダーは，過失領域では教唆および幇助は原理的に可能で
なく，他人の過失に対する故意による関与（教唆および幇助）は，初めから排除
されなければならないとした上で，ドイツ刑法 26 条，27 条は，故意による正
犯行為を要件とするのであるから，（それが欠ける場合，背後者には）いずれにせ
よ故意による間接正犯が考えられると述べている[69]。

　わが国には，主として教唆犯に関して，違法範囲の限定と明確化という観
点から，故意必要説を根拠づけようとする見解がある。井田教授によれば，
非故意行為に対する教唆の場合，他人を介して因果的に一定の結果を惹起し
ただけで，共犯として処罰することが許されるか否かが重要であるから，犯
意の喚起を教唆犯の要件とする論拠として考えられるのは，行為態様，特に
主観面を考慮することによる違法範囲の限定と明確化ということである。そ

---

[67]　BGHSt Bd. 9, S. 370ff.
[68]　なお，ドイツでは，過失犯の間接正犯の当否それ自体も争われている。第 9 章第 3 節参照。
[69]　Schönke/Schröder [Heine], a.a.O. [Anm. 9], S. 498, Schönke/Schröder [Heine/Weißer], a.a.O.
　　[Anm. 7], S. 511f.

214　第8章　過失犯に対する共犯

こで，井田教授は，ドイツで，教唆不法の要件としての一定の犯意の惹起という要素を強調し，故意および過失を違法要素と解した上で，教唆犯の要件として犯意の惹起を要求し，違法範囲を特に違法性の強い場合に限定するべきとしたヴェルツェルの見解を援用されつつ[70]，正犯行為を故意行為に限定することによって，教唆不法の範囲を限定し，明確化するべきことを主張されるのである[71]。この見解によっても，背後者には間接正犯が成立し得ることになる。違法範囲の限定と明確化という観点は，わが刑法の教唆犯規定を解釈するにあたって重要なものとなる。

　そもそも，わが刑法61条における教唆とは，他人に犯罪を実行する決意を生じさせることを言うのであるから，そのような決意のない過失犯に対して，およそ教唆犯が成り立つとは考えられない。過失犯に対する教唆は，背後者の利用行為に直接的な規範違反が存するか否かを検討した上で，他人の過失行為を利用した間接正犯として把握されるべきである。

　わが国の下級審判例にも，過失犯に対する教唆を否定し，間接正犯の余地を指摘したものがある。すなわち，規定量を超えるメタノールを含有する焼酎を製造したＡが，事情を知らないＢにその売却を依頼し，Ｂは含有量を確認するべき注意義務を怠ってこれを販売したという事案に関して，東京高等裁判所は，「教唆とは他人をして犯意を起こさせることを要素とする行為であるから過失犯に対する教唆という観念はこれを認める余地がない」と述べて，Ａにつき，Ｂの有毒飲食物等取締令違反の罪に対する教唆犯の成立を否定するとともに，もしＡがＢの過失行為を利用して，当該焼酎を販売する意思を有していたのであれば，間接正犯が成立するが，そのようなＡの意思も立証されていないとして，Ａに無罪を言い渡したのである[72]。

第4款　過失犯に対する教唆と過失犯に対する幇助との異なった処理

　ここまでの検討から，過失犯に対する教唆については，これを否定するべきことが明らかである。それでは，過失犯に対する幇助は認められないので

---

[70]　Vgl. Welzel, Anmerkung zu BGH, Urteil v.1.10.1953, JZ 1953, S. 762ff., ders., Anmerkung zu BGH, Urteil v.22.10.1953, JZ 1954, S. 127ff., ders., Teilnahme an unvorsätzlichen Handlungen?, JZ 1954, S. 429f.

[71]　井田・前掲注(63)494-5頁。

[72]　東京高判昭和26年11月7日高刑判特25号31頁。

あろうか。この点，わが刑法が，教唆犯と従犯とで法定刑に決定的な差を設けていることが注目される。すなわち，教唆犯には正犯の刑が科されるのに対し，従犯の刑は必要的に減軽されることになっているのである。このような法定刑の差は，教唆と幇助との反価値的な性格の差を反映したものであると考えられる[73]。そうすると，過失犯に対する狭義の共犯の問題を処理するにあたっても，過失犯に対する教唆と過失犯に対する幇助とを一律に同等に扱う必要はないわけである。

　過失犯の場合，たしかに正犯には犯罪を実行する決意がないのであるから，それを誘発することも考えられず，およそ過失犯に対する教唆というものを観念することはできない。しかし，正犯の注意義務に違反した行為を認識しながら，結果の発生を容易にすることは可能であると思われる。たとえば，居眠り運転をしている自動車の運転手Ａを，同乗者Ｂが，危険であると感じながら放置していたところ，Ａが通行人を跳ね飛ばして負傷させたという事例において，事故を予見しながら注意を与えずにいたＢは，Ａの過失運転致傷（自動車の運転により人を死傷させる行為等の処罰に関する法律5条）に対する，少なくとも未必的故意に基づく従犯となる。正犯の過失行為を外部から容易にすることは，物理的にも精神的にも可能なのである[74]。

第4節　結　　論

　過失犯の共同正犯は，肯定される。過失犯の共同正犯において，「不注意を共同しよう」という意思の連絡は不可能であるとしても，「意思の連絡に基づく共同行為」が「全体として不注意であった」という評価を受けることは可能である。わが国で過失犯の共同正犯を肯定するにあたっては，これを行為共同説から基礎づけることができる。行為共同説は，共同正犯の本質を，構成要件的行為の共同に求める。この見地に立脚するならば，共同正犯の成立にとって，相互に他人の行為を利用し，補充し合う意思とその事実があることで十分である。そうすると，これらの要件が過失犯において具備されるこ

---

[73]　第6章第4節参照。

[74]　川端・前掲注[55] 602-3頁。

ともあり得るから，過失犯の共同正犯の余地を認めることができるわけである。

　もっとも，ドイツの肯定説の中には，過失犯の共同正犯を純粋に規範的に根拠づけ，事実的な要素を放棄する見解があるが，これは妥当でない。過失犯の共同正犯が成立するか否かの判断は，評価であるには違いないが，事実上の共同を前提としなければならないからである。

　過失犯に対する教唆は，否定される。他人に犯罪を実行する決意を生じさせることが教唆の本質であるところ，過失犯の場合，正犯には犯罪を実行する決意がないのであるから，それを誘発することも考えられず，およそ過失犯に対する教唆というものを観念することはできない。過失犯に対する教唆は，背後者の利用行為に直接的な規範違反が認められる限りで，他人の過失行為を利用した間接正犯として把握されるべきである。

　過失犯に対する幇助は，肯定される。わが刑法においては，教唆犯に正犯の刑が科されるのに対し，従犯の刑は必要的に減軽されることになっている。このような法定刑の差は，教唆と幇助との反価値的な性格の差を反映したものであると考えられるから，過失犯に対する狭義の共犯の問題を処理するにあたっても，過失犯に対する教唆と過失犯に対する幇助とを一律に同等に扱う必要はない。正犯の注意義務に違反した行為を認識しながら，結果の発生を容易にすることはできるし，正犯の過失行為を外部から容易にすることは，物理的にも精神的にも可能である。

　かかる検討を通して，本章は以下のような結論に到達した。第1に，過失犯の共同正犯については，肯定説を妥当な見解として支持する。第2に，過失犯に対する教唆の場合に限り，故意必要説を妥当な見解として支持する。したがって，過失犯に対する教唆を否定する。および第3に，過失犯に対する幇助を肯定する。

　監督過失それ自体の問題については，今後さらに研究を深めることにしたい。

第9章

過失による共犯

第1節　本章の目的

　過失犯と共犯の問題は，近時，監督過失に関する議論が先鋭化するにつれ，その根本にある問題として，より一層の注目を集めている。ドイツでは，いわゆる皮革スプレー事件をめぐる連邦通常裁判所の決定[1]が学説に大きなインパクトを与えたことを1つの契機として，とりわけ客観的帰属論に基盤を持つ答責原理の見地から，過失犯と共犯の問題が論じられている。ドイツ刑法は，狭義の共犯の場合，明文で，正犯と共犯の双方に故意があることを教唆犯（ドイツ刑法26条）および幇助犯（ドイツ刑法27条）の成立要件としているから，ドイツでは，過失犯に対する狭義の共犯も，過失による狭義の共犯も，初めから問題にならない。そこで，過失犯の領域で，他人を介して法益を侵害する背後者に，客観的帰属の観点から，発生した結果を正犯として負責することができるか否かが論じられるわけである。当該背後者は，可罰的な共犯となる余地がない以上，正犯として負責されるのでなければ，不可罰的な関与者となるにすぎない。したがって，過失犯の領域では，どのような視点から正犯の成立範囲を確定するかが決定的な意味を持つことになる。拡張的正犯者概念ないし統一的正犯者概念と制限的正犯者概念の対立を，このコンテクストで把握することもできるわけである[2]。ここでは，直接的に結果を惹起した他人との同時犯としての過失犯，過失犯の共同正犯および過失犯の間接正犯の成否が問題となる。

　これに対し，わが刑法においては，少なくとも明文では，正犯の故意およ

---

(1) BGHSt Bd. 37, S. 106.

(2) 拡張的正犯者概念ないし統一的正犯者概念は，間接正犯だけでなく，過失犯の問題からも生じてきたものであると指摘される。松宮孝明＝川端博「対談＜共犯論の再構築をめざして＞」『現代刑事法』5巻9号（平15年・2003年）［後に川端博ほか『現代刑法理論の現状と課題』（平17年・2005年）に収録］294頁［引用頁数は後者による］。

218　第9章　過失による共犯

び共犯の故意のいずれも，教唆犯および幇助犯の成立要件として求められて
いないから，過失犯に対する狭義の共犯および過失による狭義の共犯を現行
法のもとで承認することができるか否かが争われ，その解決は，もっぱら解
釈に委ねられる。この点に関する限り，たしかにドイツとは状況が異なるが，
たとえば共同正犯については，わが刑法もドイツ刑法も，決して，明文で，
それが故意犯の場合に限定されるとは規定していないから，過失犯の共同正
犯の当否が解釈によって帰結されなければならないという点で，わが国とド
イツの状況は共通する側面を持つと考えられるし，また，わが国の通説によ
れば，他人の過失行為を利用して法益を侵害する背後の教唆者は間接正犯に
なり得るとされるから，過失犯に対する教唆の問題を検討するにあたっても，
ドイツで深化された過失犯の間接正犯の議論を役立てることができる。いず
れにせよ，過失犯と共犯をめぐって，ドイツで展開されてきた論争は，わが
国の学説にも有益な示唆を与えるものと考えられる。

　過失犯と共犯の問題は，過失犯の共同正犯，過失犯に対する狭義の共犯お
よび過失による狭義の共犯の問題に分類され得る[3]。さらに，過失犯の間接
正犯の問題も，ここで扱われることが多い。本章は，過失犯と共犯の問題を
めぐるドイツの学説に検討を加え，主として過失犯と共犯の問題のうち過失
による狭義の共犯の問題の解決に役立てることを目的とする。また，過失犯
の間接正犯の問題についても，比較的新しいドイツの見解を挙げて，簡潔に
触れることにしたい[4]。

第2節　学説の状況

第1款　拡張的正犯者概念ないし統一的正犯者概念

　ドイツの通説は，過失犯に関しては拡張的正犯者概念ないし統一的正犯者

---

(3)　過失犯に対する過失による狭義の共犯も問題となり得るが，過失犯に対する狭義の共犯および
　　過失による狭義の共犯の問題について，仮にその一方でも否定されると，それだけで過失犯に対
　　する過失による狭義の共犯も否定されることになるから，これに改めて検討を加える必要はなく
　　なる。したがって，過失犯に対する狭義の共犯および過失による狭義の共犯の問題のほうに，先
　　に決着をつけなければならない。
(4)　過失犯の共同正犯および過失犯に対する狭義の共犯の問題については，第8章で検討を加えた。

概念が妥当するとしている。イェックスは，教唆と幇助が特別な行動メルクマールまたは義務違反メルクマールによっては構成要件から切り離されない限りで，過失犯には統一的正犯者概念が妥当すると説く。過失犯の場合，正犯性を故意犯の場合と同じように制限するべきか否か，および正犯と共犯が区別されるべきか否かが争われる。通説は，統一的正犯者概念に従い，正犯と共犯を区別しない[5]。イェックスによれば，ドイツ刑法222条（過失致死），229条（過失による身体傷害）のような過失構成要件は，それらが単なる教唆行為および幇助行為をも包括し得るほどに広く表現されているから，注意に違反して他人を注意に違反する犯罪行為へと誘因したり，それどころか他人の故意行為を引き起こしたりする者も，過失の正犯行為者となり得るはずであるとされる。故意が欠如するゆえ，教唆または幇助を理由とした可罰性は考えられない。したがって，背後者の可罰性は，その正犯性に関してのみ基礎づけられ得る。この場合，背後者への帰属は，過失犯に関して展開された規律に基づいて，答責原理および遡及禁止の理論のもとで行われる[6]。

　イェックスは，制限的正犯者概念については，それが部分的には可罰性の拡大に作用し，部分的には可罰性の限定に作用するものであると指摘する。制限的正犯者概念によれば，3つの正犯形式のうち，構成要件的結果を直接かつ単独で惹起する者だけが正犯行為者となり，単に他人との共同で，または間接的に結果を引き起こす者は，惹起された結果に対して初めから答責的となるわけではない。過失犯の場合，ドイツ刑法25条（正犯）1項[7]および同条2項[8]で初めて正犯行為者の可罰性の拡大が行なわれ，ドイツ刑法26条（教唆），27条（幇助）は故意犯に限定して適用されるというわけである。イェックスは，ここでは，故意犯の結果を過失で（共同）惹起することが，遡及禁止ゆえ刑法上の負責につながらないのか否か，または統一的正犯者概念を背景に

---

(5) Frisch, Tatbestandsmäßiges Verhalten und Zurechnung des Erfolgs, 1988, S. 303f., Erb, Zurechnung von Erfolgen im Strafrecht, JuS 1994, S. 453f.

(6) Joecks, Münchener Kommentar zum Strafgesetzbuch, Bd. 1, 3. Aufl., 2017, S. 1303f.

(7) ドイツ刑法25条1項は，次のように定める。「犯罪行為を自分自身で，または他人を通して遂行する者は，正犯として処罰される。」

(8) ドイツ刑法25条2項は，次のように定める。「複数の者が犯罪行為を共同して遂行する場合，各人が正犯として処罰される（共同正犯）。」

220　第9章　過失による共犯

して，いわゆる過失による共犯が過失犯（の正犯）として処罰され得るのか否かという問題が重要であるとしている[9]。

　ロクシンも，刑法典は，過失犯の場合，正犯と共犯の区別を通常は認めていないとする。ロクシンによれば，行為支配や正犯者意思といった区別づけのメルクマールは，きわめて多くの認識なき過失の場合，行為者の表象と結果との連関が存在しないのであるから，初めから考えられない。認識ある過失の場合，そのような区別は，たしかに必要な変更を加えれば可能となるかもしれない[10]。しかし，立法者は認識ある過失と認識なき過失を同等に扱うのであるから，認識ある過失か，それとも認識なき過失かということは，過失構成要件の充足にとって重要でないとされる[11]。

　過失犯の領域では正犯と共犯の区別が基本的に認められないという前提から出発する場合，故意犯に対して過失で関与した背後者も，基本的には正犯としてしか結果の帰属を問われ得ないことになる。ロクシンによれば，過失による共犯は，特に非故意行為と結果との間に他人の故意による犯罪遂行が存在する場合にも考えられない。たとえば，Aが装填済みの拳銃を不注意で一般客室に置き忘れ，その後，Bが故意でCを射殺する場合，Aの不処罰は，過失による共犯の例外ということで根拠づけられ得るわけではない。このような見地からは，Aは故意で行為をした場合であれば，Bの幇助者となるが，過失しかない場合には（不処罰的な）共犯者となり得るにすぎないとする議論は，正犯と共犯が，故意による行為と過失による行為の場合に，同じ観点によって区別され得る，との誤った前提に基づくものであるとして批判される。故意による行為の場合に，過失による第1の惹起への還元を排除しようとする場合，そのような遡及禁止は，過失による正犯に対する帰属（背後者に対する過失による正犯としての帰属）の問題なのであって，共犯の問題ではないというわけである[12]。

　もっとも，ロクシンは，過失による共犯の可能性を完全に否定しているわ

---

(9)　Joecks, a.a.O.［Anm. 6］, S. 1304.

(10)　Roxin, Täterschaft und Tatherrschaft, 8. Aufl., 2006, S. 552ff.

(11)　Roxin, Leipziger Kommentar, 11. Aufl., 1993, §25 Rn. 217.

(12)　Roxin, a.a.O.［Anm. 11］, §25 Rn. 218.

けではなく，過失犯における正犯性が，部外者には欠けるような特別な要件と結びつけられる例外的な事例においてのみ，過失による共犯について論じることができるとする。ロクシンによれば，特に，きわめて高度に人的な義務犯（不真正自手犯）が，そのような場合に当たる[13]。たとえば，自身で誤って証言する者だけが，ドイツ刑法163条[14]に基づく過失による証言犯を正犯として遂行し得る。自身で証言しなければならないわけではないが，正犯の誤った表象を軽率に強化する者は，過失による共犯として不処罰である。ここには，区別に困難が伴う事例もある。ドイツ刑法315c条（道路交通の危殆化）3項または316条（交通における酩酊）に基づく過失による行為が，自動車の運転手によってしか正犯として遂行され得ないということを承認するのは当然であり，不注意で危険に寄与する部外者は，単なる不処罰的な共犯者である。これに対し，かつてシュレーダーが主張したように，ドイツ刑法315c条の犯罪は，行為者が，酩酊したAに，その酩酊状態を過失で認識しないまま，自分の自動車を運転のために使わせるという態様で遂行され得ると解するのであれば，可罰的な正犯が存在することになるかもしれないが，これは各則の解釈を通して取り扱われる問題である[15]。

　通説に立脚するプッペは，以下のようにして，制限的正犯者概念を過失犯にも通用させる立場を批判し，自己答責原理が過失犯の領域で正犯と共犯を区別することに常に役立つものとは限らないと指摘する。自己答責原理に基づく理論は，損害の経過にとっての原因を，最後の者として設定する者に注

[13]　ロクシンは，当初，過失犯を義務犯として論じていたが，その後，かかる位置づけを変更した。教授資格請求論文『正犯と行為支配』の第2版では過失犯が扱われていたが（Roxin, Täterschaft und Tatherrschaft, 2. Aufl., 1967, S. 527f.），第3版以降，その部分は削除された。ドイツの学説は，ロクシンが義務犯のカテゴリーから過失犯を除外したことを概ね肯定的に理解している。たとえばレンツィコフスキーは，以下のように説明する。道路交通で必要とされる注意は，義務の名宛人を他の法構成員から際立たせる規範的な拘束性を特徴づけるものではない。他人の法益に対する否認された危険を設定することの禁止は，誰にでも当てはまるものであり，故意犯と過失犯の基礎を同じように成すものである。刑法典が，故意および過失による特別義務の侵害を刑罰のもとに置くのか否か，ならびに，どのような範囲で刑罰のもとに置くのかは，そのこととは別の問題である。ここでは，もはや故意犯に対する過失犯の特殊性は問題とならず，通常の犯罪に比べて特殊な正犯者基準を伴う犯罪カテゴリーとして，身分犯を認めるのか否かが問題となる。Renzikowski, Restriktiver Täterbegriff und fahrlässige Beteiligung, 1997, S. 172f.
[14]　同条は現在では廃止されている。
[15]　Roxin, a.a.O. [Anm, 11], §25 Rn. 219.

222　第9章　過失による共犯

意義務を限定する。注意義務違反を取り決めるための，自己答責原理から導き出されるメタ規律は，各人が，原則として，自分の固有の行為によって，後続する他人の助力がなくても，法的に否認された結果が生じることに対してしか答責を負わない，という点にまで進む。したがって，自己答責原理によれば，故意行為の背後への遡及だけでなく，過失行為の背後への遡及も禁止される[16]。間接正犯という例外的な場合に限り，「前面者」(被利用者) の行為が「背後者」(利用者) に帰属されてよい。背後者に対する注意義務違反の根拠づけにあたっては，決して，背後者に前面者の行為を帰属することが問題になるのではなく，損害の経過において背後者が有する分担部分が，同人にとって許されない危険であるのか否かということを後から問うための自然的原因と同じように，前面者の態度を，多くの因果的要因の1つとして損害の経過へと組み込むことだけが問題になる[17]。

　しかし，過失の帰属にあたって，前面者の態度を自然的原因と同じように取り扱うことに反し，自己答責原理の理論は，過失犯の場合にも，正犯と幇助は区別されるべきであり，かつ過失による教唆と幇助は可罰的ではないとする帰結を伴う制限的正犯者概念が適用されるべきであるとのテーゼに向かう。伝統的な理論は，正犯者と共犯者の区別，とりわけ正犯者と幇助者の区別は，意思説および行為支配説によれば，概念上，故意を前提とするものであり，価値的にも，過失領域への共犯理論の適用を正当化し得るような，許されない危険に対する異なる因果的寄与の区別は存在しないから，過失犯には統一的正犯者概念が妥当するとしているが，自己答責原理の理論は，これを破るものである。自己答責原理の理論の説得力は，当該理論が，故意とは無関係な，正犯，教唆および幇助の区別のための記述的基準を示し，それを規範的に正当化することに成功しているか否かに左右される。それらを区別することは，過失による間接正犯という例外を除き，最終者として行為をし，

---

[16]　Schönke/Schröder, Strafgesetzbuch Kommentar, 28. Aufl., 2010, S. 174f. [Lenckner/Eisele], Schönke/Schröder, Strafgesetzbuch Kommentar, 29. Aufl., 2014, S. 180f. [Eisele], Lenckner, Technische Normen und Fahrlassigkeit, Festschrift für Karl Engisch zum 70. Geburtstag, 1969, S. 490, 504.

[17]　Puppe, Nomos Kommentar zum Strafgesetzbuch, Band. 1, 4. Aufl., 2013, S. 542. Vgl. ders., Nomos Kommentar zum Strafgesetzbuch, Band. 1, 3. Aufl., 2010, S. 495.

最も直接的な結果の原因を設定する者（いわゆる前面者）だけが過失による正犯行為者であり，同人が設定した原因によって自身の結果に対する因果性が媒介される者（背後者）は，単なる過失による幇助者であり，それ自体として不処罰であるということに帰着する[18]。この単純で外形的な正犯者と幇助者の区別は，故意犯のための共犯理論には相当するものを持たない。そう解するのでなければ，たとえば恐喝や侮辱の手紙の作成者ではなく，配達者がドイツ刑法253条（恐喝）またはドイツ刑法185条（侮辱）の正犯であるということになってしまう[19]。

　要するに，プッペは，自己答責原理の理論について，順番的に結果に最も近い原因の設定者だけを正犯とし，その背後者を不可罰的な関与者として扱うのは妥当でないと批判するわけである。そして，そのような区別は不法の実体とも合致しないとして，レンツィコフスキーの見解を標的にしながら，さらに続ける。レンツィコフスキー[20]は，最終者だけが法益の担い手の主体的権利を侵害するわけであるから，最終者として行為をする者[21]だけが結果に対する原因を設定する者であるということを論拠づけるために，「個別化される因果概念のための弁明」を考え出す[22]。事情は逆である。複数の関与者は，同人らがある権利を侵害するという理由で結果に対して因果的となるのではなく，同人らが当該権利によって守られた権利の客体の状態を劣化させることに対して因果的となるから，ある権利を侵害したことになるのである。複数の者が，分業的に共同するにせよ，相互に無関係であるにせよ，相次いで故意で不法結果に対して因果的となる場合，必ずしも最終者として行為をする者だけが直接正犯となるわけではない。正犯者と共犯者との区別を過失犯へと転用できる場合でさえ，事情は異なり得ないであろう[23]。

　相次いで行為をする複数の惹起者の場合，決して最終的な行為者（いわゆる

---

⑱　Schönke/Schröder [Lenckner/Eisele], a.a.O. [Anm. 16], S. 175, Schönke/Schröder [Eisele], a.a.O. [Anm. 16], S. 181, Renzikowski, a.a.O. [Anm. 13], S. 72ff.

⑲　Puppe, a.a.O. [Anm. 17], S. 543.

⑳　Renzikowski, Pflichten und Recht—Rechtsverhältnis und Zurechnung, GA 2007, S. 572.

㉑　Renzikowski, a.a.O. [Anm. 20], S. 577.

㉒　Renzikowski, a.a.O. [Anm. 20], S. 572.

㉓　Puppe, a.a.O. [Anm. 17], S. 543f.

前面者）ではなく，第1行為者（いわゆる背後者）だけが免責されるべきである
ということは，正犯行為と共犯との区別，さらには法益侵害または惹起の概
念と関係があるわけではなく，前面者の因果的寄与は背後者の行為の時点で
はまだ存在していないから，背後者の注意義務の取り決めにあたって考慮に
入れられ得ず，背後者の負責のリスクは前面者が介入しない事例に関して存
在するものである，ということと関係がある。背後者が危険を惹起した事例
に関しては，前面者の負責のリスク，ひいては注意義務が放棄されるという
のであれば，前面者は，危殆化された法益に対して，同人が意図する通りに
行動できるどころか，行動してよいということになってしまうであろう。前
面者が背後者の行為を知っている場合もそうである[24]。

　しかし，そのことは，前面者と背後者との行為不法または結果不法におけ
る区別を基礎づけるものではない。注意義務の設定および答責領域の限定の
ためのメタ規律として，「犬は最後の者にだけ噛みつく」（最後の者が最も損をす
る）という規律は，ほとんど役に立たない[25]。危険に対する排他的な答責が最
終惹起者に当てはまる若干の事例が存在するかもしれないとしても，遡及禁
止に関する次のような事例が，その規律がほとんど役に立たないことを示し
ている。危険に対する排他的な答責は，たとえば摩滅したタイヤで走行する
タクシー運転手には当てはまるが，その事実を知りながら走行の指示を与え
る客や，その事実を同様に知りながら車輌に給油するガソリンスタンドの従
業員には当てはまらない。これに対し，そのような種類の整備不良の車輌を
運転手に走行させるタクシー事業者および車輌の所有者は，自分の注意義務
を確実に侵害しており，結果に対して答責を負う。ここで議論される自己答
責原理の型式によれば，タクシー事業者および車輌の所有者は過失による教
唆者として不処罰とされるであろう。非故意で行為をする複数の共同惹起者
のうち誰が結果に対して答責を負うかは，誰が結果の回避に対する注意義務
を負うかに左右されるのであって，原因となった行為の順番に左右されるわ
けではない。関与者が事故に対する単独の責任を負うわけではないというこ

---

[24]　Puppe, a.a.O.〔Anm. 17〕, S. 544.
[25]　レンツィコフスキーは，「犬は最後の者にだけ噛みつく」というのは故意の場合も同じであると
　　反論する。Renzikowski, a.a.O.〔Anm. 13〕, S. 175ff.

とは，もっぱら量刑にあたって考慮されるべきである[26]。

　シュレーダーやプッペが挙げた事例に見られるように，通説によると，過失犯に対する過失による関与も，注意義務の内容によっては，正犯として負責される余地が生じる。しかし，そのようにして処理することには批判がある。過失行為に対する過失による関与の場合，輪郭が不明瞭であり，可罰性は見通すこともできないほど拡大される。ドイツ刑法26条，27条で定義された関与形式は，故意による正犯行為に代わって，過失による正犯行為が浮上する場合，それらの規律に応じては輪郭づけられ得なくなる。可罰性の耐え難い拡大は，注意義務の内容を指摘することによっても制限され得ない。注意義務の内容的な取り決めという核心的問題は，過失による結果犯が，正犯性のある結果惹起だけを禁止するものであるのか，それとも結果の誘発，容易化または促進をも禁止するものであるのかという点に関係づけられる[27]。

　拡張的正犯者概念ないし統一的正犯者概念は，単なる因果的な結果の惹起を過失構成要件の犯罪記述によって把握してしまうものであると批判される。シェンケ／シュレーダーは，過失犯の場合でも，正犯は故意犯の場合と全く同じように取り決められなければならないとし，過失犯の場合に統一的正犯概念が通用するとの主張は，そこでは共犯が正犯と同視されるのではなく，初めから正犯性のある態度だけが把握されるべきである，ということを隠蔽するものでしかないと指摘している[28]。

---

(26)　Puppe, a.a.O. [Anm. 17], S. 544.

(27)　Otto, Täterschaft und Teilnahme im Fahrlässigkeitsbereich, Festschrift für Günter Spendel zum 70. Geburtstag, 1992, S. 274.

(28)　シェンケ／シュレーダーは，過失犯の領域でも制限的正犯者概念を妥当とする立場から通説を批判しておきながら，関与者の態度が，法益に対して同人に課せられた注意義務の侵害であると認められる限りで，過失により第三者を過失行為に誘因する者，たとえば軽はずみに死亡結果を伴う飲酒運転へと鼓舞する者や，その他の方法で，過失により他人の結果惹起犯罪を促進する者も，正犯として行為をすることができるとしている。その主張によると，犯罪的生起に別の行為者が関与する場合，過失による正犯の射程は，どの程度まで，他人の自己または第三者に損害を与える態度を阻止する義務が当該行為者に当てはまるのか，ということに従って取り決められる。このようにして過失による正犯の射程を注意義務の内容によって確定させようとする点は，プッペの見解と共通している。Schönke/Schröder, Strafgesetzbuch Kommentar, 28. Aufl., 2010, S. 495f. [Heine].

226 第 9 章 過失による共犯

　過失犯の場合に拡張的正犯者概念ないし統一的正犯者概念から出発しなが
ら，その限定の必要性を説き，正犯と（不可罰的な）共犯の区別を認める見解も
ある。シュペンデルの所説がそうである。立法者が複数の共同者の結果惹起
の範囲から一定の行為寄与を取り出し，正犯としてではなく，共犯として評
価し，部分的には故意の場合ですら減軽して処罰する場合，それは考慮され
るべきことである。故意による共犯だけが明示的に可罰的であると表明され
たのであるから，故意による共犯だけが（ドイツ刑法 26 条，27 条に）包括される
とする解釈は，ある行為の可罰性を，その遂行よりも前に法律で定めておか
なければならないという命令から帰結されるものである。立法者は，他人の
正犯行為に対する故意による共犯と並んで，他人の正犯行為に対する過失に
よる共犯をも（ドイツ刑法 26 条，27 条に）包括しようとしたのであれば，そのこ
とを言明しなければならなかったはずである[29]。

　シュペンデルの考え方は，過失による共犯を処罰する規定がないという事
実を，「過失による共犯はこれを罰しない。」という規定が置かれているもの
と同視し得ると評価するものである。つまり，過失犯において，共犯は，刑
罰縮小事由ではなく，刑罰消滅事由として把握されるわけである[30]。しかし，
そのような解決に対しては，拡張的正犯者概念ないし統一的正犯者概念は，
過失による共犯を処罰する規定がないという事実を，刑罰縮小事由の不存在
として捉えるのであるから，そこでは（正犯しか認められないという）原則に戻っ
て共犯も正犯とするのでなければ一貫しないとの批判が加えられる[31]。

　拡張的正犯者概念ないし統一的正犯者概念の背景には，過失犯の領域では
行為支配というものが考えられないから，それによって正犯と共犯を区別す
ることもできないとする発想がある。レンツィコフスキーは，そのような発
想が常に妥当であるとは限らないと指摘する。（正犯と共犯を区別する）関与形
式の理論が過失犯には適用され得ないとの議論は，それ自体として，ドイツ
刑法 26 条，27 条の文言に従って教唆と幇助が故意行為にのみ関係すること
を要求し得る。しかし，そうであるからといって，非故意行為に対する共犯

---

[29]　Spendel, Fahrlässige Teilnahme an Selbst- und Fremdtötung, JuS 1974, S. 756.

[30]　内海朋子「遡及禁止論と過失共犯論」『亜細亜法学』39 巻 1 号（平 16 年・2004 年）54 頁。

[31]　松宮孝明『過失犯論の現代的課題』（平 16 年・2004 年）257 頁。内海・前掲注[30] 54 頁。

の構成上の可能性が，必ずしも自動的に排除されるわけではない。むしろ，共犯者規定は，可罰的な共犯の領域を取り決めるのである。実体的に客観的な理論によれば，関与形式は，必ずしも意思の方向だけで区別されるわけではない。教唆者と幇助者は，どれほど自分のものとして犯罪行為を意図するとしても，正犯にはなり得ない。その場合，少なくとも関与の役割が客観的に明白に割り当てられるという状況が存在する。「W は自分の妻を毒殺した。毒物は W のために前もって W の愛人 M により調達されたものであった。M の故意が証明され得なかったので，謀殺への共犯を理由とした処罰は問題にならなかった。」という事案で，ライヒ裁判所は，M を過失致死で有罪とした[32]。自分の妻の謀殺を単独で，かつ完全に答責的に支配する不倫中の W は，愛人 M を正犯の役割から排除する者である。客観的に考えれば，愛人は，せいぜい幇助者となり得るにすぎない。なぜならば，愛人は，第 2 次的な役割しか果たしていないからである。少なくともこの事案に関しては，通説は，遡及禁止を認めなければならないであろう。そうでなければ，行為支配は，主観的な区別の基準になり下がってしまいかねない。過失は行為支配を絶対に前提としないという考え方は，誤謬に陥る。けだし，共犯も，固有の行為支配の欠如によって特徴づけられる[33]。

　正犯行動規範，幇助者行動規範および教唆者行動規範を区別することが，制限的正犯者概念の規範論的基礎である。どのような規範を関与者が侵害するのかということは，主観説を否定するのであれば，それと同様，内的な意思の方向には左右されない。過失による犯罪行為における関与形式の理論の展開に反対する通説の主張は，過失行為者は故意行為者とは異なる行動規範を侵害するものである，との前提に基づいている。しかし，そうであるならば，（過失行為者が侵害する）行動規範は，全ての関与形式をも包括するものでなければならない。なぜならば，そのように解することでしか，異なる行為寄与に応じた区別が意味を持たないということにはなり得ないからである[34]。

---

(32)　RGSt Bd. 64, S. 370.

(33)　Renzikowski, a.a.O. [Anm. 13], S. 171f.

(34)　Renzikowski, a.a.O. [Anm. 13], S. 172.

第2款　制限的正犯者概念

　ドイツでは，故意犯の場合と同様，過失犯の場合にも制限的正犯者概念を通用させる見解が有力化しつつある。ホイヤーによれば，直接かつ単独で構成要件的結果を惹起する者だけが，各則の構成要件を充足する。結果を間接的に，または部分的に直接的に惹起したにすぎない者は，結果の中に実現した許されない危険を，いずれにせよ単独で設定したわけではないから，結果も，同人に対して，直接的な単独正犯と同じ範囲で直ちに帰属され得るということにはならない。この場合，直接的な単独正犯との同視にとって，特別な事情と，その特別な事情に，かかる同視を位置づける規範が必要となる。そのような種類の規範（刑罰拡張事由）として，過失行為の場合には，ドイツ刑法25条（正犯）1項と同条2項だけが考えられ，故意犯の場合には，それらに加えてドイツ刑法26条（教唆）とドイツ刑法27条（幇助）が考えられる[35]。つまり，ホイヤーは，過失犯の領域で正犯と共犯を区別する立場を鮮明にし，制限的正犯者概念のもとで正犯になり得ない背後者を，不可罰的な関与者として把握するのである。

　ドイツ刑法は，正犯と共犯の双方に故意があることを狭義の共犯の成立要件としているから，過失犯の領域で正犯になり得ない者は，可罰的な共犯として負責される余地もなく，不可罰的な関与者となるにすぎない。したがって，過失犯の領域にも制限的正犯者概念を妥当させる場合，どのような基準によって正犯の成立範囲を確定し，そこから共犯を区別して不可罰とするかが決定的に重要な問題となる。その区別に役立つのが答責原理であるとされる。シェンケ／シュレーダーは，もっぱら間接的に他人の意思の媒介の上に危険が創出される事例が考えられ，その場合，最終惹起者（前面者）だけが自分の行為により（侵害または具体的な危殆化）結果を直接的に引き起こす者なのであって，第1惹起者（背後者）は，単に結果に対する誘発という意味での1つの条件を設定するにすぎないと強調し，答責原理について以下のように論じる。ここでは，単に間接的に惹起された結果の帰属を，答責原理が妨げる。答責原理によると，各人は自分の態度を，原則として自分自身が法益を危殆

⑶　Hoyer, Systematischer Kommentar zum Strafgesetzbuch, 7. Aufl., 2000, §25 Rn. 151.

化しないということにだけ適合させなければならないが，他人が法益を危殆化しないということにまで適合させる必要はない。たとえば，自動車運転手にアルコールを注ぐ飲食店主の負責，（消費者の）警告表示の無視によって生じた傷害に対する製品製造者の負責，明らかに走行不安定なタクシーに乗車し，交通事故に対する契機を与えた乗客の負責，および過度な会話によって運転手の注意を散漫にして，運転手を危険な運転方法へと追いやり，挙句の果てに運転中にアルコールを補給する同乗者の事故の負責は，客観的な予見可能性があるとしても，結果が故意で意図された場合でさえ，否定されるべきである。背後者が前面者の危険な態度を誘発，促進および容易化するのか否か，どのような態様で前面者の危険な態度が生起するのか，ならびに前面者が自分の作為の危険性を認識しているか否か（たとえばタクシーの走行不安定な状態を，乗客は認識しているが，運転手は認識していない）ということは，答責原理において意味を持たない。間接的に創出された危険が自己危殆化に存在するのか，それとも第三者の危殆化に存在するのか，最後に挙げられた事例に即して言えば，運転手が損害を受けるのか，それとも別の道路使用者が損害を受けるのかは，答責原理の観点のもとでは，何らの根本的な区別も成さない。使い捨て注射器の譲渡が，生命に危険を及ぼす麻薬摂取を容易化した事件[36]以降，他人の自己答責的な自己危殆化に対する協力の場合，背後者の負責の排除が，いずれにせよ結果として広く承認されている。これと全く同じことが，第三者の危殆化の形式での間接的な危険創出にも当てはまる。どちらの場合にも，背後者への結果の帰属を排除する広い答責原理が存在するから，この帰属の排除が，自己答責的な自己危殆化に対する協力の際に，故意の自己侵害に対する共犯の構成要件の不存在によって重ねて根拠づけられる場合も，答責原理は，あまりにも簡潔であると評価される[37]。

　自己危殆化および第三者の危殆化において，単に間接的に惹起された結果を原則として帰属できないことは，禁止された危険創出が，答責原理から既に認められない場合，帰属形式の検討を通して明らかになり得る。この形式とは異なり，危険連関が存在するにもかかわらず，背後者が，法益を侵害す

---

[36] BGHSt Bd. 32, S. 262.

[37] Schönke/Schröder [Eisele], a.a.O. [Anm. 16], S. 180f.

る前面者の不注意な態度を阻止するという意味を持つ特別な禁止に違反した場合でも，背後者へと自動的に結果が帰属されることにはならない。たとえば市民煽動（ドイツ刑法130条）または犯罪行為の指南（ドイツ刑法130a条）へと還元され得る侵害結果は，帰属することができない。これと同じことが，ドイツ麻薬関連法29条1項10号で禁止された仲介により容易化される致命的な結末につながる麻薬消費，およびドイツ道路交通令33条（道路利用者の気を散らす広告等）の違反の結果としての事故にも当てはまる。この場合，運転手自身が損害を受けるのか，それとも第三者が損害を受けるのかは関係ない。その他の点では，これらの事例において，背後者には，直接的な危険が帰属され得ないのであるから，ドイツ刑法13条（不作為による作為）の意味での結果回避義務も妥当しない。これに対し，ここで挙げられた意味での答責原理が破られるのは，ドイツ麻薬関連法29条3項2文2号，30条1項3号において，消費者の自己答責的な行為にもかかわらず，加重結果が譲渡者に帰属される場合である。なぜならば，ここでは，ドイツ麻酔関連法の特別な保護目的が，「自己答責の原理および意識的な自己危殆化についての原則を制限することを要求する」からである[38]。この問題のある規定が，個人の利益だけを第1次的に保護しているのではなく，市民の健康をも保護しているということは，（まだ）自己答責的に行為をする消費者の自己危殆化に基づいて，答責原理によれば同様に消費者に答責され，譲渡者には答責され得ないところの第三者の危殆化を同時に作り出してしまう。仮にそうであるとしても，譲渡者の負責は，麻酔剤の問題という特殊な背景から妥当とされ，それゆえ一般化できない「立法者の積極的法的決定」によってしか説明され得ない。したがって，たとえば麻酔消費者ではない不治の重病患者に，自由な自殺のために麻酔剤を譲渡することは，立法者により考えられた不法の次元という観点からは，ドイツ麻薬関連法30条1項3号に該当しないし[39]，ドイツ刑法222条（過失致死），229条（過失による身体傷害）の観点のもとでも，自己答責的な自己危殆化に対する不処罰的な協力にとどまることになる[40]。

---

(38)　BGHSt Bd. 37, S. 179.

(39)　BGHSt Bd. 46, S. 289f.

(40)　Schönke/Schröder [Eisele], a.a.O. [Anm. 16], S. 181.

第2節　学説の状況　*231*

　レンツィコフスキーは，結果的加重犯の場合に，加重結果が過失によって引き起こされるにもかかわらず，それに対する共犯が一般に認められることや，ドイツ刑法11条（人および物の概念）2項において，行為に関しては故意を要件とするが，当該行為によって惹起される特別な結果に関しては過失で十分であるとする法律上の構成要件を，ある所為が実現する場合も，当該所為は刑法典の意味での故意であると規定されていることに着目する。結果的加重犯もそれに当たる。結果的加重犯の場合，基本犯としての構成要件的行為が既に可罰的である。その点で，結果的加重犯は，構成要件で記述された行動態様が，それ自体として捉えれば，まだ可罰的ではない「故意と過失の組み合わせ」から区別されるが，この違いは，ここでの議論にとっては重要でない。構成要件に該当する態度が故意でとられる限りで，両方の犯罪群で，教唆，幇助および共同正犯が可能であることに，ほとんど争いはない。ここでレンツィコフスキーは，連邦通常裁判所で審理された次のような事件を例に挙げる。被告人Ａは，正犯行為者ＯとＳに，計画された強盗のために棍棒を持って行くこと，および後頭部への一撃で被害者を気絶させることを提案した。ＯとＳは，そうすることへと衝き動かされ，その通りに行為を実行した。被害者は，椅子の脚で加えられた頭蓋骨への打撃により，不幸にも死亡した。連邦通常裁判所は，強盗致死（ドイツ刑法251条）に対する教唆を理由として，Ａに有罪判決を言い渡した。重大な強盗に対する教唆が過失致死との結びつきにおいて存在し，ドイツ刑法251条，26条に基づいて処罰されることもあり得るというのである[41]。

　遡及禁止の理論にとって，加重結果に関して過失で行為をする共犯者の可罰性は，何ら問題を投げかけるものではない。遡及禁止の内容は，共犯者が過失で行為をするか，故意で行為をするかにかかわらず，正犯行為者の法益侵害が，共犯者に，固有の仕業としては帰属され得ない，というものでしかない。過失による共犯の当罰性は，それによっては，まだ決定されない。立法者が，ドイツ刑法11条2項，18条（特別な行為結果の場合の加重処罰）において，故意犯の場合と同じように，故意と過失の組み合わせの場合にも同法26

---

(41)　BGHSt Bd. 19, S. 339, Renzikowski, a.a.O.［Anm. 13］, S. 292f.

232 第9章 過失による共犯

条，27条を適用することを決めたのであれば，遡及禁止の理論は，そのように規律することを妨げるものではない。この点，加重結果に関しては過失だけを問われる共犯者が，どのようにして可罰的とされるのかを，通説が，過失による統一的正犯者という観点から矛盾なく論拠づけることができるかは疑問である[42]。

　この疑問は，必ずしもドイツ刑法11条2項を援用することでは解決されない。同条項の規定により，故意と過失の組み合わせが「刑法典の意味における故意」であるとされるならば，共犯者へのドイツ刑法26条，27条の適用可能性が，たしかに生じる。加えて，ドイツ刑法18条は，明らかに，結果的加重犯に対する過失による共犯が可能であることから出発している。しかし，法律の文言をなぞるだけでは，解釈論上の根拠を示したことにはならない。故意と過失の組み合わせの不法の重点が行為部分に存在するのか否か，または事情に応じて，類型化された故意による注意義務の侵害を伴う過失が重要となるのか否かという争いは，初めから生じないはずである。結果に関しては常に過失不法だけが問題となる，ということが堅持される。結果的加重犯を「意味統一体」として把握する場合，この点は何も変わらない。基本犯が不法の固有の中核を成すのであって，それに単に付け加えられた不法の特徴としての結果が統一性を形成する。強盗は，故殺とは異なるものである。生命の消滅が，財産と意思の自由の侵害に含まれているというわけではない。ほぼ全ての結果的加重犯の場合，加重結果は，基本的構成要件によって包括された法益とは異なる法益の追加的な侵害を記述する。その点に関して，「立法者の鶴の一声」が特に何か変更を加えることもできない。故意不法へと過失不法を限定することは誤りである。ドイツ刑法11条2項は，法律上のフィクションという性格を持つのである[43]。

　ドイツ刑法11条2項，18条の場合の故意と同様の取り扱いは，過失による共犯が一般的に考えられ得ること，つまり関与体系が，過失犯の場合でも故意と同様に貫徹されることを前提とするものである。それでも通説は，この帰結を引き出さない。加重結果に関しては過失が問われる結果的加重犯に

---

(42) Renzikowski, a.a.O.〔Anm. 13〕, S. 293f.

(43) Renzikowski, a.a.O.〔Anm. 13〕, S. 294.

対する共犯の負責は，それを基本犯に対する故意による共犯と，結果についての過失による同時犯から成る組み合わせとして構成することで説明される[44]。しかし，不法と有責性に見合った刑罰に基づく要求という観点からすると，そのような理解では，結果的加重犯の重い処罰を基礎づけることができない。そうすると，およそ加重結果の過失による惹起でありさえすれば十分というわけではなく，基本犯と加重結果との特殊で緊密な連関が重要となるはずである。そのような特殊な連関は，正犯行為の惹起を通して，共犯者によっても惹起されたものでなければならない。通説は，共犯者を，構成要件化された特に危険な行為に関してのみ共犯者として扱い，結果に関しては同時犯として扱うことで，制限的正犯者概念と拡張的正犯者概念を並列的に適用するが，それはナンセンスである。通説は，相互的に排除される異なった関与形式を，同一の関与者に対する同一の行為と組み合わせることによって，過失による同時犯なるものに，共犯というレッテルを貼っているだけなのである[45]。

　共犯者を，基本犯に対する共犯と過失致死ないし過失致傷（の同時犯たる正犯）との観念的競合で有罪にするという，解釈論として手の込んだオルタナティヴならば，通説は論拠づけることができるかもしれない。しかし，結果的加重犯は，決して，故意による基本犯と過失致死ないし過失致傷との単純な組み合わせではないのであるから，そのような共犯者の特別な取り扱いは納得できるものではない。通説にとって，例外的に過失への共犯の可罰性を認めること以外に逃げ道は存在しない[46]。

　故意と過失の組み合わせの場合の伝統的な理解も，ほとんど納得できるものではない。たとえば，ドイツ刑法315c条（道路交通の危殆化）1項において，走行不能状態の自動車を自分で運転する者のように，ある一定の行動態様が類型化される限りで，共犯者による構成要件に該当しない具体的危険の惹起が，どのようにして特別な結果についての過失による同時犯を基礎づけ得ることになるのかは，一般的に明らかでない。しかも，ドイツ刑法は，一般的

---

(44)　BGHSt Bd. 19, S. 342.

(45)　Renzikowski, a.a.O.［Anm. 13］, S. 295.

(46)　Renzikowski, a.a.O.［Anm. 13］, S. 296.

な危殆化構成要件を認めていないのである。結果は故意による行為に起因するものでなければならないから，故意によらない惹起は，構成要件の充足にとって十分でない。要するに，過失で行為をする共犯者は，共犯者として負責されるのであって，同時犯による惹起なるものを理由にして負責されるわけではないのである[47]。

さらに，レンツィコフスキーは，ドイツ秩序違反法に内在する統一的正犯者体系に関連して，通説が当初は過失による共犯の概念を認めていたことを指摘する。ドイツ秩序違反法14条（関与）1項1文は，複数の者が秩序違反に関与する場合，各人が秩序に違反して行為をしたものとする旨を定めている。これを素直に理解すると，完全に答責的な秩序違反に対する過失による共犯を（正犯として）処罰することも，法律の文言に合致すると思われる。これと異なり，「関与」というのは，言語学上の意味によれば目的的な活動を指し示すものであるから，秩序違反の場合には考えられるが，何らかの事実的な態度の場合には考えられないとする考え方は一貫しない。処罰可能な過失による単独正犯と，処罰不可能な過失による関与とを区別することは，統一的正犯者体系の内的論理と矛盾する。通説が，かつて過失による共犯を，秩序違反法14条1項1文の意味における関与であると認めたのは意外なことであった。しかし，1983年の連邦通常裁判所の決定以降，この考え方は変わった。ドイツ秩序違反法14条の適用領域は，現在では，故意による態度に限定されている[48]。そうするのでなければ，ドイツ秩序違反法47条（秩序違反の訴追）で規律された便宜主義というフィルターを通しても実効的には制限され得ない，耐え難い処罰可能性の拡大がもたらされることになってしまうし，過失による関与を取り込んでしまうと，刑法との関係における評価矛盾に陥ることになってしまうからであるとされる[49]。

通説は，関与者が他人の秩序違反を過失で惹起した場合，具体的な過失構成要件が，第三者の具体的な故意行為を阻止する目的をも有し得ることが考慮されるべきであるとして，過失による共同が，関与としてではなく，直接

---

[47]　Renzikowski, a.a.O. [Anm. 13], S. 296.

[48]　BGHSt Bd. 31, S. 312f.

[49]　Renzikowski, a.a.O. [Anm. 13], S. 297.

的に過失による正犯（同時犯）として把握する。通説がドイツ秩序違反法14
条の適用領域を故意による態度に限定しておきながら，このようにして処理
することは自己矛盾であると批判されるが，いずれにせよ秩序違反の場合，
通説も，それに反対する立場も，最終的には，どのような注意義務違反が関
与を根拠づけ，または正犯を根拠づけるのか，という問題に答えなければな
らない点は同じである。通説は，他人の犯罪行為に対する過失による共犯の
場合，統一的正犯者疑念によるのでなければ処罰の間隙が生じるとするが，
少なくともドイツ秩序違反法においては，同法14条の統一的正犯者の規律
によって，法律上そのような間隙は塞がれ得るであろう。解釈論上の疑わし
い構成によって，そのことを否定する必要はない[50]。

　このようにして，レンツィコフスキーは，過失犯の場合に統一的正犯者概
念ないし拡張的正犯者概念から出発する通説の構成を批判し，過失犯の領域
にも制限的正犯者概念を妥当させる。その主張は，以下のような帰結を導く
ものである。過失犯の場合でも，共犯者行動規範と正犯者行動規範は相互に
区別される。前面者が故意で，かつ有責的に行為をする場合，結果は背後者
に帰属され得ない。なぜならば，その場合，自律原理が遡及禁止を基礎づけ
るからである。解釈論上，過失による共犯は，結果的加重犯に対する共犯と
いう例外を除き，可罰的でない。第2惹起者が非故意かつ非有責的に行為を
する場合，第1惹起者が前面者（第2惹起者）と比べて優位な回避力，たとえば
加重された危険の認識を持っているときに限り，犯罪行為が第1惹起者に帰
属される。制度化された保護義務の場合に限り，過失により結果を惹起する
各人の態度は，不作為の正犯性を基礎づける[51]。

　厳格に制限された正犯者概念は，特に過失領域において，可罰性を本質的
に最終惹起者に限定するものであるから，環境や経済の分野での組織的，集
団的犯罪という新しい問題の克服に役立つものではない。しかし，厳格に制
限された正犯者概念が，実務上の必要性に基づいて，それだけの理由で放棄
されてはならないというのが，レンツィコフスキーの主張である。そこで，
立法論として，第1に，オーストリア刑法のような（明文による）統一的正犯者

---

(50)　Renzikowski, a.a.O.〔Anm. 13〕, S. 298.

(51)　Renzikowski, a.a.O.〔Anm. 13〕, S. 300.

概念を導入すること[52]，第2に，企業体における答責のために新しい犯罪を
創設したり，犯罪の一定の様相形式を，統一的正犯者体系から成る秩序違反
法に配置したりすること，第3に，社会的役割または答責領域を通して自律
原理を適用することが考えられるが，レンツィコフスキーは，これらを全て
消極的に解している。第1の立法論は，体系的正義を理由にして，故意犯の
領域に関して制限的正犯者概念を選択せず，過失犯の領域に関して拡張的正
犯者概念を選択することもできてしまうという不利益を伴う。第2の立法論
では，どの範囲で，立法者が政策的な答責を正当と判断するかが必ずしも明
確でない。第3の立法論によると，評価者の理解によれば正犯行為者の刑に
値する者が正犯行為者である，と説明される危険がある。なぜならば，答責
領域の理論は，構成要件上の不法の記述から完全に解放され得てしまうから
である。曖昧な「社会的役割」は，実務上，裁判官により補充されるから，
最終的には裁判官の権力が途方もなく拡大する。刑法が主として個人たる正
犯行為者に焦点を合わせて制定されたとするなら，これまでになかったよう
な新しい種類の体系的不法を認めることはできないというわけである[53]。

　オットーは，立法者が，周知の社会的現象と結びつけて，ドイツ刑法25条
以下で正犯と共犯を区別したことを指摘する。オットーによれば，社会生活
において，刑法上の帰属の問題とは関係なく，ある出来事の発生に関与した
様々な者らに，それを区別して帰属するのは通常のことである。複数の関与
した者らが一体（共同正犯）として把握されるという事実関係と並んで，ある
1人の者が中心人物として強調されるが，それ以外の者は，関与したとして
も，周辺人物であるとしか見られないという事実関係が存在する。立法者は，
その規律を，そのようにして社会的空間で所与の前提とされた構造と結びつ
け，その際，これを修正，強調することによって，かかる規律の社会的承認
を法的規律にまで高める。このような理解において，正犯と共犯は，重要な
出来事に対する区別された答責に基づいた，社会的空間での異なる地位を特

---

[52]　オーストリア刑法12条（全関与者の正犯としての取り扱い）は，直接正犯者だけでなく，他人
　　を可罰的行為の実行へと衝き動かした者や，それ以外に可罰的行為の実行に寄与した者も可罰的
　　行為を遂行したものとすることを定めている。オーストリアでは，かかる関与規律を統一的正犯
　　者体系に立脚したものと見ることに，ほとんど争いはない。

[53]　Renzikowski, a.a.O.〔Anm. 13〕, S. 301.

徴づける。正犯者とは，構成要件で記述された法益侵害に対して第1次的に
答責を負う者のことを言う。正犯者は，行為の「態様」と「可否」を決定す
るが，共犯者には，もっぱら第2次的な答責という位置づけが妥当する。な
ぜならば，共犯者の行為寄与の実効性は，行為計画を実現する正犯者の決意
に左右されるからである。この原則的な区別が，ある一定の結果を，ある1
人の者（正犯者）に同人の仕業として帰属することを可能にする。それ以外の
者（共犯者）の分担部分は，もっぱら結果の誘発，容易化または促進として特
徴づけられ得る。それによって輪郭づけられた制限的正犯者概念は，構成要
件の記述を，同時に正犯者の記述として把握する。総則の共犯規定は，可罰
性を広げるもの，すなわち刑罰拡張事由であると理解される[54]。

　このような制限的正犯者概念に基づいて，オットーは，正犯と共犯を，異
なる帰属形式として故意領域において区別することが可能であるだけでな
く，故意犯に対する過失による共犯も（正犯から）区別することができると説
く。故意による作為犯の正犯は，構成要件に該当する生起を目的的にコント
ロールしながら支配する者であると定義される。法益侵害に対する実効性に
おいて，法益侵害者の意思に従属する行為寄与者は，自分の行為寄与を故意
で提供するのか，それとも過失で提供するのかということとは無関係に，周
辺人物として位置づけられる。結果は，行為寄与者に対して，正犯としては
帰属され得ない。ただし，同人の行為寄与に対する答責と並んで，法益侵害
に対する第1次的な答責も同人に妥当する場合は事情が異なる。なぜならば，
行為寄与者は，第三者の法益を侵害する態度を阻止することを，法的に義務
づけられているからである[55]。

　共犯は，法律上，ドイツ刑法26条，27条において，（故意によるのでなければ）
罪責を追及されないものと定められているから，過失による正犯性のない関
与が一般的に共犯として特徴づけられてよいのか否かという問題も生じる。
オットーによれば，根本的な問題設定にとって重要なのは，過失領域におけ
る正犯としての帰属と並んで，過失による正犯性のない関与の形式も存在す
るということである。たとえ過失による結果犯の構成要件において，当該犯

---

[54]　Otto, a.a.O.［Anm. 27］, S. 271f.

[55]　Otto, a.a.O.［Anm. 27］, S. 272.

238　第9章　過失による共犯

罪の正犯が記述され，行為実行に全く関与しない各人が記述されていないと
しても，正犯性のない関与と正犯とを区別することが広い範囲で一貫性を有
するものと確認されなければならない[56]。

　通説が過失による正犯と過失による共犯とを区別せず，過失犯の領域では
個別的正犯者としての統一的正犯者だけを認め，段階的差異を放棄するのに
対して，オットーは，異なる位置づけでの区別も認められると明言する。オッ
トーによれば，統一的正犯者は，そう呼ぶのでなければ正犯，教唆および幇
助という名称のもとで記述される関与形式を包括する。ドイツ刑法26条の
「衝き動かす」という概念の定義，すなわち行為決意の惹起，それを目的にし
た精神的コンタクトおよび行為実現のための正犯行為者への影響が，可罰性
の限界および可罰的な行為決意の惹起に対する限界を決定する。したがって，
個別的正犯としての負責と行為結果の共同惹起者としての負責との区別が，
概念規定の広さに応じて存在するというわけである[57]。

　一般に，自己侵害および自己危殆化の領域において，ある人の死亡は，そ
れが自己答責的に意図され，実現された意識的な自己危殆化の結果であり，
かつ他人の共同が自己危殆化の単なる誘発，容易化または促進に尽きていた
場合，その共同原因とはならなかった他人には，積極的な作為という意味で，
帰属されてはならないと考えられる。過失領域における負責の要件を取り決
めるにあたって，自己侵害に対する関与，および答責的な正犯行為者による
他人の侵害に対する関与を，異なる基準に従って取り決めるのは妥当でない。
自殺者の自己答責という原則は，法体系に孤立して存在するわけではない。
むしろ，自殺者の自律の承認において，刑法上の負責の根本原理が明白になっ
たのである。刑法上の結果の帰属にあたっては，その結果に対する答責の確
定が重要となる。被害者および第三者の自律が，正犯行為者の自律に対峙す
る。各人は，原則として，自分が他人の法益を侵害した場合に限り，そのこ
とに対して答責を負うのであり，立法者が，他人の態度に対しても一定の枠
内で責任が負わされ得るということを取り決めなかった限りで，他人の態度
に対して答責を負うことはないのである[58]。

---

(56)　Otto, a.a.O. [Anm. 27], S. 272f.

(57)　Otto, a.a.O. [Anm. 27], S. 273f.

第2節 学説の状況 *239*

　過失領域においては，正犯性のある法益侵害だけが可罰的なのであって，それ以外の関与形式は可罰的ではないのであるから，異なる関与形式を区別する基準を設けることは，ほとんど意味を持たない。オットーによれば，正犯たる者の答責領域を，それ以外の者の答責領域から区別することが重要である。その場合，行為者と結果との事実的な連関が完全に証明され得るとしても，単に結果を誘発，容易化または促進するにすぎない者に対しては，その結果は，まだ同人の仕業としては帰属されないということが出発点となり得る[59]。事実的な連関が正犯の負責の前提となるが，正犯の負責は，過失領域においても，行為者と結果との事実的な連関，結果の回避可能性および結果の予見可能性に尽きるものではない。生起を，ある一定の者の正犯性のある結果実現として評価的に把握することを可能とさせるような，主体と結果との別の連関が作り出されなければならない。事実的な連関と並び，規範的な連関が，ある結果をある者に同人の仕業として帰属するために必要である。規範的な連関は，行為者による生起のコントロールを通して基礎づけられ，正犯行為者は，同人のコントロール可能性のもとにある生起に対して答責を負うのである。さらに，コントロール可能性は，予見可能性や，結果を惹起または回避する可能性を常に上回るものである。なぜならば，無答責に行為をする者の態度でも，個別の事例においては予見することができ，かつ影響を及ぼすことができるからである。コントロール可能性とは，ある生起を，ある者に，当該生起の主体として還元することの可能性なのである。もっとも，コントロール可能性の対象は，結果発生までの生起の経過ではあり得ない。生起の経過に対する絶対的な支配は存在しないし，もし存在するとしても，それは問題にならない[60]。刑法上の行動規範の対象も，まずは結果を引き起こすことではなくて，結果発生の中に実現し得る危険を創出または増加することに向けられる。それゆえ，ある結果は，ある者がその危険を創出または増加した場合に，同人の仕業として同人に帰属される。法益侵害に対する

---

(58)　Otto, a.a.O. [Anm. 27], S. 276.

(59)　BGHSt Bd. 32, S. 262.

(60)　Stratenwelth, Bemerkungen zum Prinzip der Risikoerhöhung, Festschrift für Wilhelm Gallas zum 70. Geburtstag, 1973, S. 238.

240　第 9 章　過失による共犯

負責は，常に，その法益侵害の基礎にある危険によって媒介されるというわけである[61]。

　答責原理によると，各人は，原則として自分の固有の態度に対して答責を負うのであって，他人の態度に対して答責を負うわけではない。個別の事例において，規範の保護目的が意味を持つことになるが，そのアプローチは過大評価されてはならない。たとえば道路交通法の個別的規範のように，完全に特殊な危険が包括される場合に限り，それは役に立つものである。これに対し，ドイツ刑法 222 条（過失致死）のように，明示的な限界づけが存在しない場合，もはや規範の保護目的への還元は行なわれない。ここで決定的な問題となるのは，構成要件に該当する結果を惹起した具体的な生起の経過が，危険の創出を阻止するための法的な行動規範による禁止に該当するか否かということである[62]。

　それでは，オットーの見解から，具体的事例は，どのようにして処理されるのであろうか。第三者または被害者自身が故意で介入した場合や，過失で創出された危険状態を正犯行為者が故意で利用する場合も，通常，帰属連関の遮断が存在する。なぜならば，第 1 行為者の態度を，自己答責的な危険創出または危険増加に対する条件として利用する第 2 行為者が，そうすることによって，もはや第 1 行為者が源泉となった態度に基づく答責を負わない状況を創出するからである。もっとも，他人が故意で介入した場合でも，第 1 行為者の負責が例外なく排除されるわけではない。その都度の答責領域は，個別の命令規範および禁止規範の解釈を通して確定される。たとえば，武器携帯許可証を持っていない他人に，第三者を射殺する拳銃を，そうとは知らずに貸した者に対する正犯性のある致死を理由とした負責は，予見可能性があったとしても考えられない。なぜならば，武器を権限のある者にしか引き渡してはならないという規定は，武器がそれを扱うことのできない者の手に渡ることを回避するために設けられたからである。この規定から，故意による殺人を阻止するために，武器を引き渡してはならないという原則的な禁止は導き出され得ない。これに対し，武器の経験のない者が，そのことを知っ

---

[61]　Otto, a.a.O.［Anm. 27］, S. 276ff., Stratenwelth, a.a.O.［Anm. 60］, S. 238.

[62]　Otto, a.a.O.［Anm. 27］, S. 279.

ている貸主から武器を借り，それを取り扱う際に第三者を死亡に致らせた場合，借主だけでなく貸主も負責される。なぜならば，武器を経験のない者に引き渡してはならないという禁止は，まさしく生命への危険を妨げるために規定されたからである[63]。

　第1行為者と危険回避を試みる第2行為者との答責領域は，明白に区別することができる。第1行為者が被害者を致命的に侵害する場合，被害者の死亡が，被害者の救命を試みる医師の過失による技術的過誤で最終的には創出されるとしても，そのことは第1行為者を免責しない。救命行為は，過誤の可能性が考えられるとしても，不可欠なものである。ゆえに，そのような種類の過誤の実現は，まだ第1行為からの典型的な危険の実現である。これに対し，第2行為者の故意による侵害は，第1行為の危険の枠内から確実に脱落する[64]。

　このようにして制限的正犯者概念を展開しながらも，オットーは，故意による正犯（第2行為者）の背後の過失による正犯（第1行為者）を必ずしも全面的に否定するわけではない。正犯行為者が殺人の客体を取り違えたところ，それが背後者にとっては予見可能であった場合，教唆の未遂と並んで[65]，過失致死の正犯行為者としての背後者の負責が完全に可能であるというのである。その理由は，教唆者は第三者にとって危険な正犯行為者の意思の影響に対して答責を負っており，教唆が第三者に対する独自の危険を創出したからである，と説明される[66]。しかし，制限的正犯者概念を徹底させるならば，このような故意犯の背後の過失犯を，正犯として処罰することは否定されなければならないであろう[67]。

　オットーによれば，どのような作業が様々な機能において分業的に充足されるべきであるのかが組織的に確定される場合，答責領域は明確な輪郭を持

---

(63)　Otto, a.a.O.［Anm. 27］, S. 279f.

(64)　Otto, a.a.O.［Anm. 27］, S. 280.

(65)　ドイツでは，一定の場合には教唆の未遂が処罰されることになっている。正犯に客体の錯誤がある場合も，教唆の未遂としての教唆者の罪責が問われ得る。

(66)　Otto, a.a.O.［Anm. 27］, S. 280.

(67)　松宮孝明「ハロー・オットー＜過失の正犯と共犯＞」『立命館法学』237号（平6年・1994年）1147頁，平野潔「過失犯と共犯の新様相」『現代刑事法』5巻9号（平15年・2003年）54頁参照。

242 第9章 過失による共犯

つ。手術中，注射器に薬液を吸い上げる際に，致命的な結果を伴う取り違え
をする看護師は，医師が管理義務を負い，それを医師自身の過失で侵害した
としても，過失の正犯行為者として負責される。これに対し，医師の指示が
誤りであった場合，看護師は，特別な予備知識に基づいて致命的な危険を認
識し得たとしても，負責されない。看護師には，医師の指示に関して注意深
く実行する義務は妥当するが，管理義務は妥当しない。ここでは，危険を積
極的に認識して初めて，答責状況が変更される[68]。

第3節　過失犯の間接正犯

　ドイツでは，正犯者意思が欠けることを理由にして，過失犯の間接正犯を
否定する見解もあるが[69]，これを肯定する見解も比較的多く主張されてい
る[70]。そこでは，たとえば，利用行為者が，一定の作為の無害性について，そ
の現実的な危険性を知り得たにもかかわらず，詐術または脅迫によって被利
用者を納得させる場合や，結果発生に関しては不注意な利用行為者が，被利
用者を行為の実行へと動かすために強制的手段を使う場合に，過失犯の間接
正犯が認められる[71]。このような限定的な承認と比べ，シュテッフェン・シュ
ナイダーが，以下のような事例を挙げて，より広い範囲で過失犯の間接正犯
を論拠づけるのが目立っている。自動車セールスマンＡが，ブレーキに故障
のある自動車を，Ｐが事故を起こせば保険金が支払われると期待しつつ，試
乗のためにＰに貸し出したところ，車両優先の横断歩道でブレーキが効か
ず，Ｐが歩行者Ｏを轢いたとする[72]。この場合，Ａは過失致死の間接的な正
犯行為者であると考えられる。もちろん，Ｐはブレーキの故障を知らず，そ

---

[68]　Otto, a.a.O.［Anm. 27］, S. 280f.

[69]　Baumann, Täterschaft und Teilnahme, JuS 1963, S. 92.

[70]　Hoyer, a. a. O.［Anm. 35］, §25 Rn. 153, Otto, Die Haftung für kriminelle Handlungen in Unternehmen, Jura 1998, S. 412f., Joecks, a.a.O.［Anm. 6］, S. 1306, Renzikowski, a.a.O.［Anm. 13］, S. 268ff., Schünemann, Leipziger Kommentar, 12. Aufl., 2007, §25 Rn. 218.

[71]　Hoyer, a.a.O.［Anm. 35］, §25 Rn. 153.

[72]　この事例は，Ｐの過失行為をＡが故意で利用した間接正犯の問題として把握されるようにも思われるが，シュテッフェン・シュナイダーは，ＡがＯの死亡結果の可能性を認識していなければ，まだＡに故意はないと考えるようである。

れゆえ車両優先の横断歩道へと接近する際に事故を予見できなかったのであるから，故意による殺人は問題にならない。Pに可罰性が欠けること，およびAが故障を認識していたことから，Aの行為支配が生じる。さらに，Aは，ブレーキの故障の結果としてのPによる事故を意図していたから，その点に，行為支配の意思も存在する[73]。

　行為支配は，危険支配と一緒になって1つのパッケージを成す。結果と因果性のある生起を自由にコントロールする優位的な潜在的可能性を持っている者が，危険な生起の中心人物として危険支配を行使する。したがって，過失による間接正犯者は，前面者（被利用者）よりも，優位な事実認識，優位な評価権限ないし優位な理解能力，コントロール能力を持っていなければならない。さらに，行為媒介者の劣後性を具体的に認識していることが，過失による間接正犯の要件となる。許されない危険および結果に最も近い者の許されない行為自由の認識可能性に対する客観的評価は，間接的な正犯行為者の行為事情の認識に基づくものでなければならない。この結果と因果性のある生起にとって重要な行為者の認識は，主観的な過失構成要件の枠内で把握されるべきである[74]。

　ブレーキの故障を知っていた自動車セールスマンAが，それを深刻なものとは考えず，事故の危険を想定しないで，自動車をPに貸し出した場合，ブレーキの故障の結果としてPが起こした事故に対する答責が，Aに妥当しなければならない。Aは，事故の危険の基礎となる故障を知っていたのであるから，結果と因果性のある生起を，事故に直接つながるPの態度とともに先取りする，より優位な可能性を持っている。Aは，自分の認識に従って，結果をもたらす危険のある生起を最も早く支配していたわけであり，その限りで，当該生起を回避することもできたのに，そうしなかったのである。Aは，Oの死亡に対して，刑法上の答責を負い得るが，直接的に危険な運転を自分で実行したのではないから，ドイツ刑法25条1項に基づく間接的な正犯行為者であると考えられる。ブレーキが故障している自動車を試乗のために使わせ，そのような自動車を公道上で使わせることが許されない危険を創

---

(73)　Steffen Schneider, Risikoherrschaft als Täterschaftsattribut, 2003, S. 259ff.

(74)　Steffen Schneider, a.a.O.［Anm. 73］, S. 260.

出し，その危険が結果の中に実現したものと言える。A は，危険判断の基礎となる故障を知っていたのであるから，過失で行為をし，優位的な事実認識によって行為をしたことになる。A の優位性は，P の可罰性の欠如となって現れる。A は，危険な生起の中心人物として危険支配を有したのである。さらに，P が故障を認識しなかったことは P の劣後性を意味するものであり，それを A は認識することができた。このようにして，シュテッフェン・シュナイダーは，O の過失致死に対する A の間接正犯を根拠づける[75]。被利用者に対する利用者の危険支配の優位性という観点から過失犯の間接正犯を説明する点が，ここでは注目される。

第4節 結 論

　過失犯の領域に拡張的正犯者概念ないし統一的正犯者概念を妥当させるドイツの通説によれば，他人の犯罪行為を過失で誘発，促進した背後者は，過失犯の正犯として負責され得る。しかし，これは妥当な解決ではない。故意犯の領域で他人の犯罪行為を誘発，促進した場合，そのような関与行為は教唆犯，幇助犯として把握されるのに対し，それと同じ関与形式が過失犯の領域では正犯として把握されるというのでは一貫性が欠けるし，そのようにして処理することに合理性もない。わが刑法の共犯規定の解釈にとっても，ドイツの通説は応用できるものではない。とりわけ幇助に関しては，それが故意でなされた場合でさえ必要的に減軽されるのに，過失による幇助の場合に過失犯の正犯を成立させるということにしてしまうと，著しい不都合が生じる。たしかに，過失による行為は，それを処罰する規定がない限り不可罰であるから，過失処罰の規定がない犯罪に関しては，過失による幇助を，過失犯の（不可罰的な）正犯として把握しても，故意による幇助との刑の不均衡は生じないと考えられるかもしれない。しかし，理論上の疑問は残る。たとえば，プッペが挙げた交通事故の事例では，整備不良の車両を運転手に走行させるタクシー事業者は[76]，自分の注意義務を確実に侵害しているから，結果

---

[75]　Steffen Schneider, a.a.O.［Anm. 73］, S. 260f.

に対して（正犯として）答責を負うものとされているが，このような構成によると，タクシー事業者は，運転手に整備不良の車両の走行を命じた時点で，理論上は実行に着手したものと観念され得ることになる（実務上は，過失犯の未遂なるものは問題にならない。）。タクシー事業者に，事故それ自体についての結果回避義務を生じさせるほどの重大な整備不良がある場合はそれでよいかもしれないが，整備不良の程度が軽微で，事故が起きるはずがないと思われたような場合，事後的に見れば整備不良が事故につながったとしても，タクシー事業者が運転手に車両の走行を命じることが，過失構成要件の定型性の範囲内で，直ちに正犯として把握され得るのかは疑問である[77]。

　過失犯の領域にも制限的正犯者概念を妥当させる見解は，要するに，客観的帰属論と結びついた答責原理によって可罰的な正犯の範囲を確定させるものである。ドイツでは条件説が通説であったからこそ客観的帰属論が意味を持つようになったわけであり，この点で，わが国とは事情が異なるので，過失犯と共犯に関するドイツの見解を，わが国の学説に，そのまま応用することはできないであろう。その一方で，過失犯の領域でも正犯と共犯が区別され得ることを明らかにした点は，積極的に受け入れることができる。そのような区別を前提に，ドイツ刑法では共犯の成立要件とされている正犯の故意と共犯の故意が，わが刑法の共犯規定のもとでも必要とされるのか否かが，解釈によって帰結されなければならない。過失による教唆は，被教唆者に犯罪を実行する決意を生じさせる定型性を具備せず，正犯を惹起させるものとしての危険性が微弱である[78]。幇助は，正犯の実行を容易にすることを表象して行う必要がある[79]。そもそも，わが刑法38条1項但書は，特別な規定が

---

[76]　具体的な状況において，タクシー事業者に，結果に対する未必的な認容がある場合には，過失犯に対する故意による幇助の問題となる。この事例は，そのような認容がないことを前提としている。

[77]　ここで援用したのは問題点を絞り込んだ講壇事例であるが，同種の問題を含む事故が現実に発生した場合，過失犯の正犯を成立させなくても，実務上，背後者たる使用者（この講壇事例のタクシー事業者に相当する。）に様々な法令違反が認められるのが通常であるから，当然，その点で民事，刑事および行政の領域に広がる使用者の法的責任を追及することが可能である。とりわけドイツでは，起訴法定主義のもとで，軽微な事案についてまで，常に過失犯の正犯として背後者の罪責を追及することは，実務上も妥当でないと思われる。

[78]　川端博『刑法総論講義』第3版（平25年・2013年）590-1頁。

[79]　川端・前掲注[78]600頁，平野・前掲注[67]55頁。

246　第9章　過失による共犯

ない限り，過失犯は処罰されないことを定めているところ，過失による教唆および過失による幇助を処罰する特別な規定は存在しない。そうすると，教唆犯および幇助犯のいずれについても，教唆の故意および幇助の故意が存在することが，それぞれの成立要件とされるべきことになる[80]。したがって，過失による教唆および過失による幇助を承認することはできないのである。

---

[80]　正犯の故意に関しては，それが教唆の場合には必要であり，幇助の場合には不要であることを，第8章第4節で明らかにした。

第10章

片面的共犯

第1節　本章の目的

　片面的共犯とは，2人以上の者が犯罪に加わったが，それらの者の全体には相互に意思の連絡はなく，一部の者にだけ，ほかの者の犯罪に自分も加わろうとする意思があった場合に，そのような意思を持った者のことを言う[1]。片面的共犯をめぐっては，従来，一般に，片面的共同正犯および片面的従犯の両方について肯定説を主張する立場，片面的共同正犯については否定説を主張し，片面的従犯については肯定説を主張する立場，ならびに片面的共同正犯および片面的従犯の両方について否定説を主張する立場があるとされてきた[2]。このような学説の整理においては，片面的共同正犯と片面的従犯の問題が片面的共犯をめぐる従来の中心的な争点であったのに対し，片面的教唆犯の問題はそうではなかったということが示唆されている。教唆犯の場合，一般に，教唆という観念それ自体の中に，教唆者と被教唆者との間に相互に意思の連絡のあることが予定されていると理解するのが当然であるから，片面的教唆犯というものを議論する必要はないと考えられていたのである[3]。

　しかし，少なくとも，片面的教唆犯の観念それ自体を否定することはできないと思われる。たとえば，正犯に対し，被害者を殺害する決意の機会を与えようと意図した片面的教唆者が，正犯に気づかれるように拳銃を置いておいたところ，正犯は，それを見て急に被害者の殺害を決意し，片面的教唆者の意図を全く知らずに，その拳銃で被害者を殺害したという事例[4]において

---

(1) 植田重正「片面的共犯」植松正＝下村康正＝団藤重光＝西原春夫編『現代の共犯理論』齊藤金作博士還暦祝賀（昭39年・1964年）233頁，斉藤誠二「片面的共犯をめぐって」『成蹊法学』16号（昭55年・1980年）3頁。

(2) 大塚仁「片面的共犯の成否」同『刑法論集(2)』（昭51年・1976年）4頁。

(3) 斉藤誠二「承継的共同正犯・片面的共犯をめぐって」『受験新報』409号（昭60年・1985年）40頁。

は，片面的教唆犯の成否が問題となると解される[5]。この事例が示している通り，正犯に犯罪の実行を決意させるように，それと気づかれることなく仕向けることも必ずしも考えられないわけではないから，片面的教唆犯の観念それ自体を否定することはできない[6]。したがって，片面的共犯の問題を論じるにあたっては，これに片面的教唆犯も含まれるということを前提としなければならない[7]。

片面的共犯の問題は，教唆犯（刑法61条），従犯（刑法62条）および共同正犯（刑法60条）のそれぞれにおいて，関与者と正犯の間または各共同者の間に相互的な意思の連絡のあることが，それぞれの成立にとり必要か否かという観点から把握される。仮に，相互的な意思の連絡を，共犯が成立するために必要であると解するならば，これを欠く片面的な行為は，共犯とはならず，同時犯が成立する場合を除いては，不可罰となる。そして，相互的な意思の連絡の点に関して，教唆犯，従犯および共同正犯の性質上の相違に着目すれば，これらを別異に取り扱うことにも合理的な根拠があると考えられるから[8]，教唆犯，従犯および共同正犯のそれぞれについて，相互的な意思の連絡が必要とされるか否かということを，それぞれの性質に応じて解明し，その上で共犯の成否を決定するべきことになる。この点，相互的な意思の連絡のない共同正犯の成立を否定し，相互的な意思の連絡のない従犯の成立を肯定する立場は，相互的な意思の連絡を，共同正犯の場合には必要とし，従犯の場合には不要とする考え方に依拠していたものと解されるが，片面的教唆犯には触れていなかったのである。

そこで，本章は，片面的共犯の問題につき，これを片面的教唆犯，片面的従犯および片面的共同正犯に分類して論じ，その解決に役立てることを目的とする。

---

(4)　植松正「片面的共犯否定への道標」植松正＝下村康正＝団藤重光＝西原春夫編『現代の共犯理論』齊藤金作博士還暦祝賀（昭39年・1964年）268頁。

(5)　植松・前掲注(4)269頁は，この事例で片面的教唆者を従犯に問うことも，教唆犯と従犯の区別を乱すことになるから許されないとする。

(6)　植松・前掲注(4)268頁。斉藤（誠）・前掲注(1)5-6頁。

(7)　なお，本章では，共同正犯をも含む広義の共犯という意味で「共犯」の用語を使うことがある。

(8)　福田平「教唆犯」団藤重光編『注釈刑法(2)のⅡ』（昭44年・1969年）782-3頁，同「従犯」同編『同』（同年）810頁参照。

第2節　共犯の本質との関係

　従来，犯罪共同説からは，共犯の成立には，犯罪を共同する意思，すなわち故意の共同が必要であるから，これを欠く片面的共犯は共犯とは認められず，同時犯になるとされることになり，行為共同説からは，共犯の成立には，行為を共同する意思が必要であって，故意まで共同することは不要であるから，片面的共犯も共犯として認められることになるという図式化がなされてきた。たしかに，相互的な意思の連絡を欠く片面的な行為が共犯となるかについて，犯罪共同説がこれを否定するのに対し，行為共同説がこれを肯定するという傾向は存在する。しかし，共犯の本質に関する犯罪共同説または行為共同説と，片面的共犯を共犯として認めるか，それとも認めずに同時犯として処理するかという問題とは，理論上，直ちに結びつくわけではない。片面的共犯を共犯とするか，それとも同時犯とするかという問題は，直接的には，2人以上の行為者の間に相互的な意思の連絡のあることが，共犯の成立にとって必要とされるか否かという問題と結びつくのであって，決して，共犯が成立するためには，2人以上の者が同じ1つの犯罪を共同にしなければならないのか，それとも2人以上の者が行為を共同にするだけでよいのかという問題と必然的に結びつくわけではないのである[9]。

　このことは，共同正犯を例に挙げて考えると，より明白となる。共同正犯においては，共同者全員に「一部実行の全部責任の原則」が適用され，それぞれの共同者は，犯罪を実行するための行為の一部を実行すれば，発生した結果の全部について責任を負わなければならないとされているところ，片面的共同正犯を共同正犯として認めるのか，認めずに同時犯として処理するのかという問題は，「一部実行の全部責任の原則」を適用するためには，2人以上の者に相互的な意思の連絡のあることが必要とされるか否かという問題であって，これは，理論的には，共犯が成立するために，2人以上の者が同じ1つの犯罪を共同にしなければならないのか，それとも2人以上の者が行為を共同にするだけでよいのかという，犯罪共同説と行為共同説の対立とは異な

---

(9)　植田・前掲注(1) 233-4頁，斉藤（誠）・前掲注(1) 14-5頁。

250　第10章　片面的共犯

る問題なのである。したがって，行為共同説の立場から，片面的共同正犯を共同正犯とは認めずに同時犯として処理することは矛盾ではないし，また，犯罪共同説の立場から，片面的共同正犯を共同正犯として認めることも，それだけで直ちに矛盾となるわけではないのである[10]。

第3節　片面的教唆犯

第1款　片面的教唆犯の観念の当否と議論の実益

　従来，片面的共犯の問題においては，主として片面的共同正犯と片面的従犯が扱われてきたのであり，片面的教唆犯が中核的な争点とされることは決して多くなかった。これは，教唆という観念それ自体の中に，教唆者と被教唆者との間に相互に意思の連絡のあることが予定されていると理解するのが当然であるから，片面的教唆犯というものを議論する必要はないと一般に考えられていたことに起因すると思われる[11]。すなわち，「教唆はその概念上被教唆者が認識しないということはありえない」[12]とか，「教唆は原則として被教唆者との間に行為の点で意思の連絡のあることを要するから，片面的教唆犯は一応存しないと解してよい」[13]等と説明されてきたわけである。

　しかし，片面的教唆犯の観念それ自体を否定することはできないとして，次のような事例が挙げられる。すなわち，正犯に対し，被害者を殺害する決意の機会を与えようと意図した片面的教唆者が，正犯に気づかれるように拳銃を置いておいたところ，正犯は，それを見て急に被害者の殺害を決意し，片面的教唆者の意図を全く知らずに，その拳銃で被害者を殺害したという事例[14]がそうである。この事例は，正犯に犯罪の実行を決意させるように，それと気づかれることなく仕向けることも必ずしも考えられないわけではなく，

⑽　斉藤（誠）・前掲注⑴15頁。

⑾　斉藤（誠）・前掲注⑶40頁。

⑿　平野龍一『刑法総論Ⅱ』（昭50年・1975年）390頁。

⒀　植田・前掲注⑴234頁。もっとも，同書234頁は，片面的共同正犯および片面的従犯のほか，片面的教唆犯も概念的には片面的共犯に含まれるはずであるが，片面的教唆犯について改めて議論する実益がないということを強調している。

⒁　岡田朝太郎『刑法総論』（昭2年・1927年）173頁に，これと類似の事例がある。

第3節　片面的教唆犯　*251*

片面的教唆犯の観念それ自体は否定され得ないということを示している[15]。

　このように，少なくとも，片面的教唆犯の観念それ自体を否定することはできないのであり，一部の学説も，そのように理解してきた。しかし，片面的教唆犯の観念それ自体を認めるとしても，片面的教唆犯について議論することの実益に関しては，そのような学説の内部で争いがあり，これを否定的に解する立場と肯定的に解する立場とが対立している。すなわち，片面的教唆犯の観念それ自体は認めるものの，それについて議論する実益はないと解する立場と，片面的教唆犯の観念を認め，議論の実益もあるとする立場が対立しているのである。

　議論の実益を否定的に解する立場からは，一方が故意で他方の過失を誘発したり，双方が故意でも一方が重い故意で他方の軽い故意を誘発して犯罪に至らせたりしたような場合に片面的教唆犯が成立し得るが，これは，従来，間接正犯の問題として考察されてきているので，改めて議論する実益がないと説明される[16]。

　しかし，一般に片面的教唆犯の問題とされるような事例の全てを，間接正犯として解決できるわけではない。なぜならば，間接正犯は，他人を道具として利用し犯罪を実現する正犯形態であって，被利用者の道具性が肯定される場合に成立し得るが，そのためには，通常，被利用者の行為が，故意のない行為であるか，または身分や目的を欠いた故意行為であることを要するとされているところ，一般に片面的教唆犯の問題とされるような事例における正犯の行為が，これらのいずれにも該当せず，その道具性が否定されて，正犯が間接正犯の被利用者とはなり得ない結果，そのような正犯に対する片面的教唆者が間接正犯とはなり得ないということも考えられるからである。要するに，正犯に対する片面的教唆犯の問題を，正犯を利用する間接正犯の問題に置き換えることはできないのである。

　このように考えると，片面的教唆犯を片面的共犯の1つの独立の類型として，刑法上，どのようにして処理するべきかということを議論する実益があると解するのが妥当である。たとえば，片面的教唆者が，ある金庫の鍵をあ

---

(15)　植松・前掲注(4) 268頁，斉藤（誠）・前掲注(1) 5-6頁。

(16)　植田・前掲注(1) 234頁。

252　第 10 章　片面的共犯

る場所に置いておけば，正犯は窃盗の意思を持ち，その金庫から金銭を盗み出すであろうと思い，鍵をその場所に置いたところ，正犯は，誰がどのような目的でそこに鍵を置いたのかということを全く考えないで，窃盗の意思を持ち，その鍵で金庫を開けて金銭を盗み出したといった事例[17]においては，相互的な意思の連絡を欠いた片面的教唆者に教唆犯が成立するか否かということを議論する実益が存するのである。

　議論の実益を肯定的に解する立場の内部では，さらに，片面的教唆犯の問題について，片面的教唆者の処罰を否定する説と肯定する説とが対立している。この対立における中核的な争点は，教唆犯の成立にとり相互的な意思の連絡が必要であるか否かということに存するので，この観点から，否定説と肯定説に検討を加えることにする。

第 2 款　否定説とその検討

　植松博士は，共同意思主体説の立場[18]から否定説を主張される。その見解によると，共同正犯について相互了解を要するということを出発点にして，教唆犯，従犯も等しく共犯の 1 つの態様に属する以上，全て同様に相互了解を要するとするならば，片面的教唆犯も認めることはできないとされる。そして，具体的事例の処理においても，正犯に対し，被害者を殺害する決意の機会を与えようと意図した片面的教唆者が，正犯に気づかれるように拳銃を置いておいたところ，正犯は，それを見て急に被害者の殺害を決意し，片面的教唆者の意図を全く知らずに，その拳銃で被害者を殺害したという場合，正犯に対して直接的に「これで殺せ。」と教唆し，正犯もそれに応じる決意を示した場合に比べると，正犯の実行の確実性ははるかに劣るから，たとえ片面的教唆者の行為は道徳的には責められるとしても，教唆の罪責を帰するほどのものではなく，また，正犯に殺人の罪責が生じることは疑いないのであるから，あえて片面的教唆者にまで追及の手を伸ばす必要はないとされる。もっとも，そのように解すると，片面的教唆者は処罰されないことになり，当罰性の問題が生じてくるが，処罰を肯定するにせよ，否定するにせよ，片面的教唆犯が処罰に値するものであるか否かは，論者の主観的印象による水

⒄　斉藤（誠）・前掲注⑴ 5 頁は，これを「岡田朝太郎博士の設例」と呼んでいる。

⒅　植松正『刑法概論Ⅰ総論』再訂版（昭 49 年・1974 年）365 頁以下。

掛論に帰するので，それによって最終的な結論を導くことはできないとされ，共犯理論全体の一貫性の有無によって，理論的優劣を決するほかないとされる。そこで，植松博士は，共犯現象というものを心理的，物理的（精神的，肉体的）独立体としての人間が複数相寄って作る１つの集合現象とするならば，その心理の間の相互交流なくしては，人間実存の現象としての意味を欠くことになるから，広義の共犯のいずれの形態についても，共犯の本質上，心理的に相互了解の存在することが要求されていると解するべきであるとされ，否定説を主張されるのである[19]。

しかし，この見解が立脚している共同意思主体説は，近代刑法の基本精神に反する。すなわち，行為責任を前提とする近代刑法においては，犯罪の主体と刑罰の受忍主体は一致しなければならないと解されるところ，共同意思主体説によると，犯罪の主体は共同意思主体であるのに対し，刑罰の受忍主体はその構成員たる個々人であるとされ，犯罪の主体と刑罰の受忍主体とを分裂させることになるのである。仮に，このような分裂を認めるならば，代位責任，代理責任を肯定することになるが，これは自己責任を原則とする近代刑法の基本精神に反するものであるから，承認することはできない[20]。また，共犯理論の論理的一貫性を強調して，広義の共犯の全てを統一的に処理しようとする発想は，教唆犯，従犯と共同正犯との性質上の相違を軽視することになるので，必ずしも妥当とは言えない。むしろ，教唆犯，従犯が加担犯としての性質を持つのに対して，共同正犯は正犯としての性質を持つのであるから，そのような性質上の相違が片面的共犯の問題の解決に反映されることは当然であるし，その結果，片面的教唆犯，片面的従犯および片面的共同正犯のそれぞれの処理について，異なった解決がもたらされるとしても差し支えないのである。

香川博士は，教唆犯が成立するためには，教唆者が特定の犯罪を教唆し，その結果として，正犯が当該犯罪を実行することが必要であるが，たとえば，

---

(19)　植松・前掲注(4) 268 頁以下。

(20)　川端博『集中講義刑法総論』第 2 版（平 9 年・1997 年）367 頁，同「共犯の本質の解明」『明治大学社会科学研究所紀要』42 巻 2 号（平 16 年・2004 年）［後に同『共犯の理論』（平 20 年・2008 年）に収録］8 頁［引用頁数は後者による］。

254　第 10 章　片面的共犯

正犯に対し，被害者を殺害する決意の機会を与えようと意図した片面的教唆者が，正犯に気づかれるように拳銃を置いておいたところ，正犯は，それを見て急に被害者の殺害を決意し，片面的教唆者の意図を全く知らずに，その拳銃で被害者を殺害したという事例においては，拳銃を置くという行為が直ちに殺人罪(刑法 199 条)に結びつくとは言えないし，片面的教唆者が，どのような意図で，その場所に拳銃を置いたのかということや，正犯が，どのような意図で，その拳銃を使ったのかということについては，さまざまな事情が考えられるのに，それらの事情を全て捨象して教唆犯の成立を認めるのは適切でなく，また，たとえ教唆犯の成立を，この事例のような場合に限って認めるとしても，問題となる片面的教唆が直ちに殺人罪の教唆となると言えるかは疑問であるとされ，さらに，相互的な意思の連絡のない教唆犯の成立を認めることは，共犯従属性説を破棄することになって不当であると主張される[21]。

　香川博士が指摘されるように，片面的教唆犯においては，たしかに，正犯が実行に出る可能性は不確実である。しかし，そのことを理由として教唆犯の成立を否定するのは妥当でなく，教唆行為と正犯の実行行為との間に因果関係がある場合に限り，教唆犯の成否を問題にすればよいのである。また，片面的教唆犯の問題は，共犯の従属性の有無および程度の問題とストレートに結びつくとは思われず，むしろ，教唆犯が成立するためには，教唆者と正犯との間に相互的な意思の連絡のあることが必要であるか否かという観点から把握されるべきである[22]。

　この点，ドイツでは，片面的教唆犯の問題は，共犯が成立するためには，教唆者と正犯との間に精神的ないし心理的なコンタクトのあることが必要であるか否かという問題として議論されている。たとえば，嫉妬深い夫を予定の時間よりも早く帰宅させ，妻とその愛人の不貞行為の現場を見せれば，夫は愛人を殴りつけることになるであろうと考えた第三者が，この夫に事情を告げることなく，早く帰宅するよう勧めたところ，実際にそうなった場合，当該第三者に暴行の教唆犯が成立するのか否かという問題や，郵便局の職員

---

(21)　香川達夫『刑法講義総論』第 3 版（平 7 年・1995 年）389-390 頁。

(22)　斉藤（誠）・前掲注(1) 8 頁。

に横領をさせる目的で，それを勧める手紙[23]を，誰が差し出したか分からないように，そっと目に付くような場所に置いておいたところ，実際にそうなった場合，手紙を置いた者に横領の教唆犯が成立するのか否かという問題が議論されているのである。

ディーター・マイヤーは，教唆犯が成立するためには，共謀の存在が必要であるとする。その主張においては，教唆と煽動の相違が重視されており，背後者の行為は，共謀のあるときに限り，教唆犯を構成すると解されている。共謀のない犯罪行為の煽動を教唆犯に含めて解釈することは，刑法典の解釈として甘受できないものであり，そのように解釈することによって，立法者の権限へと介入することは，法適用の任務ではあり得ないし，あってはならないというわけである。もっとも，ディーター・マイヤーは，正犯の意思に影響を与える行為の全てを，共謀が欠けることを理由として常に自動的に不処罰とするわけではない。すなわち，正犯に犯行を決意させるために，とりわけ手の込んだ方法で働きかける者は，確実な行為支配を有していることが強く窺われるので，間接正犯または正犯の背後の正犯として論じられ得るとするのである。これに対し，その程度に達するほどの行為支配が認められず，背後者の態度が教唆犯としての処罰に値しない場合，刑法上の手段を伴った干渉は，刑法が「最後の手段たる機能」（ultima-ratio-Funktion）を営むものであることを考えると適切でなく，教唆の未遂[24]を問題にすればよいとする。そして，このような処理に対しては，共謀の立証が困難であることを主な理由として，可罰性の間隙が生じるとの批判が加えられ得ることを認めた上で，そのような間隙は，刑法の断片的な性格ゆえに不可避的に生じるのであって，これを埋めるのであれば，立法者によって，刑法典各則で背後者の煽動を構成要件化することが検討されるべきであるとする[25]。

ロクシンは，教唆者の処罰にとって，行為決意を故意で惹起することだけでは不十分であって，教唆者と正犯の共謀，教唆者による目的に向けられた

---

(23) このような手紙は，ドイツで「ファンクブリーフ」（Fangbrief）と呼ばれている。斉藤（誠）・前掲注(3) 42頁参照。

(24) ドイツ刑法30条1項は，一定の教唆の未遂を処罰している。

(25) Dieter Meyer, Das Erfordernis der Kollusion bei der Anstiftung-Ein Beitrag zum Verständnis des Unrechtstatbestandes des Anstiftungsdelikts-, 1973, S. 143f.

誘因も必要であるとし，そのような誘因だけが，法益への攻撃と評価され得るとする[26]。そして，教唆者と正犯との間に精神的なコンタクトのあることが，常に教唆犯の要件となるのであり，それゆえ，正犯を犯行へとそそのかす状況を単独で創出することは，教唆には当たらないとする。たとえば，横領へと駆り立てるために，郵便局員にそれを勧めるような手紙が密かに与えられる場合や，銀行強盗を遂行させるために，数枚の紙幣を落としておく場合のほか，債権者から督促を受けている商人が，侵入窃盗の被害を受けることによって保険金を得るために，住居の窓を目立つように開け放っておく場合，それに，嫉妬深い夫が，不意を打たれた自分の妻の愛人を殴打することになるであろうとの予期に基づいて，家におびき寄せられる場合には，犯罪の決意を引き起こすことに向けられた行動という明白な意味内容[27]が欠け[28]，教唆犯は問題にならないとしている。この主張においては，教唆者は常に「正犯と同様に」処罰されるのであるから，そのような，減軽の可能性のない教唆犯に，ほとんど処罰に値しないような事例を含ませることは禁止されるべきであると考えられているわけである。ロクシンの見解は，正犯の犯行への著しく巧妙な煽動を不処罰とすることになり，刑事政策的に納得できるものではないと批判されることもあるが，それに対しては，正犯の犯行を誘発するような状況の創出を，教唆の未遂としてドイツ刑法30条1項によって処罰しなければならないであろうと反論している[29]。

　このようにして否定説に検討を加えてみると，基本的に，これを支持することはできないが，ドイツの否定説が，片面的教唆者を全面的に処罰しないとするのではなくて，教唆の未遂として処罰する余地のあることを認めている点は注目に値すると思われる。

第3款　肯定説とその検討

　福田博士は，共同正犯の規定である刑法60条の文理において，2人以上「共同」して犯罪を実行することが要求され，共同正犯の主観的要件として意思

---

[26]　Roxin, Zum Strafgrund der Teilnahme, Festschrift für Walter Stree und Johannes Wessels zum 70. Geburtstag, 1993, S. 376f.

[27]　Vgl. Frisch, Tatbestandsmäßiges Verhalten und Zurechnung des Erfolgs, 1988, S. 343f.

[28]　Roxin, a.a.O.〔Anm. 26〕, S. 377.

[29]　Roxin, Leipziger Kommentar, 10. Aufl., 1978, §26 Rn. 12.

の連絡が必要とされているのに対し，教唆犯の規定である刑法 61 条の文理においては，教唆者と正犯との間に意思の連絡のあることが要求されているわけではない，という共同正犯の規定と教唆犯の規定の文理上の相違について，そのような相違が生じるのは，共同正犯と教唆犯との性質の違いによるものであるから，意思の連絡の点で，共同正犯と教唆犯を別異に取り扱うことにも合理的な根拠があるとされ，また，片面的教唆犯が問題となるような場合に，教唆犯の成立を否定して片面的教唆者を不可罰とするのでは実際的結論として妥当でないとして，教唆犯の成立を肯定されるが[30]，片面的共同正犯が問題となるような場合には，共同正犯の成立を否定される[31]。

　肯定説は，共犯の処罰根拠の観点から主張されることもある。斉藤（誠）博士の旧説がそうである。その見解によると，共犯の処罰根拠としては，共犯は，自分自身では構成要件に該当する行為をしないで，構成要件で保護されている法益を，正犯の構成要件を実現する行為に加わることによって，間接的に侵害するので処罰されると解する従属的な法益侵害説[32]が妥当であり，片面的教唆犯の成否が問題となる場合も，片面的な教唆行為は，それが正犯の行為と因果的に結びついていると証明される限りで，基本的構成要件で保護されている法益を間接的に侵害するものと解されるから，処罰され得ることになると説明される。そして，斉藤（誠）博士は，ドイツにおいては，たしかに否定説が多数説であるが，実は，ドイツの否定説が，心理的なコンタクトのない教唆を全く処罰しなくてよいとしているのではなくて，そのような教唆を，一定の教唆の未遂を処罰するドイツ刑法 30 条 1 項の規定によって処罰するべきであるとしていることに着目して，同様の規定のないわが刑法においては，片面的教唆犯も，61 条の「教唆」に含まれるものとして理解してよいとされる。そのように解すると，片面的教唆犯の当罰性は，教唆者と正犯との間に心理的なコンタクトのある通常の教唆の場合よりも少ない，ということが問題となるが，その点は，刑の量定の問題として処理するべきであるとされる[33]。

---

(30)　福田・前掲注(8)「教唆犯」782-3 頁。

(31)　福田平『刑法総論』全訂第 5 版（平 23 年・2011 年）270 頁。

(32)　この説は，「混合惹起説」とも呼ばれる。第 2 章第 4 節第 3 款参照。

258　第10章　片面的共犯

　心理的なコンタクトの欠けた教唆犯の成立を肯定する見解は，ドイツでも主張されている。ヘルツベルクは，心理的なコンタクトが欠ける場合に，教唆犯の成立を否定するのは不当であり，刑事政策的にも説得力を欠くとする。片面的教唆者が，正犯の行為とその結果を，自身の故意に含んでいることは疑いようがなく，犯罪を誘発するような状況を悪意で創出することは，単に行為を煽動することよりも実効性があり，巧妙であるので，攻撃の客体にとって，より危険であるにもかかわらず，それを幇助犯として減軽し，または完全に不処罰とすることは，単なる行為の煽動が教唆犯または教唆の未遂として扱われることを考えれば，事実上，根拠づけられないというわけである[34]。

　ザムゾンは，心理的なコンタクトのあることが教唆犯の成立要件とされなければならないか否かという観点から，それを欠いた他人の行為決意の惹起，ないし犯罪を誘発するような状況の創出が教唆犯となるか否かを検討する。その主張によると，心理的なコンタクトを欠いた教唆が問題となるような事例においても，実は，心理的影響を認めることができる。たとえば，犯罪を誘発するように金銭を撒き散らしておく者や，妻帯者を帰宅させて，妻と一緒にいる愛人を見せつけ，殺害させようとする者は，正犯の心理に影響を及ぼしているとされる。この見地からは，正犯が教唆者の考えに従うことを知っていなければならないと解する立場は，その理由を明らかにしていないとして批判される。そのような正犯の認識は，教唆者の不法とは関係ないからである[35]。要するに，ザムゾンは，心理的なコンタクトの存在を教唆犯の成立に不要と解しているのである。もっとも，そのことから直ちに，心理的なコンタクトを欠いた教唆の処罰を肯定するわけではない。結論的には，ここで挙げられるような事例の特殊性は，心理的なコンタクトの不存在にあるのではないとし，かかる教唆を，許された危険の範囲内にあるものとして不処罰と

---

(33)　斉藤（誠）・前掲注(1) 9頁以下。斉藤（誠）博士は後に改説され，片面的教唆犯は，通常の教唆犯よりも当罰性が少ないので，これを，正犯に対する法定刑で処罰される教唆犯に含めて処罰するのは妥当でないとして，否定説を支持されるに至っている（斉藤（誠）・前掲注(3) 43頁，同「共犯の処罰の根拠についての管見」西原春夫＝渥美東洋編集代表『刑事法学の新動向上巻』下村康正先生古稀祝賀（平7年・1995年）38頁）。

(34)　Herzberg, Täterschaft und Teilnahme, 1977, S. 146f.

(35)　Samson, Systematischer Kommentar zum Strafgesetzbuch, AT, 6. Aufl., 1985, §26 Rn. 5.

する[36]。しかし，いずれにせよ，少なくとも理論上，教唆犯の成立に意思の連絡を不要とし，意思の連絡のない教唆を認める見解を肯定説に分類するならば，ザムゾンの見解は，教唆犯の成立に意思の連絡を不要とし，意思の連絡のない教唆それ自体を認めた上で，教唆犯に固有の成立要件とは関係のない，許された危険の法理という一般的な犯罪阻却事由によって，処罰を否定する結論を導くものであると言うことができるから，肯定説に分類して差し支えない。あえてそのように主張しなくても，一般的な犯罪阻却事由が存在すれば，処罰が否定されるのは当然なのである。

　このようにして考えると，教唆犯の成立にとって，正犯に自分が教唆されているという認識のあることは必要でなく，教唆の故意に基づいて教唆行為をし，それによって正犯に犯罪の実行を決意させれば足りると解するべきであるから，教唆者と正犯との間に相互的な意思の連絡が欠けるときであっても，教唆犯を成立させる肯定説の立場が妥当である。

第4節　片面的従犯

　片面的従犯の問題の解決にあたっては，相互的な意思の連絡なしに，正犯の実行行為を容易にする状況があり得るか否かということを検討しなければならない。言い換えると，正犯に，自分が幇助されているという認識を持たせないで，その実行行為を容易にすることが可能であるか否かという観点から，従犯の成否が決定されるのである。通常，従犯には，有形的従犯と無形的従犯があるとされているところ，有形的従犯の場合には，もっぱら物理的に正犯の実行行為を容易にすれば，幇助したと言えることになるので，従犯の成否にとって，正犯の認識は重要でないと解する余地があるのに対し，無形的従犯の場合には，既に犯行を決意している正犯に，自分が幇助されているという認識を持たせないで，精神的に，その決意を強化するということがあり得るか否かが，従犯の成否にとって重要な問題となる。このように，有形的従犯の場合と無形的従犯の場合とでは，従犯の成立にとって，正犯の認

---

(36)　Samson, a.a.O. [Anm. 35], §26 Rn. 5.

260　第 10 章　片面的共犯

識が占める重要性の程度が異なるので，ここでは，片面的従犯の問題を，有形的従犯の場合と無形的従犯の場合とに区別して論じることにする。

第 1 款　有形的従犯

⑴　否定説とその検討　共同意思主体説の立場から，齊藤（金）博士は，共犯一般について，片面的共犯というようなことを是認するべきでないとされた上で[37]，従犯の特色を，異心別体たる幇助者と正犯とが一定の犯罪を行うという共同目的を実現するため同心一体となるという点に求められ，その成立には，正犯と幇助者の間に相互的な意思の連絡のあることが必要であると主張される[38]。否定説の背景には，このような考え方がある。

　植松博士は，相互了解の存在が共犯に不可欠の本質であるという理由で片面的従犯を否定するのは，処罰に値する者を不当に逸せしめるかのように思われることがあり，また，その理由が独断的前提ではないかと疑う余地もあるとされ，具体的事例に即して片面的従犯の当罰性を検討されるが，結論的には，これを否定される。まず，片面的従犯が問題となる場合，正犯に対する従犯の成立を否定しても，片面的な幇助行為と見られた行為が，それ自体として別罪を構成することはあり得るので，必ずしも当罰性の要求を無視することにはならないと説明される。たとえば，ある下僕が，夜間，盗人の来ることを予期して，主家の雨戸を開け放しておくか，または梯子を掛けておいたこところ，盗人は，それを利用して侵入窃盗を犯したという事例[39]に関し，この事例を考案したコーラーが主張するように，盗人が雨戸の開け放された状態や掛けてあった梯子を利用するだけで，下僕を従犯とするのは疑問であるとされる。すなわち，盗人が来るか来ないかは当てにならないのであって，そのような盗人がたまたま来たときに，それに利用されそうな程度の仕掛けをしただけであるならば，従犯として罪責を問わなければならないほどのことはないとされる。そして，このようにして従犯の成立を否定するとしても，下僕の行為は背任罪（刑法 247 条）の構成要件を満たすことが多く，その罪責を追及する余地は残っているから，必ずしも無罪の結論に帰するわけで

---

(37)　齊藤金作『刑法総論』改訂版（昭 30 年・1955 年）232 頁。

(38)　齊藤（金）・前掲注(37) 248 頁。

(39)　Kohler, Studien aus dem Strafrecht, H. 1, 1890, S. 105.

はなく，当罰性を無視することにはならないとされるのである。このような考え方によれば，万引きを現認しながら黙過する店員も，窃盗の従犯となるのではなく，背任罪として罪責を問われることになる。また，脱税を行おうとする者を寛容に見過ごした税務職員や，強盗現行中との急報に応じないで犯人の退去を待った臆病な警察官に，それぞれ脱税の従犯や強盗の従犯を成立させるのは過酷であるから，そのような作為義務違反の行為については，職務懈怠の責任を追及するだけで足りると説明されている。植松博士は，正犯と幇助者との間に強い紐帯を要求し，「幇助」と言えるためには，片面といった程度の弱い関係ではなく，共同正犯におけるように相互了解に至る程度の強い結合関係のあることが必要であると主張して，相互了解の存在を従犯の成立要件とされるのである。

　次に，従犯の成立を否定すると具体的妥当性が欠けることになるような事例も考えられるが，そのような事例は机上論にすぎないと指摘される。たとえば，正犯が被害者を殺そうとする時に，たまたま現場に居合わせた者が，片面的に正犯を幇助する意思で，被害者の逃げようとする戸口を塞いだので，正犯はその目的を果たすことができたという事例において，そのようにして正犯を幇助した者に殺人罪の従犯を成立させずに，単に監禁罪（刑法 220 条）を成立させるのでは，具体的妥当性が欠けると考えられるが，実際には，片面的にそこまでのことをするのはあり得ないとされる。部屋の外にいる者が戸口を閉めたとしても，正犯は，誰かが自分を幇助してくれていると感知するのが当然であるから，心理的連絡が存在することになって，通常の共犯関係となるのであり，それも実行共同正犯となるというわけである。同様に，片面的な見張り行為も机上論であると指摘されている。見張りをしている者は，正犯の犯罪が発覚しそうになったら，正犯にそのことを伝えるであろうが，そのとき，正犯が見張り行為による協力を知ってこれを利用するとすれば，そのことで片面性は破られ，疑問の余地のない共犯が成立するし，また，正犯に伝えることが何もなく，片面的な見張りが全く単純な見張りに終わったときは，処罰の必要がないとされるのである。

　要するに，植松博士は，片面的従犯が問題となる場合に，従犯の成立を否定するとしても，片面的な行為がそれ自体として別罪を構成することはあり

262 第10章 片面的共犯

得るのであるから，必ずしも当罰性を無視することにはならないし，また，従犯を成立させなければ具体的妥当性を欠くことになると思われるような事例は机上論にすぎないのであるから，従犯の成立を否定しても不都合は生じないと解しておられるのである。

しかし，それが植松博士の最終的な主張なのではない。結論としては，そのような当罰性の検討は水掛論であるとし，理論的一貫性による問題の解決を主張されるのである。すなわち，問題となる片面的な行為を，正犯に対する従犯としてではなく，それとは罪責の異なる別罪として処罰することが妥当か否か，および，机上論として扱われる片面的な行為の中には，相互了解の欠如を理由として不処罰とされるものもあるが，そのような処理が当罰性の要求に反しないか否かということは，論者の主観的印象による水掛論に帰するので，共犯理論全体の一貫性の有無によって理論的優劣を決するほかないというわけである。その上で，植松博士は，共犯現象というものを心理的，物理的（精神的，肉体的）独立体としての人間が複数相寄って作る1つの集合現象とするならば，その心理の間の相互交流なくしては，人間実存の現象としての意味を欠くことになるから，広義の共犯のいずれの形態についても，共犯の本質上，心理的に相互了解の存在することが要求されていると解するべきであって，これが欠ける場合には，従犯の成立を否定しなければならないとされるのである[40]。

それでは，否定説を妥当な見解として支持することができるであろうか。そもそも，否定説が共同意思主体説を前提としていることに対して，根本的な批判が加えられている。すなわち，否定説が共同意思主体の活動として共犯を把握する理由は必ずしも明らかでないし，そのような共犯一般の原理から片面的従犯の非当罰性を引き出す点については，前提と帰結とが逆になっており，むしろ，当罰性の検討を通して従犯の特色が明らかにされなければならないと批判されているのである[41]。

さらに，否定説が挙げる具体的事例に即して検討を加えておくことにする。まず，否定説は，コーラーの考案した事例に関して，盗人が来るか来ないか

(40) 植松・前掲注(4) 270頁以下。
(41) 植田・前掲注(1) 237-8頁。

は当てにならないということを理由として，下僕に従犯の成立を否定するが，この事例を部分的に変更して，下僕は確実に盗人の来ることを認識していたということにすると，否定説のもたらす不都合な帰結が明らかとなる。すなわち，盗人の来ることが確実であって，下僕もそのことを認識しているが，盗人は下僕の幇助行為を認識していないという事例において，下僕の行為は，当てにならないことを期待したものではなく，確実に行われる正犯行為を片面的に幇助したものと解されるから，この下僕を放置することはできないのである。否定説に従えば，この下僕は背任罪の罪責を負うことになるかもしれないが，一般的に，片面的従犯が問題となる場合に，常に別罪が成立するとは限らない。たとえば，下宿人が，窓に鍵がかかっていないことを認識しながら，窃盗犯人たる友人の侵入を容易にしてやろうとして，あえて鍵をかけないで就寝したという事例について考えると，この下宿人は，刑法247条の「他人のためにその事務を処理する者」としての身分を有しないから，その行為が背任罪を構成することはないのであり，結局，当罰性が明らかであるにもかかわらず，不処罰とされることになる。

　次に，否定説は，殺人現場に居合わせた者が，被害者の逃げようとする戸口を塞いで，正犯を片面的に幇助したという事例について，これは机上論であり，実際には，幇助者と正犯の間には心理的連絡が存在するはずであるから，共同正犯が成立するとしているが，一般的に，類似の事例で，常に心理的連絡が存在するとは限らないと指摘されている。たとえば，片面的幇助者が，正犯の気づかないうちに戸口を施錠しておく場合，正犯は，全く関係のない他人が過失で施錠したのであろうとか，故障等により施錠されたのと同じ状態になったのであろうと思うかもしれないので，誰かが施錠したこと，または施錠されたのと同じ状態になったことを知っても，自分が幇助されているという認識を常に持つとは限らないのである。そのような状況では，共同正犯は成立しないし，否定説によれば，従犯も成立しないのであるから，片面的幇助者は不処罰とされるか，または，せいぜい監禁罪でしか処罰されないことになって，具体的妥当性に欠けた結論が導かれる。また，否定説は，片面的な見張り行為も机上論であり，見張りをしている者は，正犯の犯罪が発覚しそうになったら，正犯にそのことを伝えるはずであるから，その時点

で片面性が失われ，共犯が成立するとしているが，見張り行為の場合，正犯に何も伝えずに，片面性を維持したまま，その犯行を容易にすることも可能である。たとえば，見張りをしている者が，現場に行こうとした警察官を，他の場所へと誘導することによって，窃盗犯人の犯行を容易にしてやるような場合，片面的なままで，正犯の犯行は容易にされている。

このように，否定説は，当罰性の明らかな片面的な幇助行為をも不処罰とする帰結を導く見解であるので，支持することはできない。さらに，広義の共犯のいずれの形態についても，共犯の本質上，その成立には心理的な相互了解の存在が要求されると解するのが理論的に一貫しているとするが，そのような理論的一貫性が肯定されるためには，前提として，全ての共犯類型に共通した実体の存在することが説明されなければならないはずである。教唆犯，従犯および共同正犯の間に性格の相違があるならば，それぞれについて異なった取り扱いをすることこそ，むしろ論理的なのである[42]。

⑵　**肯定説とその検討**　　幇助者と正犯との間に相互的な意思の連絡がないときであっても従犯の成立を肯定する見解は，主として刑法62条1項の文理や当罰性の要求を論拠として展開されている。この見解は，大塚博士，福田博士および斉藤（誠）博士の所説に代表される。これによると，わが刑法62条1項は，「正犯を幇助した者は，従犯とする。」と定めているところ，「幇助」という言葉は，単に「助ける」という意味を持つだけであるので，少なくとも，幇助の意思で正犯の実行行為を幇助する行為をし，それが正犯の実行行為を容易にしたと認められる場合には，従犯が成立するのであって，その際，幇助者と正犯との間に意思の連絡のあることが必ずしも要件とされるわけではないと理解される[43]。もっとも，「助ける」というのは，普通の語感に従えば，「頼まれて助ける」ということを意味するのであり，頼まれもしないのに助けるのは，「いらぬお節介」という響きを持つのが普通であるから，「幇助」を単に「助ける」という意味に解釈するのは，肯定説の決定的な理由としては弱いと考えられるかもしれない。しかし，「助ける」という言葉が，普通の語感から考えて，常に「頼まれて助ける」ということだけを意味するのかは

⑷　大塚・前掲注⑵19頁以下。

⑷　大塚・前掲注⑵23頁，福田・前掲注⑻「従犯」810頁。

疑問である。普通に考えれば，「助ける」という言葉には，「頼まれて助ける」という意味だけでなく，「頼まれないで助ける」という意味も含まれていると理解することができる[44]。

また，この見解は，片面的従犯の当罰性を強調する。たとえば，百貨店で，友人の万引きを現認した店員が，これを片面的に手伝おうと思い，友人に気づかれないうちに，同僚に話しかけてその注意を自分のほうに引きつけておいたというような場合，当該店員は，決して，当てにならないことを期待していたのではなく，現に行われている犯罪を片面的に幇助したのであるから，窃盗の従犯として処罰するのに十分に値するというわけである[45]。

判例も，肯定説に立脚している。大審院は，被告人Uが，正犯Yの賭博場開帳図利行為を知りながら，賭者を誘因して賭博をさせたという事案に関して，「共同正犯ノ成立ニハ其ノ主観的要件トシテ共犯者間ニ意思ノ連絡即チ共犯者カ相互ニ共同犯罪ノ認識アルコトヲ必要トスレトモ，従犯成立ノ主観的要件トシテハ，従犯者ニ於テ正犯ノ行為ヲ認識シ之ヲ幇助スルノ意思アルヲ以テ足リ，従犯者ト正犯者トノ間ニ相互的ノ意思ノ連絡アルコトヲ必要トセサルヲ以テ，正犯者カ従犯ノ幇助行為ヲ認識スルノ必要ナキモノトス。故ニ所論ノ如ク，正犯Y某カ被告Uノ本件幇助行為ヲ認識セサリシトスルモ，被告Uニシテ正犯Yノ行為ヲ認識シ之ヲ幇助スルノ意思ヲ有スルトキハ，其ノ従犯トシテノ主観的要件ニ欠クル所ナキモノトス。而シテ原判示ノ事実ニ依レハ，本件被告カ正犯Y某ノ賭博開帳行為ヲ認識シ，之ヲ幇助スルカ為ニ賭者ヲ誘引シ賭博ヲ為サシメタル事実明白ナルヲ以テ，被告Uノ従犯トシテノ主観的及客観的要件ニ於テ何等ノ不備アルコトナシ。サレハ，原判決カ被告Uヲ賭博開帳ノ従犯トシテ処断シタルハ相当」として，被告人に賭博場開帳等図利罪（刑法186条2項）の従犯の成立を認めた[46]。また，大審院は，従犯が，不作為による片面的な幇助行為によっても構成されることを認めている。すなわち，町議会議員選挙の際，重病の後遺症のある有権者に付き添い，投票所において，当該有権者の依頼により投票用紙に被選挙人名を代書

---

(44) 斉藤（誠）・前掲注(1)32-3頁。

(45) 斉藤（誠）・前掲注(1)33頁。

(46) 大判大正14年1月22日刑集3巻921頁。

266 第10章 片面的共犯

して投票したという正犯Oの投票関渉行為を，選挙長として臨席していた
被告人は，現認していたのに制止しなかったという事案に関して，大審院は，
「不作為ニ因ル幇助犯ハ他人ノ犯罪行為ヲ認識シナカラ法律上ノ義務ニ違背
シ自己ノ不作為ニ因リテ其実行ヲ容易ナラシムルニヨリ成立シ，犯罪ノ実行
ニ付相互間ニ意思ノ連絡又ハ共同ノ認識アルコトヲ必要トスルモノニ非ス。
而シテ原判示ノ事実ニ依レハ，被告人ハOノ判示投票関渉ヲ現認シナカラ
法律上ノ義務ニ違背シ之ヲ制止セス，因テ右Oノ関渉行為ノ遂行ヲ容易ナ
ラシメタルモノナレハ，罪トナルヘキ事実ニ付認識アリシハ勿論，其ノ不作
為タルヤ過失ニ出デタルモノト認ムヘカラサルコト云フヲ俟タス。」として，
被告人に投票干渉罪の従犯を成立させたのである[47]。

　否定説および肯定説によって挙げられた事例や，判例に現れた事例からも
明らかなように，正犯に自分が幇助されているという認識を持たせることな
く，その実行行為を物理的に容易にすることは可能である。しかも，正犯が
そのような認識を持っていないからといって，幇助行為の当罰性が直ちに失
われるとも思われない。片面的な幇助行為の中には，たしかに，当罰性の低
いものはあるかもしれないが，そのような場合があるということだけを理由
として，否定説を支持することはできない。刑法62条1項の文理上，正犯に
幇助されている認識のあることが要求されているとは解されないので，片面
的な幇助行為によって正犯の実行行為が容易にされ，幇助者に故意が認めら
れるのであれば，たとえ当罰性が低いときであっても，幇助犯の成立それ自
体は否定され得ない。従犯は，その処分については，「正犯の刑を減軽する」
とされており（刑法63条），それぞれの幇助行為の具体的な状況に応じて，そ
れぞれそれ自身として処罰されるのであって，共同正犯が「すべて正犯」と
されて（刑法60条），自分以外の共同者によって引き起こされた結果について
まで責任を負わなければならないのとは異なるので，片面的な幇助行為を，
処罰する必要がある場合には，その当罰性に応じて処罰しても，実質的な不
都合はない[48]。当罰性が低いときは，そのことを量刑に反映させればよいの
である。

---

[47] 大判昭和3年3月9日刑集7巻172頁。
[48] 斉藤（誠）・前掲注(1)34-5頁。

このように考えると，有形的従犯については，たとえ幇助者と正犯との間に相互的な意思の連絡がないときであっても，自身の幇助行為によって正犯の実行行為を物理的に容易にした片面的幇助者は，従犯としての罪責を負うとする肯定説の立場を，妥当な見解として支持するべきことになる。

第2款　無形的従犯

正犯の犯行へのある関与行為について，教唆犯でなく従犯の成否が問題となる場合，正犯は既に犯行を決意しているということが前提となる。それでは，そのような既になされた決意をより強化することは，幇助されているという認識が正犯にないときであっても可能なのであろうか。

この点，正犯者が精神的に犯罪意思を強められたことを意識しても，それが誰か他人の助力によったのかどうかは認識せず，また，誰の助力に負うのかも全く知らないということもあり得るとして，精神的な片面的幇助につき，従犯の成立を肯定する立場もある。この立場は，精神的な片面的幇助について片面的従犯の認められる事態は稀であるが，全くあり得ないものとは解されないとする。たとえば，殺人を決意した正犯が，犯行の前に気を静めようとして喫茶店に立ち寄った際に，その事情を知った片面的幇助者が，正犯の決意をさらに助長させようとして，密かに店主に依頼し，勇気を鼓舞するような音楽をかけてもらったところ，それを聴いた正犯は，無意識のうちに殺意を強められ，勇躍して殺人に及んだような場合，片面的幇助者の行為は従犯を構成すると解しているのである[49]。

しかし，この事例の片面的な幇助行為が，修正された共犯の構成要件の結果である正犯の殺人の実行行為の容易化との関連において，相当因果関係[50]や定型性という要素を具備するかは疑問である。すなわち，音楽をかけるよう依頼する行為と，正犯の殺人の実行行為が容易にされることとの間には，高度の蓋然性がなく，相当因果関係が否定されるように思われるし，また，音楽をかけるよう依頼する行為には，正犯の殺人の実行行為の容易化という共犯の構成要件的結果を発生させる現実的な危険性がないように思われるの

---

[49]　大塚・前掲注(2) 24 頁。
[50]　ここでの相当因果関係は，幇助行為と正犯の実行行為の容易化との間に条件関係が存在することを前提としない。

である。したがって，このような事例を挙げることは，精神的な片面的幇助について従犯の成立を肯定する根拠とはならない。

これに対し，別の立場は，幇助が実行行為の促進である以上，了解されない精神的幇助は無意味であるとして，精神的幇助については正犯がそれを認識して初めて助長，促進の効果を生じるのであるから，幇助されている認識が正犯にないときには，片面的幇助は成り立たないとする[51]。この立場が主張するように，精神的幇助の場合，正犯が幇助行為の存在を認識していなければ，犯行が容易になったとは考えられないのであるから，従犯の成立にとって，正犯に自分が幇助されているという認識のあることが必要である。したがって，片面的従犯の問題について一般に肯定説が妥当であるとしても，無形的従犯の場合には，幇助されている認識が正犯にない限り，既になされた決意をより強化するのは不可能であるから，精神的な片面的幇助が従犯を構成することはないと解するべきである。

第5節　片面的共同正犯

第1款　肯定説とその検討

植田博士は，片面的共同正犯の問題について，共同正犯における「一部実行の全部責任の原則」の根拠が意思の相互連絡に求められるということを前提として共同正犯の成立を否定するのは妥当でないとされ，むしろ，加功者に「一部実行の全部責任」を負わせるために意思の相互連絡を必要とするか否かは，片面的共同正犯を共同正犯として認めるか否かによって決定される帰結であると主張される。つまり，片面的共同正犯が問題となる場合に，意思の相互連絡の要否によって共同正犯の成否を決定するのは前提と帰結を誤るものであり，共同正犯を成立させるべきか否かを実質的に考察することによって意思の相互連絡の要否が決定されなければならないというわけである。このような考え方からは，片面的共同正犯とされている具体的事例について，それが共犯的性格を持つか否かを考察しなければならないとされる。

---

[51]　青柳文雄『刑法通論 I 総論』（昭40年・1965年）390-1頁。

たとえば，正犯が被害者の自宅へと窃盗に侵入することを事前に知った片面的共同者が，正犯の犯行を完遂させるために，前もって被害者の自宅へと侵入して被害者に暴行，脅迫を加えてその自由を拘束し，そうしている間に，事情を知らない正犯に窃取行為を遂行させたという事例においては，片面的共同者は，たとえ一方的にせよ正犯の窃取行為を予見して，それを遂行させるために被害者に暴行，脅迫を加えてその自由を拘束し，それによって正犯の窃取行為を遂行させたのであるから，結果に対し因果関係を与えたものであるが，これに対し，正犯は，片面的共同者の先行行為に対し何ら影響を与えたものではないので，片面的共同者の行為については責任を負わず，もっぱら自己の行為についてのみ責任を負うことになるとされる。このようにして，正犯は窃盗罪（刑法235条）の単独正犯となるが，片面的共同者は，正犯の窃取行為をも含んだ全体としての犯罪結果の責任を負う点で「一部実行の全部責任」を保有するものであり，その意味で，強盗罪（刑法236条）の共同正犯となるとされるのである。植田博士によると，意思の相互連絡は，意思への影響を通じて間接に結果に対し因果関係を持つことを言うとされるところ，片面的共同正犯のように，意思の相互連絡によらなくても，片面的共同者の行為が結果に対して影響を与えることはあり得るのであるから，共同正犯の成立に意思の相互連絡は不要とされることになる[52]。

　ここでは，結果に影響を与えたか否かということが，共同正犯の成否を決定する重要な基準となると考えられているようである。それに従うと，この事例の片面的共同者は，意思の相互連絡の有無にかかわらず，いずれにせよ結果に影響を与えたのであるから，強盗罪の共同正犯とされるのに対し，正犯は，意思の相互連絡の有無により異なって処理され，意思の相互連絡がないときには，強盗罪の一部である片面的共同者の先行行為に影響を与えていないので，窃盗罪の単独正犯とされるが，仮に，意思の相互連絡があれば，そのような影響を与えているので，強盗罪の共同正犯とされることになると思われる。

　さらに，植田博士は，ここで挙げられた事例の片面的共同者を強盗罪の共

---

[52]　植田・前掲注(1) 242 頁以下。

270　第10章　片面的共犯

同正犯とするのでなければ，直接正犯または間接正犯として処理するほかなくなるが，これは許されないと主張される。すなわち，片面的共同者は，自ら窃取したものではなく，第三者たる正犯に窃取させたものであるから，強盗罪の直接正犯とすることは許されないし，また，正犯は，その決意に係る窃取行為に出るか否かの自由を自己に保持しており，その窃取行為に出ないこともあり得るのであって，それを決定するのは正犯自身の決意であり，片面的共同者が決定，支配し得ることではないから，片面的共同者に，結果に対する支配を認め，これを間接正犯とすることも許されないと説明されるのである。この意味において，片面的共同正犯を直接正犯または間接正犯とするよりも，共同正犯として認めるのが合理的であるとされる[53]。

　しかし，植田博士の見解に対しては，まず，その方法論について批判が加えられている。すなわち，相互的な意思の連絡の要否は，片面的共同正犯を共同正犯として認めるか否かによって決定される帰結であるとする点に関して，この考え方は，もっぱら実質的観点から，片面的共同正犯について，当罰性があるならば，これを共同正犯として論じ得るものとする趣旨であると解されるが，共同正犯の成立要件として相互的な意思の連絡が必要か否かの検討は，片面的共同者の行為が共同正犯としての当罰性を有するか否かの考察に先行しなければならないと批判されている。なぜならば，罪刑法定主義の見地においては，条文上の根拠が犯罪の成立にとって不可欠であり，単に実質的な当罰性が窺われるだけで直ちに犯罪性を論じ得るものではないし，片面的共同正犯についても，不可欠の前提として，片面的共同者の行為が共同正犯の規定に適合するか否かを検討しなければならないのであって，仮に，それが共同正犯の成立要件を満たさないならば，たとえ共同正犯としての実質的な当罰性があるとしても，共同正犯を成立させてはならないからである[54]。

　次に，植田博士の見解が挙げる事例に関して，問題となる片面的な行為には，共同正犯の実体が具備されていないし，共同正犯として処罰しなければならないほどの当罰性は存在しないと批判されている。被害者に前もって暴

[53]　植田・前掲注(1) 247 頁以下。
[54]　大塚・前掲注(2) 9-10 頁。

行，脅迫を加えておくことによって，それを知らない正犯に窃盗を遂行させたという片面的な行為について考えてみると，正犯の行為が強盗ではなく窃盗である以上，窃盗に協力しようとして被害者に加えた暴行，脅迫を強盗の実行の着手と捉えるのは飛躍しているから，そのような片面的な行為は，強盗罪の共同正犯の実体を具備しているとも，強盗罪の共同正犯として処罰しなければならないほどの当罰性を帯びているとも解されない。そうすると，片面的共同者は，強盗罪の共同正犯とも従犯ともされ得ないことになるが，それで不都合が生じるわけではない。なぜならば，片面的共同者は，住居侵入罪（刑法130条）のほか，暴行罪（刑法208条），脅迫罪（刑法222条）の単独正犯の罪責を負うことになるし，その上，片面的従犯を従犯として認めるときは，窃盗罪の従犯の罪責をも負うことになり，実体に即した当罰性の要求も満たされるからである[55]。また，このようにして，共同正犯を成立させなくても，窃盗罪の従犯等として処理することで，適切な当罰性の要求が満たされるのであるから，片面的共同者が直接正犯とも間接正犯ともなり得ないことは，相互的な意思の連絡がないときに共同正犯を成立させる合理的な根拠とはならない。

　肯定説の内部には，一般に片面的共同正犯とされている事例の一部に関しては，片面的共同正犯が問題となるような事例ではないとして，結論的に，共同正犯の成立を否定する立場があり，植田博士の所説は，この立場をも代表する。たとえば，乙が丙を殺すことを知った甲は，これと共同する意思で，共同の意思のない乙と同時に丙に対して発砲したところ，丙は乙の弾丸に当たって死亡したという事例に関しては，甲の弾丸は丙に当たっておらず，丙の死亡は甲の行為と関係のない乙の行為のみによって惹起されたものであるから，甲は，もっぱら自分の行為について責任を負うことになり，殺人未遂罪（刑法199条，203条）の単独正犯となるとされる。また，XがA宅に放火しようとしているのを見たYは，自分も協力してA宅を焼こうと思い，Xと同時に家屋の反対側から点火したところ，火は両側から燃え上がって，A宅は間もなく全焼したが，その際，XはYが点火したことを全く知らなかった

---

[55]　大塚・前掲注(2)15頁。

という事例に関しては、たしかに、A宅はYの行為によっても全焼しているが、仮に、Yのつけた火が何らかの原因により途中で消え、Xの放火だけでA宅が全焼したとすれば、その場合には、Yは単に放火未遂となるにとどまることを考えると、事例の場合にも、決して、YはXの放火既遂に対して責任を負うのではなく、もっぱらY自身の放火による既遂の責任を負うので、放火既遂罪の単独正犯となるとされる[56]。

しかし、この立場に対しては、いずれの事例においても、仮に、各共同者に共同実行の意思があれば、共同正犯が成立し、各共同者は、共同行為に基づいて惹起された結果についても正犯としての罪責を問われるのであるから、肯定説に立脚する以上、共同者の一方にのみ共同実行の意思がある場合には、その意思のあった範囲内で共同正犯の成立を認めなければならないはずであるという批判が加えられている[57]。

ドイツでは、ベーリングが、片面的共同正犯を共同正犯として認めている。すなわち、AがXに対して致死量に達しない少量の毒物を投与した後で、Bはそのことを知って、Aの知らないうちに、Aが投与した毒物と合わせて致死量に達する量の毒物を追加したという事例において、Aは自分の行為の部分、すなわち殺人未遂の単独正犯者であるが、これに対して、BはAとの共同正犯者であり、殺人行為全体について罪責を負うと説くのである[58]。しかし、これは片面的共同正犯の事例として適切でない。Aが投与した毒物を既に飲んでしまったXを殺害するには、致死量に不足している量の毒物を追加するだけで十分な状態にあることをBは承知の上で、その量を追加しているのであるから、Bの殺人行為の存在は明白である。Bが投与した量は、その時点でのXに対しては、十分な致死量に達しているのである。Bは、Aの行為の結果として発生した状態を利用し、Aの行為の結果を計算に入れて行為をしてはいるが、Aと共同し、ともに行為をしているものではない。した

---

[56] 植田・前掲注(1)242-3頁。また、中義勝「片面的共同正犯」『関西大学法学論集』16巻4・5・6合併号（昭42年・1967年）372-3頁は、片面的共同正犯が問題となるのは、加功が単独では既遂の結果を発生させ得ない場合に限られるとして、これらの事例で、片面的共同正犯が問題となることはないとする。

[57] 大塚・前掲注(2)11頁。

[58] Beling, Die Lehre vom Verbrechen, 1906, S. 410.

がって，Bの行為は，それ自体として単独の殺人行為なのであり，この事例は，相互的な意思の連絡のないときに共同正犯の成立を肯定する根拠とはならないのである[59]。

　ここでの検討から明らかなように，肯定説は，条文上の根拠を欠くように思われるし，その方法論において，当罰性の有無によって共同正犯の成立要件としての相互的な意思の連絡の要否を決定しようとする点で妥当でなく，また，共同正犯としての当罰性が必ずしも認められないような片面的な行為をも共同正犯として処罰する帰結を導き，この点でも妥当性を欠くので，これを支持することはできない。

第2款　否定説とその検討

　片面的共同正犯の問題は，共同正犯の成立要件として，各共同者間に相互的な意思の連絡のあることが必要とされるか否かという観点から解決されるべきである。相互的な意思の連絡を共同正犯の成立要件として求めるならば，これを欠く片面的共同正犯は共同正犯とは認められないことになる。相互的な意思の連絡のない共犯の成立を全面的に否定する植松博士は，法文が言語をもって綴られ，それが実定法の名宛人たる国民に対して服従を要求するものである以上，その国民の用語としての言葉の意味を無視することはできないのであり，そこから出発すると，刑法60条の「共同して」の意味には，「相互了解のもとに」ということが含まれていると指摘される[60]。

　片面的従犯については肯定説に立脚しながら片面的共同正犯について否定説を主張する見解も，規定の文理を重視する。大塚博士は，片面的共同正犯を共同正犯として認めることができるか否かという問題の解決にあたっては，わが刑法60条の「2人以上共同して犯罪を実行した者は，すべて正犯とする。」という規定の解釈から出発しなければならないとされ，その際，片面的な共同者が「2人以上共同して犯罪を実行した者」に当たるか否かとともに，その犯行が「すべて正犯」として処罰するのにふさわしい実体を備えているか否かということを検討しなければならないとされる。そして，「共同して犯罪を実行した」とは，2人以上の各共同者が相互に相手方の行為を利用

---

(59)　植松・前掲注(4) 258-9頁。

(60)　植松・前掲注(4) 259頁。

し合い，それぞれの行為の足りない部分を補充し合って犯罪を実現しようとする意思を有し，かつ，その意思に基づいて，現実に，各共同者の実行行為が利用し合い，補充し合う関係に立ちつつ，犯罪を実現することを意味するのであり，そうであるからこそ，それらの共同者によって実行され，惹起された結果について，共同者の全員が正犯としての罪責を問われることになるのであると強調された上で，「共同して」とは，「相互に意思の連絡をもって」という文理的意味を有するものと解しなければならないと主張される。大塚博士の見解においては，片面的共同正犯が問題となる場合，そのような利用補充の意思は一方の行為者が具備しているだけで，他方の行為者はそれについての認識を完全に欠如しているのであるから，認識を欠く者の行為が，利用補充の意思を持つ者の行為と厳密に共同関係に立ち得ないのは当然であるし，利用補充の意思を持つ者の行為それ自体も，相手方の行為と十分な利用補充の関係に立つわけではなく，それゆえ，利用補充の意思を欠く者の行為，およびそれによって惹起された結果を，利用補充の意思を片面的に持っていた者に帰属させることはできないと説明されている。これは，刑法60条の文理解釈上の帰結であるとともに，共同者が「すべて正犯」とされる処遇の面からの実質的考慮にも適合するものであるから，相互的な意思の連絡という要件を満たさない片面的共同正犯は，共同正犯として認められる余地はないとされるべきことになる[61]。

　否定説は，共同正犯の本質を機能的行為支配に求める立場から基礎づけられることもある[62]。ロクシンによると，意思の連絡が機能的行為支配の本質的なメルクマールの1つであるとされる[63]。わが国では，斉藤（誠）博士がこの考え方を援用され，意思の連絡を欠く片面的共同正犯を，共同正犯のカテゴリーから除外しておられる。機能的行為支配の考え方からは，共同正犯の本質は，2人以上の者が，ある犯罪を一緒になって実現しようという合意をして，その合意に基づいて，それぞれの者が，相互に依存し合いながら，そ

---

[61]　大塚・前掲注(2) 15-6頁，22-3頁。

[62]　しかし，この立場に属する中博士は，片面的共同正犯が問題となる場合にも，機能的行為支配は認められるとして，肯定説を支持されている（中・前掲注56 371頁以下）。

[63]　Roxin, Täterschaft und Tatherrschaft, 8. Aufl. 2006, S. 275ff., 285ff.

の犯罪を実現するための全体のプランの一部を分担し，その犯罪の実現のプロセスを，いわば手中にしていることにあると説かれる。そして，ここでの合意は，犯罪を実現しようというそれぞれの者の意思から成り立つものであるから，合意に基づくそれぞれの者の行為は，犯罪の実行行為をしようという自分の意思ばかりではなくて，同時に，その犯罪の実行行為をしようという他の共同者の意思をも実現しているものと理解されることになり，そうであるからこそ，共同者の1人の実行行為は，それ自身の実行行為と評価されるとともに，他の共同者の実行行為としても評価され，共同正犯においては，2人以上の者のそれぞれが，その犯罪の全体について責任を負うのであると解されている。斉藤（誠）博士によれば，共同正犯の本質を機能的行為支配に求める立場は，わが国の犯罪共同説と基本的に方向を同じくしており，その考え方は，わが刑法60条の解釈としても十分に支持することができるとされる。すなわち，刑法60条の「共同して」という文言は，単に客観的に共同することを意味するだけでなく，主観的にも共同することをも意味していると理解できるし，また，「犯罪」という文言は，「ある1つの犯罪」という意味にも理解できるのであって，そのような理解は，まさに，ドイツで共同正犯の本質を機能的行為支配に求める立場が主張していることにほかならないというわけである。このようにして，共同正犯の本質を機能的行為支配に求めるならば，各共同者が，共同してある犯罪の実行行為を分担しようとすることに同意していない限り，共同正犯は成立しないことになる[64]。

　ドイツの機能的行為支配の考え方をわが国の共犯論に応用しようとするときは，わが国の行為共同説[65]に相当する考え方が，ドイツには存在しないということを想起するべきである[66]。機能的行為支配の考え方ないし犯罪共同説によると，共同正犯において，各共同者が共同するのは「ある1つの犯罪」であると解されることになるが，共同正犯の犯罪現象を的確に把握するには，

---

[64]　斉藤（誠）・前掲注(33)「共犯の処罰の根拠についての管見」5-6頁，同・前掲注(1) 23頁以下。
[65]　現在の行為共同説において，共同されるべき行為は，構成要件に該当する実行行為でなければならないとされている。
[66]　松宮孝明＝川端博「対談＜共犯論の再構築をめざして＞」『現代刑事法』5巻9号（平15年・2003年）［後に川端博ほか『現代刑法理論の現状と課題』（平17年・2005年）に収録］308頁参照［引用頁数は後者による］。

276　第10章　片面的共犯

それを「各自の犯罪」と捉えるわが国の行為共同説のほうが優れているように思われる。共同正犯においては，各共同者が各自の目的を持ち，その目的を実現するために集合力を利用し合っているという集団現象が存在する。犯罪を単独では実現できない場合でも，分業形態，合同力，または相互的な精神的強化によって，これを遂行することができるのである。このことを，各共同者個人のレヴェルで分析すると，2人以上の者が相互に他人の行為を利用補充し合って，それぞれが自己の犯罪を実現したことになる。このような心理学的観点から「一部実行の全部責任の原則」が基礎づけられるわけである。そうすると，共同実行の意思が各共同者に認められないときは，「一部実行の全部責任の原則」を適用するべきではなく，共同正犯の成立は否定されなければならないことになる[67]。このようにして，わが国の行為共同説からも，相互的な意思の連絡を共同正犯の成立要件として求め，それが欠ける片面的共同正犯を共同正犯とは認めないという妥当な結論を導くことができるのである。

　判例も，「刑法六十条ニ二人以上共同シテ犯罪ヲ実行シタル者ハ皆正犯トト規定シ行為者各自カ犯罪要素ノ一部ヲ実行スルニ拘ラス其ノ実行部分ニ応シテ責任ヲ負担スルコトナク各自犯罪全部ノ責任ヲ負ウ所以ハ，共同正犯ガ単独正犯ト異リ行為者相互間ニ意思ノ連絡即共同犯行ノ認識アリテ互ニ他ノ一方ノ行為ヲ利用シ全員協力シテ犯罪事実ヲ発現セシムルニ由ル。然ルニ，若シ行為者間ニ意思ノ連絡ヲ欠カンカ縦令其ノ一人カ他ノ者ト共同犯行ノ意思ヲ以テ其ノ犯罪ニ参加シタリトスルモ全員ノ協力ニ因リテ犯罪事実ヲ実行シタルモノト謂フヲ得サルガ故ニ共同正犯ノ成立ヲ認ムルヲ得サルモノトス。」と述べて，相互的な意思の連絡のない共同正犯の成立を否定している[68]。

　相互的な意思の連絡のないときに共同正犯の成立を否定しても，具体的事例の処理において不都合が生じることはない。むしろ，共同正犯を成立させるほうが，犯罪の実体に相応しない不当な帰結を導くこともある。たとえば，乙が丙を殺すことを知った甲は，これと共同する意思で，共同の意思のない

---

[67]　川端・前掲注(20)「共犯の本質の解明」17-8頁，同『刑法総論講義』第3版（平25年・2013年）556，566-7頁。

[68]　大判大正11年2月25日刑集1巻79頁。

乙と同時に丙に対して発砲したところ、丙は乙の弾丸に当たって死亡したという事例では、そもそも丙は甲の行為によって死亡したのではないから、甲の行為と丙の死亡との間の因果関係が否定され、甲には殺人未遂罪の単独正犯が成立する。この事例の甲に殺人罪の共同正犯を成立させるのは、明らかに犯罪の実体と異なる。また、AがXに対して致死量に達しない少量の毒物を投与した後で、Bはそのことを知って、Aの知らないうちに、Aが投与した毒物と合わせて致死量に達する量の毒物を追加したという事例に関しても、Bの行為は、いわばXの悪化した体調を利用した殺人であると捉えるのが実体に即しているから、それ自体として単独で殺人罪を構成すると解すればよいのであって、共同正犯を成立させなくても何ら不都合は生じない。このほか、被害者に前もって暴行、脅迫を加えておくことによって、それを知らない正犯に窃盗を遂行させたという片面的な行為に関しては、物理的な片面的幇助について従犯の成立を肯定する立場に依拠して、暴行罪、脅迫罪の単独正犯および窃盗罪の従犯を成立させればよい。この片面的な行為が強盗罪の共同正犯または従犯を構成すると解するのは妥当でない。なぜならば、正犯が実行したのは窃盗なのであり、強盗ではないからである[69]。

　このように検討してみると、片面的共同正犯を共同正犯とは認めない否定説の立場が妥当とされるべきことになる。共同正犯の場合、各共同者が共同実行の意思を有していない限り、「一部実行の全部責任の原則」を基礎づける相互的な利用補充の関係は認められないのであるから、共同者間に相互的な意思の連絡のあることがその成立要件とされるべきであり、これを欠いた共同正犯の成立は否定されなければならないのである。

第6節　結　　論

　片面的共犯が共犯として認められるか否かという問題は、教唆犯、従犯および共同正犯のそれぞれにおいて、関与者と正犯の間または各共同者の間に相互的な意思の連絡のあることが、それぞれの成立にとって必要か否かとい

⒆　植松・前掲注⑷266頁。

278　第10章　片面的共犯

う観点から解決されるべきである。その際，この問題が，犯罪共同説と行為
共同説の対立の問題と必然的な関連性を有しているわけではないということ
に注意しなければならない。

　片面的教唆犯が問題となる場合，教唆犯の成立は肯定される。正犯に犯罪
の実行を決意させるように，それと気づかれることなく仕向けることも必ず
しも考えられないわけではないから，教唆犯の成立にとって，正犯に，自分
が教唆されているという認識のあることは必要でなく，教唆の故意に基づい
て教唆行為をし，それによって犯罪の実行を決意させれば足りると考えられ
るのであり，たとえ教唆者と正犯との間に相互的な意思の連絡が欠けるとき
であっても，教唆犯は成立すると解するべきである。

　片面的従犯が問題となる場合，片面的な有形的従犯については，従犯の成
立が肯定され，片面的な無形的従犯については，従犯の成立が否定される。
第1に，有形的従犯については，正犯に，自分が幇助されているという認識
を持たせることなく，その実行行為を物理的に容易にすることは可能である
から，たとえ幇助者と正犯との間に相互的な意思の連絡がなくても，正犯の
実行行為を物理的に容易にすれば，従犯が成立すると解するべきである。こ
れに対し，第2に，無形的従犯については，正犯が幇助行為の存在を認識し
ていない限り，既に形成された決意を一段と強化して，その犯行を容易にす
ることは不可能であるから，従犯の成立にとって，正犯に，自分が幇助され
ているという認識のあることが必要であり，それが欠けるときには，従犯は
成立しないと解するべきである。

　片面的共同正犯が問題となる場合，共同正犯の成立は否定される。共同正
犯においては，2人以上の者が相互に他人の行為を利用補充し合って，それ
ぞれが自己の犯罪を実現したことを根拠として「一部実行の全部責任の原則」
が基礎づけられるのであるから，各共同者間に相互的な意思の連絡のあるこ
とがその成立要件とされるべきである。共同実行の意思が各共同者に認めら
れないときには，相互的な利用補充の関係が存在しないのであるから，「一部
実行の全部責任の原則」を適用する基礎が欠け，共同正犯は成立しないと解
するべきである。

　以上の検討を通して，本章は，片面的教唆犯，および片面的従犯のうち片

面的な有形的従犯については肯定説を，片面的従犯のうち片面的な無形的従犯，および片面的共同正犯については否定説を，それぞれ妥当な見解として支持するべきであるという結論に到達したのである。

第11章

承継的共犯

第1節　本章の目的

　承継的共犯は，一部の者が犯罪の実行行為を開始して，それが終了するまでの間に，他の者が介入する共犯形態である。実行行為が完全に終了してしまった後では，これに介入することはあり得ないので，承継的共犯は成立しない。承継的共犯は，実行行為が全部は終了していないことを前提とするものである。実行行為が終了してしまうと，事後的な関係しか考えられず，実行行為に加担したという事態が生じないことになる。そうすると，後行者が介入した後の事態について同人の罪責を追及していけばよく，あえて承継的共犯として構成する実益はないのではないか，という疑問が浮上するかもしれない。しかし，必ずしも実益がないわけではない。たとえば，先行者が金銭を奪取する目的で被害者に暴行を加えて抗拒不能状態にしたところへ，ちょうど通りかかった後行者が先行者から事情を聞き，被害者の金銭を単独で奪取した場合，暴行を加えたのは先行者であるが，先行者は金銭を奪取してはいない。仮に，これが共同正犯でないとすると，後行者による奪取の部分は窃盗として扱われ，先行者は強盗未遂となる。つまり，先行者は金銭を奪取していないので，強盗は未遂にとどまることになるわけである。反対に，これを共同正犯として扱うことで初めて，金銭の奪取を強取として評価することができる。この場合に共同正犯の成立を認めるのは，各人が分担した行為の再結合を図ることを意味する。ここに承継的共犯をめぐる議論の実益が存在する[1]。

　ドイツでは，承継的共同正犯および承継的従犯は，一般に，その時間的な限界の問題として把握され，正犯の実行行為が，どの段階まで進行した時点

---

(1)　川端博『集中講義刑法総論』第2版（平9年・1997年）388-9頁。

で，介入する行為が可罰的な共同正犯ないし従犯でなくなるのかという観点から論じられる。承継的共同正犯および承継的従犯の本質的な問題は，共同正犯ないし従犯が可能とされる場合，後行者が，介入前の先行行為を含めた全体としての犯罪に対して共同正犯ないし従犯の罪責を負うのか，それとも介入後の後行行為による犯罪に対してのみ共同正犯ないし従犯の罪責を負うのかという点にある[2]。先行者の所為（Tat），すなわち先行行為とその効果は，より重い刑を後行者に適用する根拠となる加重事由（Erschwerungsgrund）として特徴づけられる。承継的共犯に関する学説は，加重事由の後行者への承継的な帰属を認めるか否かという基準に従って分類され得る。そこで，本章は，加重事由を後行者に承継的に帰属させる見解を肯定説に，加重事由の後行者への承継的な帰属を認めない見解を否定説に，および基本的には否定説に立脚しつつ，一定の場合に限り，加重事由を後行者に承継的に帰属させる見解を部分的肯定説に分類した上で各説に検討を加え，承継的共犯の問題の解決に役立てることにしたい。

第2節　承継的共同正犯

第1款　肯定説とその検討

　ドイツでは，連邦通常裁判所の判例が肯定説の立場を鮮明にしている。リーディングケースとなった窃盗の事案は，狭義の包括一罪たる接続犯として把握され得るものであった。すなわち，窃盗犯人が単独で商店に押し入って日用品の一部を盗み出し，被告人の自宅へと運んだ。窃盗犯人は被告人を叩き起こして，一緒に残りの日用品を同店から盗んで来た。その後，盗んだ商品を2人で分け合った，という事実が認定された。連邦通常裁判所は，ある者が，それまでの生起を了知かつ是認し，共同正犯者として介入する場合，同人の理解は犯罪計画全体に関わるものであり，そのように理解していることが，刑法上，一体的な犯罪を，それ自体として帰属させる根拠になるとの判断を示して，被告人に（単純窃盗ではなく）住居侵入窃盗（ドイツ刑法243条1項2

---

(2) Roxin, Die Mittäterschaft im Strafrecht, JA 1979, S. 525. Otto, Täterschaft, Mittäterschaft, mittelbare Täterschaft, Jura 1987, S. 253.

号[3]）の共同正犯を成立させた[4]。その際，もし窃盗犯人が最初から犯罪行為を2人の分業で実行することを意図していたのであれば，そのことを根拠にして被告人を住居侵入窃盗の共同正犯として処罰することができるとも述べたが，本件の経過はそうではなかった。

　しかし，このようにして共同正犯を成立させることには批判がある。住居侵入の部分の共同正犯が，介入者の「理解」から導き出されるというのは誤りである。教唆者も幇助者も同じく生起を理解しているが，それによって正犯になることはないからである。また，先行者の主観によって後行者との共同正犯の成否が左右され得るとしている点も妥当でない。後行者にとって全くどうでもよく，行為経過にとっても取るに足りない先行者の一身における内的経過によって，共同正犯の成否が決定されるはずがないからである[5]。

　連邦通常裁判所の判例の立場は，かつては通説によって支持されたが，現在では，それに従う学説は少数となっている。現在も判例を支持している代表的な論者は，フィッシャーである。フィッシャーは，判例に同調し，ある者が，先行する他人の行為へと，それが着手から既遂に達する間に，それまでの生起を了知かつ是認しながら合流する場合，承継的共同正犯が存在すると説く。もっとも，フィッシャーの見解によっても，承継的共同正犯が常に無条件に認められるわけではない。（先行者の）行為着手後に加わった者の行為が後続する経過へと影響を及ぼさない場合，とりわけ構成要件的結果の惹起のために全てのことが行われた場合や，損害の一層の深刻化が生じなかった場合には，共同正犯は存在しないとされる。そのような場合，正犯として加わる者が同人の介入の時点からドイツ刑法25条（正犯）2項の意味での共同正犯者となるのは間違いないが，行為着手後の従属的な促進は，幇助にとどまることになる。フィッシャーによれば，能動的な承継的共同正犯は，能動的な構成要件実現による寄与を要件とする。かかる要件が存在する場合，本来的に一体的な行為における介入者に，行為全体，すなわち同人の協力よりも前に実現され，その時点で同人に認識された加重事由も帰属される。こ

---

(3)　現行ドイツ刑法244条1項3号。

(4)　BGHSt Bd. 2, S. 344.

(5)　Roxin, Täterschaft und Tatherrschaft, 8. Aufl., 2006, S. 290f.

れは具体的には以下のようにして説明される。介入者が単に片面的に了知し，是認すること，または先行行為により創出された状態を，単に独立した自己の行為のために利用することでは十分でない。当初の行為計画を拡大することについて，後からなされた相互的な合意が必要である。当初は（単独）正犯であった者は，後から加わる者の行為寄与を了知し，その行為寄与を共同行為の一部として是認するのでなければならない。（後行者たる）共同正犯者の介入の際に，既に完全に終了していた行為部分は，先行する生起を是認したとしても，直ちには同人に帰属され得ない。このことは，たとえば財産犯における既に確定した損害に当てはまる。後から加わった共同正犯者は，これらの基準に従って基本行為が同人に帰属され，かつ同人にドイツ刑法18条（特別な行為結果における加重処罰）の要件も存在する場合に，加重結果について負責される[6]。

　フィッシャーの見解においては，明らかに，先行者と後行者の了知，是認および相互的な合意といった主観的要素ばかりが重視されている。しかし，そのような主観の対象となるべき客観的事実が確実に存在するのでなければ，共同正犯を根拠づけることはできないはずであり，その点の検討が十分にはなされていない。財産犯を例に挙げて結果的加重犯の規律を援用する点も特徴的であるが，その趣旨は必ずしも明白でない[7]。

　いずれにせよ，フィッシャーの主張も，承継的共同正犯を肯定する連邦通常裁判所の立場を補強し得るものではない。肯定説は以下のような批判にさらされ，次第に支持を失ってきている。先行者によって実現された行為部分を後行者に帰属させることは，最終的には事後の故意（dolus subsequens）を承認することにつながってしまう。連邦通常裁判所のように共同正犯の概念を客観的に著しく広く把握するとしても，共同の行為決意だけが帰属の基礎となり得るわけではない。後からなされた決意は遡及し得ないのであるから，かかる観点においても，共同正犯の負責に制限が加えられなければならない。

---

(6) Fischer, Strafgesetzbuch und Nebengesetze, 60. Aufl., 2013, S. 258.

(7) ドイツ刑法18条は，結果的加重犯が成立するためには，少なくとも加重結果についての過失が存在しなければならないと定めている。後行者に過失しかない場合であっても，承継的共同正犯を認めてよいとする趣旨で，これを援用したのであれば妥当でない。たとえば窃盗罪は故意犯であり，「過失窃盗」なる構成要件は存在しないからである。

したがって,「他人によって創出された状況の了知,是認および利用」が帰属を根拠づけることはできない[8]。肯定説は,その結論において,後行者に他人の態度を負責させるものであるが,そこでは,合法則性の原理,行為支配の要件および共同の行為決意が十分には考慮されていない。法益侵害の単なる強化では正犯にとって十分でない,ということが一般的に妥当とされる。関与者らの合意が構成要件実現後の行為の終了前に形成されたとしても,そのことは,この点に何ら変更を加えるものではない[9]。

第2款　否定説とその検討

　ライヒ裁判所の時代から,連邦通常裁判所が肯定説の立場に移行するまでは,実は否定説が判例の立場であった。現在の学説においても,ライヒ裁判所が立脚した否定説に回帰する見解が有力となっている。ホイヤーは,因果関係の時系列に着目して否定説を展開する。ホイヤーによれば,因果関係は,刑法上,ある事象を帰属する際に,それがどのような帰属形式によるのであれ,最低限の要件となる。このことから,承継的共同正犯における遡及的帰属が否定される。因果関係は,2つの相互に時間的に連続する事象の自然法則上の連関を前提とするから,まず帰属の基礎が成立した後に,その基礎の上で,帰属されるべき行為寄与が提供されたのでなければならないとされる[10]。

　一般的には,否定説は,共同正犯の成立要件からアプローチを図ろうとする。シェンケ／シュレーダーは,実行の着手から既遂を経て終了に至るまで共同正犯が可能であるとしながらも,先行者の行為を含めた全体としての犯罪について共同正犯を成立させることには否定的である。その見解によれば,共同正犯は,それを根拠づける共同の行為計画が,行為の終了よりも前に立てられていることを要件とする。先に活動した者によって引き起こされた行為状況を,その後で初めて片面的に利用することでは十分でない。たとえば,盗品の搬送の場合,後から加わる者が,自分自身でも,構成要件の実現にとって因果的かつ重要で,分業的な寄与を提供するのでなければならない。その

---

[8]　Joecks, Münchener Kommentar zum Strafgesetzbuch, Bd. 1, 3. Aufl., 2017, S. 1284.

[9]　Schönke/Schröder, Strafgesetzbuch Kommentar, 29. Aufl., 2014, S. 536f.［Heine/Weißer］.

[10]　Hoyer, Systematischer Kommentar zum Strafgesetzbuch, 7. Aufl., 2000, §25 Rn. 125.

ようにして行為を促進することが，もはや可能でなくなった場合，他人により創出された状況を了知，是認および利用したとしても，その共同作業が共同正犯になるとは考えられない。最初から関与していた者によって既に実現された状況は，後から加わった者には帰属され得ない。たとえば，暴行の後で初めて奪取に関与する者は，強盗を理由としては処罰され得ない[11]。

　機能的な行為支配の観点からも，否定説が論拠づけられる。AがXの自動車を自分の物にするためにXを力づくで投げ倒したところ，そこにやって来たBが，Aによる暴行を知りながら，Aと共同して自動車を奪い取った，という承継的共同正犯の事例について，ロクシンは，強盗の共同正犯の成立を否定する。このことは，行為支配説の立場からは，ほとんど争われ得ない。AとBが共同で支配していたのは奪取，したがって窃盗だけなのであり，暴行ではない。その暴行の際，まだBは生起全体の中で何らかの性質の機能を果たしていたわけではない。主観説でさえ，間違いなく同じ結論に到達するであろう。なぜならば，どの学説によっても存在しなければならない行為計画は，過去に存在した事情ではなく，未来の事情にしか向けられ得ないからである。Aによる暴行は既に完成されていた。ゆえに，共同の行為計画は，もはや暴行ではなく，奪取にしか向けられ得なかったのである[12]。介入よりも前に既に実現していた加重事由は，介入者に帰属され得ない。他人との共同で生起の経過を支配する場合に，その限度で，介入者は共同正犯となる。ある者が他人との共同でしか行為をすることができず，計画全体の枠内での自分の機能に基づいて，その実現を掌中に収めるという相互的な依存性が，共同正犯の要件となる。加重的な行為事情の充足後に初めて，それまでの事態の経過へと全く影響力を行使しなかった者が出現する場合，共同正犯は存在しない[13]。したがって，既に奪取された窃盗の目的物の搬送だけを手伝う者は，その後から共同正犯者となる。構成要件的結果の惹起のために既に全てのことが行なわれてしまっている場合や，介入者の作為が後続する生起の経過へと影響を及ぼさない場合には，他人により創出された状態を了知，是

---

(11)　Schönke/Schröder [Heine/Weißer], a.a.O. [Anm. 9], S. 536f.

(12)　Roxin, a.a.O. [Anm. 2], S. 525.

(13)　Roxin, a.a.O. [Anm. 5], S. 289f.

認および利用したとしても，それが共同正犯性のある協力であるとは考えられない。ある行為の実質的な終了後も，各人の承継的な関与は問題にならない。形式的な既遂から実質的な終了までの間であっても，構成要件の完全な充足後には，もはや共同正犯は認められない[14]。

連邦通常裁判所の判例を支持する立場からは，一見すると，共同正犯と幇助との類似性がトリッキーに働くように思われるのかもしれない。たしかに，幇助の場合，実行のどの時点で幇助者が促進的に活動するのかは重要でない。幇助者と正犯行為者とを質的に同じ種類の様相として把握する考え方から，幇助と共同正犯とを区別して取り扱うのは適切でないと指摘されることがある。しかし，この指摘は誤りである。幇助は，その本質によれば，従属的なものである。それゆえ，幇助者の処罰は，幇助者が何を助長したのかということに必然的に左右される。実行のどの段階で幇助者が助力を提供するのかは関係ない。なぜならば，幇助者は，いずれにせよ行為を自分だけで，他人と関わらずに遂行するわけではないからである。これに対し，共同正犯者は正犯なのであるから，他人との共同で自分自身が遂行したことに対して責任を負わなければならない。したがって，先行者の住居侵入窃盗の実行に途中から介入する後行者は共同正犯にはならず，自分の介入によって，共同支配の基礎となっていない態度を支援する限りで，幇助者となり得るにすぎない。この場合，介入後の単純窃盗の共同正犯と並んで，後行者が，先行者により単独で実行されたが，まだ実質的には完了していない住居侵入を利用し，先行者を助けた限りで，住居侵入窃盗に対する幇助が考えられ，それらは観念的競合となる[15]。もし後行者が一緒に行ったのではなく，より遠くへ運び出すために台車を先行者に貸しただけであったとしても，後行者は住居侵入窃盗に対する幇助を理由として処罰される[16]。

このように，現在の通説からは，先に実現されていた加重原因の共同正犯としての帰属は原則的に否定される。共同正犯は共同支配なのであるから，一定の資格メルクマールが機能的に条件づけられた分業において実現される

---

(14) Roxin, Leipziger Kommentar, 11. Aufl., 1993, §25 Rn. 192.
(15) Roxin, a.a.O.〔Anm. 2〕, S. 525.
(16) Roxin, a.a.O.〔Anm. 5〕, S. 290f.

第2節 承継的共同正犯 *287*

限りでしか，共同正犯は現れ得ない。行為計画への介入よりも前に生起した
ことは，各人の共同支配に属さない。主観説からでさえ，事後的な了知は，
いずれにせよ生起それ自体において存在し，かつ関与者全員の行為を，その
時点で既に共同で取り決めておかなければならないところの「正犯者意思」
であるとは解され得ない。刑事政策上も，連邦通常裁判所の解決は有用なも
のではない。資格メルクマールを実現する者が，共犯者を後から巻き込む際
に，初めから立てられていた計画全体に基づいて行為をするのか，それとも
新しい行為決意に基づいて行為をするのかということを，後から加わった者
はほとんど知ることすらできないし，それは当罰性の判断にとっても取るに
足りないことである[17]。

　ロクシンが問題にするように，加重メルクマールの実現後に加わる者が，
少なくとも加重構成要件に対する幇助を理由にして処罰され得るのか否かと
いうことや，幇助の限度でも加重事由（たとえば強盗罪における暴行の部分）を含
めた評価は行われてはならないのか否かということが否定説の中で争われて
いる。この争いは，幇助が，共同正犯とは異なり，従属的であることに由来
する。幇助者は，自分が構成要件を共同実現することについて処罰されるの
ではなく，他人の行為を促進することについて処罰される。この場合，促進
の時点は重要ではあり得ない。閉じ込められた侵入者に，咄嗟の決意に基づ
いて，当該侵入者が盗品を持って降りることができるように，綱でできた梯
子を窓から投げ入れる者は，その資格メルクマールが介入の時点で既に実現
されていたとしても，侵入窃盗に対する幇助を提供したものである[18]。承継
的共同正犯を否定するとしても，このように解することで，量刑の不当性は
全て消えることになる[19]。

　ロクシンによる否定説の論拠づけは，オットーからも支持されている。オッ
トーは，先行者の実行行為に後行者が途中から介入することは可能であると
しながらも，先行者の行為を後行者に承継的に帰属させることは認めていな
い。その見解によれば，既に着手された実行行為に共同正犯として介入する

---

(17)　Roxin, a.a.O.［Anm. 14］, §25 Rn. 195.

(18)　Roxin, a.a.O.［Anm. 14］, §25 Rn. 196.

(19)　Roxin, a.a.O.［Anm. 5］, S. 291.

288　第11章　承継的共犯

ことは，実行行為が既遂に達しない限りで可能である。この状況において，個別の行為事情は分業的にも実現され得る。既に実現された構成要件上の行為の帰属も，たとえば多行為犯の場合，すなわち生起の全体的評価が，別々の行為部分を等価的であるとする評価をもたらす場合には，構成上，完全に可能である。以下のような事例が，そのような場合に当たる。AはXから力づくでセカンドバッグを奪い取ろうとしたが，Xは予想外に激しく抵抗した。そこへ現れたBに，Aは自分の計画を打ち明け，Bは関与することに合意した。AがXを押さえつけている間に，Bがセカンドバッグを奪い取った。その後，AとBで盗品を分け合った。AとBは強盗罪の共同正犯者である[20]。

　この事例は，承継的共同正犯の典型的な講壇事例とは異なる。典型的な講壇事例は，先行者が単独での暴行によって被害者の抗拒不能状態を引き起こし，その後から介入する後行者が財物を奪取するというものであろう。この場合に，奪取しか実行していない後行者に，先行者による暴行の部分まで含めた強盗罪の罪責を負わせてよいか否かが問題となるわけである。オットーが提示した事例では，Bが現れた時点でXは抗拒不能状態に陥っておらず，そこで両者で立てた共同の行為計画に沿って，Aが改めて暴行を担い，Bが奪取を担うという分業形態で強盗が実行されたことになっている。典型的な講壇事例では，先行者が独自の意思で被害者の抗拒不能状態を引き起こすのであるから，そのことを事後に知って奇貨とし，奪取だけを実行する後行者との関係で，強盗罪の共同実行の意思および共同実行の事実が存在するのか否かという問題が生じるのに対し，オットーが提示した事例では，もともとXを抗拒不能にする程度の暴行が失敗しており，その後で改めてAとBとの合意に基づいてAの暴行により被害者の抗拒不能状態が引き起こされ，それとBによる奪取との分業形態で強盗が実行されたわけであるから，強盗罪の共同実行の意思も共同実行の事実も認められ，ほとんど疑問の余地なく「一部実行の全部責任の原則」が適用される。Aによる当初の失敗に終わった暴行は，少なくとも共同正犯の成否にとっては意味を持たないと考えられる。要するに，ここでオットーが提示した事例は，本来，承継的共同正犯の

---

[20]　Otto, a.a.O.［Anm. 2］, S. 253.

事例ではなく，通常の共同正犯の事例なのである。したがって，この事例について共同正犯の成立が肯定されているからといって，オットーの見解を否定説から除外することはできない。

このようにして，オットーは，あたかも承継的共同正犯であるかに見える共同正犯について論じた上で，ロクシンの見解に依拠しながら，犯罪の既遂後，つまり構成要件的行為の完了後は，共同正犯を根拠づける生起への介入は考えられないとし，これを行為支配説から論じる。すなわち，行為支配は，構成要件メルクマールの実現にあたっての機能的に条件づけられた分業を前提とするものであり，法益侵害それ自体とともに，構成要件メルクマールの実現が刑法上重要な生起を特徴づける，と説明するのである[21]。

否定説が提示した構成要件の完全な充足という視点は基本的に妥当であるが，否定説を全面的に支持することはできない。否定説を先導するロクシンの見解をまとめると，まず，先行者と後行者との共同実行が可能な時点は，構成要件の完全な充足前までであり，それ以降，共同正犯は成立しない。次に，共同実行が可能な場合，後行者は，介入後から構成要件の完全な充足までの行為について共同正犯の罪責を負う。さらに，後行者は，介入前の先行者の行為を含めた全体としての犯罪に対する幇助の罪責をも負い，それと共同正犯との罪数関係は観念的競合となる。たとえば強盗罪において，先行者による暴行後に介入し，財物の奪取だけを実行した後行者は，窃盗の共同正犯と強盗に対する幇助の罪責を負い，これらは観念的競合の規律に従って処理される。しかし，まさしく実行行為以外の行為によって正犯の実行行為を容易にすることが幇助なのであるから，共同正犯として実行行為を分担する後行者に，幇助の罪責を負わせるのは妥当でないと考えられる[22]。

第3款　部分的肯定説とその検討

ドイツの部分的肯定説は，否定説に基盤を置きながら，きわめて限定的に承継的共同正犯を認める立場である。ゲッセルの見解とキュールの見解が部

---

(21) Otto, a.a.O. [Anm. 2], S. 253.

(22) 岡野光雄「承継的共犯」阿部純二＝板倉宏＝内田文昭＝香川達夫＝川端博＝曽根威彦編『刑法基本講座第4巻』（平4年・1992年）186-7頁，高橋直哉「承継的共犯に関する一考察」『法学新報』113巻3・4号（平19年・2007年）150-1頁。

分的肯定説に分類され得るが，承継的共同正犯が成立する限度や，その理由づけの点で，両者は大きく異なる。ゲッセルは，構成要件上の既遂後から終了までの時点で承継的共同正犯を肯定することは，可罰的な態度を法律によって取り決めておかなければならないという憲法上の命令に違反するものであると指摘しながらも[23]，以下のような事例では，承継的共同正犯の成立を認めることが可能であるとする。3人の共同者が銀行に侵入し，金庫のある部屋まで来たが，電子工学の専門家でなければ金庫を開けられないことに気づいた。そこで，電子工学の専門家であるEが呼び出され，Eの知識によって，金庫の中身を取り出すことができた。Eは，3人の共同者による侵入については，たしかに客観的な行為支配も，その意思も持っていない。しかし，Eが介入したことによって，3人の共同者のもとにとどまっていた目的的行為支配がEに拡大された。Eの行為寄与があってこそ，それまでの行為寄与が完全に既遂に達した。Eは窃盗の集団的行為支配に加えて，実行中の継続犯たる住居侵入の集団的行為支配をも分担した。それゆえ，加重事由をEに帰属することができる，というわけである[24]。

　ゲッセルの見解は，要するに，犯罪の遂行の過程において，その犯罪が既遂に達するためには，事後的な介入者の寄与が不可欠であったと考えられる場合に，承継的共同正犯の成立を認めるものである[25]。しかし，そのような寄与があるだけで，直ちに目的的行為支配が介入者にまで拡大されると解するのは妥当でない。この事例のEに加減的身分があると決めつけることは，その人的な要素を軽視し，加重規定の存在意義を共犯の領域で失わせることになってしまう[26]。したがって，部分的肯定説に分類される見解のうち，ゲッセルの見解を支持することはできない。

　キュールは，これと全く異なる視点から部分的肯定説を展開する。形式的

---

[23]　Gössel, Sukzessive Mittäterschaft und Täterschaftstheorien, Festschrift für Hans-Heinrich Jescheck zum 70. Geburtstag, 1985, S. 551f.

[24]　Gössel, a.a.O.〔Anm. 23〕, S. 555.

[25]　K.H. ゲッセル〔宮澤浩一＝井田良監訳／井田良訳〕『正義・法治国家・刑法─刑法・刑事訴訟法の根本問題─』（平2年・1990年）178頁。

[26]　照沼亮介「いわゆる承継的共犯をめぐるドイツにおける議論の状況」『慶應義塾大学大学院法学研究科論文集』40号（平12年・2000年）45頁。

な既遂後の実質的な終了という概念を駆使して承継的共同正犯について論じる点が，キュールの見解の特徴である。キュールは，いわゆる承継的な関与の場合，処罰を根拠づける終了概念の機能が重要であると強調する。その上で，正犯行為者が行為の既遂に達した後で，犯罪行為の実現へと介入する態度が，可罰的な関与を根拠づけ得るのか否かを問題にし，正犯行為者が，既遂に達した行為を構成要件の一層の実現によって継続する場合に限り，可罰的な関与が認められるとしている[27]。

　ここで提示される終了概念によれば，既遂から終了までに，まだ犯罪行為に当てはまる段階が問題となる場合，つまり単独正犯により既遂に達した行為の不法が，引き続き間違いなく構成要件に該当して実現される場合に限り，共同正犯も根拠づけられる。たとえば，正犯行為者による被害者の監禁（ドイツ刑法239条1項の既遂）後，違法な状態の維持に決定的に協力する者は，まだ継続犯たる監禁罪の共同正犯となり得る。これに対し，窃盗の共同正犯は，法益を侵害する盗品の保管に協力することによっては，ほとんど根拠づけられ得ない。詐欺または恐喝についても，財産の領得または利得の達成に協力することは，共同正犯にはならない。これらの協力は，構成要件のない段階に属するからである[28]。

　ここでは，構成要件実現の機能的な共同行為支配が認められないのであるから，共同正犯に必要な意思の合致が，行為の（構成要件のない）終了前に形成されることでは十分でない。オットーが指摘するように，構成要件に該当する態度の終了後は，もはや共同正犯を根拠づけることは可能でない[29]。行為支配にとって，法律上の事行（Tathandlung）の様相と無関係な法益侵害では十分でない[30]。実質的な終了後，したがって構成要件の完全な充足後には，共同正犯が認められないとするロクシンの見解[31]も妥当なものである[32]。

---

[27]　Kühl, Die Beendigung des vollendeten Delikts, Festschrift für Claus Roxin zum 70. Geburtstag am 15. Mai 2001, 2001, S. 679.

[28]　Kühl, a.a.O. [Anm. 27], S. 681f.

[29]　Otto, Schadenseintritt und Verjährungsbeginn, Festschrift für Karl Lackner zum 70. Geburtstag am 18. Februar 1987, 1987, S. 719.

[30]　Otto, a.a.O. [Anm. 2], S. 253.

[31]　Roxin, a.a.O. [Anm. 14], § 25 Rn. 192.

[32]　Kühl, a.a.O. [Anm. 27], S. 682.

292 第 11 章 承継的共犯

　ドイツ刑法 25 条の意味での共同遂行に関し，構成要件の実行段階において客観的な寄与を要求する立場は，準備段階での行為寄与および構成要件のない終了段階での行為寄与を共同正犯から排除する。これは共同正犯の構成要件を厳格に解した帰結である。そこまで厳格には考えず，行為の成功のために決定的な，準備段階における重要な寄与[33]で共同正犯にとって十分であるとする立場も，構成要件のない終了段階になってから初めてもたらされる行為寄与は，共同正犯にはならないとする。その理由は，通常，かかる行為寄与が犯罪行為を特徴づけるほどの重要さを持つことはないからである，と説明される。この点，行為の準備段階ないし終了段階に存在し得る行為寄与が，実行段階における行為寄与の欠如を埋め合わせることはできないのか否かが検討され得るかもしれない。しかし，そのように準備と終了とを対比させることは，これらの 2 つの犯罪段階の区別を見誤るものである。なぜならば，準備段階での寄与は，構成要件の実現に影響を及ぼすことができるのに対し，構成要件のない終了段階における事後行為的態度としての寄与は，構成要件の実現に影響を及ぼすことができないからである[34]。

　キュールの見解においては，まず，継続犯の場合，先行行為の既遂後でも承継的共同正犯が成立することが明言されている。これは妥当な解釈である。監禁罪を例に挙げて考えると，たとえ先行者による監禁の実行の着手から一定の時間が経過し既遂に至ったとしても，人の身体および行動の自由という法益は，被監禁者が解放され，監禁が実質的に終了する時点まで侵害され続けているのであるから，後行者が，先行者との意思の連絡のもとで，そのような法益侵害の一部を実行することは十分に考えられる。継続犯ではないが，放火についても，事案によっては，キュールの見解を応用することができるであろう。先行者による放火が既遂に達した後も，火は燃え続けるのが現実であり，その間，不特定または多人数の生命，身体および財産は危険にさらされ続けているのであるから，それが鎮火し，実質的に公共の危険がなくなるまでは，意思の連絡に基づいて，後行者が燃料となる物を投入すること等により，火の勢いを保ったり，強めたりすることは可能である。たしかに，

---

[33]　これは標語的に首領（Bandenchef）と呼ばれる。

[34]　Kühl, a.a.O.〔Anm. 27〕, S. 682f.

放火罪は即成犯であるから，通常，既遂後の関与は，共犯ではなく，同時犯の問題となる。しかし，意思の連絡があり，後行者が火の勢いを長引かせたという事実関係もある場合に，それを同時犯として評価するのは犯罪の実体に合致しないように思われる。次に，キュールが実質的な終了後の共同正犯を否定する点も妥当である。犯罪の実質的な終了後は，分業によって担われるべき行為が存在しないわけであるから，およそ共同正犯の成否は問題にならない。実質的な終了後の関与は，犯人蔵匿や証拠隠滅等の構成要件に該当する限りで問題となり得る。

第3節　承継的従犯

第1款　肯定説とその検討

判例によれば，犯罪の形式的な既遂後でも，それが実質的に終了し，結果が終局的に確定するまでは，幇助が可能である[35]。実質的な終了段階での介入が幇助となるのか，それとも犯人庇護，処罰妨害になるのかは，介入者の意思方向を基準にして区別される。しかし，幇助と犯人庇護，処罰妨害とを介入者の意思方向を基準にして区別することは，心理的な実体に相当するものを持たないことが多いであろう。正犯行為者の利益のための努力が幇助行為になるのか，それとも犯人庇護，処罰妨害になるべきかを熟慮する介入者はいない。そのような法的問題は，介入者の意思ではなく，法秩序の客観的な基準に従って解決されるべきである[36]。

学説においては，判例の終了概念は不当に広がりすぎると考えられることが多い。肯定説は，そのような懐疑を踏まえ，終了概念を法益侵害との関連で明確化する視点から展開される。シェンケ／シュレーダーは，正犯行為が終了するまでは，既遂後でも幇助が可能であるとして，以下のように論じる。共同で惹起された間接的な法益への攻撃は，たとえば詐欺の場合，損害の発生という観点からは，正犯行為者の行為後も可能である。正犯により開始された因果的経過の進行が管理される場合，たとえば正犯行為者により設置さ

---

(35) RGSt Bd. 23, S. 292, Bd. 58, S. 13, Bd. 71, S. 193 usw.

(36) Roxin, a.a.O. [Anm. 14], §27 Rn. 35.

れた時限爆弾がカウントダウンしているか否かが監視される場合に，幇助が
考えられる。さらに，構成要件上の形式的な既遂の時点で，法益が確定的に
侵害されている必要はないということが承認されるべきである。それゆえ，
法益侵害の確定的発生，すなわち終了まで幇助は可能であり得る。終了の時
点で，先行する申し合わせを含めて考えれば，構成要件が幇助をも把握して
いると認められることが，その要件となる。たとえば，放火された行為客体
の火の勢いを強める場合がそうである。詐欺の事例も，その可能性を示すも
のである。正犯行為者が欺罔によって小切手の振り出しを受ける場合，被欺
罔者は，小切手を交付することで，財産の危殆化という損害を被る。小切手
を現金化し，正犯行為者に現金を渡す幇助者は，財産の危殆化が確定的な損
害の中に実現することを引き起こしたことになる。この実質的に違法な共同
惹起は，幇助として評価されるべきである。公証人たる他人の銀行口座から
詐欺によって得られた消費賃貸金額を正犯行為者に転送する場合にも，同じ
ことが当てはまる[37]。

　これに対し，判例は，たとえば轢き逃げ[38]や警察による保管後の麻酔剤の
取引[39]の事案で，終了の段階を過度に引き延ばすことがある。しかし，間接的
な法益への攻撃についての構成要件上の基礎が，ここでは欠ける。行為の終
了後は，たとえ幇助者が行為は終了していないと思い込んだとしても，もは
や共犯は可能とはならない。幇助者が行為寄与を行為の開始後に提供する場
合，正犯行為者によって先に実現された加重事情は，それが行為の一層の貫
徹の中で継続する限りで，幇助者にも帰属されるべきである。もっとも，幇
助者の加重事情への適合が欠ける場合には，帰属の余地はなくなる[40]。

　オットーは，幇助の処罰根拠から出発する。オットーによれば，幇助者は，
正犯行為者による保護法益の直接的な危殆化を促進することによって，保護
法益を間接的に危殆化するものであるから，幇助の処罰根拠は，法益侵害の

---

(37)　Schönke/Schröder, Strafgesetzbuch Kommentar, 28. Aufl., 2010, S. 534f. [Heine], Schönke/
　　Schröder [Heine/Weißer], a.a.O. [Anm. 9], S. 550.

(38)　BayObLG JZ 1981, S. 241.

(39)　BGH NStZ 1994, S. 441.

(40)　Schönke/Schröder [Heine], a.a.O. [Anm. 37], S. 535, Schönke/Schröder [Heine/Weißer], a.a.O.
　　[Anm. 9], S. 551.

中に実現する法益に対する危険の増加にあるものと解される。そうすると，幇助は，法益侵害の完了まで，すなわち犯罪の終了まで認められることになる[41]。もっとも，オットーは，終了概念の曖昧性や恣意性を自覚的に指摘している。終了概念は，その広がりゆえ，必然的に無内容なものとなってしまう。所為（Tat）の一部たる効果が後からでも生じ得るとの指摘より多くのことを，終了概念が示すことはないであろう[42]。

このように，終了概念は，肯定説からも無条件に濫用されるわけではない。肯定説の中にさえ，終了概念を限定的に捉え直そうとする動向が見られることは，ドイツの承継的従犯をめぐる学説の状況を如実に示すものである。

第2款　否定説とその検討

ホイヤーは，行為結果の確実化という観点から，幇助が可能となる正犯行為の段階について論じる。ホイヤーによれば，構成要件に該当する助力の提供は，共犯者が第三者に対する行為結果の発生を確実化する点にも存在する。たとえば，共犯者がドアを閉鎖し，救助の意思のある第三者を行為現場から排除する場合，正犯行為者にとって行為の既遂が少なくとも容易になり，ひいては可能になるので，共犯者は行為結果に対して共同で因果的となる。結果発生を確実化することによる幇助は，時間的に正犯の行為より後でも，たとえば共犯者が正犯行為者により既に起動された時限爆弾の点火装置を第三者が止めるのを妨害することで，提供され得る。この場合，正犯行為の結果不法だけが幇助者に帰属される。したがって，正犯行為の行為不法が行為寄与の時点で既に完全に存在していたことは，可罰的な幇助の否定にはつながらない。もっとも，（結合犯のように）正犯行為者により実現された構成要件が2つの部分から成る結果を前提とする場合，幇助者も，正犯行為者と同様，両方に対して共同で因果的となったのでなければならない。たとえば強盗の場合，共犯者が暴行の終了後に初めて行為の全体を知り，その時点から自発的に正犯行為者の奪取行為を確実にすることでは十分でない。（被害者の自由な）意思の侵害に対する因果関係の欠如ゆえ，その限りで，もはや強盗ではなく窃盗に対する幇助しか考えられない[43]。

---

(41)　Otto, a.a.O.［Anm. 29］, S. 719.

(42)　Otto, a.a.O.［Anm. 29］, S. 720.

296　第11章　承継的共犯

　ホイヤーの見解は，幇助者の罪責を，介入前の先行行為を含めた全体としての犯罪に対してではなく，介入後の後行行為による犯罪に対してしか認めないものであるから，否定説に位置づけられる。このように承継性が否定される論拠は，少なくとも結合犯の場合，ホイヤーの見解においては，2つの段階から成る結果の両方と関与行為との因果関係の存在が幇助の要件とされなければならないところ，その途中から関与者が介入する場合，因果関係は介入後の結果と関与行為との間にしか存在しないということに求められている。しかし，介入後まで継続する先行行為の影響力が，ここでは検討されていない。

　ルドルフィーは，正犯と幇助の不法内容を明らかにすることで，承継的幇助の時間的な限界を確定しようとする。ルドルフィーによれば，正犯行為の不法は，第1に，行為の（客観的な）危険反価値，第2に，危険反価値が実現した結果反価値，および第3に，危険の創出を通して結果の惹起に向けられる故意，すなわち主観的な行為反価値によって特徴づけられる。幇助は，この正犯行為の不法に従属する。幇助は違法であり，禁止される。なぜならば，幇助は，正犯行為者が構成要件的不法結果を，許されない危険な行為を通して引き起こす危険を創出し，または増加させるからである。したがって，とりわけ正犯行為の危険反価値および結果反価値が，幇助の結果反価値であると考えられる。幇助の危険反価値は，助力の提供が，正犯行為者が構成要件的不法結果を許されない危険な行為によって引き起こすことに対する危険を創出する点に，その特徴を持つ。このことに対応して，幇助の志向反価値は，幇助者の故意が，正犯行為者による正犯行為の危険反価値および結果反価値の実現に向けられることを通して根拠づけられる。したがって，正犯行為に対する幇助の不法は，幇助者が幇助者自身の行為を通して，正犯行為者が許されない危険な行為の実行によって故意で構成要件的不法結果を引き起こし（幇助の結果反価値），かつ正犯行為者自身の行為を当該結果に向けて故意に基づいてコントロールする危険（幇助の志向反価値）を創出すること（幇助の危険反価値）を前提とする。その際，正犯行為者が自分に禁止された行為を実行する

⑷　Hoyer, a.a.O.〔Anm. 10〕, §27 Rn. 15f.

場合，したがって構成要件的不法結果と幇助者の行為との間に常に正犯行為者の答責的な決定が存在する場合に，その限度で，幇助行為の許されない危険性が実現し得るという点に，正犯と比較して少ない幇助の不法内容が示される[44]。

　このように正犯と幇助の不法について検討を加えた上で，ルドルフィーは，正犯行為の不法の実現のどの時点まで幇助が可能かという問題を設定し，その帰結を，幇助の不法内容から導き出す。ルドルフィーによれば，正犯行為者が自分の態度の危険反価値を，まだ完全には実現していない限りで，幇助は可能である。正犯行為者が既に許されない危険な態度，したがって危険反価値の実現を完了させた場合，もはや従属的な幇助は可能でなくなる。その場合，正犯行為者が正犯行為者自身に禁止された危険な行為を実行する危険を，もはや幇助は創出し得ないのであるから，幇助には必然的に固有の危険反価値が欠けるだけでなく，必要とされる志向反価値も，同じ理由で欠ける。それゆえ，構成要件に該当する正犯行為者の態度の完了後に，当該正犯行為者により引き起こされた因果的生起へと影響が及ぼされる場合，その反価値は，原則として，もはや正犯行為の不法からは導き出され得ない[45]。

　要するに，ルドルフィーは，幇助は構成要件に該当する正犯行為者の態度に対しての助力を前提とし，もはや正犯行為者の態度の完了後は可能でないとするわけである[46]。この帰結は処罰の間隙を生じさせるものではないかという疑問について，ルドルフィーは，具体的な事例を挙げながら以下のようにして解決を図ろうとする。純粋な結果犯の場合，処罰の間隙は生じない。なぜならば，関与者の行動態様は，結果犯の場合，常に同時犯として把握され得るからである。処罰の間隙は，同時犯への還元が排除される場合に限り生じ得る。正犯行為のもとで（真正）身分犯または特別な行為の様相を要求する犯罪が問題になる際，構成要件に該当する正犯行為者の態度の完了後に介入する者が，要求される正犯資格を持っていないか，または構成要件的結果

---

(44)　Rudolphi, Die zeitlichen Grenzen der sukzessiven Beihilfe, Festschrift für Hans-Heinrich Jescheck zum 70. Geburtstag, 1985, S. 575f.

(45)　Rudolphi, a.a.O.［Anm. 44］, S. 576.

(46)　Rudolphi, a.a.O.［Anm. 44］, S. 576.

298 第 11 章 承継的共犯

を共同で引き起こす態度が，前提とされる行為の様相にとって十分なものではない場合に，処罰の間隙が生じ得る。詐欺および恐喝の事例で，そのことが考えられる。詐欺および恐喝は，財産上の損害を引き起こすことを要件とするだけではなく，その財産上の損害が欺罔ないし暴行または害悪の告知によって引き起こされることをも要求する。ある者が，たとえば騙し取られた財物を被欺罔者から受け取ることによって，他人の詐欺の生起に欺罔の後で初めて関与する場合，可罰的な幇助は排除されるから，ドイツ刑法263条（詐欺）に基づく関与者の可罰性は，当該関与者が同時犯としてドイツ刑法263条の構成要件上の不法を独自に実現した場合に限り考えられる。これは，関与者の態度が独立的な欺罔として把握され得る場合，したがって関与者が自分の態度を通して正犯行為者により既に引き起こされた錯誤を持続させ，それによって同時に被欺罔者の財産上の損害となる処分に対して因果性を有する場合に限り肯定される。もちろん，それが欠けることも稀有ではないであろう。たとえば，正犯が，欺罔によって権限のある者に正犯の収益を認めさせ，介入者が正犯のために後で収益を受け取りに行く場合がそうである。さらに，恐喝の事例も挙げられる。EがXを脅迫し，手紙を金銭と一緒に郵便局留めで郵送させる。Gは，Gの関与なしに強制的にXから送られた金銭を郵便局で受け取って来て，それをEに手渡す。この事例において，ドイツ刑法253条（恐喝）に基づくGの可罰性は，幇助の側面でも同時犯の側面でも考えられない[47]。

　もっとも，このことは，一般的に処罰の間隙が生じることを意味するものではない。介入者の行動態様をドイツ刑法257条（犯人庇護）以下の犯罪構成要件によって把握し，適切な方法で処罰することは完全に可能である。とりわけドイツ刑法257条は，その文言からも，意義および趣旨からも，同条が構成要件に該当する前提行為（Vortat）の後で行なわれる，利得の保管を目的とする前提行為を把握しているものと解釈され得る[48]。そのような行動態様をドイツ刑法257条で把握する考え方からは，正犯行為者に提供される助力は，もはや正犯の欺罔または脅迫，すなわち正犯の構成要件に該当する態度

---

[47]　Rudolphi, a.a.O.〔Anm. 44〕, S. 576f.

に関係するのではなく，もっぱら正犯の態度によって得られた利得の保管に関係するものであるということが論じられる。それでも，実際には，処罰の間隙は埋められ得ないのではないかという疑問は残るであろう。完全には埋められない処罰の間隙は，ドイツ基本法103条2項［明確性の原則］に基づいて明白に肯定されるべきである。仮に，詐欺または恐喝の事例における関与者を幇助に基づいて処罰するならば，当該関与者が財産の侵害に対してしか因果的となっていないということ，および構成要件に該当する不法，すなわち欺罔ないし脅迫による財産の侵害を，ドイツ刑法27条（幇助）で要求されるように共同で引き起こしたものではないということを軽視することになる。これは「法律なければ犯罪なし」(nullum crimen sine lege) の原則に反する[49]。

　正犯行為者の態度の完了後の身分犯に対する関与も，同様に問題となる。たとえば，正犯行為者の態度の完了後，構成要件的結果の発生前に，新たな人物が関与する場合，幇助を理由にしても同時犯を理由にしても可罰性は排除される。それによって生じるかもしれない処罰の間隙も，「法律なければ犯罪なし」の命題の帰結として，解釈論上，補充され得ない。この処罰の間隙を，ドイツ刑法27条を使って塞ごうとするのであれば，ここでも，それ自体として単独では決して構成要件に該当しない生起に対する協力が，可罰性を根拠づけるものと解されることになってしまう[50]。

　承継的幇助の問題についてのルドルフィーの考察は，幇助者が規範に違反した正犯行為の態度，すなわち正犯行為の構成要件に該当する態度に対して行為寄与を提供し，それによって客観的に帰属することができる態様で，同時に正犯行為の構成要件的不法結果を共同で惹起するものであることを明らかにしようとしている。それによれば，構成要件を実現する正犯行為が終わっ

---

(48)　ドイツ刑法257条は，次のように定める。「(1)違法行為を遂行した他人に，当該行為の利得を確保する意図で助力を提供する者は，5年以下の自由刑または罰金刑で処罰される。(2)刑罰は，前提行為に対して威嚇された刑罰よりも重くなってはならない。(3)前提行為への関与を理由にして処罰される者は，犯人庇護を理由にしては処罰されない。このことは，前提行為に関与しない者に犯人庇護を教唆する者には適用されない。(4)犯人庇護者が前提行為の正犯または共犯として，申し立て，委任または処罰要求に基づいて訴追され得る場合，犯人庇護は，申し立て，委任または処罰要求によってのみ訴追される。」。

(49)　Rudolphi, a.a.O.［Anm. 44］, S. 577f.

(50)　Rudolphi, a.a.O.［Anm. 44］, S. 578.

てしまった場合，もはや幇助は可能でなくなる。正犯行為者が，態度の終了後に単独で構成要件的不法結果を引き起こす正犯行為の因果的生起へと，まだ影響を及ぼしている場合，それに対する協力は，同時犯として，または同時犯が可能でない限りで，ドイツ刑法257条（犯人庇護）以下の犯罪として把握され得る[51]。

しかし，ルドルフィーの見解は，行為と結果とを切り離してしまうものである。つまり，終局的な結果から，それと少なくとも間接的につながっている行為を切り離した上で，当該行為の時点までしか幇助の可能性を認めないわけである。たとえば詐欺の場合，欺罔と騙取とが切り離され，幇助は，欺罔の時点までしか可能でないということになる。このような解釈に対しては批判が加えられる。行為と結果とを切り離す処理は，加害行為が結果の発生によって初めて終結を見るものである以上，貫徹され得ない。幇助も，（欺罔または脅迫といった）全ての構成要件的行為にまで及ぶ必要はない。準備段階における助力は，生起全体の個別的行為だけを促進すればよいのであり，そのことが既遂段階で異なるはずがない。金銭の受領が詐欺ないし恐喝に全体として役立つことで十分である。欺罔が財産の危殆化をもたらしたことで，詐欺の正犯行為者が既遂に達した場合でも，確定的な損害を引き起こす（または共同で引き起こす）者は，まだ構成要件に該当する加害行為に助力するわけであるから，幇助者となり得る[52]。

第3款　部分的肯定説とその検討

基本的には否定説に立脚しながら，一定の限度で承継的幇助を認める見解が，ドイツで展開される部分的肯定説である。ロクシンは，法益侵害全体への介入にまで幇助を拡大することは否定されるべきであると説く。ロクシンによれば，憲法上の命令である「法律なければ犯罪なし」という観点からは（ドイツ基本法103条2項），実質的な終了の法形象は，それが可罰性を限界づける場合に限り，法治国家的な疑問から解放されるが，それが可罰性の拡大をもたらす場合は事情が異なる。幇助も，可罰性の拡大をもたらすものである。窃盗または強盗の正犯行為者のために，その行為の形式的な既遂後，盗品を

---

[51]　Rudolphi, a.a.O.［Anm. 44］, S. 578f.

[52]　Roxin, a.a.O.［Anm. 14］, §27 Rn. 36, Kühl, a.a.O.［Anm. 27］, S. 681.

保管する者は，たしかに他人の所有権に攻撃を加えるものである。しかし，そのような事後構成要件的な態度は，もはや窃盗（すなわち，領得の意図に担われた窃取）への加担であるとは判断され得ない[53]。

かかる解釈からは，構成要件の充足が完全に既遂に達するまで幇助が可能となる。たとえば詐欺または恐喝の際に，欺罔または脅迫が終了した後で初めて介入する者が，騙し取られたり，脅し取られたりした財産的価値を受け取る場合には，まだ幇助が考えられる。なぜならば，同人は加害に（したがって構成要件の充足にも）協力するからである。強盗に対する幇助も，そこで暴力が作用し続けている場合には，まだ奪取に関与することで提供され得る[54]。これに対し，既に完全に終わってしまったことについて，事後的な合意が刑法上の責任を根拠づけることはできない。たとえば結果的加重犯において，暴行が身体傷害で既に終わった場合，後から奪取の際に助力した者は，まだ強盗に対する幇助を提供することができるが，もはや身体傷害に対する幇助を提供することはできない[55]。

ここでは，実質的な終了の概念が，きわめて謙抑主義的に理解される。ロクシンによれば，構成要件の完全な充足後は，幇助は問題にならない。無制限に続く「終了段階」という曖昧な構成によって，幇助の可能性が放埒に拡大されてはならない。たとえば，被恐喝者が郵便局留めで金銭を恐喝者に送り，その金銭を介入者が恐喝者のために郵便局へ受け取りに行く場合，それは幇助ではなく，犯人庇護である。なぜならば，被恐喝者の確定的な損害が既に発生していたからである。行為者の利得は，もはや構成要件に該当しない。放火の終了後，したがってドイツ刑法306条（放火）の構成要件上の既遂後，炎上している建物へと灯油を投入することによって早期の焼損を引き起こす者は，放火に対する幇助となるわけではない。同人は，放火の同時犯として処罰されるべきである。同人の態度は，独自的な放火となるからである。バイエルン上級州裁判所が，轢き逃げに対する幇助を，正犯行為者が既に事故現場から離れたものの，目的地に到着せず，確定的に安全な場所までは逃

---

(53) Roxin, a.a.O. [Anm. 14], §27 Rn. 35.

(54) Roxin, a.a.O. [Anm. 14], §27 Rn. 36.

(55) Schünemann, Leipziger Kommentar, 12. Aufl., 2007, §27 Rn. 43.

302　第 11 章　承継的共犯

げなかった場合に認めようとするのも妥当でない[56]。そのような種類の事後構成要件的な終了をフリーハンドで取り決めることは，完全に恣意的であると指摘される[57]。ドイツ刑法 142 条（事故現場からの許されない退去）は，事故現場での検分の妨害を処罰するものである。目的地または確定的に安全な場所へと到着することは，もはや，そのこととは何の関係もない[58]。また，警察による麻酔剤の保管後まで，取引に対する幇助が可能であるとした連邦通常裁判所の判例も，支持することができないものである[59]。

　ロクシンの見解においては，このように，形式的な既遂から実質的な終了までの幇助は原則として否定されるが[60]，継続犯の場合には例外が認められる。継続犯の場合，正犯行為者により維持された違法な状態が停止する時に初めて幇助の可能性がなくなる[61]。A が O を監禁した部屋のドアを体力だけで閉めていたところへ，鍵をかけることができるように，G が A に鍵を渡す場合，G は監禁に対する幇助を理由として処罰されるべきである。なぜならば，そのような種類の行為は監禁を強化し，構成要件の実現に寄与するからである[62]。

　ロクシンの見解の特徴は，実質的な終了の概念を，きわめて謙抑主義的に把握する点にある。そこでは，実質的な終了の概念は，曖昧で恣意的なものであるとされ，それよりも構成要件の完全な充足という観点が決定的に重視されている。構成要件が完全に充足されたか否かを基準にして，それに対する幇助の成否が確定されるのである。たとえば，恐喝の場合，正犯による脅迫後に介入する者は，まだ財物が脅し取られておらず，恐喝の構成要件が完全には充足されていない以上，恐喝罪の従犯となる。これに対し，被恐喝者による財物の交付後に[63]介入する者は，既に構成要件が完全に充足された以上，恐喝罪の従犯とはならず，犯人庇護罪の罪責を問われ得ることになる。

---

[56]　BayObLG JZ 1981, S. 241.

[57]　Kühl, a.a.O.［Anm. 27］, S. 675f.

[58]　Roxin, a.a.O.［Anm. 14］, §27 Rn. 37.

[59]　Schünemann, a.a.O.［Anm. 55］, §27 Rn. 44.

[60]　Roxin, a.a.O.［Anm. 14］, §27 Rn. 38.

[61]　RGSt Rd. 38, S. 417.

[62]　Roxin, a.a.O.［Anm. 14］, §27 Rn. 38.

[63]　財物の交付は，必ずしも手交に限られない。

前者の事例のように，構成要件の完全な充足に向けられた幇助が成立する場合，正犯の先行行為を含めた全体としての犯罪について，幇助が認められている点も特徴的である。つまり，この場合には，承継的従犯が肯定されるのである。実質的な終了を，違法な状態の停止として概念づけ，継続犯の場合に，その段階までは幇助が可能であるとする構成も，妥当な解決を導き出すことができる点で注目される。

　終了概念の曖昧性や恣意性を排除しようとする方向性は，キュールによっても目指されている。キュールは，終了概念を，構成要件に関係する終了として限界づける。キュールによれば，正犯による行為の既遂後は，行為の終了のために提供される幇助だけが承継的幇助となり得る。構成要件に関係する終了という概念からは，継続犯の場合，疑いようもなく承継的幇助が可能である。たとえば，監禁（ドイツ刑法239条1項）が既遂に達し，正犯行為者がいなくなった後で，幇助者が正犯行為者のために南京錠を見張り，被監禁者に飲食物を与える場合，その寄与によって，幇助者は，（作為または不作為によって）構成要件に該当する継続的な監禁を促進したのである。これに対し，他人の動産を単独で窃取し，窃盗（ドイツ刑法242条）の既遂に達した窃盗犯人を，介入者が盗品の搬送の際に小型トラックを使って手伝う場合，幇助は承認され得ない。介入者は，その寄与によって，所有権侵害を促進してはいるが，そうであるからといって窃盗に対する助力を提供したことにはならない。なぜならば，窃盗は，窃取によって行なわれる所有権侵害だけを包括するからである。詐欺または恐喝において，被害者による財物の交付後から介入し，財産上の利益や利得の目的の実現にあたって正犯行為者を手伝う者は，なおさら幇助を提供するものではない。これらの寄与は，法益たる財産の侵害を全く促進していないからである。犯人庇護（ドイツ刑法257条）のような，行為を促進する事後行為の態度を処罰する特別規定の存在も，このように狭く承継的幇助を限界づけることに根拠を与えるものである[64]。

　部分的肯定説の考え方によれば，とりわけロクシンの見解に明らかなように，正犯の既遂前だけでなく，既遂後でも，構成要件が完全には充足されて

---

[64]　Kühl, a.a.O.［Anm. 27］, S. 679f.

いない限りで，承継的幇助が成立することになる。さらに，部分的肯定説に共通しているのは，いずれにせよ実質的な終了の概念を構成要件と関係させ，そのようにして限界づけられた終了概念から，継続犯の場合に承継的幇助を成立させる点である。ロクシンによれば，結合犯の場合にも承継的幇助が認められ得る。ロクシンやキュールにより代表される部分的肯定説は，罪刑法定主義との整合性を堅持して展開されており，その帰結も説得力を持つものであると考えられる。

第4節　結　　論

　承継的共同正犯および承継的従犯をめぐるドイツの議論の特徴は，後行者の介入の時点を問題にすることにある。つまり，先行者によって開始された生起の経過が，どの段階まで進行した時点で，後行者との共同実行または後行者による幇助が可能でなくなるのか，ということが争われるのである。この点に関しては，承継的共同正犯および承継的従犯のそれぞれについて，正犯の形式的な既遂の時点で介入の可能性がなくなると解する立場と，それよりも後の実質的な終了の時点まで介入が可能であると解する立場が対立する。そして，後者の立場においては，実質的な終了の概念に内在する曖昧性や恣意性を排除するために，それを構成要件に関係させて限界づける方向性が旗幟鮮明に打ち出される。もっとも，論理的には，承継的共同正犯および承継的従犯それ自体の当否についての結論が，両者の立場から演繹的に導き出されるわけではない。たとえば，前者の立場から，後行者に介入前の加重事由を帰属させるという結論を導き出すこともできるし，後者の立場から，それと正反対の結論を導き出すこともできる。そこで，本質的な対立軸を成すのが，後行者に対する介入前の加重事由の帰属の当否と，その限界の問題である。否定説，肯定説および部分的肯定説という学説の分類は，ここでの立場に対応したものである。

　ドイツの部分的肯定説は，実質的な終了の概念を構成要件の完全な充足として謙抑主義的に捉え直し，その時点に限界を設定して，加重事由を後行者へと帰属することの可否を論じるものである。その帰結においては，たとえ

第4節 結 論 *305*

ば継続犯や結合犯の一部で承継的従犯が肯定され得る。わが刑法の解釈から，それと全く同じ帰結を各則上も導き出すことができるか否かについては，まだ検討するべき問題が残されているが，少なくともドイツの部分的肯定説の基本的な考え方は，承継的共同正犯および承継的従犯の問題の解決に役立ててよいものである。

広義の共犯の本質に関わる行為共同説の見地においては，構成要件的行為の共同が重要であるから，後行者の介入前の行為については，原則として共犯は成立しないことになる。その例外として，先行者の行為が，後行者による構成要件の実現にとって重要な影響力を有している場合には，先行者と後行者とが相互に利用，補充し合って一定の犯罪を実現することが可能である。それゆえ，共同実行の意思と実行行為の共同の事実が認められ，共同正犯が成立する[65]。また，そのような影響力が継続している場合，後行者は，先行者に対する幇助を通して間接的に構成要件を実現することもできる。部分的肯定説は，このように行為共同説からも論拠づけられ得る。

承継的共犯の成否が問題となる犯罪類型について，部分的肯定説から，以下のような帰結を導き出すことができる。第1に，単純一罪の中には，構成要件上，複数の行為が想定されている犯罪類型がある。たとえば，詐欺罪の構成要件は，欺罔行為と騙取行為とを想定している。先行者の欺罔行為後に

---

[65] 川端博『刑法総論講義』第3版（平成25年・2013年）570頁。最決平成24年11月6日刑集66巻11号1281頁は，Yらが共謀してAおよびBに暴行を加えて傷害を負わせた後に，被告人XがYらに共謀加担し，金属製はしごや角材を手段にしてAの頭，肩，背中等，Bの背中，腹，足等を殴打する等して，共謀加担前のYらの暴行よりも激しい暴行を加え，AおよびBに傷害を負わせたという事案につき，「被告人は，共謀加担前にYらが既に生じさせていた傷害結果については，被告人の共謀及びそれに基づく行為がこれと因果関係を有することはないから，傷害罪の共同正犯としての責任を負うことはなく，共謀加担後の傷害を引き起こすに足りる暴行によってAらの傷害の発生に寄与したことについてのみ，傷害罪の共同正犯としての責任を負うと解するのが相当である。……被告人において，AらがYらの暴行を受けて負傷し，逃亡や抵抗が困難になっている状態を利用して更に暴行に及んだ……事実があったとしても，それは，被告人が共謀加担後に更に暴行を行った動機ないし契機にすぎず，共謀加担前の傷害結果について刑事責任を問い得る理由とはいえない」との判断を示したが，これには千葉裁判官の補足意見が付されている。そこでは，「承継的共同正犯において後行者が共同正犯としての責任を負うかどうかについては，強盗，恐喝，詐欺等の罪責を負わせる場合には，共謀加担前の先行者の行為の効果を利用することによって犯罪の結果について因果関係を持ち，犯罪が成立する場合があり得るので，承継的共同正犯の成立を認め得る」とされており，部分的には承継的共同正犯を認める余地が残されている。

介入し，外形上は騙取行為にしか関与しない後行者は，実体に即して考える
と，先行者によってもたらされた被欺罔者の錯誤を積極的に利用するからこ
そ，被欺罔者に財物を交付させることができる。このような犯罪類型におい
ては，相互的な利用，補充関係を認め得るのが一般的であるから[66]，後行者に
は加重事由も帰属され，犯罪全体についての共同正犯が成立する。先行者が
欺罔および騙取を実行し，その騙取だけを後行者が幇助した場合，後行者は
詐欺の従犯となる。

　第2に，結合犯の場合，強盗殺人を除いては，後行者にも加重事由が帰属
される。たとえば，強盗罪の場合，後行者が奪取行為にしか関与しないとし
ても，先行者による暴行，脅迫を認識し，利用する意図のもとで，先行者と
共同して財物を奪取するのであれば，それは強盗罪の実行行為たる強取とし
て評価される[67]。後行者が，このように結合犯の共同正犯となるか，それとも
結合犯に対する従犯となるかは，後行行為の実行行為性の有無により区別さ
れる。

　第3に，強盗殺人および結果的加重犯について，たとえば，先行者が被害
者を死傷させた後から介入し，財物の奪取だけに関与した後行者に，強盗殺
人または強盗致傷の犯罪全体が帰属され得るか否かが問題となる。ここには，
死傷の結果が既に発生し，被害者の生命または身体に対する侵害は終わって
しまっているという前提が存在する[68]。強盗致死傷罪は，刑事学上，強盗の機
会に人の死傷が発生する事案が多いことから設けられた強盗罪の加重類型で
ある。強盗致死傷罪の保護法益は，生命，身体および財産であるが，それら
の重要度の違いを考えると，生命，身体の侵害結果が生じた段階で既遂を認
めることに合理性がある。その一方で，財産の侵害は，生命，身体の侵害と
は別個に観念され得るのであるから，まだ財物が奪取されていない段階では，
強盗罪としては既遂に達していないものと解することができる。強盗殺人罪
は，加重強盗であると同時に，殺人罪の特殊態様でもあることから，強盗の

---

[66]　大谷實『刑法講義総論』新版第4版（平24年・2012年）420頁。
[67]　大塚仁『刑法概説総論』第4版（平20年・2008年）295頁。
[68]　斉藤誠二「承継的共同正犯・片面的共犯をめぐって」『受験新報』35巻2号（昭60年・1985年）
　　30頁，同「いわゆる承継的共同正犯の成否」『法学新報』105巻4・5号（平11年・1999年）340
　　頁。

第4節　結　論　*307*

目的で人を殺害した場合には，強盗は未遂でも強盗殺人罪は既遂となり，既遂となった強盗殺人罪については，共犯の成立は不可能である。これに対し，殺人後に実行される強盗行為は，形式論理的には強盗殺人罪の一部であっても，内容論理的には強盗の目的を遂げようとするものであり，その意味で，強盗殺人の一部である強盗に独立性を認めることができる[69]。強盗殺人の場合，強盗と殺人との結合の程度が弱く，実質的には一罪性がないから，後行者が実行行為の際に先行者の行為全体を利用するという関係が常に生じるとは限らない。したがって，先行者である強盗犯人が被害者を殺害した後で，財物の奪取だけを実行する後行者は，殺人の結果ではなく，被害者の抗拒不能状態を利用するにすぎないから，強盗罪の限度で罪責を問われ得ることになる[70]。

　第4に，継続犯および狭義の包括一罪の1つである接続犯においては，継続または反復された同種の行為が法律上は一罪として評価されるので，どの範囲で後行者への帰属を認めるかが問題となる。継続犯の場合，先行者が既

[69]　高橋・前掲注⑫ 169-170 頁。

[70]　わが国の下級審判例では，強盗致死傷（刑法 240 条）の場合，先行者により引き起こされた死傷結果が後行者にも帰属させられることが多いが，東京地判平成 7 年 10 月 9 日判時 1598 号 155 頁は，強盗の限度でしか共同正犯の成立を認めなかった。すなわち，被告人らが共謀の上，被害者に睡眠薬を飲ませて金品を盗取しようとして，ビールグラスに睡眠薬を入れて飲ませたものの，被害者が眠り込むまでには至らなかったので，被害者が眠り込むのを待ちきれなくなった共同者が被害者に暴行を加えて傷害を負わせ，その反抗抑圧状態を利用して，被告人が共同者らとともに被害者から金品を奪取したという事案に関して，東京地方裁判所は，被告人と共同者らとの間には「昏睡強盗の共謀が事前に成立し，その実行行為にも着手していたと認められるものの，昏睡強盗とは手段方法が質的に異なっている暴行脅迫を手段とする強盗についての共謀が認められないのであれば，右暴行によって生じた致傷の結果について直ちに被告人に責任を負わせることはできない（なお，右傷害の結果を昏睡強盗の機会における傷害と解することもできない。）」とところ，被告人と共同者らとの間に「暴行脅迫を手段とする強盗についての意思連絡があったと認定することはできない」とした上で，「先行行為者が専ら暴行を加え，被害者の反抗を抑圧し，右暴行により傷害を与えた後に，財物奪取を共同して行った後行行為者については，強盗罪の共同正犯としての責任を負うものの，強盗致傷罪の共同正犯としての責任までは負わないものと解するのが相当である。何故なら，後行行為者は，財物奪取行為に関与した時点で，先行行為者によるそれまでの行為とその意図を認識しているのみでなく，その結果である反抗抑圧状態を自己の犯罪遂行の手段としても積極的に利用して財物奪取行為に加担しているのであるから，個人責任の原則を考慮に入れても，先行行為者の行為も含めた強盗罪の共同正犯としての責任を負わせるべきものと考えられるが，反抗抑圧状態の利用を超えて，被害者の死傷の結果についてまで積極的に利用したとはいえないのにその責任を負わせることは，個人責任の原則に反するものであると考えられるからである」との判断を示したのである。

遂に達した後も、まだ行為は継続するのであるから、後行者が、それを先行者と共同実行したり、促進したりすることは可能である。したがって、後行者は、継続犯の承継的共同正犯および承継的従犯となり得る。接続犯の場合、構成要件が完全には充足されていない段階で、後行者の介入後の行為が独立的な役割を果たさず、かつ後続する生起の経過へと影響を及ぼす限りで、承継的共同正犯および承継的従犯が成立し得る。たとえば、高級車専門の窃盗団の構成員が、ディーラーの車庫から、高級車を数台まとめて車両運搬用トレーラーに積載して盗み出そうとし、1台づつ積載していたところ、そこへ通りかかった仲間の構成員が、何が行われているかを瞬時に悟った上で、自らも積載作業に加わり、車両運搬用トレーラーに積載できる最大限の台数の高級車を盗み取った場合、狭義の包括一罪たる窃盗の共同正犯となり得る。これに対し、代替性がなく非常に貴重な芸術作品が大量に展示されている美術館から、先行者が芸術作品を高価な順に盗み出している最中に、後行者が自分にとって関心のある芸術作品1点だけを、先行者と協力することもなく自力で盗み出すような場合は、各人の行為の独立性が強いので、承継的共同正犯の問題にはならず、各人は窃盗の単独正犯となる。

　第5に、放火についても、事案によっては、継続犯に準じて処理することができるであろう。先行者による放火が既遂に達した後も、火は燃え続けるのが普通である。火が燃え続けている間、不特定または多人数の生命、身体および財産は危険にさらされ続けているわけである。それが鎮火し、実質的に公共の危険がなくなるまでは、後行者が、先行者との意思の連絡に基づいて、燃料となる物を投入すること等により、火の勢いを保ったり、強めたりすることは可能である。たしかに、放火罪は即成犯であるから、通常、既遂後の関与は、共犯ではなく、同時犯の問題となる。しかし、意思の連絡があり、後行者が火の勢いを長引かせたという事実関係もある場合に、それを同時犯として評価するのは犯罪の実体に合致しないと考えられる。

　部分的肯定説に立脚することにより、罪刑法定主義のもとで、犯罪の実体に即した当罰性の要請にも応じることができる。本章は、承継的共同正犯および承継的従犯のいずれについても、部分的肯定説を妥当な見解として支持する。

第12章

アジャン・プロヴォカトゥール

第1節　本章の目的

　アジャン・プロヴォカトゥールとは，犯罪者の有罪認定を可能とするために，当該犯罪者を犯罪行為へと誘発するが，それが未遂の段階にあるうちに警察に介入させることを意図する工作員のことを言う[1]。他人を拘束し，その行為を理由にして刑罰を科すために，他人に行為を教唆する者が，アジャン・プロヴォカトゥールとして特徴づけられる。アジャン・プロヴォカトゥールのもとでの教唆犯の成立にとって，少なくとも被教唆者による未遂の遂行に向けられていなければならない教唆者の意思が，行為の既遂，さらにはドイツ刑法242条（窃盗）の領得や，ドイツ刑法263条（詐欺）の利得のような実質的な終了にまで及んでいなければならないのか否かが問題にされることが多いが，その問題とアジャン・プロヴォカトゥールの定義とは関係がない[2]。一般に，アジャン・プロヴォカトゥールの問題は，実体法上，教唆の故意の内容をめぐる争いとして把握され，通常の教唆の場合，教唆者は，既遂結果の発生を認容しているのに対し，アジャン・プロヴォカトゥールは，既遂結果が発生することを認容していないから，これを通常の教唆の場合と同様に処罰することができるか否かが争点になると考えられている。たしかに，通常の教唆の場合とアジャン・プロヴォカトゥールの場合とでは，教唆者のもとでの主観的事情が異なるから，教唆の故意の内容に着目して，アジャン・プロヴォカトゥールが可罰的な教唆犯となり得るか否かを決定しようとすることには一定の合理性がある。しかし，それだけでは根本的な問題が必ずしも十分に検討し尽くされたとは言い切れないように思われる[3]。アジャン・プロヴォカトゥールの処罰の可否は，その教唆行為に，共犯として処罰され

---

(1)　Roxin, Leipziger Kommentar, 11. Aufl., 1993, §26 Rn. 67.

(2)　Maaß, Die Behandlung des "agent provocateur" im Strafrecht, Jura 1981, S. 514.

310 第12章 アジャン・プロヴォカトゥール

る根拠が認められるか否かによって決定されるべきである。

　アジャン・プロヴォカトゥールの処罰の可否が問題となる場面では，次のような状況が看過されてはならない。第1に，そもそもアジャン・プロヴォカトゥールの処罰の可否は，未遂処罰の規定がある犯罪において，正犯が実行に着手した場合にしか問題とならない。共犯の従属性から出発すると，共犯が成立するための不可欠の前提として，正犯が実行に着手し，可罰領域に到達したことが要件とされるべきであるので，未遂処罰の規定がない場合には，既遂結果をもたらさない正犯が不可罰にとどまることになる以上，教唆者の可罰性も全く生じない。

　第2に，アジャン・プロヴォカトゥールの処罰の可否が問題になる場合，共犯の処罰根拠の観点から，共犯固有の不法が存在するか否かが検討されなければならない。この次元で，教唆犯の主観的要件としての故意の内容が探求されるべきである。ここでは，教唆行為の対象が未遂犯である場合にも，教唆犯の成立要件が充足され得るのか否かが問題となり，アジャン・プロヴォカトゥールをめぐる問題は，未遂犯に対する教唆の問題として，より正確に位置づけられるべきことになる。

　第3に，故意の内容に関しては，アジャン・プロヴォカトゥールの場合，正犯の犯行を初めから未遂に終わらせるつもりで教唆行為がなされるわけであるが，それと同時に，法益侵害の危険性，すなわち構成要件の修正形式としての未遂犯の結果が発生することも間違いなく認容されており，それらの主観的事情のうち，どちらの要素が，教唆犯の成否にとって決定的な意味を持つのかが吟味されなければならない。アジャン・プロヴォカトゥールが正犯の犯行を初めから未遂に終わらせるつもりであったというのは，単なる縁由ないし動機でしかないので，法的には重要な意味を持たないと評価することもできるのに対して，客観的な法益侵害の危険性がアジャン・プロヴォカトゥールの主観面に反映されている点が，教唆犯の主観的要件との関係で重要な意味を持つと解することもできる。その際，通常の教唆がなされ，正犯

⑶　プラテも，アジャン・プロヴォカトゥールの可罰性を故意との関連でしか扱わないのは，問題の不当な矮小化であると指摘する。Plate, Zur Strafbarkeit des agent provocateur, ZStW 84, 1972, S. 313.

が実行に着手したものの，既遂結果が発生しなかった場合と，アジャン・プロヴォカトゥールの場合とを比較することが議論の手掛かりになり得る。これらの場合，たしかに教唆者が正犯の犯行を既遂に至らせる意思を持っていたか，それとも未遂に終わらせるつもりであったかという点は異なる。しかし，正犯が法益侵害ないしその危険性を発生させることで，少なくとも可罰的となることを，教唆者が認容している点は共通する。いずれの場合にも，教唆者は，自分の教唆行為が正犯の可罰的行為を誘発することを認容しているわけである。したがって，アジャン・プロヴォカトゥールが持つ縁由ないし動機は，解釈論上，過大評価されるべきではない。

　わが国では，アジャン・プロヴォカトゥールの問題が共犯独立性説と共犯従属性説との対立の構図で捉えられることもあったが，最近では，どちらに立脚するかで結論に差が生じるといった演繹的な説明がなされることは少なくなっている[4]。むしろ，共犯従属性説と可罰説とに論理必然的な関係はないと理解されており，共犯従属性説の内部での不可罰説と可罰説との対立のほうが目立つようになっている。

　ドイツでは，アジャン・プロヴォカトゥールの問題は，かなり以前から議論されており，とりわけ共犯の処罰根拠が自覚的に展開されるようになってからは[5]，それを核心にした解決も際立ってきている。アジャン・プロヴォカトゥールの処罰の可否が問題になるのは，未遂犯としての正犯の不法が存在する場合に限られるので，混合惹起説の立場からは，その場合に共犯固有の不法も存在するのか否かが重点的に検討されなければならない。本章は，ドイツの学説から示唆を得て，共犯の処罰根拠によってアジャン・プロヴォカトゥールの問題を捉え直すことで，その解決に役立てることを目的とするものである。

---

(4)　川端博『集中講義刑法総論』第2版（平9年・1997年）422頁。
(5)　ドイツでは，リューダッセンの創唱にかかる惹起説が注目を集めたことを契機にして，共犯の処罰根拠が本格的に論じられるようになった。Lüderssen, Zum Strafgrund der Teilnahme, 1967.

第2節　学説の状況

第1款　不可罰説とその検討

　アジャン・プロヴォカトゥールを不可罰とするのがドイツの通説である。
その中には，アジャン・プロヴォカトゥールの不可罰性をあたかも自明の前
提とし，一般的にアジャン・プロヴォカトゥールと見られる教唆者の処罰の
可否を，正犯の既遂時期の検討を通して区別しようとする見解もある。その
ような見解においては，正犯が既遂に達していなければ，教唆者は常に不可
罰となるから，とりわけ既遂時期に争いがある犯罪の場合，どの段階で正犯
の既遂を認めるかによって，教唆犯の成否が左右されることになる。もちろ
ん，通説は，アジャン・プロヴォカトゥールの不可罰性を，当初から何の論
証もなく自明のこととしてきたわけではない。むしろ，それを論じ尽くした
ものとした上で，実務上も問題になることが多い正犯の既遂時期に争点を先
鋭化させていったと考えられる。この様相は，ロクシンの見解に表れている。
ロクシンは，教唆犯の規定に沿って，教唆の故意の内容を明らかにすること
から始める。ドイツ刑法26条(教唆)によれば，他人を故意により遂行される
行為へと故意で衝き動かした者だけが教唆者として処罰される。通説によれ
ば，教唆者の故意は，二重の故意から成るものであり，第1に「行為へと衝
き動かすこと」，したがって正犯行為者のもとに行為決意を引き起こすこと
に向けられるものでなければならず，第2に行為の実行，したがって客観的
構成要件および主観的構成要件の全てのメルクマールを包括するものでなけ
ればならない[6]。ロクシンによれば，教唆者が，正犯行為の不法を根拠づける
事情を認識していない場合，故意とともに教唆が脱落する[7]。教唆者が行為
の既遂を意図せず，正犯行為者が構成要件的結果を達成しないであろうこと
を表象する場合，教唆の故意が欠ける[8]。アジャン・プロヴォカトゥールも，
そのような場合に当たる。Aが拳銃から予め弾丸をこっそり取り出してお
き，それでBを故殺未遂へと誘発する場合のように，背後者が誰かを未遂へ

---

(6)　Roxin, a.a.O.〔Anm. 1〕, §26 Rn. 64.

(7)　Roxin, a.a.O.〔Anm. 1〕, §26 Rn. 65.

(8)　BGH MDR 1954, S. 335, BGH GA 1975, S. 333.

と誘発するが，それが不可能であることを背後者が初めから認識しているという事例もそうである。ここでは，共犯の処罰根拠から必然的に誘発者たる背後者の不処罰が帰結される。背後者は構成要件で保護された法益を侵害することを意図しているのではないから，共犯の処罰に正統性を与える法益への攻撃が欠ける。教唆者の故意へと問題が収斂されるわけではない。なぜならば，法益への攻撃が，きわめて客観的に欠けているからである[9]。

　アジャン・プロヴォカトゥールが既遂犯を引き起こそうとする場合，同人は，たとえ正犯行為者の有罪認定への努力によって先導されたとしても，基本的に処罰され得る。殴打者Bを行為の完了後に拘束させるために，AがBに身体傷害を教唆する場合，その目的は教唆を理由とした可罰性に何ら変更を加えるものではない。明らかにAの態度は法益への攻撃である。動機は，ほとんど免責にはつながらないが，量刑にあたって考慮される。ドイツ刑法34条（正当化緊急避難）に基づく違法性阻却は，有罪認定の利益が，決して身体の健全性への被害者の権利に優越することはないという点で挫折する[10]。

　このように正犯が既遂に至ったことが明白である場合は，不可罰説の内部でも，もはやアジャン・プロヴォカトゥールとしては扱われない教唆者の可罰性が認められ得るが，それに対し，アジャン・プロヴォカトゥールが，伝統的な見解によれば既遂とされる行為を教唆するのと同時に，損害的結果を回避する予防措置を講じていた場合には，先鋭的な争いが生じる。この問題は，麻薬取引の場面で秘密捜査協力者を動員する際に大きな実務上の意味を持つ。たとえば，アジャン・プロヴォカトゥールが麻薬を自分に売るよう正犯行為者を誘発する場合，当該アジャン・プロヴォカトゥールは，ドイツ麻酔剤取引法29条1項1号の取引活動に対する教唆を理由にして可罰的となるのか否かということが問題になる。加えて，アジャン・プロヴォカトゥールが正犯行為者に他人への麻薬の販売を誘発する際，すぐに関与者を拘束して麻薬を押収できるよう手配しておく場合や，既遂が法益侵害に先行する場合（予備罪，企行犯[11]，多くの目的犯）のほか，既遂犯を中止することで刑罰の免除が可能になる全ての構成要件の場合にも，損害を回避する教唆者の可罰性

---

(9)　Roxin, a.a.O.［Anm. 1］, §26 Rn. 67.

(10)　Roxin, a.a.O.［Anm. 1］, §26 Rn. 69.

についての問題が浮上する[12]。

　たとえば麻薬取引に関して，ドイツの判例には，「各人の自己使用の活動，売り上げを目指した活動，偶発的な1度限りの活動，取り次ぐだけの活動でも」ドイツ麻酔剤取引法29条1項1号の取引活動に該当すると判断したものがあるので[13]，それに従うと，秘密捜査協力者が売人から麻薬を手に入れ，その場で売人を拘束するという事例においては，既遂に達した行為に対する教唆が成立することになるであろう。しかし，ロクシンは，そのような事例について，構成要件を制限的に解釈することで，アジャン・プロヴォカトゥールの不処罰を基礎づけようとする。ロクシンの考え方からは，次の判例のほうが妥当であるとされる。「麻薬取引の犯罪構成要件の意味における否認された結果は，麻薬を消費者へのルートで拡散させるような経緯だけなのであり，麻薬が警察にこっそりと渡され，それによって取引から引き出されるところの売り上げではない。したがって，麻薬取引に共同する者が警察の出動と介入を真剣に想定し，それを織り込んで取引を促進した場合，たとえ同人が，それと同時に，正犯行為者により計画された行為が，予想と期待に反して既遂に到達し得る危険を認めていたとしても，同人に麻薬取引の意味における故意の責任は問われ得ない。」[14]。こちらの判例の理解に従うと，ドイツ麻酔剤取引法29条2項に基づく未遂行為だけが存在することになり，アジャン・プロヴォカトゥールたる秘密捜査協力者の不処罰が共犯原理から無理なく生じる[15]。これと同じ根拠から，アジャン・プロヴォカトゥールが麻薬商人に麻薬を売り，引き渡しの際に当該麻薬商人を逮捕する場合，単に未遂の取引活動しか認められ得ず，したがって可罰的な教唆は認められ得ない。一般

---

(11)　野澤充「予備罪の中止について―予備罪に対する中止犯規定の類推適用の可否―」『立命館法学』327・328号（平22年・2010年）2042頁によれば，企行犯とは，未遂を既遂と同等に処罰の対象とする犯罪類型のことを言う。すなわち，何らかの結果が生じた段階で処罰の対象とするのではなく，当該結果を発生させ得る行為を「試みた」段階で，それを既遂と同等の状況になったものと評価するのである。ドイツ刑法11条（人および物の概念）1項6号は，以下のように定める。「この刑法典の意味における行為の企行とは，当該行為の未遂および既遂のことである。」。ドイツ刑法典では，いくつかの犯罪類型が企行犯として規定されている。

(12)　Roxin, a.a.O.［Anm. 1］, §26 Rn. 70.

(13)　BGH NJW 1979, S. 1259.

(14)　BGH StV 1981, S. 549.

(15)　Schünemann, Der polizeiliche Lockspitzel-Kontroverse ohne Ende?, StV 1985, S. 429.

的に，工作員が犯罪を教唆する際，麻薬が流通せず，最終的に消費者の手に届き得ないよう手配しておく限りで，常に未遂の取引活動だけが正犯行為者のもとに存在する[16]。

　構成要件の制限的な解釈によってアジャン・プロヴォカトゥールを不処罰とする可能性は，麻薬取引の事例に限定されない。たとえば，工作員が誰かに偽造通貨の調達を誘発するが，その取得が警察による取り締まりを受け，取得された通貨が即座に没収される場合，ドイツ刑法146条（通貨偽造）1項2号の自己調達に対する教唆は存在しない。なぜならば，自己調達は固有の処分権の取得を前提とするが，ここでは，それが欠けるからである。秘密捜査協力者が偽造者から通貨を取得する場合も，偽造通貨の流通（ドイツ刑法146条1項3号）は肯定され得ない。なぜならば，そうすることによって，通貨が流通から引き上げられるからである。それゆえ，不可罰的に教唆され得る未遂だけが存在する。また，補助金詐欺に関して，誰かが他人を補助金詐欺へと動機づけ，申請の不正を前もって役所に伝えておく場合も，申請の「利得の負責性」が欠けるから（ドイツ刑法264条1項1号），正犯行為者のもとには未遂だけしか存在せず，したがって誘発者のもとには既遂の故意が欠ける[17]。

　さらに，ロクシンによれば，抽象的危険犯，特に麻薬取引のように「輸入」，「譲渡」，「取得」といった外形的な構成要件メルクマールが存在する場合，誘発者が，抽象的危険が実現し得ないよう手配したときは，既遂が否定されなければならない。このことは，「初めから抽象的に危険でない行動態様は，目的論的縮小（teleologische Reduktion）の方法で，一般的に抽象的危険犯の適用領域から排除されるべきである」という考え方から帰結される[18]。アジャン・プロヴォカトゥールが売人に麻薬の取得を教唆し，それを自分で買い取る場合，麻薬が取引に至る危険が存在しないのであれば，既遂の「取引活動」に対する教唆だけでなく麻薬「取得」に対する教唆も脱落する。その際，危険性の存否は，過失理論の原則を援用して判断される。したがって，秘密捜査協力者が必要な手配をしたか否かが重要である。このように犯罪の撲滅に役立て

⒃　Roxin, a.a.O.［Anm. 1］, § 26 Rn. 72.

⒄　Roxin, a.a.O.［Anm. 1］, § 26 Rn. 73.

⒅　Schünemann, a.a.O.［Anm. 15］, S. 429.

るために社会的に要求される行為の場合，ある程度の危険が寛容に受け入れられるという一般的な原則から，たとえば取得者が警察のコントロールをすり抜けて麻薬を転売するといった，ごく少ない危険は受忍され得るという結論が導き出される[19]。

その一方で，工作員が，警察によって（十分には）コントロールされない麻薬取引を動機づけ，それにより麻薬が流通し，最終的に消費者に到達することが可能となった場合は，既遂行為に対する教唆を理由として有罪判決が言い渡される。そのような種類の工作員の行動が，たとえ究極的には麻薬使用者の有罪認定および市民の健康に役立つはずであるとしても，それが教唆であることは変わらない。なぜならば，教唆の要件を，構成要件から離れて存在する「終局法益」なるもの（たとえば市民の健康）に置き換えることは許されず，構成要件が回避するべき危険（コントロールされない麻薬の蔓延）にとどめておかなければならないからである。麻薬の蔓延を誘発する者は，構成要件で保護された法益を攻撃するのであって，原理的に可罰的な教唆者である[20]。ここでは，ドイツ刑法34条（正当化緊急避難）に基づく違法性阻却が考えられ得るが，その要件は，ほとんど存在しないであろう。現在の危険または避けることができない危険が欠けるし，有罪認定から生じる利益が，国家による麻薬取引の促進から生じる危険に優越することもないからである[21]。

構成要件上，独立した予備罪[22]に対する教唆も，教唆者が，予備罪が関わる構成要件の既遂を意図しない場合，不処罰であるとされる。たとえば，通貨偽造の予備を教唆する者は，警察を適時に介入させることで，それをドイツ刑法146条（通貨偽造），148条（有価証券偽造）に基づく既遂の犯罪行為へと至らせようと意図していない場合，不処罰となる。なぜならば，単なる未遂行為の教唆が不処罰である以上，予備の段階にとどまっている行為の教唆も，なおさら適法とされるからである。既遂を回避した場合に不処罰となること

⒆　Roxin, a.a.O.［Anm. 1］, §26 Rn. 74.
⒇　Roxin, a.a.O.［Anm. 1］, §26 Rn. 75.
(21)　Roxin, a.a.O.［Anm. 1］, §26 Rn. 76.
(22)　ドイツ刑法83条（大逆企行の予備），149条（通貨偽造および有価証券偽造の予備），234a条（拉致）3項，275条（公的証明書偽造の予備），旧311b条（現行ドイツ刑法310条）（爆発または放射線に関わる重犯罪の予備），316c条（航空交通および海上交通に対する攻撃）3項。

を予定した中止に関わる規律も，このことを補強するものである。事後的な回避が不処罰となるからには，初めから計画に織り込まれた回避も，なおさら不処罰となるに違いない。準備された犯罪の既遂が生じないための手配をしておく正犯行為者は，予備行為の構成要件上の特殊な危険を全く意図していない。これと同様に，企行犯の場合[23]，未遂に至らせることしか意図していない教唆者は不処罰となる[24]。

　主観的な不法要素たる目的が法益侵害に関係するものであって，かつ既遂が前置される限りで，目的犯も特殊な扱いを受ける。その具体例として，ドイツ刑法146条（通貨偽造），164条（虚偽告訴），242条（窃盗），257条（犯人庇護），265条（保険詐欺），267条（文書偽造），288条（強制執行妨害）における目的メルクマールが挙げられる。目的が実現されない場合，立法技術上の理由で形式的に既遂犯とされたところの未遂が問題になる。それゆえ，誘発者が目的の実現を意図しない場合，当該誘発者を不処罰とするのが妥当である。たとえば，誰かが不真正文書の作成を教唆するが，そのことを欺罔の対象となる者に伝えておくことによって，取引における欺罔を阻止する場合，ドイツ刑法267条の可罰的な教唆は存在しない。法益への攻撃が欠けるからである。誰かが他人に虚偽告訴（ドイツ刑法164条）を教唆するが，既に真犯人が逮捕され，自白していることから，不法な訴追が開始され得ないことを知っている場合，可罰的な教唆は存在しない。教唆者が誰かに通貨偽造（ドイツ刑法146条1項1号）を動機づけるが，その通貨が流通しないように手配する場合，当該教唆者は不処罰である。特徴的な種類の目的犯において，行為が教唆者の故意に反して既遂に達した場合，それにもかかわらず，誘発者のもとには，不可罰的な過失による犯罪実現だけが存在する。この点に抽象的危険犯との違いが存在する。したがって，ロクシンによれば，目的は独立的なメルクマールであって，共犯者が目的を持っているか否かは，正犯者が目的を持っているか否かということ自体からは独立して判断されるが，共犯者が持つべき目

---

[23]　ドイツ刑法81条（連邦に対する大逆），82条（州に対する大逆），131条（暴力の提示）1項4号，184条（わいせつ文書の頒布）1項4号，8号，3項3号，316a条（自動車運転手に対する強奪的攻撃），316c条（航空交通および海上交通に対する攻撃）1項2号，357条（臣下に対する犯罪行為の動誘）参照。

[24]　Roxin, a.a.O. [Anm. 1], §26 Rn. 78.

的の内容は，正犯が持っている目的の内容と同じでなければならない。共犯者は，法益への攻撃を遂行するためには，正犯行為者と同じ既遂の故意を持っていなければならないのであるから，取引における欺罔が生じ，不法な訴追が開始され，または偽造通貨が流通することを，正犯行為者と同じように意図するのでなければならない。なぜならば，教唆者は正犯行為者と同じ法定刑のもとに置かれるところ，主観的な行為の側面において，教唆者の場合に，実行行為者の場合よりも著しく少ないことを要件とするのは，きわめて不当となるからである[25]。

　かかる規律は，窃盗（ドイツ刑法242条）の構成要件にも当てはまる。けだし，法益への攻撃は，所有者の継続的な排除に向けられた意思を要件とする。したがって，アジャン・プロヴォカトゥールが窃盗を誘発するが，警察に監視された正犯行為者が奪取の直後に拘束される場合，教唆者は不処罰となる。なぜならば，教唆者は，物を自分自身で領得しようとする必要はないが，可罰的な教唆者となるためには，所有者の継続的な排除に向けられた故意を持たなければならないからである。それがなければ，教唆者としても窃盗を特徴づけるものを意図することにはならない。たしかに，正犯行為者は，ほんの短時間，構成要件上の継続的な態様でないとはいえ，いずれにせよ所有権および所持という保護法益を間違いなく侵害している。しかし，短時間の非継続的な法益侵害では工作員の処罰にとって十分でない。なぜならば，工作員の固有の故意は，不可罰的な使用窃盗にしか向けられていないからである。正犯行為者が，どのような拘束計画にも反して盗品とともに逃走することが起こり得る可能性も，工作員の可罰性にとって十分でない。なぜならば，ドイツ刑法242条の場合，過失は不処罰となるからである[26]。シェンケ／シュレーダーも，「たとえば窃盗に対する教唆の場合，正犯行為者の逮捕が奪取の最中に行われるのか，それとも当該行為の既遂直後になって初めて行われるのかということ，および，その際に盗まれた物が窃盗犯人から取り戻されることになっていたのか否かということは問題になり得ない」のであって，いずれにせよ継続的な排除がなければ，法益への攻撃が欠けるとする[27]。

---

[25]　Roxin, a.a.O.［Anm. 1］, §26 Rn. 79f.

[26]　Roxin, a.a.O.［Anm. 1］, §26 Rn. 81.

これに対し，詐欺（ドイツ刑法263条）のように，目的が法益に関係するのではなく，法益から独立して犯罪類型化された構成要件の場合には事情が異なる。誰かに詐欺を教唆し，その際，被害者が財産上の損害を受けるが，正犯行為者の利得は回避され得るとの想定から出発する工作員は，被害者の財産を侵害することによって，法益への攻撃を実行するものである。そのことで可罰性にとって十分である[28]。可罰的な正犯行為者の行為は，正犯行為者の利得が回避される場合であっても，社会に損害を与える詐欺なのである[29]。

既遂行為の中止を予定した犯罪においても，アジャン・プロヴォカトゥールは，中止の効果を初めから計画に織り込んでいる場合には不処罰とされなければならない。たとえば，既に損害を惹起した放火者は，火が発見され，放火によって引き起こされた損害よりも大きな損害が発生する前に再び火を消した場合にはドイツ刑法旧310条（著しい改悛）（現行ドイツ刑法306e条）に基づいて不処罰となる。アジャン・プロヴォカトゥールが，火が同人自身や第三者によって，または自然鎮火状態によって早い段階で消されることを初めから計画に織り込んでいた場合に，同人を不処罰とすることは，結果の回避をも目指した教唆を不処罰とする原則に合致する。この場合，ドイツ刑法旧310条の解釈によれば，可罰的な法益への攻撃は存在しない。もっとも，消火が失敗した場合，アジャン・プロヴォカトゥールは，ドイツ刑法24条（中止）に含まれる法思想の観点から，既遂行為に対する教唆を理由として可罰的となる[30]。

より鮮明に教唆犯の処罰根拠から出発して，アジャン・プロヴォカトゥールの不可罰性を説く見解もある。ニコリダキスは，教唆犯の処罰根拠について，従属性志向促進説が支持されるべきであると明言する。ニコリダキスによれば，ドイツ刑法26条（教唆）による可罰性の拡大を根本的に基礎づけることが，法益保護の前提となる。教唆者は，正犯行為の結果への共同を理由にして処罰される。正犯行為の結果が教唆者の結果でもある。もっとも，こ

---

(27) Schönke/Schröder, Strafgesetzbuch Kommentar, 29. Aufl., 2014, S. 543 [Heine/Weißer].

(28) Maaß, a.a.O. [Anm. 2], S. 514, 519.

(29) Roxin, a.a.O. [Anm. 1], §26 Rn. 83.

(30) Roxin, a.a.O. [Anm. 1], §26 Rn. 84.

の結果の惹起は，間接的な惹起である。なぜならば，教唆者は，正犯行為者を通して，その都度，保護法益を侵害するからである。したがって，教唆者の不法は，教唆者が犯罪行為に故意で関与し，正犯行為者の行為決意の喚起を通して，結果を共同惹起するという点に存在する。行為決意の喚起が教唆の結果を形成するわけではない。行為決意の喚起は，目的のための手段，すなわち正犯行為者の不法および教唆者の不法の基礎にあるところの法益侵害のための手段でしかない。正犯行為者の不法は，正犯行為者により直接的に引き起こされる保護法益の侵害に存在する。教唆者の不法は，たしかに派生的な不法である。なぜならば，教唆者の不法の存在にとって，正犯行為者による法益侵害が前提とされるからである。しかし，教唆者は，正犯行為者の不法に対して負責されるのではなく，教唆者の固有の不法に対して負責されるのである。教唆者の不法は，犯罪行為への関与，すなわち法益侵害の共同惹起に存在する。その不法は，ドイツ刑法 26 条で構成要件化されている。ドイツ刑法 26 条の規定は，常に故意による違法な正犯行為との結びつきにおいて考えられるべき，正犯性のない違法な態度を刑罰のもとに置くものである。教唆者の固有の不法は，このように従属的なものである。したがって，教唆者は，正犯行為者が犯罪行為を遂行し，それによって法益を侵害することを理由にして負責されるのではなく，教唆者が正犯行為の結果の喚起，すなわち故意で他人に法益侵害を誘発し，それを共同したことを理由にして負責される。教唆者の従属的な態度が，その固有の不法を形成する。故意の違法な正犯行為が欠ける場合，それと同時に，共犯不法の根源，源泉となるもの，すなわち教唆者の不法がそこから引き出されるべきところの正犯者不法が欠ける。教唆は独立罪ではない。既遂に達した教唆は，正犯行為が存在する場合に認められ得る。これに対し，正犯行為が存在しない場合，一般的に教唆は肯定され得ない。なぜならば，教唆の正統性のある根拠，すなわち保護法益を直接的に攻撃する正犯行為が欠けるからである。正犯行為がなければ，いかなる当罰性のある法益の危殆化も存在しないから，共犯の可能性も存在しない[31]。

---

[31] Nikolidakis, Grundfragen der Anstiftung, 2004, S. 180f.

このような教唆犯の処罰根拠の理解に基づいて，ニコリダキスは教唆の故意について論じる。ニコリダキスによれば，故意が客観的な構成要件実現の了知と意図として理解されるべき場合，そこでは，記述された構成要件メルクマールの了知と意図だけではなく，刑法上の構成要件の記述には含まれない社会的現実や，それと結びつけられた形式的な法益侵害メルクマールの了知と意図も意味される。このことは，刑法の任務である法益保護，より具体的には，社会生活にとって重要な機能的統一性から帰結される。したがって，誘発者は，法益侵害の意思を持っていなければならない。誘発者が正犯行為の未遂だけを意図する場合，その誘発者は不処罰的なアジャン・プロヴォカトゥールである。なぜならば，当該誘発者は，故意概念が常に要求する法益侵害の意思を示さないからである。正犯行為の結果が教唆の結果でもあるところ，アジャン・プロヴォカトゥールは，正犯行為の法益侵害の結果を意図するものではない。ゆえに，正犯行為の未遂だけを意図する誘発者は，教唆者としては処罰され得ない。未遂は，それ自体として法益侵害ではない。未遂の正犯行為者の法益侵害の意思こそが，当該正犯行為者に当罰性を与えるものである。通常の未遂に対する教唆の場合，法益侵害が発生しなかったにもかかわらず，とりわけ法益侵害の意思が存在することで，教唆の可罰性が基礎づけられるわけであるが，その場合の故意と，行為を既遂に到達させようとしない誘発者の故意とは区別される。なぜならば，故意概念は，常に法益侵害の意思を要求するからである。未遂に対する教唆の事例における故意が，ここで一般的な故意概念とは異なるものとして定義されているわけではない。誘発者の結果への意図という要件は，ドイツ刑法26条による可罰性の拡大を基礎づける法益保護の要求から生じる。正犯行為を未遂にだけ到達させようとするアジャン・プロヴォカトゥールは，この要件を充足しないから，ドイツ刑法26条の意味における教唆者としては扱われ得ないものである。誘発者を不処罰とすることは，教唆犯の処罰根拠の理解とも合致する[32]。

　保護されるべき法益の侵害または考えられる目的の実現を望まないどころか，回避しようとしながらも，正犯行為の既遂を意図する誘発者の態度が，

---

(32)　Nikolidakis, a.a.O.［Anm. 31］, S. 182.

ドイツ刑法 26 条の意味で客観的かつ主観的に構成要件に該当するか否かという問題に関しては，窃盗に対する教唆の場合，教唆者の可罰性が肯定される。なぜならば，窃盗は侵害犯であるゆえ，既遂と法益侵害（奪取による領得）とが同時に生じるからである。したがって，窃盗の誘発者は，教唆者として処罰され得る。正犯行為者により奪取された物を所有者に返還する誘発者の故意は，損害を回避することに向けられているのではなく，発生した損害を回復することに向けられているのである[33]。

　構成要件上，既遂が法益侵害と同時には生じない構造を持つ犯罪の場合，立法者は，その都度の法益の侵害ではなく，そのような侵害への傾向を刑罰のもとに置く。この侵害の危険は，正犯行為者の法益侵害の故意に基づくものである。なぜならば，それに合致する故意がなければ，法益の危殆化は存在せず，したがって当罰性のある態度も存在しないからである。ドイツ刑法 253 条（恐喝），263 条（詐欺）のような超過的な内的傾向は，法益中立的な意思の実現にのみ関係する。目的の実現ではなく行為の既遂を意図する誘発者の故意は，同時に，客観的に構成要件を実現する正犯行為者の行為によって既に惹起された法益侵害への故意となる。しかし，誘発者には，その一身において，利得の目的のような高度に人的なメルクマールが欠如する。誘発者のもとでの高度に人的なメルクマールの欠如は，正犯性からの乖離を示すものである。そのようなメルクマールの高度に人的な性質は，とりわけ当該メルクマールが刑罰を根拠づける機能を持つ場合に，それを従属的に取り扱うことを禁じる。したがって，この場合，アジャン・プロヴォカトゥールは，法益侵害を故意で（共同）惹起したにもかかわらず，教唆者としては処罰されない[34]。

　危険犯の場合，保護法益の侵害（具体的危険犯の場合）または危殆化（抽象的危険犯の場合）すら故意に含んでいなくても，他人を危険犯の遂行へと衝き動かす誘発者は，基本的に教唆者として処罰されるべきである。当該誘発者の法益侵害の故意の欠如が，その不処罰を根拠づけることはあり得ない。なぜならば，法益侵害の故意は，正犯行為者の可罰性にとっても必要とされないか

---

(33)　Nikolidakis, a.a.O. [Anm. 31], S. 182.

(34)　Nikolidakis, a.a.O. [Anm. 31], S. 183.

らである。危険犯は，いかなる内的傾向を示すものでもない。危険犯の場合，可罰性は，客観的かつ主観的に，通常の場合よりも早い段階で生じる。それゆえ，誘発者が保護法益の侵害を意図していないという事実は，当該誘発者にとって有利にはなり得ない。たしかに，教唆犯の処罰根拠が，この結論を裏付けるわけではない。なぜならば，危険犯の場合，教唆者は，法益の侵害または危殆化を（共同）惹起するものではないし，それに向けられた故意も持っていないからである。しかし，そうであるからといって，教唆犯の処罰根拠や，この結論に欠陥があるということにはならない。あまりにも早い段階で可罰性を生じさせる犯罪の構造こそが疑問に値するのであって，そこから結論がもたらされるわけである。このように，誘発者の処罰は，共犯者に特有でない根拠から生じるものである。刑罰の解放に作用する改悛が刑法典で認められている犯罪においては[35]，誘発者の不処罰が認められ得るが，それは著しい改悛に関する規定で詳細に輪郭づけられた結果回避に，当該誘発者が現実的に成功する場合に限られる。それらの事例では，刑罰消滅事由が問題となる[36]。

　ロクシンもニコリダキスも，一般的にアジャン・プロヴォカトゥールとして扱われるような教唆者を必ずしも常に不可罰とするわけではない。そこで問題となるのが，どのような場合に教唆が可罰的となるのかということであるが，この点に関しては，両者は一致していない。ロクシンは，既遂時期に争いがある犯罪において，構成要件を制限的に解釈することによっても，正犯が既遂に達したと考えられる場合には，それに対する教唆を可罰的であるとする。危険犯の場合，たとえば警察によるコントロールを受けない麻薬取引に対する教唆は，目的論的縮小によっても，正犯が既遂に達してしまったものと考えられる以上，可罰的となる。これと異なり，ニコリダキスはロクシンのような限定を設けず，およそ危険犯に対する教唆を可罰的であるとしている。窃盗の場合，ロクシンが，正犯による所有者の継続的な排除がなければ，可罰的な教唆も存在しないとしているのに対し，ニコリダキスは，窃

---

(35)　ドイツ刑法264条（補助金詐欺）5項，265b条（クレジット詐欺）2項，298条（入札における競争制限談合）3項。

(36)　Nikolidakis, a.a.O. [Anm. 31], S. 184.

盗では既遂と法益侵害が同時に生じるとの理由で，アジャン・プロヴォカトゥールの教唆犯としての可罰性を肯定する。詐欺の場合，ロクシンの見解においては，利得という目的は法益に関係しないから，正犯による財産の侵害さえあれば，利得がなくても法益は侵害され，それを教唆したアジャン・プロヴォカトゥールは可罰的になるとされるのに対し，ニコリダキスの見解においては，利得という目的は，高度に人的なメルクマールであり，かつ刑罰を根拠づける機能を持つものでもあるから，その性質上，教唆者に認められることはなく，教唆者の可罰性は否定される。

　このように，不可罰説は，基本的にはアジャン・プロヴォカトゥールの可罰性を否定しつつ，その処罰の可否が実際に問題となる肝心な場面では，個別の構成要件の解釈から結論を導き出すわけである。しかも，その結論は不可罰説の内部でも異なることがあり，そこでは，不可罰説が，それ自体として実務上の問題の解決に役立っているというよりも，アジャン・プロヴォカトゥールを基本的に不可罰とする前提を置くことが，個別の構成要件の解釈にあたって利用されているにすぎないのである[37]。

第2款　可罰説とその検討

　ドイツでは，共犯の処罰根拠が本格的に論じられる以前から，それに着目した可罰説が，シュトラーテンヴェルトによって既に展開されていた。1951年8月30日付けのドイツ刑法改正法は，大逆罪および外患誘致罪に関する規定をドイツ刑法典へと再統合した。初期のシュトラーテンヴェルトの見解によると，この領域で，たとえば防諜の実務上の必要性が，外観上，大逆罪または外患誘致罪の計画に関与せざるを得ない工作員への委任につながる。国家の本質において，どのような手段をも目的が神聖化するわけではないから，そのような関与が可罰的となり得るのか否か，また，どのような範囲で可罰的となり得るのかを問題にすることは重要な意義を持つ。とりわけアジャン・プロヴォカトゥールとして活動することを委任された防諜活動者た

---

[37]　もっとも，構成要件の制限的な解釈や，目的論的縮小という解釈の方法それ自体は，ここに特有のものではなく，たとえば一般的に被害者がいないと見られる犯罪や，実害が発生したとは感じられにくい犯罪の構成要件の解釈にも応用することができ，行為自由の領域を可能な限り広く確保することに役立つものである。

る公務員は，どのような限度で，そのような活動によって自分が刑法に違反し，それゆえ任務の実行を拒否できるのかということを知っていなければならない[38]。シュトラーテンヴェルトは，まず，アジャン・プロヴォカトゥールに中止未遂の規定を適用することの可否について論じる。ドイツ刑法旧46条（中止）（現行ドイツ刑法24条）は正犯行為者の中止に適用されるだけでなく，共犯にも適用されるというのが有力な見解である。この見解は，アジャン・プロヴォカトゥールにも推論を及ぼす。事後的に考え直し，犯罪の結果を回避する者の犯罪の共犯者が不処罰であるならば，初めから未遂だけを意図し，結果発生を回避しようと決意し，実際に回避した者は，なおさら処罰されてはならないということになるのかもしれない。しかし，この見解は，固有の問題を見落としている。ドイツ刑法旧46条は，未遂の可罰性についての一般的な理論に対する例外を含む規定であって，体系的に根拠づけられるものではない。この一般的な原則によって可罰的となる未遂が存在する場合に限り，刑事政策的な理由から刑罰を免除するドイツ刑法旧46条の要件が，未遂に関して吟味されるべきである。アジャン・プロヴォカトゥールの処罰の可否は，体系的視点のもとで決定される問題であり，刑事政策上の理由で体系を破った規定には関係づけられ得ない[39]。

　もっとも，アジャン・プロヴォカトゥールが一般的な原則に従って処罰されなければならないということが前提とされる場合，いずれにせよ同条の規定の類推適用も検討され得る。もしドイツ刑法旧46条の基本的な考え方が未遂に対する共犯の場合にも当てはまるとすれば，そのような類推は阻害されない。ドイツ刑法旧46条の規定の基礎には，報奨説と呼ばれる刑事政策的な考え方がある。それは法の要求に対する裏切り者に後戻りを促す不処罰の見通しを与え，その態度を転換へと導こうとするものである。正犯行為者または共犯者（および結果回避）のために，ドイツ刑法旧46条は，刑の免除を認めているのである。アジャン・プロヴォカトゥールも，未遂が不能ではなかった限りで，結果を回避するものであるから，刑の放棄という報奨に値しないのか否かということが問題にされ得るかもしれない。しかし，これは，その

---

(38) Stratenwerth, Der agent provocateur, MDR 1953, S. 717.

(39) Stratenwerth, a.a.O. [Anm. 38], S. 718.

ような場合に当たらない。初めから犯罪の未遂にしか関与することを意図していなかった者は，犯罪行為の既遂を回避したからといって，後戻りしたわけではない。アジャン・プロヴォカトゥールの場合，内的な転換は問題になり得ない。むしろドイツ刑法旧 46 条の刑事政策上の目的は，アジャン・プロヴォカトゥールにとって，中身のないものとなる。アジャン・プロヴォカトゥールを同人が遂行できるはずもない転換へと動かすために，同人に刑の放棄という報奨を約束すること，および同人が決意していた結果の挫折のために奨励することは無意味であろう。したがって，ドイツ刑法旧 46 条に基づく刑の免除の余地は認められない。中止未遂の規定の類推適用も認められてはならない。アジャン・プロヴォカトゥールが，加わろうとした犯罪の未遂を，同人の当初の決意に反して回避する場合に限り，たしかに同人のもとには実際に中止が存在する。しかし，その場合，正犯行為の未遂が欠如するゆえ，ドイツ刑法旧 46 条は排除される[40]。

　次に，シュトラーテンヴェルトは，教唆の二重の結果について考察する。未遂だけを意図する共犯者の不処罰のために与えられた主な解釈論上の根拠が，共犯における二重の結果の理論である。この理論は，特に教唆に関して，教唆は 2 つの結果を持たなければならないとする。行為決意の喚起および行為それ自体の遂行がそれである。このことは，もっぱら因果的行為論と，それによって展開された拡張的正犯者概念から帰結される。共犯者も法益侵害に対して（共同で）因果的となったのであるから，行為の（間接的な）誘発者となり，もしドイツ刑法旧 48 条（教唆）（現行ドイツ刑法 26 条），ドイツ刑法旧 49 条（幇助）（現行ドイツ刑法 27 条）が特別な規律を含んでいないのであれば，正犯行為者として処罰されることさえあるかもしれない。そうでないとしても，共犯の処罰根拠は，共犯者が構成要件的結果を（違法かつ有責的に）共同惹起するという点にあるから，共犯者の故意は，未遂だけでなく，構成要件的結果の喚起にも向けられていなければならない，というのが二重の結果の理論である。しかし，この理論には疑問がある。なぜならば，一方の結果（構成要件の充足）は他方の結果（行為決意の喚起）によって追い求め続けられるゆえ，そ

---

[40]　Stratenwerth, a.a.O.［Anm. 38］, S. 718.

れらの結果は並列して存在するといった誤謬がもたらされるからである。そこでは，最終的には，もっぱら共犯者によって正犯行為者とは異なる態様で引き起こされる構成要件の充足という一方の結果だけが常に重要となるはずである。未遂は刑罰によって威嚇された行為であり，かつドイツ刑法旧48条は，刑罰によって威嚇された行為の誘発よりも多くのことを要求するわけではないと一般的には理解されているが，因果的行為論は，刑罰によって威嚇された行為を結果惹起にのみ存在するものと解釈するから，その点で二重の結果の理論は挫折する。因果的行為論は，法益侵害が完全に欠ける未遂の処罰を根拠づけるために，未遂犯の処罰根拠は法益の危殆化に存在するとの理論を展開しなければならなかった。そうすると，犯罪行為の未遂にだけ加わろうとする者の共犯性は，危険犯として理解され，それ自体として処罰され得るはずである。なぜならば，アジャン・プロヴォカトゥールは少なくとも犯罪の既遂に向けられた正犯行為者の意思と，それに結びついた危殆化を引き起こすことを意図するからである。しかし，それでも因果的行為論はアジャン・プロヴォカトゥールを不処罰とする結論に到達し得る。正犯行為者の未遂が犯罪の既遂に向けられた意思を要件とするならば，未遂に対する共犯についても，その要件を設けるのが当然である。因果的行為論にとって，未遂の処罰は特別な場合であって，刑罰拡張事由であるから，ドイツ刑法旧43条（未遂）（現行ドイツ刑法23条）は限定的に解釈されなければならない。限定的な解釈の必要性は，同条の規定を，結果の発生への意思が欠けるが，危殆化の故意は存在する事例にまで拡張することを禁止する。このことは，正犯行為者と同様に共犯者にも当てはまる。教唆者は，結果の喚起への意思を，行為決意の喚起への意思と並列しては持ち得ず，むしろ結果を正犯行為者のもとでの犯罪決意の喚起を通して引き起こそうとするものである，ということが否定され得ないのであれば，結果の発生が不可能であることを初めから知っていて，結果を引き起こそうとしない教唆者は，結果に向けられた決意だけを引き起こそうとするものである，ということが明白になる。このように，アジャン・プロヴォカトゥールの故意は，たしかに通常の教唆者とは異なる状態にある。したがって，アジャン・プロヴォカトゥールの可罰性を，もっぱら故意によって根拠づけることはできない[41]。

328 第12章 アジャン・プロヴォカトゥール

しかし，共犯者が正犯行為者の未遂に加わる場合，そのような共犯者は，結果反価値がないとはいえ，少なくとも正犯行為者の未遂に存在する行為反価値を（共同で）引き起こそうとするものである。正犯行為者の未遂が違法である場合，未遂の実現に向けられた共犯者の意思は，刑法上の不法の実現を目指すものである。未遂が，その反価値を完全にそれ自体の中に担い，法益の侵害または危殆化から第一次的には導き出すものでないとすれば，因果的行為論の理解とは異なり，（正犯行為の）結果反価値に向けられた共犯者の意思は必要でないことになる。アジャン・プロヴォカトゥールも，他人の不法がなされることを意図している。アジャン・プロヴォカトゥールは，もっぱら完全な不法の非独立的な部分動機，すなわち法益侵害が欠けるということによって，通常の教唆者から区別される[42]。

もし共犯者にとっての処罰根拠が，正犯行為者が違反するところの法的義務の侵害に存在するのであるとすれば，アジャン・プロヴォカトゥールの原則的な可罰性は，まだ問題にされ得るかもしれない。もし謀殺の教唆者の当罰性が，教唆者自身が他人を殺害することの禁止に直接的に違反することから生じるのであれば，他人の殺害ではなく，未遂だけが問題となるところのアジャン・プロヴォカトゥールは，不処罰のままでなければならないとされるかもしれない。このような見解は，因果的行為論に立ち帰るものである。人間の死亡をもたらす全ての原因の設定を殺害行為として把握する場合に限り，たしかに教唆者も殺害をしたことになる。しかし，目的的行為支配に注目する場合，殺害を教唆する者は，殺害をしたことにはならない。殺害行為を遂行しない者は，直接的にドイツ刑法211条（謀殺），212条（故殺）の禁止規範に違反するわけではなく，ドイツ刑法旧48条との結びつきにおいて初めて当該禁止規範から生じる，他人を殺害へと誘発することを禁止する規範に違反するものである。一般的に理解されるところでは，共犯の処罰根拠は，共犯者自身がドイツ刑法の各則に含まれる禁止に違反する点に存在するのではなく，もっぱら共犯者が，そのような禁止に違反するよう他人を誘発し，または助長する点に存在する。このことは，真正職務犯罪の場合に非公務員

---

[41]　Stratenwerth, a.a.O.［Anm. 38］, S. 718f.

[42]　Stratenwerth, a.a.O.［Anm. 38］, S. 720.

も共犯者となり得るが，正犯にはなり得ないという事実からも明らかになる[43]。

　したがって，未遂にだけ加わろうとする共犯者を可罰とすることに，支障は生じない。そのような共犯者も，社会的に耐え難い違法な行為を誘発または促進したのである。もっとも，その当罰性は，通常の共犯者の当罰性よりも少ないであろう。なぜならば，結果反価値の発生は回避されることになっていたか，または初めから不可能であったからである。この点は量刑の問題となり，可罰的な共犯の原則的な要件には影響を及ぼさない[44]。

　シュトラーテンヴェルトによれば，アジャン・プロヴォカトゥールの可罰性が根拠づけられる場合であっても，その違法性阻却の余地は認められる。シュトラーテンヴェルトは，職権による委任で活動するアジャン・プロヴォカトゥールを，それ以外の者から原理的に区別する十分な契機は存在しないと指摘し，未遂だけに加わることを意図した共犯者に超法規的緊急避難の余地を認めることで，包括的な解決を図ろうとする。超法規的緊急避難による違法性阻却は，利益の衝突を前提とする。この利益の衝突は，法益の侵害の危険が，他人の法益の侵害の未遂が誘発または助長されることによってしか回避され得ない場合に存在し得る。たとえば，住居侵入を繰り返してきた集団が，さらに別の侵入を遂行しようと決意した場合，その危険は，集団に未遂の機会を与え，その段階で集団を拘束することによってしか取り除かれないということがあり得る。回避されるべき法益侵害の危険が本当に存在したか，および未遂に対する共犯による以外の方法で回避され得たか否かが，個別の事例で慎重に吟味されなければならない。その際，正犯行為者の有罪認定だけが目的とされ，別の犯罪が遂行されるであろう危険が存在しなかったような事例は排除される。このようにして特徴づけられた要件が存在する場合，超法規的緊急避難に基づく違法性阻却が考えられる。この解決は，同じような場合に既遂犯に対する共犯も不処罰となり得ることを認めるものである。たとえば，ここで挙げた事例で，未遂の住居侵入窃盗における共同が，既遂の住居侵入に対する共犯を含む場合，それも適法となり得る。アジャン・

---

(43)　Stratenwerth, a.a.O. [Anm. 38], S. 720.

(44)　Stratenwerth, a.a.O. [Anm. 38], S. 720.

330 第12章 アジャン・プロヴォカトゥール

プロヴォカトゥールが加わろうとした犯罪が未遂にしかならなかったのか，それとも既遂の犯罪行為となったのかは，もっぱら超法規的緊急避難の枠内で意味を持つ。既遂犯に対する共犯も，より重い不法を回避するために，それが必要な手段であった場合には適法となり得る。そのような必要性が存在しなかった場合，未遂に対する共犯は依然として違法である[45]。

　シュトラーテンヴェルトの見解は，要するに，アジャン・プロヴォカトゥールが正犯の行為反価値を引き起こし，社会的に耐え難い行為を誘発した点に，その処罰根拠を求めるものである[46]。しかし，そのような行為反価値が，法益侵害ないしその危険性との関連で，どのように位置づけられるのかは必ずしも明らかでない。結果発生の現実的な危険性を生じさせた正犯が未遂犯として処罰される場合，それに教唆という態様で加担したアジャン・プロヴォカトゥールの処罰の可否も，法益侵害の危険性との関連で検討されるべきである。さらに，シュトラーテンヴェルトは，真正身分犯に非身分者が関与した場合の規律を援用して，共犯の処罰根拠を正犯の行為反価値の惹起に求めることの妥当性を補強しようとするが，それは真正身分犯に対する共犯の特殊性を無視するものである。混合惹起説の見地においては，真正身分犯は，それ以外の犯罪とは異なり，義務犯として把握される。すなわち，混合惹起説に立脚すると，真正身分犯に非身分者が関与した場合，非身分者から見た構成要件的結果の惹起はあり得ないので，その可罰性は，正犯である義務者の義務違反を誘発ないし助長したことを理由にして根拠づけられると解するほかない，ということが明白になるのである[47]。アジャン・プロヴォカトゥールの可罰性の制限について，シュトラーテンヴェルトは，超法規的緊急避難に基づく違法性阻却の余地を認めるが，それは厳格な要件が充足される場合に限り可能となるであろう。

　危殆化不法の実体を法益侵害との関連で捉え，可罰説を主張する見解もある。プラテは，共犯の処罰根拠について論じる前に，共犯が法秩序の経験論

---

[45]　Stratenwerth, a.a.O.〔Anm. 38〕, S. 720f.

[46]　その後，シュトラーテンヴェルトは改説し，自説を不法共犯説（Unrechtsteilnahmetheorie）として特徴づけている。Stratenwerth/Kuhlen, Strafrecht Allgemeiner Teil Ⅰ, 5. Aufl., 2004, S. 298f.

[47]　第3章第4節参照。

的妥当性を攻撃するものであると説く。プラテによれば，共犯者は，正犯行為者と何ら異なることなく，自分の意思態度において，その都度の正犯行為によって攻撃される法益への注意要求および注意義務を侵害するものである。他人に故殺を教唆する者は，法益たる生命から引き出される注意要求を侵害する。窃盗の際に助力を提供する者は，法益たる所有権から引き出される注意要求を侵害する。教唆には，法を守る志向性の侵害，すなわち法秩序に対する攻撃が存在する。教唆者は，自分自身を法秩序の外側に置くだけでなく，正犯行為者をも法秩序の外側へと連れて行くことによって，法秩序の経験論的妥当性を特別な態様で侵害する。もっとも，法秩序の経験論的妥当性への攻撃は，共犯の処罰根拠であるとは認められ得ない。妥当性への攻撃を含まない有責性のない行為に対する共犯が，有責性のある正犯行為に対する共犯と同じ刑で威嚇されていることから，立法者は，その都度の正犯行為により攻撃される法益の侵害を，共犯の本質的，根本的な根拠であると評価したものと考えられる。したがって，共犯による法秩序の妥当性の侵害は，具体的な事例において，量刑の枠内で考慮され得る[48]。

　その上で，アジャン・プロヴォカトゥールが，正犯行為により攻撃される法益を侵害し，それによって固有の不法を実現するものであるのか否かということが問題にされる。違法性の反価値性の判断は，正犯行為者の意思態度が，法益から引き出される注意要求に合致しないということによって根拠づけられるのに対し，有責性の判断は，正犯行為者が，その精神的態度において注意要求を真摯に受け止めなかったということを確認するものである。目的的行為論が，行為メルクマールとして，意思を不法に位置づけるのは妥当である。意思によって，目的不法と危殆化不法とが区別され得る。自分の意思目的に従って，その都度の法益と矛盾する反価値的事態の喚起へと影響を及ぼす者は，目的不法を実現するものである。それ自体として中立的な意思目的によって行為をするが，そのような反価値的事態の喚起の危険を含む事情のもとで活動する者は，危殆化不法を実現するものである。アジャン・プロヴォカトゥールの行為も，反価値的事態を喚起する危険を含むものであっ

---

(48)　Plate, a.a.O.［Anm. 3］, S. 301ff.

332　第12章　アジャン・プロヴォカトゥール

て，その限りで法益を侵害する可能性が残される。ある1つの事例が，その
ことを明らかにする。別荘地として知られたバルト海の海水浴場で，貸別荘
への住居侵入が多発する。観光事業所は，警察の捜査によって貸別荘の客に
不安や負担をかけないようにするために，この状態を迅速かつ平穏に収束し
ようと考える。観光事業所は，私立探偵Pを雇う。すぐにPは青年AとB
が住居侵入の背後に潜んでいるという，根拠のある疑いを持つ。ナイトバー
で，Pは，AとBの知人を探し，その知人に，離れた場所にある貸別荘の借
主Mが，翌日，ヨットで2日間の航海に出発し，その夜，Mの貸別荘は監視
がなくなるということを教える。AとBは，Pの示唆に感謝する。翌日の夕
方，Pは，AとBを不意打ちで逮捕するため，他人に計画を伝えることなく，
Mの貸別荘に向かって車で出て行く。しかし，Pは給油することを忘れてい
たので，途中で車が止まってしまう。結局，Pは，計画よりも遅れて徒歩で到
着し，既にAとBがMの貸別荘に忍び込んだものの，悪天候で予定よりも
早く帰って来たMと鉢合わせになり，盗品を伴わずに逃走した，ということ
を確認する[49]。この事例を，差し当たって「バルト海の事例」と呼ぶことにし
たい。

　私立探偵Pは，客観的に法益を侵害する行為に出ている。なぜならば，警
察およびMに連絡せず，応援要員も呼ばないといった具体的な事情のもと
で，Pは，AとBに対する教唆を通してMの所有権を危殆化するからであ
る。Mが最終的に何も盗まれなかったことは，Mが予定よりも早く帰宅した
という偶然的な事情によるものであり，Pが，その態度において，法益たる
所有権から引き出される注意要求を，危殆化の側面で侵害したという点は何
も変わらない。Pの行為反価値は，現実に遂行された正犯行為，すなわち加
重窃盗の未遂（ドイツ刑法旧243条1号（現行ドイツ刑法243条1項1号），旧43条（現
行ドイツ刑法23条））の結果反価値により，ドイツ刑法旧48条が要件とする通
りに補充される。したがって，Pは，ドイツ刑法旧243条1号（現243条1項1
号），旧43条（現行ドイツ刑法23条），旧48条（現行ドイツ刑法26条）の意味で構
成要件に該当し違法に行為をしたものであり，可罰的となる[50]。

---

(49)　Plate, a.a.O.〔Anm. 3〕, S. 304ff.
(50)　Plate, a.a.O.〔Anm. 3〕, S. 307.

第2節　学説の状況　　*333*

　もっとも，未遂の正犯行為がもたらされる場合に，アジャン・プロヴォカトゥールの態度が常に違法となるわけではない。たとえば，アジャン・プロヴォカトゥール X が，前もって弾丸を取り出しておいた拳銃を Y に渡し，それで Y が Z を狙撃しようとする場合，X は法益を侵害する行為に出ておらず，ドイツ刑法 212 条 (故殺)，ドイツ刑法旧 48 条の教唆の構成要件を充足していない。法益たる生命から引き出される注意要求を，X は目的に基づいて侵害するわけでも，危殆化の側面で侵害するわけでもない。なぜならば，X は自分の行為を，初めから殺害に至り得ないように調整していたからである。したがって，X は，Y により遂行された故殺未遂の教唆者としては処罰され得ない。このように，アジャン・プロヴォカトゥールの態度に不法が存在するか否かは一律に区別され得るわけではなく，事例ごとに，法益が危殆化の側面で侵害されたか否かに応じて区別されるべきである[51]。

　プラテによれば，この区別の際，アジャン・プロヴォカトゥールが，正犯行為の被害を受ける法益主体と協力して活動することが多いという点が見落とされてはならない。そのような場合，アジャン・プロヴォカトゥールの行為に存在する危殆化不法は，同意の一般的な要件が個別の事例に存在する限りで，そのことを理由にして脱落する。法益主体からアジャン・プロヴォカトゥールに対して与えられた同意は，正犯行為者の不法にも影響を及ぼすことがある。なぜならば，同意を与える法益主体は，自分の処分権のもとにある法益が，正犯行為者に対する教唆という方法で攻撃されることを認める場合，必然的に正犯行為者の攻撃にも同意したことになるからである。ここでは，正犯行為者が同意の存在を知らないという事情に，どの程度，同意の有効性が左右されるのかが問題となる。この点に関する通説によれば，構成要件該当性を阻却する同意の場合には正犯行為者の了知は不要とされ，違法性を阻却する同意の場合には正犯行為者の了知が必要とされる。プラテは，このことを加重未遂の事例に即して説明する。W の住居に窓を割って侵入し，住居侵入窃盗をするよう V に教唆するが，V を侵入の直後に拘束するアジャン・プロヴォカトゥール U は，通説によれば，住居侵入窃盗ではなく，既遂

---

(51)　Plate, a.a.O. [Anm. 3], S. 308.

334　第12章　アジャン・プロヴォカトゥール

に達した[52]住居侵入および器物損壊に対する教唆について責任を負う[53]。この事例でWの同意がある場合，Uは住居侵入および器物損壊に対する教唆について罪責を問われない。住居侵入に関しては，通常，同意は構成要件該当性を阻却する効果を持つとされる。そうすると，Vが同意の存在を知らなくても，その行為の構成要件該当性が阻却され，教唆犯の可能性は，正犯行為の欠如ゆえ初めから脱落することになる。器物損壊に関しては，通常，同意は違法性を阻却する効果を持つとされる。Vが同意の存在を知らない以上，同意の効果はVには及ばないから，Vは可罰的であり，正犯行為が欠如することにはならないが，Uの教唆行為は，WからUに与えられた同意に基づいて正当化される[54]。

　有効な同意が存在しない場合，事情によっては超法規的緊急避難も考えられ得るが，アジャン・プロヴォカトゥールの活動が，「現在の」かつ「本当に避けられない」危険の回避のために不可欠となることは，ほとんどないであろう。また，正犯行為により攻撃される法益が現実的に危殆化される場合，アジャン・プロヴォカトゥールの態度は，法益を侵害するのが一般的でもあるから，アジャン・プロヴォカトゥールによって保全される利益が，侵害される利益に優越することは，ほとんど考えられない[55]。

　さらに，一見するとアジャン・プロヴォカトゥールであるように思われる教唆者が，実際には既遂結果に対する未必的故意を持っている事例も考えられるとプラテは指摘する。バルト海の事例に変更を加えて，私立探偵Pは，実は，他人に助力を求めなければ，Mの貸別荘へのAとBによる住居侵入窃盗を回避することは失敗するかもしれないと思っていたにもかかわらず，AとBの行動を阻止して報酬を請求するために計画を強行したのであった，ということにする。この場合，Pは未必的故意で行為をしたものである。なぜならば，Pは，ドイツ刑法242条（窃盗），旧48条において輪郭づけられた態様で所有権を侵害する認識で活動したからである。このような事例でも，

---

[52]　Uの故意は，形式的な既遂および法益の現実的な加害に及ぶものであるとされる。

[53]　ドイツ刑法旧48条，124条（加重住居侵入），303条（器物損壊），73条（収奪）。

[54]　Plate, a.a.O.〔Anm. 3〕, S. 308ff.

[55]　Plate, a.a.O.〔Anm. 3〕, S. 311f.

第 2 節　学説の状況　　335

刑罰を解放する中止（ドイツ刑法旧 46 条）の可能性は考えられ得る。教唆者および幇助者は，正犯行為が既遂に達しない限りで，ドイツ刑法旧 46 条に従って後戻りすることができるというのが，ここでの通説である。したがって，正犯により攻撃される法益を故意に危殆化する教唆者は，正犯行為の既遂を回避することにも成功する限りで，ドイツ刑法旧 46 条 2 号に基づき，その教唆が未遂をもたらしたことを理由としても不処罰となる[56]。

　形式的な既遂犯として刑罰のもとに置かれているが，実体としては関係する法益の加害に至らず，危険とはならない不能未遂たる行為もある。たとえば，ドイツ刑法 81 条（連邦に対する大逆）1 項，82 条（州に対する大逆）1 項，旧 122 条（囚人反乱）[57]1 項，2 項，316a 条（自動車運転手に対する強奪的攻撃），360 条 1 項 5 号（無権限での有価証券印刷）[58]における企行犯で，そのような状況が生じる。プラテによれば，ここでは，実質的な終了の概念が可罰性の限界づけに役立つ[59]。まず，これらの構成要件の枠内において，不能未遂は，基本的に，それが当罰的であると認められる範囲で可罰的となる，ということについて争いはない[60]。次に，既遂と並んで単なる未遂をも包括する，企行の行動態様と似た概念によって輪郭づけられる，いわゆる不真正企行犯も考えられる。その具体例として，国家権力に対して「抵抗する」こと（ドイツ刑法 113 条），囚人反乱（ドイツ刑法旧 122 条 1 項）において「抵抗を助長する」こと，密猟（ドイツ刑法 292 条）において「追いかける」こと，および不救助（ドイツ刑法旧 330c 条（現行ドイツ刑法 323c 条））において「助力を提供しない」ことが挙げられる。この場合，アジャン・プロヴォカトゥールは，正犯行為が実質的な終了，すなわち法益への回復不能な加害に到達しない限り，許されない行為をしたも

---

(56)　Plate, a.a.O.［Anm. 3］, S. 313f.

(57)　同条は，現在では廃止されている。

(58)　同条は，現在では廃止されている。

(59)　実質的な終了の概念については，第 11 章で検討を加えた。

(60)　ドイツ刑法 22 条（未遂の概念規定）は，以下のように定める。「行為の表象に基づいて，構成要件の実現を直接的に開始した者は，犯罪行為の実行に着手したものである。」。ドイツ刑法 23 条（未遂の可罰性）3 項は，以下のように定める。「未遂が，客体それ自体の性質又はそれによって行為が遂行されるべきところの手段の性質によれば一般的には既遂に到達し得ないことを，行為者が著しい無知により誤認した場合，裁判所は，刑を免除し，又は刑を裁量で減軽することができる。」。

のとは判断されない。このように，正犯行為の実質的な終了は，アジャン・プロヴォカトゥールが，その都度の法益にとって危険でない行為をしたのか，それとも危険な行為をしたのかを限界づける基準となる。バルト海の事例に再び変更を加えて，私立探偵Pが警察を呼び，警察はAとBに気づかれずに不在のMの貸別荘を取り囲み，AとBが鞄の中に貴金属と現金を持って出て来る時に，AとBを待ち構えていた，ということにする。AとBがMの貴金属と現金という他人の所持を侵害し，自己の所持を創出したことは間違いない。しかし，ドイツ刑法242条（窃盗）の意味での奪取の既遂は，外観上にしか存在しない。なぜならば，ほんのわずかな時間，Mから所有権支配が奪われたにすぎない状況で，AとBは行為をしたからである。それゆえ，AとBについては，窃盗未遂（ドイツ刑法242条，旧243条1号（現行ドイツ刑法243条1項1号），旧43条）を理由とした可罰性だけが考えられる。それに対し，Pは窃盗未遂の教唆者として可罰的とはならない。Pは自分の行為によって所持という法益を侵害してはいるが，ドイツ刑法242条は，所持と所有権とを重ねて侵害することを要件としている。Pは法益たる所有権を目的に従って侵害したわけでも，危殆化の側面で侵害したわけでもない。よって，Pはドイツ刑法旧48条，242条の教唆構成要件の意味で法益を侵害する行為をしたことにはならない[61]。

　共犯固有の不法が実現されたか否かを重視し，法益侵害との関連で危殆化不法の実体を把握するプラテの視点は，混合惹起説によるアジャン・プロヴォカトゥールの問題の解決にとっても有用であると考えられる。プラテは，危殆化不法を個別の事例ごとに判断するべきであるとし，不能未遂を教唆したアジャン・プロヴォカトゥールを不処罰とする結論を導き出すわけであるが，混合惹起説からもプラテと同じ結論に到達することができる。混合惹起説は，不法が相対化することを認める見解であるから，わが国で未遂犯と不能犯とを区別する際，行為者が特に認識した事情をも判断基底に含める見解と調和する。プラテが挙げた不能未遂の事例において，正犯は可罰的な未遂犯になると判断されることがあるとしても，結果が絶対に発生しないことを知って

---

[61] Plate, a.a.O.〔Anm. 3〕, S. 316ff.

いたアジャン・プロヴォカトゥールは不能犯であると判断され得る。同意に基づいて構成要件該当性または違法性が阻却される場合や，中止犯の規定が適用され得る場合に，アジャン・プロヴォカトゥールの可罰性に制限を加える点のほか，（わが刑法にはない）企行犯の場合に，許されない危険は実質的な終了の段階まで生じないと説明する点も，違法性の存否と程度を個別的，具体的かつ実質的に判断する考え方と親和的である。

第3節　結　　論

　アジャン・プロヴォカトゥールの処罰の可否は，その教唆行為に，共犯として処罰される根拠が認められるか否かによって決定されるべきである。共犯の処罰根拠に関する混合惹起説は，共犯から見た構成要件的結果の惹起によって共犯固有の不法を根拠づけるとともに，正犯の不法を共犯成立の必要条件として求める見解である。アジャン・プロヴォカトゥールの処罰の可否が問題になるのは，未遂犯としての正犯の不法が存在する場合に限られるので，混合惹起説の立場からは，その場合に共犯固有の不法も存在するのか否かが重点的に検討されなければならない。

　通常の教唆がなされ，正犯が実行に着手したものの，既遂結果が発生しなかった場合と，アジャン・プロヴォカトゥールの場合とを比較すると，正犯が法益侵害ないしその危険性を発生させることで，少なくとも可罰的となることを，教唆者が認容している点は共通する。いずれの場合にも，教唆者は，自分の教唆行為が正犯の可罰的行為を誘発することを認容しているわけである。そうすると，正犯の犯行を初めから未遂に終わらせるつもりであったというアジャン・プロヴォカトゥールの主観的事情は，解釈論上，縁由ないし動機にしかならないと評価され，重要な意味を持たないことになる。

　未遂犯は構成要件の修正形式であるから，それに関わる教唆犯の要件も修正されてよい。未遂犯に対する教唆の場合，教唆者が少なくとも法益侵害の危険性を認容していることが，教唆犯の主観的要件となる。このことは，アジャン・プロヴォカトゥールにも当てはまる。アジャン・プロヴォカトゥールは，法益侵害の危険性を，正犯を通して間接的に惹起するものであり，そ

のことが当該アジャン・プロヴォカトゥールの固有の不法を根拠づける。

　かかる検討から，本章は，可罰説を妥当な見解として支持するに至ったのである。

第13章

共犯と錯誤

第1節　本章の目的

　共犯論と錯誤論の交錯領域では多くの問題が浮上するが，とりわけ先鋭的に争われるのは，広義の共犯において，実行を担う正犯行為者が，共謀ないし連絡した意思の内容になかった結果を発生させた場合における共犯者の罪責の問題である[1]。このような共犯の過剰の問題について，ドイツの学説は，共謀ないし共犯者の故意の本質を探究し，そこからの逸脱を検討することで解決を図ろうとする。

　さらに，ドイツでは，実行を担う正犯行為者に客体の錯誤がある場合に，それが共犯者にとっても客体の錯誤のままであるのか，それとも共犯者にとっては方法の錯誤であるのかが争われている。ドイツの学説は，錯誤論に関する具体化説[2]から出発し，ここでも，共犯の主観的要件を手掛かりにした解決を模索する。

　かかる解決の方向性は，わが国の法定的符合説の立場から，共犯論と錯誤論の交錯領域に生じる問題を解決するにあたっても有用な指針となるように思われる。本章は，共犯と錯誤の問題のうち，共犯の過剰の問題と，実行を担う正犯行為者による客体の錯誤の問題について，ドイツの学説に検討を加え，その解決に役立てることを目的とする。

第2節　共犯の過剰

第1款　狭義の共犯の過剰

　ドイツでは，狭義の共犯をめぐる過剰の問題は，教唆犯を主軸にして論じ

---

(1)　本章では，「共犯」という用語を，広義の共犯の意味で使うことがある。
(2)　ドイツの具体化説は，わが国の具体的符合説に相当する。

340 第13章 共犯と錯誤

られる。そこでは，一般に，正犯行為者により実行された行為は，その本質において教唆者が意図した行為に合致するものでなければならないとされている。ここでの合致は，第1に教唆行為と正犯行為の客観的な側面に関わるものであり，第2に故意に関わるものであるとされるが[3]，学説は，とりわけ故意に照準を定める。シェンケ／シュレーダーによれば，教唆者と幇助者は，主観的連関において，故意で行為をしなければならない。すなわち，教唆者と幇助者は，正犯行為を，その本質的な輪郭において了知していなければならない。表象における正犯行為の具体化の程度に関しては，幇助と教唆とで構造上の差異が存在するが，いずれにせよ正犯行為の構成要件該当性を生じさせる事実の了知，および正犯行為を正当化する事情の表象の欠如は，故意に属する。共犯者が了知し，遵守しようとした限界を，正犯行為者が超える場合に，過剰が存在する。その限りで，共犯者は，遂行された行為に対する教唆または幇助を理由として負責されない。たとえば，窃盗を教唆された者が強盗を遂行する場合，教唆者が奪取の際の暴行の可能性を考えておらず，認めていなかったのであれば，教唆者は，もっぱら窃盗に対する教唆を理由として処罰される。これに対し，共犯者の表象の概観からの正犯行為者の非本質的な逸脱は重要でない。正犯行為と共犯の性格づけは，事実的な生起によって決まる。たとえば，教唆者がドイツ刑法250条（加重強盗）1項1b号（相手方の抵抗を暴力または暴力的脅迫によって抑圧，制圧するために，武器や危険な道具には当たらない道具や手段を携行する加重強盗）の故意を持っていたとしても，ドイツ刑法250条1項1a号（武器または危険な道具を携行する加重強盗）に対する教唆が存在する[4]。

　それでは，どのような場合に，正犯行為者の逸脱が本質に関わるものであると判断され，逸脱した部分についての共犯者の故意が脱落することになるのであろうか。ライプツィガー・コメンタールの第12版で，それまでロクシンが執筆していた共犯の部分を引き継いだシューネマンは，主として教唆犯の過剰につき，決意変更（Umstiftung）を解決の手掛かりにして論じる。シューネマンによれば，正犯行為者が，計画された行為ではなく，その加重または

---

(3)　Matt/Renzikowski, Strafgesetzbuch Kommentar, 2013, S. 356〔Haas〕.

(4)　Schönke/Schröder, Strafgesetzbuch Kommentar, 29. Aufl., 2014, S. 491f.〔Heine/Weißer〕.

資格と関係のない別の行為，したがって異質な事柄（aliud）を遂行するよう誘発される場合（詐欺ではなく強盗，Aではなく教唆者の敵であるBに対する身体傷害），この決意変更は，新たな別の行為として処罰される。これまで，教唆を根拠づける別の新たな行為決意の喚起を，どのようにして幇助を根拠づける行為計画の変更の誘発から区別するのかということは，ほとんど明らかにされていなかった。もはや行為決意を既に有する者（omnimodo facturus）の概念は，ここには及ばない。なぜならば，行為が助言を与えた者による影響の結果，単に修正されたのか否か，したがって正犯行為者が行為決意を既に有する者にとどまるのか否かということ，または行為が，正犯行為者が当初は遂行しようとしていなかった別の行為になるのか否かということは，行為決意の基準からではなく，同一性の概念から導き出され得るからである。ここでは，統一的かつ一般的に承認されてきた同一性の基準が欠ける[5]。

　正犯行為者の変更は常に行為を変更するものである，ということについて争いはない。Aが，もともと誘発しておいたBに代えて，Cに，その他の点では同一の行為に対する共同正犯を誘発する場合，この1人の共同正犯者の交代は，単なる幇助ではなく教唆である。攻撃される法益の変更も，新たな行為への移行として理解されなければならないであろう。AがBを欺罔しようとするが，CがAに，盗むほうが簡単なので，窃盗を誘発する場合，Cは窃盗に対する教唆を理由にして可罰的となる。Aが自分の敵であるXが所有する森の一部に火を着けようとするが，BがAに，火を着けるのではなくて，額に歪んだ刻印を焼き付けることを誘発する場合，身体傷害に対する教唆が存在する。AがBを殴りつけようとするが，CがAに，Bの自動車を破壊するよう誘発する場合，それは器物損壊に対する教唆である[6]。

　行為客体の変更の場合は，区別が必要である。たとえば，Aが，ある客をもてなすために，ウィスキーを盗もうとするが，BがAに，その客はウォッカを好んで飲むので，ウォッカを盗むよう誘発する場合，それは（単に）幇助である。なぜならば，行為客体の変更がAの計画に適合し，計画を強化するからである。これに対し，BがAに，ウィスキーではなくウォッカを盗み，

---

(5)　Schünemann, Leipziger Kommentar, 12. Aufl., 2007, §26 Rn. 22.

(6)　Schünemann, a.a.O. [Anm. 5], §26 Rn. 23.

そのウォッカをAの財産の改善のために売り，客を，もともとあるビールで満足させるよう誘発する場合，その点に，窃盗に対する教唆が存在する。なぜならば，Bは新たな計画を展開し，もって新たな行為を教唆したからである。その限りで，シュルツによって展開された計画支配の基準が，有用な指針を与える[7]。

計画支配の基準は，きわめて高度に人的な法益と，そうでない法益とを区別するための指針として納得できるものである。きわめて高度に人的な法益の場合，行為客体の変更は常に教唆となるのに対し，そうでない法益の場合，行為客体の変更は決して教唆にはならない。Aが政治家Bを射殺しようとするが，取り違えによりCの殺害に取りかかろうとしたところ，DがAに錯誤を指摘し，それを受けてAがBを実際に殺害する場合，Aの人物の取り違えは，きわめて高度に人的な法益をAが攻撃するにもかかわらず，当初の計画の枠内に存在するわけであるから，謀殺に対する幇助にしかならない。これに対し，思想的理由で政治家Bを殺害しようとしているAが，Bから（Aの）敵Cを殺害するよう教唆される場合，それは教唆である。ここでは，計画が，異なる計画に置き換えられている[8]。

行為客体の変更につながらない行為動機の変更を，もっぱら幇助であると判断することができるであろう。たとえば，盗んだウィスキーで客をもてなそうとするAが，そのウィスキーを売ってしまうように誘発される場合，行為（ウィスキーの窃盗）は残っているから，教唆は排除される。もっとも，「動機変更」の不法は，状況によっては買主の詐欺に対する教唆として把握されることがある。いずれにせよ，背後者によって誘発された行為態様（行為の時間，場所または手段）の変更は，基本的に幇助にしかならない。正犯行為者に対して，異なる時間に，異なる場所で，ドライバーではなく合鍵で住居侵入を遂行するよう誘発する者は，基本的に幇助だけを遂行するものである。なぜならば，同人は，新たな行為計画を創出するのではなく，もともと存在する計画を（より簡単な実現を目的として）変更したからである[9]。

---

(7) Schünemann, a.a.O. [Anm. 5], § 26 Rn. 24.

(8) Schünemann, a.a.O. [Anm. 5], § 26 Rn. 25.

(9) Schünemann, a.a.O. [Anm. 5], § 26 Rn. 26f.

このようにして計画支配に着目する考え方からは，被教唆者によって実行された行為は，不法内容および攻撃の方向において，教唆者が誘発を意図した行為と本質的に合致する場合に限り，故意の教唆者に帰属され得ることになる。シューネマンによれば，実行の時間，場所および様相の逸脱の場合，同一の構成要件の内部で，まだ教唆が肯定され得る。教唆の場合，行為は詳細まで取り決められることを要しないから，その枠内では，教唆者の具体的な表象からの逸脱も考慮され得ない。たとえば，正犯行為者が真実に反して証拠調べの趣旨について何も知らないと証言する場合，正犯行為者が虚偽の陳述をすることを，偽証を教唆した者が表象していれば，ドイツ刑法26条(教唆)，154条 (偽証) に基づく可罰性は何ら変更されない。たとえ正犯行為者が一方の構成要件ではなく，それに代わる他方の構成要件を実現し，または教唆者の表象に反して，単独ではなく他人と一緒に行為をするとしても，教唆者の可罰性は，それに基づくものとはならない。背後者が行為の変更を誘発する場合，それは (心理的幇助ではなく) 新たな行為に対する教唆として処罰され得る。これに対し，正犯行為者自身が固有の決意に基づいて行為を変更する場合，その責任を，もはや教唆者に負わせることはできない[10]。

正犯行為者が (同価値的でない) 異なる構成要件を実現する場合，教唆者は，それに対する責任を問われ得ない。たとえば，窃盗を教唆された者が，窃盗ではなく盗品譲受を遂行する場合，窃盗に対する不処罰的な教唆の未遂だけが存在し，盗品譲受に対する教唆は，故意の欠如ゆえ排除される。「法定外基本構成要件」を構想し，この事例の教唆者を「自己の財産への他人の財物の (自己の物とすることによる) 移転」に対する共犯を理由にして処罰するという提案は[11]，故意の構成要件との関連性ゆえ，法律上，実現されるべきでない。また，ここで一般的な例外を設けることはできないから，「構成要件の近接関係」[12]があるとしても，教唆者の代替的故意だけを，きわめて慎重に吟味しなければならない[13]。

---

(10)　Schünemann, a.a.O. [Anm. 5], §26 Rn. 79f.

(11)　Montenbruck, Abweichung der Teilnehmervorstellung von der verwirklichten Tat, ZStW 84, 1972, S. 339, 344ff.

(12)　Ingelfinger, Anstiftervorsatz und Tatbestimmtheit, 1992, S. 100ff.

(13)　Schünemann, a.a.O. [Anm. 5], §26 Rn. 81.

344 第13章 共犯と錯誤

　行為の超過および明確性に関して展開されてきた必要な修正（mutatis mu-tandis）の原則は，行為が教唆によって指示された枠内にとどまるか否かを確定するために，都合よく援用され得るわけではない。不法の本質的な次元で，被教唆者の行為が教唆者の故意から逸脱する場合，特別な問題が生じる。ここでは，以下のことが区別されるべきである。被教唆者が，犯罪類型の質的な枠組みから離れることなく，量において教唆者により表象された行為を超える（単なる平手打ちを教唆された者が，被害者を，入院が必要になるほど殴打する）場合，教唆を理由とした可罰性が揺らぐことはなく，逸脱した行為の表象は，もっぱら量刑にあたって考慮され得る。これと同じ理由で，基本犯を教唆された者が加重構成要件を実現する場合にも，基本犯に対する教唆が存在する。たとえば，単純窃盗を教唆された者が，武器使用窃盗を実現する場合がそうである。これに対し，教唆者の故意から逸脱する被教唆者の態度によって不法の質が変わる場合，教唆者には，教唆の因果関係が肯定され得るとしても，異なる種類の行為は，もはや故意に関しては帰属され得ない。たとえば，AがBにホテルでの食い逃げを教唆するが，Bはそうしないで，ホテル支配人への大がかりな詐欺を遂行するといった場合，これについての教唆は存在しない。なぜならば，そのような種類の態度は，決してAの故意によって把握されないからである[14]。

　被教唆者の行為が教唆者の故意を超える場合，教唆者は，その故意が及ぶ限りでしか可罰的とならない。したがって，窃盗を教唆された者が，盗品を暴力によらず得ることはできないという理由から強盗を遂行する場合，教唆者は，もっぱら窃盗に対する教唆に基づいて処罰される。同様に，虐待を教唆された者が被害者を殴打する場合，教唆者は，もっぱら身体傷害に対する教唆を理由にして責任を問われ得る。これとは反対に，被教唆者が，教唆者の意思と表象よりも軽い行為をした場合，教唆者は，状況によっては重い犯罪に対する教唆の未遂との観念的競合で，軽い犯罪に対する教唆を理由にして処罰され得る。たとえば，偽証を教唆された者が，宣誓せずに，意識的に虚偽の陳述をする場合，ドイツ刑法26条およびドイツ刑法153条（宣誓を得

---

[14]　Schünemann, a.a.O.〔Anm. 5〕, §26 Rn. 82.

第2節　共犯の過剰　　*345*

ない偽証) に基づく教唆者は，偽証に対する教唆の未遂との観念的競合で，ド
イツ刑法 30 条 (関与者の未遂) 1 項，ドイツ刑法 154 条に基づいて可罰的とな
る[15]。

　ドイツの通説によれば，結果的加重犯においては，教唆者は，その故意が
基本犯の遂行にしか向けられていない場合であっても，結果に対して負責さ
れる。この場合，教唆者自身が結果に関して過失で行為をすることが要件と
なる。正犯行為者自身が結果を故意，過失で惹起したのか，または非有責的
に惹起したのかは重要でない。たとえば，身体傷害または強盗の教唆者が，
正犯行為者が被害者を死亡させるであろうことを，過失ないし不注意で予見
しない場合，正犯行為者がドイツ刑法 212 条 (故殺)，211 条 (謀殺) に基づい
て処罰されるにもかかわらず，教唆者はドイツ刑法 26 条，226 条 (加重身体傷
害) ないし 251 条 (強盗致死) によって負責される。教唆者は，その表象に包含
した被教唆者の行為による結果に対してのみ負責される。たとえば，被教唆
者が殺人の故意で被害者に加えた身体傷害は，教唆者が意図し，表象したも
のと異なる種類および性質のものであってはならない。これとは反対に，教
唆者が，身体傷害について，正犯行為者とは異なり，加重結果 (たとえばドイツ
刑法 226 条) の発生を予見することができる場合，正犯行為者自身がドイツ刑
法 223 条 (身体傷害) に基づいて軽い犯罪の責任しか負わないにもかかわらず，
教唆者の刑はドイツ刑法 26 条，226 条から導き出される。このことは，ド
イツ刑法 11 条 (人および物の概念) 2 項の固有の故意と過失の組み合わせ，すな
わち純粋な故意の部分が通常それ自体として単独では可罰的とはならない場
合にも当てはまる。したがって，教唆者にとっても，過失の部分に関して (少
なくとも) 不注意で行為をすることで十分である。この帰結は，ドイツ刑法 11
条 2 項から直接的に導き出されるとともに，部分的にはドイツ刑法 29 条 (関
与者の独立的な可罰性) から，さらにドイツ刑法 18 条 (特別な行為結果における加重
処罰) の類推からも導き出される。教唆者の行為は，結果的加重犯の構造上，
加重結果についての過失による正犯 (同時犯) と結びついた基本犯に対する教
唆として理解される。この理解から出発すると，教唆者の故意に関して何ら

---

(15)　Schünemann, a.a.O. [Anm. 5], § 26 Rn. 83.

特殊なことは存在しない。明示的に「正犯行為者」および「共犯者」について述べるドイツ刑法18条の文言は，立法者が結果的加重犯に対する共犯を一般的に可能かつ可罰的であると解していたことを推察させるものである[16]。刑事政策的にも，教唆者が加重結果に関して正犯行為者と同等に取り扱われるべきことは否定されない。なぜならば，立法者は，教唆者に「正犯行為者と同等に」（ドイツ刑法26条）責任を負わせるからである[17]。

　幇助犯の過剰についても，基本的に教唆犯の過剰の場合と同じ規律が援用され得る。ハースは，このことを，判例に現れた事例に即して説明する。幇助者の故意は，その本質的メルクマールにおいて構成要件に関係するものでなければならないが，判例の見解によれば，正犯行為が，幇助者が表象したものと同じであるか否かは問題にならず，本質的な合致だけが必要とされるはずである[18]。連邦通常裁判所の新しい判例によれば，根本的に異なる行為が問題となるのではない限りで，正犯行為と幇助行為との法的な位置づけは異なっていても差し支えない。具体的な事例を挙げると，正犯行為者が背任の故意だけを持っている場合でも，遂行された詐欺に対する幇助を理由とした処罰が考えられるはずである[19]。幇助者が詐欺に関する故意だけを持っているが，その欺罔の助力によって実現された（恐喝の手段としての）脅迫に関しては故意を持っていない場合，判例は，恐喝に対する幇助ではなく，恐喝は詐欺を含むとの理由で，表象された詐欺に対する幇助を認める。窃盗と強盗的恐喝の関係にも，これと同じことが当てはまるはずである。正犯行為者が，たとえば強盗と窃盗の関係のように，重い行為が軽い行為を含んでいる場合，実際に遂行された軽い行為についての故意が肯定されるべきである。これとは反対に，正犯行為者が，たとえば強要と恐喝の関係のような，軽い行為に対して段階的関係にある重い行為を遂行する場合，重い行為に関する幇助者の故意は欠けるが，軽い行為に対する幇助は肯定され得る[20]。

---

[16]　ドイツ刑法18条は，結果的加重犯が成立するためには，少なくとも加重結果についての過失が存在しなければならないと定めている。

[17]　Schünemann, a.a.O.［Anm. 5］, §26 Rn. 92f.

[18]　BGHSt Bd. 11, S. 66, 67.

[19]　BGH NStZ-RR 2011, S. 177f.

[20]　Matt/Renzikowski［Haas］, a.a.O.［Anm. 3］, S. 370.

シューネマンも，正犯行為者が惹起した結果と幇助者の故意との本質的な合致を重視する。その見解によれば，幇助は法益に対する従属的な攻撃なのであるから，幇助者は，正犯行為が現実に実行された限りで責任を問われ得る。正犯行為が，幇助者により意図された既遂に達しない場合，幇助者は，未遂に対する教唆を理由として負責される。これとは異なり，幇助者の故意によって包括される行為とは全く異質なものであって，不法の本質的な次元において幇助者の故意から逸脱している行為は，幇助者に帰属され得ない。たとえば，Bが夜中にCの家へと侵入することが可能となるように，AがBに合鍵を貸したが，BはAの知らないうちに拳銃を持って行き，Cを射殺したという事例では，Aは，住居侵入に対する幇助だけを理由にして処罰され得る。正犯行為者によって遂行された犯罪の中に，幇助者が協力することを意図した行為の要件が含まれる場合，幇助者は，自分が表象した行為に対して負責される。それで，BがCの家で強盗を遂行する場合，Aはドイツ刑法242条（窃盗），243条（窃盗の特別加重事例）1項1号に対する幇助を理由にして処罰され得る。行為が加重結果をもたらす事例，たとえばAがBに，計画された強盗のために短刀を調達してやったところ，被害者が殺害されてしまったという事例では，幇助者は，加重結果に関して，少なくとも過失責任が認められる場合に限り，結果的加重犯に対する幇助を理由にして処罰され得る[21]。

このように，ドイツの学説は，共犯の過剰の問題を，共犯の故意の本質的な部分からの正犯行為の逸脱として把握し，教唆犯，従犯において，どの程度の正犯行為の逸脱が共犯の故意の阻却をもたらす過剰となるのかを検討するわけである。正犯行為と共犯の故意との本質的な合致を探究するドイツの議論は，わが国の錯誤論において，法定的符合説から出発し，かつ抽象的事実の錯誤に関して構成要件的符合説を支持する立場にとって，より一層，法定的な符合や，構成要件的な重なり合いといった基準を明確化することに役立つものと考えられる。

---

[21] Schünemann, a.a.O. [Anm. 5], § 27 Rn. 62.

第2款 共同正犯の過剰

ドイツの判例によれば，共同正犯を排除する過剰は，基本的に，ある共同正犯者の態度が，もはや他の共同正犯者の故意によって包括されない場合に存在する[22]。学説においては，共同正犯の主観的要件，とりわけ共同の行為計画の検討を通して共同正犯の過剰の問題を解決しようとする立場が主流である。シェンケ／シュレーダーによれば，共同正犯を根拠づける事情および調整された共同計画の実現に関する故意が必要である。行為の遂行が共同計画の枠内にとどまる場合，各共同正犯者が，どのようにして行為が実際に遂行されるかといった具体的な行為事情を知っているか否かは問題にならない。ここには因果関係の逸脱に関する規律が妥当し，1人の共同正犯者の独断による行為の場合，他の共同正犯者については未遂だけが存在し得る。これに対し，共同目的の達成に役立つ行為が，異なる様相で，すなわち異なる時点で，または異なる関与者により遂行される場合，その行為が当該犯罪行為の通常の枠内に存在するか，または共同正犯者が逸脱に関して未必的故意で行動する限りで，そのような規律は妥当しない。共同の行為計画が，その態様に応じて一定の行為を包括し，実行と選択を個別の共同正犯者に委ねるということも考えられる。たとえば，複数の人物が，ある会社で，拒絶されるまでクレジットを使うことに合意する場合，それで何かを買うといった具体的な行為が，たとえ必ずしも初めから行為計画に含まれていなかったとしても，共同の目的であると認められる枠内にとどまるのであれば，全員が個別の行為について負責される。共同正犯は，共同正犯者の一部が条件付き故意で行為をし，それ以外の共同正犯者が条件付きでない故意で行為をするということによっては排除されない。各共同正犯者は，自分以外の共同正犯者の行為については，共同の行為決意の枠内でのみ負責され，共同の故意と意思が及ぶ限りで結果に対して責任を負う。他の共同正犯者の過剰は，各共同正犯者には負責されない[23]。

同様の視点から，シューネマンは，共同の行為計画が脱落することを理由にして，1人の共同正犯者の過剰は，他の共同正犯者には帰属され得ないと

---

[22] BGH NStZ 2002, S. 597, 598, 2005, S. 261.

[23] Schönke/Schröder〔Heine/Weißer〕, a.a.O.〔Anm. 4〕, S. 537.

第2節　共犯の過剰　349

結論づける。たとえば，共同での身体傷害または強盗の際に，関与者の1人が殺人を遂行した場合，同人は，その限りで単独正犯者となる。脅迫者のうちの1人が合意に反して物を領得する場合，同人はドイツ刑法249条（強盗）に基づいて処罰されるが，その他の点では共同正犯により遂行された脅迫が残される。シューネマンによれば，当該共同正犯者が共犯者の行為を前もって詳細まで全て知っていたことは必要でない。なぜならば，共同の故意は，作為を一般的にしか把握することができないし，実行の態様において，各人に多かれ少なかれ自由の余地を認めることができるからである[24]。

　この点に関して，ハースは，第1に，共同正犯者が客観的な合意の限界を超えたか否かを基準にしなければならないと指摘する。そのような限界を超える場合，当該共同正犯者の態度は，もはや授権の基礎によっては包括されず，それゆえ他の共同正犯者に，自分の固有の態度と同様には帰属され得ないというわけである。第2に，ハースによれば，当該共同正犯者の態度が他の共同正犯者の故意によって包括されたか否か，すなわち当該共同正犯者が共同の申し合わせの内容的な広がりを意識していたか否かという問題が重要である[25]。

　それでは，過剰の効果は，学説において，どのように説明されるのであろうか。ロクシンによれば，合意を超えた関与者は，機能的に条件づけられた従属性の埒外にあるので[26]，基本的には直接的な単独正犯となるが，事情を知らない他の関与者を利用する場合には間接正犯となる[27]。たとえば，強盗と窃盗の関係においては，他人の物の奪取が問題となる限りで共同正犯が存在し得るが，関与者の1人が独断で暴力を行使した場合，当該関与者は，その点では単独正犯となる[28]。

　判例は，共同の行為計画からの逸脱が本質に関わるものである場合に限り，

---

[24]　Schünemann, a.a.O. [Anm. 5], §25 Rn. 176.

[25]　Matt/Renzikowski, a.a.O. [Anm. 3], S. 340 [Haas].

[26]　ロクシンは，機能的行為支配説の見地から，このように説明する。わが国の行為共同説からは，「共同正犯の従属性」なる概念や，「共同正犯の共犯性」なる概念を認める必要はないように思われる。

[27]　Roxin, Täterschaft und Tatherrschaft, 8. Aufl., 2006, S. 286.

[28]　Roxin, a.a.O. [Anm. 27], S. 289.

共同正犯の負責を否定する。たとえば，共同の身体傷害または強盗の遂行だけが合意され，被害者の意識を失わせることになっていたが，共同正犯者の1人が故意で殺人を遂行する場合，重要な過剰が存在する[29]。行為が，申し合わせに反して，異なる時点，異なる人員配置および異なる役割分担で遂行されたが，潜在的な共同正犯者が自分の共同が不要とされることはないと考え，それを織り込んでいなかった場合もそうである[30]。これに対し，1人の共同正犯者の行為による共同の行為計画からの本質的でない逸脱もある。たとえば金銭に代えて，困難なく換金され得る物が奪取される場合のように，逸脱が，具体的な状況に応じて慣習的に織り込まれていなければならず，かつ他の共同正犯者の利益を，その行為で同価値的に満足させるところの通常の枠内に存在する場合，判例は，その逸脱を本質的でないとする[31]。具体的な状況に応じて織り込まれなければならない行為計画からの逸脱，および申し合わせてあった行為実行を，重大性と危険性において同価値的な行為実行で代替する逸脱は，基本的に他の共同正犯者の意思によって包括される，という基準が判例に見出される[32]。この基準によれば，他の共同正犯者が逸脱を具体的に表象したか否かは問題にならない。そうすると，ある関与者の行為態様が他の関与者にとって問題にならない場合，他の関与者は，どのような実行の態様についても，自分が承認したものとして共同正犯者とされることになる[33]。

　判例に対しては，根本的な疑問がある。もはや明示的または黙示的な合意によって包括されない態度を非正規的に帰属することは，責任主義に反する。潜在的な帰属の名宛人としての関与者の単なる推測的な行為は，帰属の基礎として決して十分ではない。むしろ，決定的な基準は，共同での行為の申し合わせの慎重な解釈である。申し合わせで明示的に統率された行為遂行が最終的に考えられるか否か，または行為遂行が明白に形成されたか否かということが確認されなければならない。この場合，明示的には言及されない逸脱が，結論的に合意に包含されることもある。共同の行為決意を基礎とした行

---

(29)　RGSt Bd. 44, S. 321, 324, BGH NJW 1973, S. 377.

(30)　BGH NStZ 2009, S. 25, 26.

(31)　BGH bei Dallinger MDR 1966, S. 197.

(32)　BGH NStZ 2010, S. 33f.

(33)　Matt/Renzikowski [Haas], a.a.O. [Anm. 3], S. 340f.

第2節　共犯の過剰　　*351*

為寄与の具体化が問題とされなければならないとする連邦通常裁判所の見解は[34]，その点では妥当である[35]。

　連邦通常裁判所の見解によれば，共同正犯の負責は，成功したものと思われた行為の後で，1人の共同正犯者が，まだ結果が発生していなかったことを認識し，他の共同正犯者の了知と共同を伴わずに結果を引き起こす場合にも考えられる。イェックスは，この帰結について批判的な立場から論じる。ここで問題とされる事案は，以下のようなものである。夫婦が生まれたばかりの自分らの子の殺害に着手し，夫は，子を死んだものと思って，現場を離れた。その後，妻が「まだ子が息をしていることに気づいた時，子の足をつかんで，頭を部屋の壁に何度も打ちつけ，それにより死亡が発生した。」[36]。この事案で，連邦通常裁判所は，夫に結果を帰属しようとする。その理由は，起訴された夫が子を殺害しようとし，その目的を自分の虐待によって達成したものと信じていたからである，と説明される。「この意味において，妻による別の作為が夫の行為に接続した。その限りで，夫の態度が妻による殺害の際に，まだ共同作用していた。それゆえ，夫は，妻による行為の最終的な実現に対して因果的となった。かかる根拠から，夫は，その時点で殺人についての故意を放棄していたとしても，共同正犯者のままである。なぜならば，行為を自分の行為として意図する関与者が，単に精神的にではあっても，何らかの方法で実行に共同した場合，常に共同正犯が肯定され得るからである。」というのである[37]。学説は，この判決に概して批判的である。ロクシンは，何も知らない者が実行に「精神的に共同」することはあり得ず，行為を「自己の行為として意図」することはできないと強調する。そして，最終的な行為の超過，つまり妻による後からの遂行を分業的な共同の末端であると窺わせるような計画は，全体として存在しないから，夫は謀殺未遂を理由にして有罪判決を言い渡されるだけでよかったのであると説く[38]。イェックスも基本的にロクシンと同じ考えによるが，結論においては異なる罪名を成立さ

---

(34)　BGH GA 1985, S. 270f.

(35)　Matt/Renzikowski [Haas], a.a.O. [Anm. 3], S. 341.

(36)　BGHSt Bd.9, S. 180, 181.

(37)　BGHSt Bd.9, a.a.O. [Anm. 36], S. 182.

(38)　Roxin, a.a.O. [Anm. 27], S. 288.

せる。その見解によれば，現在では，もはや連邦通常裁判所は，このような見解を維持していない。あたかも共同正犯者であるかのように見える者が，他人の行為について何も知らず，それを織り込んでいない場合，精神的な共同が欠ける。後から妻によって引き起こされた結果の帰属は，いずれにせよドイツ刑法227条（傷害致死）に関して生じるとされる[39]。

　結果的加重犯の過剰に関しては，基本犯が共同正犯で遂行されたこと，およびドイツ刑法18条により，各共同正犯者が加重結果について過失で行為をしたことが必要とされる[40]。イェックスによれば，加重結果をもたらした遂行の態様が共同の行為計画の枠内に存在する場合，加重結果についての非難を共同正犯者の全員に対して加えることが可能である。これに対し，暴行の際，共同正犯者の1人が，合意かつ是認された程度を著しく超え，被害者の死亡を合意に反して故意で引き起こす場合，他の共同正犯者の負責は排除される。ここでは，どの程度，他の共同正犯者が，そのようなエスカレートが生じ得ることを，不注意で誤認したのかに着目するべきである。そのように遂行する者が過剰に向かうことを，他の共同正犯者が知っていた場合，その限りで，他の共同正犯者の不注意な態度を非難することができる[41]。この点，シューネマンは，明示的な申し合わせを超えて1人の共同正犯者によって加重構成要件または異なる構成要件が実現される事例では，他の共同正犯者は，その可能性を少なくとも織り込んで引き受け，無関心ゆえ具体化の表象がなくても，初めから全体について明示的もしくは黙示的に合意していたか，または既遂に故意で協力した場合に限り処罰され得るとしている[42]。しかし，加重結果に対して合意がある場合，それは加重結果についても故意があることと対応するわけであるから，もはや結果的加重犯の問題にはならず，発生した結果についての故意による共同正犯が成立し得ることになるであろう。

　ドイツには，わが国の行為共同説に相当する学説が見当たらないので[43]，

---

[39] Joecks, Münchener Kommentar zum Strafgesetzbuch, 3. Aufl., 2017, S. 1294.

[40] Schönke/Schröder［Heine/Weißer］, a.a.O.［Anm. 4］, S. 537, Sowada, Zum Mittäterexzess bei §227 StGB, Festschrift für Friedlich-Christian Schroeder, 2006, S. 621, 628.

[41] Joecks, a.a.O.［Anm. 39］, S. 1293.

[42] Schünemann, a.a.O.［Anm. 5］, §25 Rn. 176.

行為共同説の立場にとって，ドイツで展開された共同正犯の過剰に関する議論は直ちに応用できるものとはならない。しかし，共謀と正犯行為により引き起こされた過剰な結果との本質的な合致を探究することで，共同正犯の過剰の問題を解決しようとする基本的視座は，わが国で，共犯の本質について，どのような立場から出発するとしても，共同正犯の成立範囲を確定する際の有用な手掛かりとなり得る。共犯の本質に関して行為共同説に立脚し，かつ錯誤論に関して法定的符合説および構成要件的符合説に立脚すると，共同正犯の過剰が問題となる場面では，まず，共謀の本質的な部分が実現された限度で，罪名の従属性を伴わない共同正犯が成立し得る余地を認め，次に，その範囲内で各共同正犯者の罪責に検討を加え，過剰な結果と各共同正犯者の故意との構成要件的な重なり合いを，保護法益や行為態様の共通性を基準にして判断し，それぞれ本質的な合致が肯定される部分について共同正犯を成立させることができる。

第3節　客体の錯誤

　広義の共犯において，正犯たる被教唆者，被幇助者ないし共同正犯者の1人が，客体の錯誤に基づいて犯罪を実行した場合，客体の錯誤は，一般に，そのような正犯にとって重要な意味を持たず，故意を阻却する効果を持たないと理解されるであろうが，ドイツでは，それが教唆者，幇助者ないし他の共同正犯者にとっても重要な意味を持たないままであるのか否かは争われている。錯誤論の領域でのドイツの通説は具体化説であるから，そこでは，正犯の客体の錯誤を，広義の共犯にとっても客体の錯誤のままであると解するのか，それとも広義の共犯にとっては方法の錯誤になると解するのかによって，広義の共犯の罪責が左右されることになる。具体化説の基本的な考え方によれば，客体の錯誤は重要な意味を持たないから，それが広義の共犯の罪責に影響を及ぼすことはないとされるはずである。これに対し，方法の錯誤

---

(43)　松宮孝明＝川端博「対談＜共犯論の再構築をめざして＞」『現代刑事法』5巻9号（平15年・2003年）［後に川端博ほか『現代刑法理論の現状と課題』（平17年・2005年）に収録］308頁参照［引用頁数は後者による］。

は重要な意味を持つとされるから，広義の共犯の罪責には何らかの限定が加えられることになる。学説の分類上，広義の共犯との関係で正犯の客体の錯誤に重要な意味を認めない見解は「非重要性説」と呼ばれ，重要な意味を認める見解は「重要性説」と呼ばれる[44]。

わが国では，法定的符合説が通説であり，その考え方を前提にすると，正犯の客体の錯誤を，広義の共犯との関係で，客体の錯誤として把握するとしても，方法の錯誤として把握するとしても，いずれにせよ錯誤を理由にして広義の共犯の故意が阻却されることはないわけである。この点で，正犯の客体の錯誤は，広義の共犯にとって重要な意味を持たないと考えられるが，共犯論と錯誤論との交錯領域で法定的符合説を積極的に根拠づけるにあたっては，ドイツで展開されてきた非重要性説と重要性説との論争に検討を加え，そこから示唆を得ることが役立つはずである。

第1款 非重要性説とその検討

非重要性説は，かつてドイツの通説によって支持されていたが，現在では，その地位を失っている。これに対し，ドイツの判例は，現在でも非重要性説を根強く維持している。ドイツでは，いわゆるローゼ・ロザール事件を契機にして，正犯の客体の錯誤の問題性が注目されるようになった。ローゼ・ロザール事件の概要は，以下のようなものである[45]。材木商のロザールは，共同経営者であったシュリーベに借金があり，作業員のローゼに報酬を与える約束で，シュリーベを殺害するよう指示した。ローゼは，夜の暗がりで，近づいてきた人をシュリーベであると思い込んで射殺したが，翌朝になって，それはシュリーベではなく，学生のハルニッシュであることが分かった。ハレ陪審裁判所は，ローゼを謀殺で有罪とし，ロザールを謀殺の共犯で有罪とした。被告人らは上訴したが，プロイセン最高法院は，これを棄却した。いずれの裁判所も，正犯の客体の錯誤に，共犯にとっての重要性を認めなかった

---

[44] 松生光正「正犯者における客体の錯誤の共犯者への帰属」斉藤豊治＝日髙義博＝甲斐克則＝大塚裕史編『神山敏雄先生古稀祝賀論文集』第1巻（平18年・2006年）596頁以下。

[45] Ueber den Einfluß des Irrtums im Objekte beim Morde und bei der Anstiftung und Hülfsleistung zu diesem Verbrechen, GA 1859, Bd. VII, S. 322ff. ローゼ・ロザール事件の詳細につき，中義勝「ローゼ・ロザール事件—被教唆者の客体の錯誤は教唆者にとっても客体の錯誤か—」『関西大学法学論集』35巻・3・4・5合併号（昭60年・1985年）1077頁以下参照。

わけである。

正犯行為者により遂行される行為が，背後者が表象した行為から逸脱する場合，それは客体の錯誤（error in objecto）であるのか，それとも方法の錯誤（aberratio ictus）であるのかという問題が生じる。シェンケ／シュレーダーは，共犯者が正犯行為者に客体の同一性の確認を委ねる場合には，客体の取り違えの不注意から出発するべきであると説く。すなわち，正犯行為者が行為客体を個別化する権限を持っている場合，その錯誤が，個別化についての正犯行為者の能力を信頼する共犯者の負責にまで及ぶのでなければならない。それゆえ，正犯行為者の客体の錯誤は非本質的である[46]。

かかる見地においては，正犯行為者にとって重要でない正犯行為者の客体の錯誤は，教唆者にとっても重要でない。連邦通常裁判所は，ローゼ・ロザール事件に事実関係が類似する農場相続人事件で，このことを確認した。農場相続人事件の概要は，以下のようなものである。被告人バウアーは，自分の息子Mを殺害しようとし，その行為の実行のために，報酬を与える約束でSを雇った。Mの外見についてSは説明を受け，写真も示された。SはMの出現を馬小屋で待った。夜7時頃に，体格がMに似ていて，よくMもそうするように手に袋を持った隣人Kが馬小屋に入って来た時，Sは，Kを，錯誤によってバウアーの息子Mであると思い込み，射殺した。連邦通常裁判所は，予見可能な取り違えの場合に限り，背後者による教唆が存在するはずである（そうでない場合には教唆の未遂だけが存在する。）という限定を設けつつ，「行為の被害者の個性に関する正犯行為者の錯誤は，教唆者にとって重要でない。ただし，正犯行為者による被害者の取り違えが，一般的な経験則に基づく予見可能性の限界の外側にある場合はこの限りでない。」と述べ，既遂に達した教唆に基づく処罰を認める判断を示した[47]。教唆者が正犯行為者に被害者の個別化を委ねる場合，判例の見解を支持するべきである。正犯行為者にとって被害者の個別化のための基礎となる一定のメルクマールに従って，教唆者が，被害者の人物を説明する場合，教唆者の表象の概観は，行為現場での生起に

---

[46] Schönke/Schröder [Heine/Weißer], a.a.O. [Anm. 4], S. 492, Schönke/Schröder, Strafgesetzbuch Kommentar, 28. Aufl., 2010, S. 479 [Heine].

[47] BGHSt Bd. 37, S. 214, 218.

合致する。すなわち，教唆者は，正犯行為者の表象によれば当該説明に当てはまる人物を，正犯行為者が殺害することを表象している。正犯行為者に，個別化にあたっての落ち度がある場合，教唆者は，その結果を帰属させられなければならない。そのような正犯行為者による被害者の取り違えは，たしかに計画された行為経過からの逸脱ではあるが，一般的な経験則に基づく予見可能性の限度内にとどまっているからである。被害者の構成要件上での同一性は，偶然または自然に基づくものではなく，予め組み込まれたものなのである。正犯行為者による被害者の個別化は，教唆者の故意によって包括されるのであるから，被害者の単純な取り違えは，教唆者にとって，決して方法の錯誤として表現されるものではない。教唆者が被害者の具体化を正犯行為者に委ねる事例は，正犯行為者が爆弾を持って来るが，それによって誰が殺害されるのかを知らない事例に比肩し得る。そこでも，爆弾によって誰が殺害されるのかは重要でない。なぜならば，故意は，行為の作用範囲に該当する客体の侵害に向けられているからである。行為が誤って教唆者の法益に向けられる場合，教唆者が，その限りでは正犯行為者として構成要件に該当せずに行為をすることができるであろうという事実は，同人の一身において不法が存在しないということを意味する。たとえば，AがBにXの身体傷害を教唆するが，Bが暗闇でAに対して行為を遂行する場合，既遂行為に対する教唆ではなく，未遂に対する教唆だけが考えられる[48]。

　シェンケ／シュレーダーによれば，このような理解は共同正犯の場合にも通用する。共同正犯者の錯誤および他の共同正犯者への影響についても，基本的に一般的な規律が妥当する。それで，たとえば1人の共同正犯者の客体の錯誤は，その落ち度のある行為が行為計画に同様に予め組み込まれている限りで，他の共同正犯者にとっても重要でない。客体の錯誤ゆえ，1人の共同正犯者の行為が他の共同正犯者に向けられる場合，さらに別の問題が提起される。たとえば，Aが共犯者Bのことを追跡者であると思い込んで狙撃する場合や，AがBの自転車を自分らの共通の敵の自転車であると思い込んで，それに火を着ける場合がそうである。行為だけが，計画実現の危険を前提と

---

[48]　Schönke/Schröder [Heine], a.a.O. [Anm. 46], S. 528f., Schönke/Schröder [Heine/Weißer], a.a. O. [Anm. 4], S. 544.

して，自己の固有の行為と同様に他の関与者に帰属されるのであるから，撃たれた共犯者は，あたかも同人自身が錯誤によって当該行為を遂行する場合と同じ範囲で責任を負う。したがって，ここで挙げた事例において，Bは，（不能）未遂を理由として負責される[49]。

　ニコリダキスは，教唆の場合，それが客体の錯誤の可能性を初めから包含しているものであると指摘する。教唆者が正犯行為者にXを射殺する指示を与える場合，教唆者自身が，直接的な攻撃を遂行するわけではないし，攻撃が誤ってなされることもあり得る。すなわち，この間接的な攻撃の形式によって，最終的な客体になる者は確定され得ない。なぜならば，教唆者が，攻撃行為を一定の客体に直接的に向けているわけではないからである。教唆者が「Xを殺せ。」と言ったとしても，決定的な攻撃行為は，必ずしも実際に「X」たる同一性を有する人物に向かうとは限らない。この場合，教唆者が自ら行為をするわけではないから，教唆者の同一性の表象は，確実に意味を持つわけではない。むしろ，教唆者の攻撃行為が直截に存在する。このことが，方法の錯誤の承認を許さないものとする。教唆者の同一性の表象は，正犯行為者の場合と同じように，重要でない動機のままであり，攻撃行為に方向性を与える客体の同一性が，それによって確認され得るわけではない[50]。

　被教唆者による客体の取り違えの場合，答責的な人物（被教唆者）が追加的に介入し，その同一性の錯誤が，教唆者の表象から最終的に逸脱した結果に対する原因となるという点で，教唆は正犯から区別される。教唆者が攻撃客体の同一性の確認を他人ないし被教唆者に委ねるという状況は，正犯の場合には存在しない。このような区別がなされるのでなければ，統一的正犯者体系への回帰の危険が生じることになりかねない。当然，統一的正犯者体系を受け入れることはできない。そうすると，被教唆者による客体の取り違えにおいて，教唆者が直接的に攻撃客体の同一性を確認するものではないという点は，やはり何も変わらない。教唆の場合，被害者の同一性が意識的な知覚によって確認されるわけではなく，行為と発生した結果との直接性が欠ける。

---

(49)　Schönke/Schröder [Heine], a.a.O. [Anm. 46], S. 521, Schönke/Schröder [Heine/Weißer], a.a.O. [Anm. 4], S. 538.

(50)　Nikolidakis, Grundfragen der Anstiftung, 2004, S. 177.

なぜならば，教唆者は，もっぱら教唆された他人が法益の同一性を確認し，侵害することによって，保護法益を間接的に攻撃するからである。正犯行為者によって最終的に攻撃される人物が，教唆者および正犯行為者によって狙いとされたXであるのか，それともYであるのかということは，正犯行為者にとっても教唆者にとっても重要でない。客体の錯誤の非重要性は，正犯行為者に関しては，正犯行為者が重要でない客体の錯誤のもとにあるということから帰結される。すなわち，正犯行為者は，意識的な知覚を通して，その行為に方向性を与える客体として被害者の同一性を確認することによって，その攻撃行為が直接的に向けられた者を攻撃するのである。正犯行為者の行為は（重要な）錯誤に陥ったものではない[51]。

　これに対し，教唆者にとっての正犯行為者の錯誤の非重要性は，客体の錯誤から帰結されるものではない。教唆者は，決して客体の取り違えの機会を持っていない。なぜならば，教唆者は，攻撃客体の同一性を必ずしも自ら確認するわけではないからである。そうであるからこそ，教唆者の方法の錯誤も排除される。たしかに，教唆者が客体を直接的には攻撃しない場合，攻撃客体の同一性の確認と直接的な行為結果とに乖離が存在しないこともある。正犯行為者が教唆者から与えられた任務の実行において，過剰とならずに，特定の被害者を攻撃する限りで，それに従属して教唆者が被害者に攻撃を加えるという要件は充足される。方法の錯誤の承認にとって，被害者の同一性の確認，攻撃行為および発生した結果との直接性が必要である。教唆者の攻撃の直接的な部分だけが誤って進行し得るからである。しかし，教唆者が攻撃客体の同一性を確認し，それを攻撃する態様の場合，特定の客体を，その侵害に対する教唆者の故意の方向性を示す客体として位置づけることを許す影響可能性へのコントロールが欠ける。それと特定の客体との結びつきは，直接的に攻撃客体の同一性を確認し，それを攻撃する正犯行為者に限り認められる。正犯行為者の客体の取り違えにおける教唆者の（間接的な）攻撃の錯誤は，いずれにせよ認められるべきでない。故意で遂行された正犯行為者の行為は，ドイツ刑法26条に基づいて教唆者に帰属され得る[52]。

---

[51]　Nikolidakis, a.a.O.［Anm. 50］, S. 177f.

[52]　Nikolidakis, a.a.O.［Anm. 50］, S. 178f.

第3節　客体の錯誤　　*359*

　ハースは，行為の具体化の視点に基づいて，正犯行為者による客体の錯誤
について，判例を支持する立場から論じる。判例によれば，故意は，十分に
取り決められた行為に向けられていなければならない。すなわち，故意は，
本質的メルクマールまたは根本的特質において具体化された行為に関係する
ものでなければならない[53]。これは教唆行為の客観的要件の問題である。こ
の要件が充足されない場合，教唆の客観的構成要件における瑕疵は，背後者
が十分に取り決められた正犯行為を表象していたということによっては治癒
されない。背後者が明示的または決定的な教唆の意思表示の明確性の程度を
誤認した場合，錯誤に基づいて，教唆の故意が脱落する[54]。

　判例は，教唆者の意思が，さらに別の具体化を伴うことなく，もっぱら一
般的に何らかの可罰的行為へと正犯行為者を誘発することに向けられている
場合は，具体化の程度が十分でないとする。たとえば，どんな犠牲を払って
でも物を手に入れるという助言の場合のように，正犯行為者を通して，複数
の構成要件の充足を包括する故意が問題となる。判例によれば，同じ方向性，
行為の性質を伴う類似の構成要件または複合的な構成要件も，それらの構成
要件が教唆者の表象の枠組みによって包括される限りで，教唆者の故意に帰
属され得るはずである。判例は，その限りで，事案によっては条件付き故意
に遡る。行為に関する教唆者の表象が，行為の実現にとって複数の可能性が
あることに及んでいる場合，被教唆者により実際に選択された態様が教唆者
に完全に負責される。教唆された正犯行為者が同時に複数の刑罰法規に違反
する可能性を，教唆者の表象が含んでいる場合にも，これと同じことが当て
はまるはずである[55]。

　連邦通常裁判所の見解によると，いずれにせよ教唆者の表象に従って，正
犯行為が抽象的な法律上の構成要件メルクマールによってのみ具体化される
場合，ないし正犯行為が行為客体の種類によってのみ輪郭づけられる場合は，
具体化の程度が不十分である。この行為の概観は，行為の客体，場所，時間
その他の実行の状況といった個別化メルクマールに基づいて取り決められな

---

[53]　BGHSt Bd. 42, S. 135, 137, Bd. 42, S. 332, 334, BGH NStZ 1996, S. 434, 435.

[54]　Matt/Renzikowski [Haas], a.a.O. [Anm. 3], S. 355.

[55]　BGH NStZ 1997, S. 381, 382, Matt/Renzikowski [Haas], a.a.O. [Anm. 3], S. 355f.

ければならない。たしかに，連邦通常裁判所によれば，教唆者が行為の実行の詳細を全て認識に含んでいる必要はない。事案によっては，行為の個別化にとって必要な個々のメルクマールが欠けることがあり得る。しかし，教唆者の故意は，行為が，その輪郭において具体的に個別化されることができる生起として認識され得るほどに，行為を特徴づけるメルクマールの多くを含むものでなければならない[56]。

　連邦通常裁判所は，明確性の要求から，共犯者の故意の具体化にとって，その了知が正犯行為の遂行を十分に蓋然性があると思わせるような事情を，本質的であると解している。行為計画の本質的な詳細を既に知っている共犯者だけが正犯行為の遂行を本気で考えている。それにもかかわらず，連邦通常裁判所は，教唆者の場合，幇助者よりも高度な基準が故意の具体化に適用されるべきである，ということに固執する。連邦通常裁判所によれば，共犯者がその表象に行為の場所，時間および被害者といった詳細を含むこと，ならびに直接的に行為をする人物が，その都度，個別的に共犯者に知られていることは，共犯者にとって必要でない[57]。同様に，教唆者が行為の被害者を知っていることも要求されない[58]。教唆者の故意は，行為を，その主要なメルクマールにおいて包括しなければならない[59]。少なくとも行為が刑法規範の構成要件に位置づけられる程度に広く認識され得る事情を教唆者が理解している場合，教唆者の故意は十分に具体化されたことになるはずである[60]。共犯者が正犯行為者に複数の行為を教唆する場合，共犯者が少なくとも輪郭において行為の個数と時間の表象を持っていることが要求される[61]。

　幇助の場合は，判例によれば，教唆の場合よりも少ない要件が設定される。なぜならば，幇助者には正犯行為者と同じ刑が科されるわけではなく，正犯行為から離れた寄与をもたらすからである[62]。幇助者の故意は正犯行為の本

---

[56]　BGH NStZ 2002, S. 200, 201. Matt/Renzikowski［Haas］, a.a.O.［Anm. 3］, S. 356.

[57]　BGHSt Bd. 42, S. 332, 334.

[58]　KG NJW 1991, 2653, 2655.

[59]　BGHSt Bd. 50, S. 1, 7.

[60]　BGH NStZ 1996, S. 434, 435.

[61]　BGH NStZ 2002, S. 200, 201. Matt/Renzikowski［Haas］, a.a.O.［Anm. 3］, S. 356.

[62]　BGHSt Bd. 34, S. 63, 66.

質的メルクマールに及ぶものでなければならないが，行為の実行の詳細にまで及ぶものである必要はない[63]。幇助者が行為の場所，時間および被害者といった事情を表象に含んでいること，ならびに正犯行為者が幇助者に個別的に知られていることは必要とされるべきでない。連邦通常裁判所は，たとえば損害および攻撃の方向性といった正犯行為の不法の次元を，幇助者が概ね把握していることで十分であると解している。共犯者が正犯行為者の複数の行為に対して幇助を提供する場合，当該共犯者が少なくとも輪郭において行為の個数と時間に関する表象を持っていることが要求される。その一方で，連邦通常裁判所は，法益侵害の強度という意味における実際に実現された不法の程度は，法律上の構成要件に属する事情ではないから，正犯行為の不法の次元の了知は不要である，との判断を示した。連邦通常裁判所の判例には，有罪判決の対象が幇助者の故意によって包括される行為に限られるべき場合，違法な行為の個数に関する幇助者の錯誤を重要であると解したものがある[64]。

　共同正犯者の1人が客体の錯誤に陥っている場合，そのことによって，（他の）共同正犯者に対する態度の帰属は排除されない。行為計画に基づいて個別の共同正犯者に要求される行為客体の個別化は，役割分担を通して止むを得ず受忍される仲間の落ち度のある具体化の可能性を包含するものである[65]。この場合，キューパーは，客体を取り違えた共同正犯者が，行為客体の個別化の際に，全力を尽くして共同の行為計画に含まれる定めに基づいて方針を決めなければならなかった，ということを明確に要求する[66]。

　このような視点とは異なり，客観的帰属論を基軸にして非重要性説を主張する見解もある。ヴェスラウは，以下のことが決定的であると述べる。「連邦通常裁判所で判断された事例のように，正犯行為者が，行為実行の際，申し合わせ通りの遂行に固執し，かつ客体の取り違えのもとにある場合，かかる取り違えの可能性が，その限りで具体化された行動の誘発に既に含まれてい

---

[63]　BGHSt Bd. 11, a.a.O.［Anm. 18］, S. 67, BayObLG NStZ 2011, S. 177.

[64]　BGH NJW 2007, S. 384, 389. Matt/Renzikowski［Haas］, a.a.O.［Anm. 3］, S. 369.

[65]　Matt/Renzikowski［Haas］, a.a.O.［Anm. 3］, S. 341.

[66]　Küper, Versuchsbeginn und Mittäterschaft, 1978, S. 39f.

362　第13章　共犯と錯誤

たということが示される。この可能性が現実化することによって，同時に，行動の誘発によって創出された危険も現実化したのである。教唆者は逸脱を意図していなかったという議論によって，そこから離れることはできない。これと同じことは，教唆者が行為客体を個別化するが，その行為客体の個別化が，行為実行の際には完全に被教唆者のもとにあるといった事例にも間違いなく当てはまる。しかし，正犯行為者が行為実行にあたって教唆者の行動の誘発で定められた具体化の上限から逸脱し，取り違えが，まさしく逸脱に基づいている場合，行動の誘発により創出された危険は現実化していない。」[67]。ヴェスラウの見解に対してはシューネマンから批判が加えられる。すなわち，危険の実現によって客観的構成要件に関わる帰属が根拠づけられるが，そこからは過失行為を理由にした処罰が導き出される。故意への帰属は，結果の中に教唆者の計画も実現しているという追加的な評価を必要とする。誤った人物が殺害される場合，それが否定される。ヴェスラウの見解は，直接的な行為者が自分の錯誤に気づいた後で，当初から狙っていた被害者を待ち伏せし，射殺する場合，解決することができない帰属の問題に直面する，というのである[68]。しかし，ヴェスラウが立脚する客観的帰属論それ自体の当否は別としても，シューネマンが，このコンテクストで過失行為を理由にした処罰しか導き出されないと主張するのは，先決問題要求の虚偽（petitio principii）であるように思われる。

　いずれにせよ，非重要性説は，共犯の場合，そもそも背後者が被害者の同一性の確認を実行行為者に委ねており，客体の錯誤の可能性が初めから包含されていることに着目し，通常，実行行為者による客体の錯誤が一般的な経験則の枠内にとどまるものであることを理由にして，それが背後者にとっても重要でないとする帰結を導き出すわけである。その基本的視座は，共犯の錯誤に関して，わが国で法定的符合説を展開するにあたっても役立つものとなる。たとえば，A が B に，C が飼っている血統書付きの犬 D を殺害するよう命じたところ，B が，C が飼っている雑種犬 E を客体の錯誤により殺害した場合，具体的符合説からは，理論上，B の行為は D についての器物損壊の

---

[67]　Weßlau, Der Exzeß des Angestifteten, ZStW 104, 1992, S. 105, 130f.

[68]　Schünemann, a.a.O.［Anm. 5］, §26 Rn. 88.

未遂と，Eについての過失による器物損壊になると観念されるであろうが，器物損壊罪には過失処罰の規定も未遂処罰の規定もないので，Bは不可罰となり，共犯の従属性ゆえAも不可罰となるという結論がもたらされるのに対して，法定的符合説からは，D，Eの個性は問題にされず，Dの殺害というAの表象，認容と，実際にBが引き起こしたEの殺害という結果とが，Cの財物に関わる器物損壊という同一の構成要件の範囲内にあることを根拠にして，Bの器物損壊の罪責と，Aの器物損壊の教唆の罪責が肯定され得ることになる。ここでは，犬Dが血統書付きであるということは縁由ないし動機でしかなく，Aの故意の本質的な部分はCの財物に損害を与えることなのであるから，Bの客体の錯誤がB自身にとって重要でないだけでなく，Aにとっても重要でないということを非重要性説の視点からも裏付けることができるわけである。

第2款　重要性説とその検討

　現在の通説は，重要性説を支持する。ロクシンとシューネマンは，連邦通常裁判所の判例に，批判的な視点を基調としつつ検討を加える[69]。通説は，判例とは異なり，実行行為者のもとで重要でない取り違えを，背後者のもとでは重要であると解し，背後者は，もっぱら教唆の未遂（および状況によっては過失行為）を理由にして処罰され得ると説く。通説は，第1に，直接的な行為者の客体の錯誤が，教唆した背後者にとっては方法の錯誤であるという理解によって支えられる。背後者は誰かを取り違えるのではなく，背後者によって開始された因果経過は，狙いとされた人物から外れ，異なる人物に命中するのである。異なる人物ないし客体に命中する因果的な逸脱は，通説および一部の判例によっても，方法の錯誤であると理解され，結論として，故意への結果の帰属（したがって，ここでは既遂行為に対する教唆）は排除される。第2に，実行行為者が誤った被害者を殺害した後で錯誤に気づき，改めて待ち伏せをして，狙いとした被害者を射殺する，という仮定的な「大量虐殺の議論」も通説を支える。この事例においては，実行行為者は二重の謀殺を遂行したものであるが，背後者は謀殺に対する1個の教唆だけを理由にして，それも教

---

[69]　Roxin, Leipziger Kommentar, 11. Aufl., §26 Rn. 91, Schünemann, a.a.O.〔Anm. 5〕, §26 Rn. 84.

唆者によって狙いとされた被害者の謀殺に対する教唆を理由にして処罰され得る。この場合，取り違えられた最初の被害者の謀殺に対する教唆は，もう存在し得ない[70]。

　農場相続人事件で，連邦通常裁判所は，通説の2つの論拠を検討し，それらを両方とも否定するが，これは不当である。連邦通常裁判所は，教唆者のもとに因果的逸脱が存在するということは認めるが，方法の錯誤の規律は逸脱を見出し得ないものであると解している。その理由は，方法の錯誤の規律は，正犯行為者が攻撃の客体に直面するが，その客体ではなく異なる客体を侵害するという生起の経過のために，「因果的逸脱の特殊事例」として展開されてきたからである，と説明される。しかし，これは納得できない。けだし，因果経過からの逸脱は，惹起者が因果経過を視認していたか（または，たとえば目を閉じていたか）否かということとは全く関係ない客観的な状況である。因果的逸脱が，惹起者が殺害を意図していなかった人物の殺害に至り，重要なものとなる場合，その重要性に対する評価的な判断は，惹起者が行為の誤った成り行きを認めていたか否かということに左右され得ない。このことを個別の事例で徹底すれば，教唆者は，正犯行為者による取り違えの目撃者になり得てしまう。したがって，攻撃の客体への可視性の欠如は，教唆の必要的なメルクマールにすら属さないし，それによって教唆者に対する方法の錯誤の規律の不適用を根拠づけることもできない[71]。

　連邦通常裁判所は，「大量虐殺の議論」に関して，以下のような見解を表明する。「正犯行為者が自分の錯誤に気づいた後で，さらに教唆者によって狙いとされた被害者を殺害する場合，たとえ教唆者が両方の殺人行為に対する1個の教唆についてのみ罪責を問われるべきであるとしても，基本的には，両方の殺人が教唆者に帰属され得る。これに対し，正犯行為者の錯誤が，教唆者に帰属させることができない事情，つまり経験則の外側にある事情に基づくものである場合，その限りで，刑法上の負責は排除される。」[72]。しかし，この見解は，「可視性の議論」よりも，はるかに納得できないものである。教唆

---

[70]　Schünemann, a.a.O.〔Anm. 5〕, §26 Rn. 85.

[71]　Schünemann, a.a.O.〔Anm. 5〕, §26 Rn. 86.

[72]　BGHSt Bd. 37, a.a.O.〔Anm. 47〕, S. 219.

者に，予見可能な実行行為者による客体の取り違えの場合，2つの故意の殺人を帰属することは，全く不可能である。なぜならば，1つの殺人だけが故意によって包括されるからである。連邦通常裁判所の見解を，結論において支持するプッペも，このことを認める。プッペは，実行行為者による2つの謀殺の場合でも，1個の教唆だけを認めようとするが，2つの謀殺のうち，どちらに教唆が関わるのか，ということは未解決のままにしている[73]。しかし，これも容認することはできない。なぜならば，既遂に達した最初の謀殺に対する教唆の結果が，教唆者に帰属したことになるからである。いったん最初の謀殺の帰属がなされた後で，実行行為者が，狙いとされた被害者をも殺害する場合，既に確定した帰属が，一転して不明確なものとなるはずがない[74]。

　したがって，直接的な行為者が客体を取り違える場合，既遂行為に対する教唆は，基本的に排除される。これに対し，教唆者が本当に殺害しようとした者とは異なる者を正犯行為者に示す場合は，教唆者にとっても正犯行為者にとっても同じように重要でない客体の錯誤が教唆者のもとに存在する。このことは，教唆者により示された人物像が誰にでも当てはまるほどに不正確である場合や，正犯行為者が，そのような不正確な指示を頑なに守った場合にも通用する。なぜならば，これらの教唆は，正犯行為者に与えた指示と合致しているからである。そのもとで教唆者が違う誰かを表象する場合，それは教唆者にとっても客体の錯誤であることを意味する。それゆえ，ここでの錯誤に重要性を認めない解決が結論において妥当である[75]。

　このような区別の根本にある考え方は，イェックスからも支持されている。イェックスによれば，教唆者および正犯行為者が表象していたのとは異なる経過で行為が進行することは，慣習的でないとは言えない。たとえば，雇われた謀殺者が，鏡に映った自分の姿を，殺害されるはずの被害者であると思い込み，その鏡を狙撃する場合，謀殺者の一身において不能の客体に対する殺人未遂が存在する。教唆者も正犯者の不能未遂に対して負責されるから，この場合，教唆者の一身において教唆の未遂だけを認める解決は受け入れら

---

(73)　Puppe, Anmerkung, NStZ 1991, S. 125.

(74)　Schünemann, a.a.O.〔Anm. 5〕, §26 Rn. 87.

(75)　Schünemann, a.a.O.〔Anm. 5〕, §26 Rn. 89.

れない。そこで，イェックスは，既遂行為を理由にした負責が妥当であるのか，それとも未遂行為を理由にした負責が妥当であるのかを検討しようとするが，その際，方法の錯誤のような法形象が存在したのか否かは重要でないと主張する。それよりも，表象された因果経過からの，実現された因果経過の逸脱が本質的なものであったのか否かが決定的であるというわけである。それは以下のようにして判断される。すなわち，教唆者が正犯行為者に取り違えを生じさせるような方法で被害者のことを説明した場合，教唆者は既遂行為に対して負責される。正犯行為者が錯誤に基づく認識に従って，さらに別の行為をした場合，教唆者は，それについて過失犯として罪責を問われ得る。教唆者が自分でも執着しない簡単な指示を与えた場合，教唆者は，その指示から正犯行為者が意識的に逸脱した際に，教唆の未遂だけを理由にして負責される。正犯行為者が，狙いとした客体に対する実行の着手後に初めて異なる行為を実行しようと決意する場合，教唆者は未遂に対する教唆を理由にして負責される。正犯行為者が教唆者の指示に従っていれば必然的ではなかった客体の錯誤のもとにある場合，教唆者は未遂に対する教唆だけを理由にして負責される[76]。

　正犯の客体の錯誤が，教唆者にとっては重要なものとなる場合，教唆者のもとに教唆の未遂が存在するのか，それとも未遂に対する教唆が存在するのかという問題が，さらに争点となる。シューネマンは，誤った客体に対する行為の実行は，決して，狙いとした客体に対する行為を実行する未遂を含むものではないとの理由で，この場合には教唆の未遂が存在すると説く。プッペは，この命題を明白な誤りであるとする。「正犯行為者が教唆者との合意にとどまろうとし，もっぱら誤った客体を正しい客体であると思い込んだことによって，誤った客体を攻撃する限りで，その攻撃は，教唆者の意味においては正しい客体を攻撃する未遂となる」というわけである。この場合，客体の錯誤に基づいて行為をする正犯行為者は，間違いなく謀殺既遂と並んで謀殺未遂をも遂行するものであるとされる[77]。しかし，プッペの批判は当たらない。なぜならば，正犯行為者は，1つの殺人の故意しか持っていないからで

---

[76]　Joecks, a.a.O.〔Anm. 39〕, S. 1338f.

[77]　Puppe, a.a.O.〔Anm. 73〕, S. 124.

ある。誤った表象が未遂を根拠づけることはできないし，従属性により，未遂に対する教唆も排除される[78]。

　正犯行為者が，わざと教唆者の意図に反して異なる客体を狙う場合，基本的に，結果は，もはや教唆者の故意によって包括されない。たとえば，AがBにCの射殺を誘発するが，BがCではなくDを殺害する場合，（Cに関しては）教唆の未遂だけが存在する。要するに，行為客体に関する正犯行為者の行為の逸脱の場合には，同一の構成要件に関する時間，場所および様相の逸脱の場合とは異なることが当てはまるわけである。これに対し，教唆者の故意に基づかない非本質的な逸脱は，方法の錯誤が重要でない因果的逸脱として表現される限りでのみ，ここでは存在し得る。行為客体の個別性が，行為者にとって，行為計画の枠内で問題になる場合がそうである。たとえば，AがテロリストBに第1警察署を爆破することを教唆するが，Bが戦略上の理由から，第2警察署に対する爆弾テロを選択する場合でも，Aは既遂行為に対する教唆を理由として処罰され得る。なぜならば，Aの計画の枠内において，かかる逸脱は重要でないからである[79]。

　共同正犯の場合，共同正犯者の1人による客体の錯誤は，判例によれば，他の共同正犯者についても重要とはならないはずである。連邦通常裁判所は，3人の逃走中の犯罪者のうちの1人が，話し合っておいた通りに，追跡者を射殺しようとしたが，取り違えにより弾丸は追跡者ではなく仲間に向かって発射されたという事案に関し，「狙撃は，想定上の追跡者に向けられていたから，関与者全員の合意に合致していたわけであり，したがって被告人の故意によって包括されていたことの枠を超えるものでもなく，それゆえ被告人に完全に帰属されなければならない。」と述べ，狙撃されて負傷した共同正犯者を（不能の）謀殺未遂それ自体の共同正犯者として処罰した[80]。ロクシンやシューネマンらによって代表される通説は，これに反対する。共同正犯者は，必要に応じて1人の人間の死亡が引き受けられなければならないという点で，たしかに一致していた。しかし，その人間は追跡者であるはずで，無関

---

(78)　Schünemann, a.a.O.［Anm. 5］. § 26 Rn. 90.

(79)　Schünemann, a.a.O.［Anm. 5］. § 26 Rn. 91.

(80)　BGHSt Bd. 11, S. 268, 272.

係な者や共犯者ではないはずであった。したがって，ロクシンによれば，意思の合致が被害者の抽象的な人的属性に関係しなければならないのか，それとも具体的に視認された行為客体たる「追跡者」に関係しなければならないのか，ということだけが問題になり得る[81]。

もし共同正犯者の１人が意図的に無関係な者または仲間を狙撃する場合，きっと誰も共同正犯を認めないであろう。意思の合致は，具体的な行為客体に関係するものでなければならない。合意に従って１人の人間が狙撃されることになっていて，実際にも狙撃されたという状況は，このことに何らの変更を加えるものではない。意図的でない取り違え，つまり過失による過剰の場合でも，事情は異なり得ない。いずれにせよ，発生した結果は，計画全体において狙撃者に与えられた任務の外側に存在しており，他の共同正犯者は，それに関与することができなかったわけである。狙撃者の誤った確信が，客観的に欠けている連関を補充することもできない。共同正犯者は，他の共同正犯者がしたことについて処罰されるのではなくて，固有の共同支配に基づいて処罰されるのである。固有の共同支配は，そのような種類の任務と無関係な失敗には及ばない[82]。共同正犯者の１人による客体の取り違えに対して，他の共同正犯者が責任を負う必要はないはずである。なぜならば，共同の行為計画は，追跡者からの防御と未必的な射殺にしか及んでいないからである。追跡者ではなく共同正犯者の１人が狙撃される場合，それは過剰であって，他の共同正犯者は責任を負わされ得ない。このことは，共同正犯者の１人が意図的に狙撃される場合には全く争われ得ない。それが錯誤によって生じたからといって，行為計画の過剰があったこと自体は何も変わらないのである[83]。この点，イェックスは，謀殺罪の保護法益である生命は，被害者自身による攻撃からは保護されていないから，狙撃されて負傷した共同正犯者の一身においては，共同正犯による危険な身体傷害の未遂だけが存在するが，他の共同正犯者は，過失による身体傷害との観念的競合で，共同の謀殺未遂を理由にして有罪判決を言い渡されるべきであったと結論づける[84]。

---

(81)　Roxin, a.a.O.［Anm. 27］, S. 287.

(82)　Roxin, a.a.O.［Anm. 27］, S. 287.

(83)　Schünemann, a.a.O.［Anm. 5］, §25 Rn. 177.

第3節　客体の錯誤　　369

　法感情も連邦通常裁判所の解決を支持しないであろう，というのがロクシンの考えである。たとえば，複数の共謀者が，特定の政治的な敵対者を狙撃するために，異なる場所で待ち伏せをし，共謀者の1人が，狙いとする敵対者を捉える前に，連続的な取り違えにより次々に5人の無関係な者を狙撃する場合，他の共謀者は，1人の人間の死亡だけを表象していたのであるから，6倍の故意による謀殺を理由として処罰されるべきであるということにはならない。具体的な思考方法を要求する立場のほうが，より自然な理解に合致するというわけである[85]。

　もっとも，ロクシンによれば，複数の共同正犯者が同じ客体の錯誤のもとにあり，共同の落ち度のある表象により誤りを遂行する場合は事情が異なる。この場合，各共同正犯者は，自分の固有の態度について処罰されるのであって，他の共同正犯者の錯誤について処罰されるわけではない[86]。

　これまでの検討から分かるように，錯誤論における具体化説を前提とした重要性説は，実行行為者による客体の錯誤の問題について，それを共犯者との関係で常に方法の錯誤として一律に把握するわけではない。そこでは，実行行為者による客体の錯誤が共犯者にとって重要なものであるのか否かという基準が打ち出される。そして，通常は，それが共犯者にとっては重要なものであると判断されて，共犯者に方法の錯誤の規律が適用されるゆえ，既遂犯に対する共犯の故意の阻却という効果がもたらされるのである。これに対して，どのような場合に，実行行為者による客体の錯誤が共犯者にとっても重要なものとならず，客体の錯誤のままであると判断されるのかについて，論者が述べていることを集約すると，要するに，共犯者のもとに，実行行為者の客体の錯誤を招来するような落ち度があった場合に，そう判断されることになっている。しかし，このような場合に限らず，およそ一般に，実行行為者による客体の錯誤は，共犯者にとっても重要なものとはならないはずである。構成要件上，保護されている法益が，客体の個性に劣後するとは考えられないからである。すなわち，実行行為者に客体の錯誤がある場合であっ

---

(84)　Joecks, a.a.O.［Anm. 39］, S. 1294.

(85)　Roxin, a.a.O.［Anm. 27］, S. 287.

(86)　Roxin, a.a.O.［Anm. 27］, S. 287.

ても，共犯者は，構成要件上の法益を，その客体の個性にかかわらず，間違いなく間接的に侵害しているのである。

第4節　結　　論

　共犯の過剰に関して，ドイツの学説は，これを共謀ないし共犯の故意の本質的な部分からの正犯行為の逸脱として把握し，どの程度の正犯行為の逸脱が共犯の主観的要件の脱落をもたらす過剰となるのかを検討する。共謀ないし共犯の故意と，正犯行為により引き起こされた過剰な結果との本質的な合致を探究することで，共犯の過剰の問題を解決しようとする視点は，わが国で，共犯の本質について，どのような立場から出発するとしても，共犯の成立範囲を確定する際の有用な手掛かりとなり得る。共犯の本質に関して行為共同説に立脚し，かつ錯誤論に関して法定的符合説および構成要件的符合説に立脚すると，共犯の過剰が問題となる場面では，まず，共謀ないし連絡した意思の本質的な部分が実現された限度で，罪名の従属性を伴わない共犯が成立し得る余地を認め，次に，その範囲内で各共犯者の罪責に検討を加え，過剰な結果と各共犯者の故意との構成要件的な重なり合いを，保護法益や行為態様の共通性を基準にして判断し，それぞれ本質的な合致が肯定される部分について共犯を成立させることができる。

　実行を担う正犯行為者の客体の錯誤に関して，ドイツでは重要性説と非重要性説とが対立している。両説の対立は，要するに，実行を担う正犯行為者の客体の錯誤を，共謀ないし共犯の故意の本質的な部分からの逸脱として評価するのか否かの争いに収斂され得る。わが国の法定的符合説の立場から，重要性説を支持することはできない。およそ一般に，実行を担う正犯行為者による客体の錯誤は，共犯者にとっても重要なものとはならないはずである。それというのも，構成要件上，保護されている法益が，客体の個性に劣後するとは考えられないからである。すなわち，実行を担う正犯行為者に客体の錯誤がある場合であっても，共犯者は，構成要件上の法益を，その客体の個性にかかわらず，間違いなく間接的に侵害しているのである。これに対し，非重要性説は，共犯の場合，そもそも共犯者が被害者の同一性の確認を正犯

行為者に委ねており，客体の錯誤の可能性が初めから包含されていることに着目し，通常，正犯行為者による客体の錯誤が一般的な経験則の枠内にとどまるものであることを理由にして，それが共犯者にとっても重要でないとする帰結を導き出す。その基本的視座は，わが国の共犯の領域で，たとえば抽象的事実の錯誤の事例に構成要件的符合説を適用するにあたり，より一層，保護法益や行為態様の共通性という基準を明確化することに役立つものと考えられる。

第14章

中立的行為による幇助

第1節　本章の目的

　中立的行為とは，それを行った者が，正犯の状況にいるいかなる他人に対しても，その行為によって，初めから，犯罪行為や正犯から独立した，固有の，法的に否認されない目的を追求するがゆえに行っていたであろう一切の行為のことを言う[1]。中立的行為それ自体は法的に否認されていないのであるが，それでは，中立的行為によって正犯の所為が容易化された場合，従犯は成立するのであろうか。このような中立的行為による幇助の問題は，ドイツにおいて古くから論じられてきたが[2]，特に1994年以降，いわゆるドレスドナー銀行事件に関する連邦憲法裁判所の決定を契機に[3]，学説の大きな注目を集めるに至った。この事件は，ドレスドナー銀行の銀行員が，何年もの間，顧客の別段預金口座への払い込みを受領し，デュッセルドルフ支店から子会社たるルクセンブルクの金融機関へと，送金状に当該顧客の名前等を記載せず，ルクセンブルクの口座番号のみを記載して送金していたが，顧客は，そこに存在する資金から生じる収入について脱税をしていたというものであった[4]。日常的な取引行為ないし業務行為も，本来は，犯罪者や犯罪行為とは無関係な，法的に否認されていない目的を追求する行為であるという意味で，中立的行為と呼ばれるわけである。

　中立的行為による幇助が問題となる代表的な事例には，たとえば，金物屋

---

[1]　Wohlleben, Beihilfe durch äußerlich neutrale Handlungen, 1996, S. 4. 山中敬一「中立的行為による幇助の可罰性」『関西大学法学論集』56巻1号（平18年・2006年）35頁。

[2]　Vgl. RGSt Bd. 37, S. 321. ちなみに，共犯の処罰根拠論が自覚的に展開されるようになったのは，それをテーマとしたリューダッセンの論文とトレクセルの論文（Lüderssen, Zum Strafgrund der Teilnahme, 1967, Trechsel, Der Strafgrund der Teilnahme, 1967.）が公表された1967年以降のことであるので，それ以前には，少なくとも意識的には共犯の処罰根拠の観点から中立的行為による幇助の問題が論じられていたわけではないと思われる。

[3]　BVerfG StV 1994, S. 353.

が客に，侵入窃盗に使うドライバーを，その意図を知りながら販売したという事例[5]，タクシーの運転手が，強盗を計画している者の意図を知りながら，これを犯行現場の付近まで運送したという事例[6]，および，ワイン業者が，飲食の提供を伴う売春宿に，代金の支払を猶予してワインを納入したという事例[7]等がある。

　従犯の成立要件は，幇助の故意により正犯を幇助すること，および，それに基づいて正犯が犯罪を実行したことであるとされる。幇助の故意は，正犯の実行行為を表象し，かつ，その実行を自己の行為によって容易にさせることを表象，認容することであり，未必的故意でも足りるとされ，また，幇助行為は，基本的構成要件に該当する実行行為以外の行為によって正犯の実行行為を容易にすることであり[8]，これには有形的幇助だけでなく無形的幇助も含まれるとされる。ここで挙げた事例における幇助が，従犯の成立要件を満たすか否かを検討してみると，たしかに，それらの幇助は，正犯の実行行為を有形的または無形的に容易にしており，少なくとも未必的故意があると考えられるので，従犯の成立要件を具備しているようにも思われるし，現に，そのような幇助を全て可罰的であると解する立場もある[9]。

　しかし，このような日常的な取引行為ないし業務行為は，常に他人の犯罪に役立ち得る可能性を有しているのであるから，故意が偶然に付け加わるだけで従犯として処罰されるということになると，処罰の範囲が拡張され，法的安定性が害されるだけでなく，さらに，業務に携わる者は，常に自己の行為が犯罪的に利用されないよう警戒しなければならず，そのような可能性を認識したときは，取引行為や業務行為をしてはならないということにもなり，

(4)　もっとも，この事件では捜索の合憲性が主要な争点とされ，連邦憲法裁判所の決定において，中立的行為による幇助の問題が詳細に論じられたわけではなく，銀行員の行為が可罰的な幇助であることは前提とされていた（なお，捜索は合憲とされた。）。その後，これと類似する事件で，顧客の脱税のために，匿名で国外へと送金した銀行員について，連邦通常裁判所は，その従犯としての可罰性を肯定した。BGHSt Bd. 46, S. 107.

(5)　Vgl. Jakobs, Regreßverbot beim Erfolgsdelikt, ZStW Bd. 89, 1977, S. 20.

(6)　Vgl. BGH GA 1981, S. 133.

(7)　RGSt Bd. 39, S. 44.

(8)　最判昭和24年10月1日刑集3巻10号1629頁。

(9)　Beckmper, Strafbare Beihilfe durch alltägliche Geschäftsvorgänge, Jura 2001, S. 163ff., 169, Rotsch, "Neutrale Beihilfe" zur Fallbearbeitung im Gutachten, Jura 2004, S. 15.

374　第 14 章　中立的行為による幇助

社会的な交渉にとって大きな障害が生じ得る[10]。たとえば，タクシー運転手が，いかにも怪しげな乗客を銀行まで送って行き，その乗客が銀行強盗を実行した場合，タクシー運転手は，当該乗客が強盗を実行すると認識した根拠を示すことができなければ，乗車拒否をしたものとして扱われ，道路運送法 13 条に基づき，運送引受義務違反の責任を問われることになってしまう[11]。そこで，ドイツの多くの学説は，このような日常的な取引行為ないし業務行為による幇助の可罰性を制限するべきであるということを，それぞれの立場から主張してきたのである。

　その一方で，幇助行為とは，基本的構成要件に該当する実行行為以外の行為によって，正犯の実行行為を容易にする行為のことを言うから，幇助行為それ自体を客観的に見る限りでは，かなり多くの幇助行為を中立的行為と捉えることが可能である[12]。また，およそ日常取引の態様をとりさえすれば不可罰になると解すると，用心深い犯罪者は，そのような態様の行為を介在させて犯罪を行い，罪責から逃れようとすることになる[13]。このように考えると，一般に中立的行為による幇助として扱われているような関与行為の全てを，それが中立的であるという理由によって，一律に不可罰とすることも妥当でないように思われる。

　この問題をめぐるドイツの学説は，まず，中立的行為による幇助を全面的に可罰的とする少数説と，その可罰性を制限する多数説に大別され，さらに，多数説は，主観説，客観説，折衷説および違法性阻却説に分類される。このうち客観説の内部では，社会的相当説，職業的相当性説，利益衡量説，他人の不法との連帯説，義務違反説，遡及禁止説および犯罪的意味連関説といった多様な見解が主張されている。本章は，主としてこれらの学説を概観し，中立的行為による幇助の問題の解決に役立てることを目的とする。

---

(10)　松生光正「中立的行為による幇助㈠」『姫路法学』27・28 合併号（平 11 年・1999 年）206 頁。

(11)　中山研一＝浅田和茂＝松宮孝明『レヴィジオン刑法 3 構成要件・違法性・責任』（平 21 年・2009 年）117 頁，123 頁参照。

(12)　曲田統「日常的行為と従犯―ドイツにおける議論を素材にして―」『法学新報』111 巻 3・4 号（平 16 年・2004 年）142-3 頁。

(13)　照沼亮介「共犯の処罰根拠論と中立的行為による幇助」斉藤豊治＝日高義博＝甲斐克則＝大塚裕史編『神山敏雄先生古稀祝賀論文集第 1 巻』（平 18 年・2006 年）576 頁。

第2節　学説の状況

第1款　全面的可罰説とその検討

　全面的可罰説は，中立的行為による幇助の可罰性を理論的帰結として肯定するだけでなく，これをドイツ刑法27条から除外するのは，容認し難い可罰性の間隙を生み出す恐れがあるので，刑事政策的にも肯定するのが妥当であると主張する[14]。そして，この見解に立脚しつつ，中立的行為による幇助の問題を，量刑や手続の打ち切りにおいて解決しようとする立場もある[15]。

　しかし，このような考え方に対しては，中立的行為による幇助の処罰の実質的根拠に問題があるゆえに，その不処罰の根拠が議論の対象になっているのであり，刑事政策的に妥当な結論を導く根拠の理論化を放棄するのは，解釈学の怠慢であるとの批判が加えられている[16]。

第2款　主観説とその検討

　主観説は，中立的行為による幇助の可罰性を，主観的構成要件要素の限定により否定する見解であり，ドイツにおいて，戦前から主張されていた。この見解に立脚するフォン・バールは，次のように主張した。すなわち，未必的故意による幇助は，構成要件に該当しない。なぜならば，仮に未必的故意による幇助を可罰的とするならば，たとえ無害な行為であっても，それによってもたらされた状態を他人が犯罪の実行に利用するであろうと考えて行われたときには，可罰的とされ得ることになってしまうからである。たとえば，武器商人が怪しげな買主に武器を売り，その後，当該武器を使って犯罪が実行されたとしても，買主による犯罪の実行は，武器商人が武器を販売したことの必然的な帰結ではないから，武器商人は幇助行為をしたことにはならない。犯罪の実行に役立ち得る武器や道具を販売する者は，前もって買主の信頼性を確認することを義務づけられはしないのである[17]。

　ケーラーも，未必的故意による幇助の可罰性を否定した。その主張による

---

(14)　Beckmper, a.a.O.［Anm. 9］, S. 163ff., 169, Rotsch, a.a.O.［Anm. 9］, S. 15.

(15)　Körner/Dach, Geldwäsche, 1994, S. 24f.

(16)　山中・前掲注(1)69頁。

(17)　v. Bar, Gesetz und Schuld im Strafrecht, Bd. Ⅱ, 1907, S. 693. 山中・前掲注(1)70頁，松生・前掲注(10)208頁，曲田・前掲注(12)145頁参照。

376　第14章　中立的行為による幇助

と，幇助犯が成立するためには，幇助者が，最終的に自分の行為を通して正犯が援助されることを意図していなければならないとされる。言い換えると，幇助者は，自分の行為によって正犯が援助されることを不可避であると予見していなければならないか，または，そうなることを目指していなければならないとされるのである。たとえば，自分の主人が，朝，何らかの犯罪を行おうとしていることを知っていた召使は，主人が磨かれていない靴を履いて外出したり，朝食をとらずに外出したりはしないということも正確に知っていた場合，その職を去ることを選択せずに，結果発生の前提条件となる靴磨きや朝食の提供といった行為をしても，幇助犯とはならないとされる[18]。

　ライヒ裁判所の判例は，フォン・バールやケーラーの見解とは異なり，正犯行為を促進する意思の有無を基準とする判断方法に依拠していた。たとえば，弁護士が，被拘禁者の親族に，被拘禁者の逃亡を援助しても処罰されないと誤って助言した事案に関して，ライヒ裁判所は，幇助犯の主観的構成要件要素としては，正犯が犯罪を実行しようとしていることが幇助者に知られているだけでは不十分であり，さらに，幇助者が，自分の行為によって正犯の犯罪の実行が促進されることを認識して援助，特に助言を与えること，および，その意思も結果に向けられていることが必要であると述べて，法的助言を与えることは弁護士の職業的義務に属するので，推定的に，弁護士の認識と意思は，単に義務に適合した助言を与えることのみに向けられていたことから出発するべきであるとして，たとえ弁護士の助言により正犯の計画が実行され，弁護士もそうなることを知っており，実際に，正犯の行為が犯罪行為であるということになったとしても，弁護士の助言行為は幇助犯とはなり得ないとの判断を示したのである[19]。これに対し，被告人が，売春宿に，代金の支払を猶予してワインを納入したという事案においては，ライヒ裁判所は，支払が猶予されたことによって初めて売春宿で客にワインを提供することが可能となり，来店の誘因が強まったことにより来客数も増え，売春宿の営業が促進されたのであり，さらに，被告人の行為は，自分の業務を遂行する目的のみに基づいてなされたものではなく，同時に，売春宿の営業を可能

---

(18)　Köhler, Deutsches Strafrecht, 1917, S. 530. 山中・前掲注(1) 70 頁，曲田・前掲注(12) 145-6 頁参照。
(19)　RGSt Bd. 37, S. 321. 曲田・前掲注(12) 146-7 頁，松生・前掲注(10) 208 頁参照。

とさせる意思，または，客にワインを提供できるようにし，売春仲介活動を援助する意思をも有してなされていたと述べて，被告人に売春仲介罪の幇助犯を成立させたのである[20]。

しかし，主観説は，次のような批判にさらされ，支持を得るには至らなかった。第1に，幇助犯の成立を主観的な基準によって制限することは，現行法と一致しない。ドイツ刑法27条が，幇助犯の成立要件として，故意以外の特殊な主観的要件を要求していないのに対し，主観説は，幇助犯の成立要件に目的または動機を持ち込もうとするものである。また，未必的故意による幇助を不可罰とする考え方は，故意に段階を設けようとするものであるが，現行法は，故意の形式の相違によって異なった処理がなされることを想定していない[21]。第2に，主観的な基準のみに依拠して犯罪の成立を論じることは疑問である。問題となる行為によって客観的構成要件が充足されたことを確定する前に，早まって主観的構成要件を否定することは妥当でない。故意の確定の前に，行為者の表象したことが，およそ客観的構成要件を充足するのに適しているのか，ということを吟味しなければならないのである。主観説が，あまりにも早く主観的側面に着目することは，それ自体では問題のない行為に，反価値的な意図が付け加わるだけで，反価値的な行為，すなわち構成要件に該当する行為となることへと帰着する。このような結論は，刑法の任務が内心の統制にあるのではないということに反するし，ひいては，もっぱら心情の否認に処罰根拠を見出す心情刑法につながる[22]。

主観説の内部には，未必的故意による幇助を可罰的とすることは，職業遂行に対する権利を保障したドイツ基本法2条1項および同法12条1項に反するとの理由で，これを不可罰とする見解もあるが[23]，この見解に対しては，

---

(20)　RGSt Bd. 39, S. 44. 松生・前掲注(10) 208頁，曲田・前掲注(12) 147-8頁参照。

(21)　Mallison, Rechtsauskunft als strafbare Teilnahme, 1979, S. 78ff., Tag, Beihilfe durch neutrales Verhalten, JR 1997, S. 51. 松生・前掲注(10) 209頁，曲田・前掲注(12) 177頁。

(22)　Wolff-Leske, Berufsbedingtes Verhalten als Problem mittelbarer Erfolgsverursachung, S. 58f., Frisch, Zum tatbestandsmäßigen Verhalten der Strafvereitelung-OLG Stuttgart NJW 1981, 1569, JuS 1983, S. 917, Tag, a.a.O.［Anm. 21］, S. 51. 松生・前掲注(10) 209頁。

(23)　Otto, "Vorgeleistete Strafvereitelung" durch berufstypische oder alltäliche Verhaltensweisen als Beihilfe, Festschrift für Theodor Lenckner zum 70. Geburtstag, S. 193ff., 212f., Geppert, Die Beihilfe（§27 StGB), Jura 1999, S. 270. 山中・前掲注(1) 71頁参照。

378　第14章　中立的行為による幇助

客観的構成要件が充足される場合に，その反映である故意を，一般的な根拠により否定するのは妥当でないとの批判が加えられている[24]。

第3款　客観説とその検討

(1)　社会的相当性説とその検討　　社会的相当性説は，ヴェルツェルの創唱にかかる理論であり，これによると，歴史的に形成された通常の社会的な生活秩序の枠内でなされた全ての行為は，結果として法益侵害が発生しても，構成要件に該当しないとされる。ヴェルツェルは，社会的秩序に適合した業務行為の枠内の行為は，たとえ，それが有害な結果に結びついたとしても，社会的に相当な行為であるとした[25]。また，ルドルフィは，食品を販売するだけで，殺人の幇助犯になると考える者などいないとし，犯罪的な団体の設立に対する援助について，たとえば，食品や衣類を販売すること，住居を賃貸すること，および，一般的に得られる情報を提供することは，社会的に通常な行為方法であるから，幇助犯にはならないとする。そのように考えるのでなければ，犯罪的な団体の設立に関する規定の立法目的は，構成員を餓死させることによって，そのような団体を撲滅することにもあると解するほかないことになるが，これはほとんどあり得ないからである[26]。このような考え方からは，酒類，武器，毒物その他の犯罪を行うのに役立つ物の販売や，犯罪遂行の励みとなる行為は，犯罪遂行を促進し，援助する行為ではあるが，社会的に普通になされる行為であるので，社会一般に承認され，幇助犯とはならないとされるのである[27]。

　しかし，社会的相当性説に対しては，同説の想定する「社会的」という概念の意味内容や，「歴史的に形成された通常の社会的な生活秩序」の実体を，具体的レヴェルで明確に一般化するのには困難が伴い，それゆえ，社会的相当性は，可罰的な幇助と不可罰的な幇助とを区分するための統一的基準とし

---

(24)　山中・前掲注(1) 72頁。

(25)　Welzel, Das Deutsche Strafrecht, 11. Aufl., 1969, S. 55ff. 松生・前掲注(10) 214-5頁，曲田・前掲注(12) 155-6頁参照。

(26)　Rudolphi, Verteidigerhandeln als Unterstützung einer kriminellen oder terroristischen Vereinigung i. S. der §§ 129 und 129a StGB, Festschrift für Hans-Jürgen Bruns zum 70. Geburtstag, 1978, S. 332. 松生・前掲注(10) 215頁，曲田・前掲注(12) 158頁参照。

(27)　Rudolphi, Gleichstellungsproblematik der unechten Unterlassungsdelikte und der Gedanke der Ingerenz, 1966, S. 166. 曲田・前掲注(12) 158頁参照。

ては機能し得ないとの批判が加えられている。つまり，社会的相当性の概念
それ自体が明確でないので，その基準によって，幇助犯の領域から排除され
るべき中立的行為の範囲を明確に画することはできないのである[28]。また，
あらゆる社会的に相当でない行為が，刑法によって禁止されなければならな
いほどの重要性を帯びているわけではないのであるから，ある行為が，構成
要件に該当するか否かということと，社会的に相当か否かということとは，
必ずしも一致するわけではないとの批判もある[29]。これらの批判は，結局，社
会的相当性の概念が，解釈論上の基準というよりも，むしろ，実際には望ま
しい結論を導くためのスローガンとして機能しているということを指摘する
ものである[30]。

(2) **職業的相当性説とその検討**　　社会的相当性説が不明確であると指摘さ
れたことに基づき，明確性の確保を目指して同説を発展させた見解が，職業
的相当性説である。ハッセマーは，社会的相当性説が考える規範，規律，規
範領域および規範制限といった概念を，同説が依拠する社会的概念を援用し
て具体化することは不可能であると指摘する。その理由は，社会的領域とい
うものは規範的には存在しておらず，むしろ，具体的な状況，具体的な行為
領域および具体的な集団との関連においてのみ社会的規範とその妥当領域が
存在しているのであり，それゆえ，そのような種々の属性に即して存在して
いる規範またはその妥当領域を個別に明らかにすることだけが可能であると
いうことに求められている。そして，行為の相当性の有無も，各状況，各集
団において妥当している規範を基礎にして判断されなければならないのであ
り，中立的行為による幇助の問題において典型的に挙げられる職業上の行為
の問題も，職業的相当性の観点から解決されなければならないと主張する。
それによると，通常で，中立的で，社会的に受け入れられ，規律に従った業
務行為が職業上相当な行為に当たるとされ，その行為は刑法の関心が及ぶも
のではなく，幇助犯にもならないとされる。すなわち，問題となる職業が，

---

(28)　曲田・前掲注(12) 178 頁。Tag, a.a.O.［Anm. 21］, S. 52.

(29)　松生・前掲注(10) 216 頁。

(30)　Wiethölter, Der Rechtfertigungsgrund des verkehrsrichtigen Verhaltens, 1960, S. 57. 松生・前
掲注(10) 216 頁。

380   第 14 章   中立的行為による幇助

国および社会に承認されている任務を果たすものであり，行為規範を公開している以上，その公開されている職業上の規律は，刑法上の禁止に矛盾するものではなく，むしろ，刑法規範を補い，その輪郭を描き，具体化し，一定の社会的な行為領域へと関連づけるものと考えてよいから，それに従った行為は，刑法上の禁止規範に反した行為であるとは理解され得ず，たとえ，それによって犯罪構成要件が実現されたり，法益が侵害されたりしたとしても，刑法の関心が及ぶものではなく，幇助犯を構成することもないとされるのである[31]。

　しかし，この見解からは，業務上相当な行為によって法益が侵害された場合に，当該行為が業務上相当であるというだけの理由で，なぜ，その刑法上の可罰性まで否定されることになるのかということについて，必ずしも説得力のある論証はなされていないように思われる。そもそも，基本的に，職業的規範は，もっぱら業務遂行にとって必要なルールを内容とするものであって，刑法規範を十分に反映させた内容を目指して形成されるものではないから，具体的には，全ての個別的な職業規範を，刑法規範に適合するように形成されたものとして理解することはできない[32]。たしかに，この見解は，そのような刑法外の規範が刑法上も認められるかについて検証する必要を認めており，一定の場合には，職業的相当性は否定され，罪責が問われ得るとしている。すなわち，個別の職業的活動が，刑法典の文言に合致しない場合，明白な立法者意思として行われている活動を行わせないつもりの場合，個別の活動が刑法典の目的と意味に対立する場合，職業的慣習が裁判において適用される法の正しい解釈の伝統と調和しない場合，および，実際に行われている活動それ自体は刑法規範に文言上も解釈上も合致しているようでも，そのことが憲法あるいは刑法上の基本原則を侵害するような効果を生み出している場合には，職業的相当性が否定されるとするのである[33]。しかし，このように解するとすれば，職業的相当性それ自体は，実体法上の基準ではなく，単

---

(31)   Hassemer, Professionelle Adäquanz, wistra 1995, S. 41ff., 81ff. 曲田・前掲注(12) 158-9 頁参照。

(32)   曲田・前掲注(12) 179 頁。

(33)   Hassemer, a.a.O.［Anm. 31］, S. 86. 島田聡一郎「広義の共犯の一般的成立要件」『立教法学』57 号（平 13 年・2001 年）63 頁参照。

なる訴訟法上の間接事実としての意味しか持たないということになるので，実体法上の基準は明らかにされず，可罰性の限界が不明確となる[34]。

　また，この見解に従うと，通常は可罰的とされるべき行為の実行を計画している者に，脱法の手口を示すことにもなりかねない。たとえば，反社会的勢力が資金調達の一環として法人を設立し，刑罰法規の適用を免れるのに都合のよいルールを定めたとすると，その構成員の反社会的行為は，当該ルールに適合していれば，そのことだけを理由に放任されることになりかねない[35]。

　さらに，この見解に対しては，たとえば，窃盗を計画している者にドライバーを提供する行為が，金物屋によってなされれば不可罰とされ，主婦によってなされれば可罰的となるとするのは不均衡であるし，このような考え方は，いわば，刑法典に規定されていない特別の消極的身分を作り出すものであって妥当でないとの批判がある[36]。

(3)　利益衡量説とその検討　　利益衡量説は，中立的行為による幇助の不可罰性を，対立利益との衡量の観点から基礎づけようとする見解である。ヘーフェンデールは，ドイツ基本法によって保護された潜在的幇助犯の行為自由（ドイツ基本法2条）と，法益保護に関して原則的に存在している，他人の犯罪行為を引き起こすことへの刑法的禁止との衡量が行われるべきであると主張する。そして，このような法益保護と自由の領域との緊張関係を解消することが重要となるが，この場合，問題となっている犯罪行為の重大性と，潜在的共犯者の行為自由との制約の強度の両方を媒介変数として考慮すべきであるとし，犯罪行為の反価値性が大きくなればなるほど，活動範囲の制限もそれだけ大きくなってよく，反対に，正犯の行為の反価値性が小さくなればなるほど，可罰的幇助として評価され得る前提行為の独自の反価値性は，より大きくなければならないとする。その上で，単独では法益を危殆化する傾向を内在していない無害な前提行為は，正犯との共謀がある場合，保護されるべき法益に関して，援助者が特別な注意義務に違反する場合，または，犯罪

---

(34)　島田・前掲注(33) 63頁。

(35)　曲田・前掲注(12) 179-180頁参照。

(36)　島田・前掲注(33) 63頁。

382 第14章 中立的行為による幇助

不告知罪（ドイツ刑法138条）や一般不救助罪（ドイツ刑法323条c）等のように、特別に重要な法益の保護が問題になっており、その利益のために行為者があらゆる規範的な社会的接触から遮断され、それによりあらゆる行為自由が奪われるべきであるような場合に、社会侵害性の限界を超えていると結論づける。この見解は、利益衡量に基づく許された危険の考え方を、中立的行為による幇助の場合にも適用して、処罰範囲を限定しようとするものである[37]。

しかし、中立的行為による幇助の問題を検討する場合、正犯の行為は、許された危険の範囲を超えて可罰的であることが前提となるので、許された危険の考え方から幇助者の不可罰性を基礎づける見地に立脚するならば、正犯にとって許されない危険が、幇助者にとっては許された危険であると理解されることになって妥当でない。少なくとも、幇助者にのみ、特に許された危険を肯定することに働く、何らかの特別な事情のあることが論証されない限り、このような理解は可能とはならないはずである[38]。

マイヤー・アルントは、そのような一般的な行為自由ではなく、正犯者とのそれ自体としては適法な接触を維持する利益を対立利益として衡量し、その主張を、心理的幇助と物理的幇助に分けて展開する。まず、心理的幇助について、以下のように述べる。すなわち、正犯の犯行計画を知っている者が、正犯の実行よりも前に、正犯に作為、不作為で関与すると、それらは全て、その後に実行に出た正犯にとって、実行の強化を実感させることになり得るが、そのような場合であっても、心理的幇助を理由に関与者を可罰的とするのは不当である。ドイツ基本法により保障された行為自由に基づき、通常の形態で正犯と接触を維持すること自体は認められるのであるから、実行前の正犯への関与が実行の決意を強化することになるとの理由で、そのような接触の権利を制限することは、関与者が保障人であるときは別としても、ドイツ基本法上の比例原理の観点から、およそ認められ得ない。明示的な言葉で正犯を勇気づけることにより実行を後押しするのでなく、犯罪の実行としての特性を有する行為を促進するのでもない行為を制限すると、行為自由を過

---

[37] Hefendehl, Der mißbrauchte Farbkopierer, Jura 1992, S. 377. 松生・前掲注(10) 225-6頁、島田・前掲注(33) 70-1頁参照。

[38] 島田・前掲注(33) 71頁。

度に制限することになる。このように，通常の行為によって正犯の行為を強化しても，それは基本的に幇助犯の規定に包摂されない行為である。つまり，実行前の通常の適法な行為への関与は，それが正犯の行為決意を強化することになったとしても，不可罰的な中立的行為であるにすぎず，幇助犯とはなり得ないのである[39]。

　次に，物理的幇助の場合，中立的行為として問題とされている関与行為のうち，可罰的な物理的幇助とされるのは，刑罰法規の違反を第一次的意義とする正犯行為の準備行為に，促進的に関わる行為に限られるとする。この見解によると，たとえば，環境保護法の処罰規定に違反して操業している工場に，そのことを知りながら，そこで加工される製品の原料を販売する者，売春宿にパンや肉を提供する者，および，会社が取引税を脱税していることを知りながら会社のために営業をしている従業員といった者の行為は，正犯にとって，製品の加工，労働者への食事の提供，および，取引による収入の増大といった意味があり，一義的に犯罪的意味を持つ行為であるとは言えないので，不可罰とされることになる。これに対し，たとえば，乗客が犯罪を行う現場に向かっていることを途中で知ったが，そのまま運転を続けたタクシーの運転手は，乗客に犯罪以外の目的がなく，自身もそれを知って促進しているのであるから，幇助犯となるとされる[40]。

　しかし，現実には，関与者の行為が正犯にとって一義的な犯罪的意味しか持たないということは，ほとんどあり得ないので，幇助犯の成否を決定する適切な基準が，この見解から示されることにはならない。たとえば，妻を撲殺するのでハンマーを売って欲しいと，正犯から頼まれてハンマーを売った者は，正犯がそのハンマーを，もっぱら撲殺に使ったときは可罰的となるが，釘を打つのにも使ったときは不可罰とされ得るのである[41]。

---

(39)　Meyer-Arndt, Beihilfe durch neutrale Handlungen, wistra 1989, S. 281ff. 曲田・前掲注(12) 165-6頁。

(40)　Meyer-Arndt, a.a.O.［Anm. 39］, S. 285f. 島田・前掲注(33) 72-3 頁，曲田・前掲注(12) 166-7 頁。

(41)　島田・前掲注(33) 73 頁。Niedermair, Beihilfe durch neutrale Handlungen, ZStW Bd. 107, 1995, S. 533, Amelung, Die "Neutralisierung" geschäftsmäßiger Beiträge zu fremden Straftaten im Rahmen des Beihilfetatbestands, Festschrift für Gerald Grünwald zum siebzigsten Geburtstag, 1999, S. 13.

利益衡量説の内部には，比例性の原理に基づいて，より具体的な衡量基準を示そうとする見解もある。レーヴェ・クラールは，比例性の原理から認められることになる行為自由や職業の自由の範囲によって，社会的相当性の範囲を確定できるとする。つまり，社会的相当性の実質的な意味を比例性の原理に求めるわけである。この見解によると，比例性の原理は，3つの要素から成るとされ，その第1は，投入された手段が得ようとする目的を達成するのに適した手段であるという適切性であり，第2は，得ようとする目的を同じように有効に促進し得る全ての処分の中で個人にとって最も負担の少ないものが選択されるべきであるという必要性であり，第3は，行為によって追求される目的と，そのために甘受されるべき個人または社会の侵害とを対置させたときに，両者が互いに合理的な関係になければならないという相当性であるとされる。要するに，この見解は，可罰的な態度の決定にあたっては，危殆化された法益の維持にとり，処罰が，適切，必要および相当な手段であるか否かということを検討しなければならないと主張するのである。その上で，この衡量は，通常の幇助の場合には，幇助者の行為自由に不利益に働くが，職業的に類型的な幇助行為の場合には，一般的な行為自由だけでなく，ドイツ基本法12条によって保護された職業の自由も対置されることから非常に問題となるとし，憲法的な比例性の原理のもとでは，危殆化された法益にとって危険性が少なく，法秩序により承認された行為遂行の利益を有している行為を処罰することはできないとする。そして，銀行員の行為に関し，以下のように説明する。第1に，顧客が，以前からすでに準備されていた行為をした場合，銀行員は原則として不可罰である。これに対し，銀行員が，顧客の犯罪行為にその職業遂行を適合させた場合は，幇助犯となる。銀行員が，可罰的な顧客の関心に役立てるため，職業的に典型的な運用から逸脱した場合がこれに当たる。第2に，銀行員は，顧客がもっぱら犯罪行為を計画しているという疑惑を生じさせないで，どこでも受けられるような寄与をした場合，幇助犯とはならない。ただし，外部的に見て，銀行員の寄与が，既に他人の犯罪計画の一部であるか，または，独占的地位を占めることにより，そのような寄与をその他では受け得ない場合は，幇助犯となる。第3に，危険にさらされた法益との関係で，銀行員が保障人的地位に立つ場合は，常に

可罰的である[42]。

　しかし，犯罪行為に適合させるという基準によると，たとえば，独占的地位も保障人的地位も持たない銀行員が，法律上命じられている正当性の吟味をせずに，脱税に利用する口座を顧客のために開設したが，外部に認識できるように犯罪行為に適合させることなく，日常的行為に見せかけてこれを幇助した場合には不可罰ということになり，妥当でない[43]。独占的地位という基準についても，一方で，独占的地位にある者の行為が，犯罪的利用の危険のみに基づいて中立的性質を失うはずはないと批判され[44]，他方で，この見解に従うならば，銀行員が口座の状態について証明書を発行し得るということを理由に，あらゆる口座に関係した行為が独占的地位に基づいて処罰を基礎づけるように作用することになると批判されている[45]。

(4)　**他人の不法との連帯説とその検討**　　共犯の処罰根拠を他人の不法との連帯に求める立場から，中立的行為による幇助の問題を処理しようとする見解が，シューマンにより主張されている。この見解は，刑法に登場する各人が，それぞれ自己答責的な主体として，固有の答責領域を有しているという考え方を前提に，共犯の場合には，結果との間に正犯が存在し，結果は正犯の答責領域内に存在しているから，共犯の処罰根拠を，結果の惹起とその点に関連づけられた故意のみに求めることはできないとする。そして，共犯に他人である正犯の行為に対して罪責を負わせるためには，特別な根拠が必要とされることになるが，それは，共犯行為それ自体が，法共同体にとって耐え難い実例であると思わせるような特別な行為反価値を内容としていることにあるとし，そのような行為反価値は，他人の不法との連帯にこそ存すると強調するのである[46]。どのような場合に，共犯が他人である正犯の不法と連帯したとされるのかということについては，以下のように論じる。

----

(42)　Löwe-Krahl, Steuerhinterziehung bei Bankgeschäften, 2. Aufl., 2000, S. 36ff. 曲田・前掲注(12) 167 頁以下，松生・前掲注(10) 222 頁以下，山中・前掲注(1) 75 頁。

(43)　Tag, a.a.O. [Anm. 21], S. 53. 松生・前掲注(10) 224-5 頁。

(44)　Tag, a.a.O. [Anm. 21], S. 53. 松生・前掲注(10) 225 頁。

(45)　松生・前掲注(10) 224-5 頁。

(46)　Schumann, Strafrechtliches Handlungsunrecht und das Prinzip der Selbstverantwortung der Anderen, 1986, S. 1ff., 49. 曲田・前掲注(12) 169 頁，島田・前掲注(33) 64 頁，松生光正「中立的行為による幇助(二完)」『姫路法学』34・35 合併号（平 14 年・2002 年）240 頁。

386 第 14 章 中立的行為による幇助

　まず，正犯行為との近接性が重要である。行為寄与が，正犯の実行の着手後になされた場合には，社会心理学的に危険な印象が生じ，正犯行為との近接性が肯定される。ただし，行為寄与が時間的に正犯の実行の着手後になされるだけでは不十分であり，幇助行為による正犯行為の促進が，まさに正犯の不法の中核において実現されなければならない[47]。

　さらに，生活の通常の経過から逸脱した場合，関与者の主観に関わりなく，基本的に，正犯の不法との連帯が肯定される。ただし，生活の通常の経過から逸脱していない行為であっても，正犯の不法との連帯が肯定される場合がある。そのような場合に当たるのは，第 1 に，殺人に使われると知りながら，毒物を混入するためのパンを客に販売するパン屋のように，客観的に，他人の犯罪計画に適合させる行為であると認められる行為，第 2 に，親しい知人から，侵入のために使うことを告げられ，それを了解してドライバーを販売するといった，犯罪の遂行のために必要であると告げてきた者に対して，要求された物を提供する行為，第 3 に，武器商人が，武器所持許可証を提示した客に，殺人に使われると知りながら銃を販売するといった，刑罰法規に反すると解釈される行為である。このうち第 1 と第 2 の場合において，目的物を提供した者は，正犯の犯罪に直接的に役立つ物を提供し，自ら正犯行為に近づいたと言える。また，第 3 の場合において，武器所持規制法は，殺人目的で銃を購入することまで許容するものではないので，そのような目的を持った者に対して銃を販売する行為も，同法によって許容された行為と解釈することはできず，それゆえ，そのような客に銃を販売する行為には，計画された犯罪不法との連帯性が認められることになる[48]。

　しかし，共犯の処罰根拠を，正犯である他人の不法との連帯に求めることには批判がある。共犯は，正犯と連帯することを理由に処罰されるのでなくて，それが可罰的な構成要件を実現するのにより重い形態で本質的に役立つものであることを理由に処罰されるのである。共犯は，社会的に耐え難いものを作り出して法秩序の平和を害するといった曖昧な法益を害するのではなくて，具体的に構成要件が実現されることを引き起こすのであり，その決定

---

(47)　Schumann, a.a.O.［Anm. 46］, S. 57. 曲田・前掲注(12) 169 頁。
(48)　Schumann, a.a.O.［Anm. 46］, S. 60ff. 曲田・前掲注(12) 170 頁以下。

的な処罰根拠は，法益を間接的に侵害することに存するのである。刑法典に規定されている教唆や幇助は，「連帯」ということを超えて処罰される行為を引き起こしたり，それをできるようにしたり，それに影響を与えたりすることを意味する[49]。また，この立場は，法益侵害という犯罪の結果が正犯の処罰根拠にはなっても，共犯の処罰根拠にはならないとするが，現行法は，共犯が，正犯の実現した構成要件的結果に対して，間接的に罪責を負うことを認めていると解される[50]。

　そこで，補充的な要素としてならば，正犯の不法との連帯という要素を共犯の処罰根拠の中に取り入れることは不可能ではないと解する余地があると考えられるかもしれない。しかし，教唆や幇助が認められない場合には，むしろ，既に構成要件で保護されている法益に対する「侵害」という基準が十分に満たされていないと言えるので，結論的には，そのような補充的な要素を認める必要はないと解される[51]。

(5)　義務違反説とその検討　　ランジークは，刑法の全ての構成要件に共通する要素として義務違反を挙げ，その観点から，中立的行為による幇助の問題を解決しようとする。まず，義務違反という要素が，全ての構成要件に共通し，不作為犯や過失犯だけでなく，故意犯についても，隠れた結果の客観的帰属の要素として構成要件の前提となると解した上で，正犯は，何らかの危険を惹起するのではなく，義務違反的に設定された危険を実現しなければならず，それには許された危険の惹起は含まれないと主張する。そして，具体的には，保護関連義務の侵害があったときに義務違反が存在するとし，共犯の可罰性に関しても，義務違反が全ての構成要件に共通の要素であるとする。この見解は，さらに，幇助犯における義務違反の存否について，以下のように説明する。第1に，特別な義務違反がない場合，関与者にとって，正犯の違法行為の実行が確実か，容易に考えられるか，または，不明であるか

---

[49]　斉藤誠二「共犯の処罰の根拠についての管見」西原春夫＝渥美東洋編集代表『刑事法学の新動向上巻』下村康正先生古稀祝賀（平7年・1995年）26頁。Vgl. Roxin, Leipziger Kommentar, 11. Aufl., 1993, Vor §26 Rn. 21.

[50]　斉藤・前掲注[49] 26頁。Vgl. Roxin, Zum Strafgrund der Teilnahme, Festschrift für Walter Stree und Johannes Wessels zum 70. Geburtstag, 1993, S. 368.

[51]　斉藤・前掲注[49] 26頁。Vgl. Roxin, a.a.O. [Anm. 49], Vor §26 Rn. 21.

388　第 14 章　中立的行為による幇助

によって義務違反の存否が区別される。この場合，正犯の犯罪行為の実行の十分な確実性がない限り，義務違反は存在しない。そうすると，日常的な取引行為は，通常，可罰的な幇助犯とはならないことになるが，自身の寄与が故意による違法な犯罪行為に役立つはずであると知っている関与者については，事情が異なる。たとえば，正犯が，関与者に犯行計画を知らせているときには，義務違反が存在する。

　第 2 に，基本的な生活需要の満足のための行為は，可罰的な幇助ではない。義務違反は，幇助が法益侵害に向けられている場合にのみ存在し，犯罪への関係が全く副次的であるときには存在しない。たとえば，パン屋が売春宿にパンを販売することは，義務違反とならない。

　第 3 に，促進的寄与が，同時に適法にも違法にも利用される場合には，幇助の可罰性は制限される。たとえば，請負企業との契約を締結し，代金を支払う者は，請負企業がその収入を納税しないことが確実であるとしても，不可罰である。

　第 4 に，もともと正犯に属していた物を返却された場合は，幇助の範囲から除外される。なぜならば，正犯は，もともと自由に使用できた物を取り返しただけであり，その行為の余地の拡大がないからである。たとえば，銀行員は，顧客が脱税のために預金を引き出し，それを国外に運び出すこと，または，それによって殺人の道具を購入することが確実であるとしても，預金を払い戻すことが許される[52]。

　しかし，この見解に対しては，故意犯の場合にも，そのような義務が認められるかは問題であるし，それが刑法以外の法規による義務である場合，刑法上の犯罪とどのように関係し，どのように認定されるかも問題であるという批判が加えられている[53]。また，基本的な日常的需要の満足のための行為が不可罰とされる点に関して，たとえば，銀行強盗の際に長時間にわたって人質をとるといった，時間的に長期にわたる犯罪について，犯人にパンを与える行為を不可罰とすることはできないのではないかとの指摘がある[54]。さ

---

[52]　Ransiek, Pflichtwidrigkeit und Beihilfeunrecht, wistra 1997, S. 42ff. 山中・前掲注(1) 7980 頁。

[53]　山中・前掲注(1) 80 頁。Kudlich, Die Unterstützung fremder Straftaten durch berufsbedingtes Verhalten, 2004, S. 97.

らに，ある行為が同時に適法であり違法でもあるということはあり得ないという指摘もある。正犯行為は，禁止規範に違反しており，優越的利益による違法阻却も認められない以上，まさに違法なのであるから[55]，関与者は，構成要件に該当する違法な行為を促進しているのであって，適法な行為を援助しているとは言えないのである[56]。

この見解とは別に，一定の場合に限り，義務違反に着目する立場もある。すなわち，犯罪不告知罪や一般不救助罪といった作為義務が認められる犯罪に関しては，何もしない不作為が処罰されるのであるから，これに積極的に協力する行為は，当然，処罰されるべきであると解して，そのような犯罪行為を意識的に促進する中立的行為に限り，幇助犯として処罰されるべきであると主張する立場がそうである[57]。このような考え方は，作為による中立的行為を，不作為の基準で幇助犯として評価するものであるが，その理由が不明であると批判されている[58]。

(6)　**遡及禁止説とその検討**　　ドイツでは，客観的帰属論の観点から，中立的行為による幇助の問題を解決しようとする立場が台頭しつつあり，その嚆矢は，共犯をも含む関与類型全般において，客観的帰属論が統一的に妥当する原理であることを本格的に論じ，中立的行為による幇助の問題を意識的に総論の議論として扱ったヤーコブスの論文にあると言われている[59]。ヤーコブスは，独特のシステム論的刑法構想に基づいて，作為犯の場合には，原則的に，結果に対する管轄が因果関係に付け加わるとする。答責性の範囲内，自己答責的作為の領域内の行為のみが帰属され得るというわけである。その主張は，共犯論との関連において，以下のように展開されている。

まず，刑法の目的は，規範に対する予期の保障にある。人々は，相手方の

---

(54)　山中・前掲注(1)80頁。Amelung, a.a.O. [Anm. 41], S. 21.

(55)　Amelung, a.a.O. [Anm. 41], S. 14.

(56)　島田・前掲注(33)74頁。

(57)　Frisch, Tatbestandsmäßiges Verhalten und Zurechnung des Erfolgs, 1988, S. 295ff., Hefendehl, a.a.O. [Anm. 37], S. 376, Tag, a.a.O. [Anm. 21], S. 54ff. 山中・前掲注(1)80-1頁。

(58)　山中・前掲注(1)81頁。

(59)　Jakobs, a.a.O. [Anm. 5], S. 1ff. 豊田兼彦「中立的行為による幇助と共犯の処罰根拠─共犯論と客観的帰属論の交錯領域に関する一考察─」斉藤豊治＝日髙義博＝甲斐克則＝大塚裕史編『神山敏雄先生古稀祝賀論文集第1巻』（平18年・2006年）554頁，島田・前掲注(33)57頁。

390 第 14 章 中立的行為による幇助

行為を予測して行動しようとするとき，自分の行動を相手方がどのように予測して行動するか，ということについて予測した上で行動しなければならない。相手方もまた，同様のことを予測して行動しなければならない。これが繰り返される限り，双方が牽制し合い，誰も社会生活において行動することができなくなってしまうから，このような予測の無限的な連鎖を断ち切るために，一定の規範が示されるべきことになる。そのことによって，人々は，他人が一定の規範に従って行動するという前提に基づいて行動できるようになり，予測の無限的な連鎖は断ち切られるのであるが，このような規範は違反されることが多く，それを放置すると，人々の規範に対する信頼が揺らぎ，行動の準則がなくなってしまう。そこで，規範が事実としては違反されていたとしても，違反者を処罰することにより，その違反者が規範から逸脱していたのであって，規範それ自体は確固として妥当しているということを示して，社会的衝突状況を解消したものとして扱えば，規範を固定化することができる[60]。

　そして，他人の行為が介在する場合には，予期の内容を限定的に捉えるべきである。他人の行為の予期として，刑法は，誰も自己の態度の影響を犯罪的結果にまで方向転換する可能性を他人に与えないということを固定化することはできない。そのように予期することは，ほとんど全ての態度が行われないと予期することにほかならなくなってしまう。なぜならば，ほとんど全てのことは，何らかの犯罪計画に役立つ礎石となり得るからである。予期され得るのは，誰も犯罪経過の条件を完成させないということのみである。回避可能的に間接的に惹起する態度の場合は，それが違背の根源としての犯罪計画に上積みされるか，または，犯罪計画から引き離され得るかということにかかっている[61]。侵害経過の間接的惹起者が結果から引き離され得るのは，当該間接的惹起者の態度が，実行者の行為を抜きにしても有意義である場合，すなわち，遂行の時点で，構成要件を実現する実行者の行為が，およそ後に続くことに依存していない場合である。そのような場合，たしかに，他人が構成要件の実現へと継続するかもしれない。しかし，間接的惹起者は，構成

---

[60]　Jakobs, a.a.O.［Anm. 5］, S. 1ff. 島田・前掲注(33) 57-8 頁。

[61]　Jakobs, a.a.O.［Anm. 5］, S. 20. 松生・前掲注(46) 261-2 頁，島田・前掲注(33) 58 頁。

要件の実現の意義を獲得せず，また，構成要件の実現によって遡及的に染められ得ない状況を作り出したと言えるのである[62]。

　このような遡及禁止の考え方は，具体的には，次のような帰結に至る。第1に，関与者は，正犯とともに行為をしない場合，正犯が恣意的に行為に結びつけた結果に対して罪責を負わない。たとえば，「お前が立ち去ったら，誰かを殺害する」と脅迫された者や，「テロリストに対する刑事訴訟を続行したら，ある政治家を殺害する」とテロリストの仲間から脅迫された裁判官は，実際にそうなったとしても，殺人罪の共犯とはならない。なぜならば，その場を立ち去ることや，刑事訴訟を続行することには，犯罪的な意味がないからである。

　第2に，関与者が正犯と一緒に行為をするが，両者の社会的接触が物や情報の提供に尽きており，それ以外の，主観的に追求される目的の実現が各人の領域にとどまる場合，正犯による犯罪行為がともになされたという意味を持つことにならないので，関与者は不可罰である。たとえば，住居侵入に使われると知りながらドライバーを販売した者や，殺人のための毒物を混入する用途に使われると知りながらパンを販売したパン屋は，共犯とはならない。これらの販売行為は，単なる日常的な物の交付であるので，それを相手方が犯罪に繋げたことについての法規範からの否定的効果は，主観面の状況とは関係なく，物を提供した者に遡ることはないのである。同様に，タクシーの運転手は，出発地または到着地での乗客の犯罪行為に対して罪責を負わない。また，瀕死の状態にある者を救助する意思も能力もある者に対して，その瀕死の状態にある者が過激派の構成員であるという真実の情報を提供した者は，そのことによって救助がなされないことになったとしても，不可罰である。このとき，コミュニケーションの社会的意味が認められるべきであって，情報提供者が侵害的な意図を有していたか否かということは問題ではないのである。これに対し，たとえば，もっぱら毒物を混入するのに適し，殺人のためだけに使われ得るようなパンを製造，販売したパン屋は，共犯となる。

　第3に，関与者が正犯とともに行為をしていたことが認められ，かつ，関

---

[62]　Jakobs, Strafrecht Allgemeiner Teil, 2. Aufl., 1991, S. 697f. 松生・前掲注(46) 262頁。

392　第14章　中立的行為による幇助

与者の態度が正犯に犯罪の実行を可能とさせた態度として定義づけられる場合，共犯が成立する。たとえば，相談を受けた弁護士が，盗品を，確実に犯人の物にするために，どの国に持ち込めばよいかということについて助言したような場合，そのような，きわめて具体的な情報提供によって，犯人にとり，その国へ盗品を持ち込むことが可能になったと言えるので，（共犯行為が構成要件化された）犯罪庇護罪が成立する[63]。

　しかし，この見解の前提であるシステム論的刑法構想それ自体に対して，根本的な批判が加えられており，共犯論との関連では，管轄の概念を用い，答責性の範囲内，自己答責的作為の領域内の行為のみを帰属可能とする構想が批判の対象となっている。すなわち，現行法上の教唆犯や幇助犯の規定は，そのような管轄と一致しないのではないかと指摘されているのである。仮に，この見解が立脚する一般的な帰属論が妥当であると解したとしても，それが現行法上の共犯の規定に妥当しないということは明白であるとされる。共犯規定は，明白に，他人が責任を負わなければならない結果に対する責任が，共犯に負わされるということから出発しており，関与者が一定の場合に他人の行為に何ら関わらないという原則は示され得ないというわけである[64]。

　また，中立的行為による幇助が問題となる場合に，その可罰性を制限する理由づけをめぐっても，この見解は批判されている。まず，正犯とともに行為をしない関与者は，正犯が恣意的に行為に結びつけた結果に対して罪責を負わないとする点に関して，心理的幇助の場合，関与者が犯罪的要求に抵抗し，脅迫者が行為に至ったことは，単に，自律的に行為する者が事実上の意思方向をねじ曲げただけなのであり，何ら行為を決意した者への強化となっていないのであるから，その可罰性は問題にならないとの批判がある。次に，正犯と関与者との社会的接触が物や情報の提供に尽きており，それ以外で主観的に追求される目的の実現が各人の領域にとどまる場合には，関与者を不可罰とする点についても，関与者が，危険増加を認識して，任意に必要な手段を提供するとき，それ以外で主観的に追求される目的を，各人の問題であると解するのは困難であり，正犯行為の客観的促進は，必然的に，従属性原

---

[63]　Jakobs, a.a.O.〔Anm. 62〕, S. 698ff. 松生・前掲注(46) 261-2頁，曲田・前掲注(12) 153頁以下。

[64]　Amelung, a.a.O.〔Anm. 41〕, S. 16. 山中・前掲注(1) 84頁，松生・前掲注(46) 265-6頁。

理に基づいて自身の問題ともなるとの批判がある[65]。

(7)　**犯罪的意味連関説とその検討**　　規範的な客観的帰属の概念を重視し，他の論者にも強く影響を及ぼしたと言われているのが，フリッシュの見解である[66]。フリッシュは，ドイツ基本法により保障された権利である行為自由を制限することは，ドイツ基本法上の比例原理に基づく場合，すなわち，それが法益の保護にとり，適切，必要および相当である場合に限り許容され得ると主張する。その上で，刑法は，行為規範の侵害に対して刑罰を発動し，事後的な法介入をすることで，行為規範の妥当性および不可侵性を確固として示すという方法により，法益の保護を示そうとする法なのであるから，行為規範だけでなく，刑法も行為自由を制限する役割を果たしており，それゆえ，刑罰の発動も，適切性，必要性および相当性という原理的要求を満たしたものでなければならないと説く。この見解においては，まず，問題となる行為を禁止することが，法益の保護にとり，適切，必要および相当であるか否かという観点から，さらに，刑罰を発動することが，規範の妥当性および不可侵性の維持のために適切，必要および相当であるかという観点から，当該行為が，構成要件に該当する許されない危険の創出であるか否かを判断するべきであるとされる。そうすると，たとえば，正犯が，実際に関与した者以外の者からも全く同様の関与を受けることができた場合，そのような関与行為を予め禁止しておき，関与者を処罰したとしても，正犯は当該関与者以外の者から同様の関与を得ることができたのであるから，法益の保護にとってほとんど意味がなく，当該行為は，偶然になされたものとして，その客観的性質上，構成要件に該当する許されない危険の創出には当たらないとされることになる[67]。

　このような考え方を前提に，関与行為は，それが一義的な犯罪的意味連関を有する場合に禁止されるとして，以下のような主張が展開される。すなわち，犯罪的意味連関とは，客観的な事実であって，行為が他人の犯罪行為の可能化と容易化としてのその性質においてのみ意味を与えるときに存在する

---

(65)　Niedermair, a.a.O.［Anm. 41］, S. 510ff. 松生・前掲注(46) 265 頁。

(66)　曲田・前掲注(12) 162 頁。

(67)　Frisch, a.a.O.［Anm. 57］, S. 74ff. 曲田・前掲注(12) 162-3 頁。

394 第14章 中立的行為による幇助

ものを言う[68]。これが認められるのは，第1に，行為が，正犯の犯罪的行為の可能化または容易化以外の意味を示さない場合であり，第2に，正犯の行為を可能化または容易化する行為態様が，その存在と成立を通じて，既に正犯の犯罪的決意を考慮に入れている場合，とりわけ，それらの行為態様が正犯の希望または要求に従って，明白に犯罪的である一定の行為の可能化または容易化に対応している場合である。その具体的な場所的，空間的存在とその形態におけるその行為は，正犯の希望または要求による以外には，意味のあるものとは理解されないのである。いずれの場合においても，行為は，あらゆる構成要件的行為と同じく，法益に対する危険を増加するものでなければならない。危険増加の判断は，特殊な規範的考察方法によってなされるべきである。この判断にあたって，正犯の実行の段階での関与行為と，正犯の予備の段階での関与行為とは区別される。正犯の実行の段階での関与については，関与者は，本来の犯罪的な侵害行為の一部を引き受けているのであるから，たとえ関与者が行為をしなくても，正犯は同様のことを行っていたであろうという関係が存在するとしても，そのような違法な代替原因を考慮せずに危険判断をするべきであり，そうである以上，危険増加が肯定され，一義的な犯罪的意味連関が存在することになる。これに対し，正犯の予備の段階での関与については，一定の範囲で代替原因を考慮するべきである。具体的には，正犯自身の行為または法的に否認されない第三者の行為を考慮して，関与者の行為が犯行の実現の可能性を高めたか，または，発覚のおそれを減少させたと認められるときに限り，危険増加が肯定され，一義的な犯罪的意味連関が存在することになる。このように考えるのが原則である[69]。

　この見解は，さらに，例外的に，危険増加が肯定される場合のあることを認める。すなわち，犯罪不告知罪や一般不救助罪の前提条件が存在する場合には，告知することや救助することが規範的に要請されるから，要請された行為との関係で危険が増加したか否かを判断するべきであるとし，告知や救助をしていれば犯罪行為の企てが失敗していたか困難になっていたであろう

---

[68]　Frisch, a.a.O.［Anm. 57］, S. 284. 山中・前掲注(1) 85頁，松生・前掲注(46) 252-3頁。

[69]　Frisch, a.a.O.［Anm. 57］, S. 289ff. 島田・前掲注(33) 83頁以下，山中・前掲注(1) 85頁以下，松生・前掲注(46) 253-4頁。

と認められる限りにおいて，危険増加が肯定されると解しているのである[70]。

　しかし，このような主張には疑問が表明されている。すなわち，この見解は，規範の妥当性の維持，法益の保護に資する限度での刑罰の発動を認める原理として比例原理を把握しているが，そのような考え方に従うならば，刑罰の発動は，規範の妥当性の維持，法益の保護という目的のための手段となり，ひいては，個人を将来の利益追求のための手段とする論理を認めることになってしまうのである。この点，比例原理は，刑罰発動のレヴェルにまで踏み込んで，規範の妥当性の維持，法益の保護に資する科刑のみを合憲として認めようとするものではなく，刑罰規定の適正または自由の制限の適正に関する指導原理として，刑罰発動以前の段階で機能するのであって，刑罰発動の次元では，幇助行為それ自体に見出される反規範性こそが重要なのであり，それを理由に刑罰が科されると解するべきであると指摘されている。規範の妥当性の維持，法益の保護への効果を重視してしまうと，そのような効果が見込めるか否かという視点がそこに入ってきて，それが幇助犯の成否に影響を及ぼす有力な根拠の１つとして作用することになるので，実質的な違法性および責任非難に応じた法律効果を付与することが不可能となることもあり，適切でない結論が導かれることもあり得るとされるのである[71]。

第４款　折衷説とその検討

　行為の性質は，それを利用する目的によって確定されるとの主張を展開し，関与行為の客観的側面だけでなく，関与者の主観的側面をも重視して，中立的行為による幇助の問題を解決しようとするのがロクシンである。ロクシンは，犯罪的寄与が確定的故意によってなされる場合と，不確定的故意によってなされる場合とを区別し，関与者が正犯の犯罪計画を確実に認識している場合と，自身の寄与が犯罪目的のために利用されることを可能性という意味で計算に入れているにすぎない場合とで異なった処理をするべきであるとして，以下のように説く[72]。第１に，関与者が正犯の犯罪的決意を認識している

---

(70)　Frisch, a.a.O.［Anm. 57］, S. 312ff. 松生・前掲注(46) 256-7 頁，島田・前掲注(33) 84 頁。

(71)　曲田・前掲注(12) 184 頁。

(72)　Roxin, Was ist Beihilfe?, Festschrift für Koichi Miyazawa, 1995, S. 513.　松生・前掲注(46) 277 頁，曲田・前掲注(12) 172 頁。

396 第14章 中立的行為による幇助

場合，その寄与が一義的な犯罪的意味連関を有するときに限り，可罰的な幇助が常に承認されなければならない。ここでの一義的な犯罪的意味連関とは，関与行為が正犯の計画した犯罪の条件としての意味しか持たず，かつ，関与者もそれを知っていることを言う。たとえば，タクシーの運転手が，正犯に計画または実行した行為を打ち明けられたが，これを乗車させて犯行現場へと運転し，または，犯行現場から盗品とともに帰って来る場合，運転手の行為は，もっぱら犯罪目的に関係しており，幇助犯として法益を侵害したことになる。同様に，殺人に使われると知りながらハンマーを販売した者，住居侵入に使われると知りながらドライバーを販売した者，および，毒殺に使われると知りながらパンを販売した者のそれぞれの行為についても，正犯により取得された目的物は，犯罪実行の手段としてのみ意味を持つのであるから，一義的な犯罪的意味連関が存在する。

これに対し，原料を提供すれば，工場主が環境保護法の処罰規定に違反した行為をすると知りながら，それを提供した者の寄与行為は，それ自体として犯罪とは無関係な，工場主にとって意味のある，工業製品を製造する行為を促進するという性質を有しているので，一義的な犯罪的意味連関が否定される。このとき，工場で原料を加工することは適法な行為なのであって，犯罪は，寄与によって生じた行為の機会に実行されているにすぎないから，もっぱら工場主の答責性の範囲内の問題として理解されなければならないのである[73]。

第2に，関与者が正犯の犯罪意思を確実には認識しておらず，自身の寄与が犯罪に利用される可能性を認識しているにすぎない場合，信頼の原則によって問題の解決を図ることができる。ここでの信頼の原則とは，誰でも，他人が故意の犯罪行為に出ないということを信頼してよいということを言う。たとえば，刃物や火器等を販売する行為は，社会生活にとって不可欠であるから，それにより犯罪行為が可能または容易になったとしても，信頼の原則によって作り出された許された危険の範囲内にあると言える[74]。

---

[73] Roxin, a.a.O.［Anm. 72］, S. 513f. 松生・前掲注(46) 277-8 頁，曲田・前掲注(12) 173 頁以下。

[74] Roxin, a.a.O.［Anm. 49］, §27 Rn. 21, ders., a.a.O.［Anm. 72］, S. 516. 松生・前掲注(46) 278-9 頁，曲田・前掲注(12) 175 頁。

第2節　学説の状況　*397*

　ただし，正犯に客観的に認識可能な行為傾向があるのに，これを促進した寄与者には，信頼の原則は適用されない。このような行為傾向は，犯罪的な利用目的の蓋然性を容易に窺わせる具体的な手掛りによって基礎づけられるのであり，主観的な印象に基づく疑わしい外観では十分には基礎づけられない。たとえば，路上で激しく喧嘩をしていた当事者の一方が，武器を購入するために店内に入ってきたとき，この当事者には客観的に認識可能な行為傾向が認められるので，武器を販売した者は，それが傷害の実行に使われるはずであるということを計算に入れているならば，信頼の原則の適用を受けず，未必的故意による幇助犯の罪責を負う[75]。

　この見解に対しては，まず，確定的故意による幇助と不確定的故意による幇助とを区別するのは不当であるとの批判や，関与者に未必的故意がある場合に，どのような理由で，正犯行為が実行されないことを信頼してよいのかは不明であるとの批判があるほか[76]，確定的故意がある場合には犯罪的意味連関を要求するのに対し，より犯罪性が低いと考えられる未必的故意の場合には，それを要求せず，客観的に認識可能な正犯の行為傾向だけで足りるとするのは疑問であるとの批判も加えられている[77]。

　さらに，この見解によると，一義的な犯罪的意味連関が存在するか否かは，結局，正犯がどのような目的を有していたかによって決定されることになるが，そのような主観的な傾向は基準として不明確であると批判されている。日常的な取引行為は，正犯の犯罪に利用されるという側面と，当然に適法な側面の両方を併せ持っているのであるから，犯罪的意味連関を有すると見られた行為であっても，正犯が適法な利用目的のあることを告げれば日常的な無害の行為となり，反対に，日常的な無害の行為であると見られた行為も，正犯がもっぱら違法な目的を持っているときには，そのことを認識するだけで法的に否認されることになって，説得力を欠くというわけである[78]。

　また，環境保護法に違反した操業をする工場主に原料を提供するという事

---

(75)　Roxin, a.a.O.〔Anm. 72〕, S. 516. 松生・前掲注(46) 279 頁，曲田・前掲注(12) 175-6 頁。

(76)　Schall, Strafloses Alltagsverhalten und strafbares Beihilfeunrecht, Gedächtnisschrift für Dieter Meurer, 2002, S. 112. 山中・前掲注(1) 89 頁。

(77)　Niedermair, a.a.O.〔Anm. 41〕, S. 533. 松生・前掲注(46) 280 頁。

(78)　Niedermair, a.a.O.〔Anm. 41〕, S. 531f, Otto, a.a.O.〔Anm. 23〕, S. 207ff. 松生・前掲注(46) 280 頁。

398 第14章 中立的行為による幇助

例に関して，工場主にとっては，同法違反の行為をするからこそ，それ自体
としては適法に原料を加工し，生産を増加させて利潤を上げることができる
と考えられるところ，この見解に従うならば，そのような統一的な経過が，
恣意的に2つの部分に分離されてしまうことになって妥当でないとの指摘も
ある[79]。

第5款　違法性阻却説とその検討

中立的行為による幇助の問題を，違法性の段階で解決しようとする立場も
ある。マリソンは，弁護士による法的情報の提供について，行為自由と関連
した法治国家原理の観点から，その適法性を基礎づける。この見解によると，
法による社会生活の規律は，かなりの程度において，行為の計画の際に，法
規定が知られており，妥当しているものとして考慮に入れられていることに
依存するとされ，法命題の認識可能性の命令が法命題の事実的妥当の前提条
件なのであり，規範的妥当は事実的妥当を目指すのであるから，法的情報の
伝達を禁止することは，法自身に反するとされる[80]。そして，それは純粋な法
的情報のための特別な正当化事由であるとされ，法秩序の統一性を前提とす
ると，刑法上の構成要件に該当する行為の正当化は，原理的に，許容を含む
あらゆる任意の規範によってなされ得るので，法治国家原理が憲法的な正当
化事由として情報提供者の行為の適法性をもたらすとされるのである[81]。

フィリポウスキーは，脱税への銀行員による幇助に関して，以下のように
述べる。まず，ある行為が社会的に通常であり，一般社会により是認されて
いる場合には，当該行為は適法であるという社会的相当性の観点に即して考
えると，銀行は，預金業務それ自体が正確に行われることにのみ配慮すれば
よいのであり，どのような状況で預金者が金銭を獲得したかということや，
預金者が預金を後で何のために使うかということとは，原則的に関係がない。
なぜならば，銀行は預金者の事情について知っても，それを外部の第三者に
知らせてはならないということ，および，銀行は預金者の内部的な事情に介
入してはならないということが，銀行に対して一般に望まれるからである。

---

(79) Niedermair, a.a.O. [Anm. 41], S. 530, Otto, a.a.O. [Anm. 23], S. 207f. 松生・前掲注(46) 279-280 頁。

(80) Mallison, a.a.O. [Anm. 21], S. 120ff. 松生・前掲注(10) 212 頁。

(81) Mallison, a.a.O. [Anm. 21], S. 134. 松生・前掲注(10) 212 頁。

また，許された危険の観点からも，銀行による金銭取引は一般社会にとって大きな意義を持ち，立法者や財務機関は，貯蓄額が減少し，金銭取引が無条件に必要な程度を超えて侵害されることを回避しようとして，金融機関に一定の義務を課すことで十分としていると解される。したがって，脱税の金銭を受け入れる際に，立法者により言い渡され，財務機関により明確化された形式規定を正確に遵守する銀行員は，違法行為をしたことにならず，罪責を負わない。さらに，このような考え方からは，もはや主観的構成要件は問題とならないので，銀行員は，預金が脱税の金銭であると積極的に知っている場合でも，預金を常に受け入れてよいという結論が導かれる[82]。

第3節　先端科学技術の研究開発と中立的行為

　中立的行為による幇助は，先端科学技術の研究開発との関連で問題となることがある。すなわち，先端科学技術が正犯の犯罪に悪用された場合，当該技術の研究開発は，それ自体として法的に否認されない目的を追求する行為であるにもかかわらず，従犯としての可罰性を帯びるのではないか否かということが問題とされ得るのである。わが国においては，とりわけ，正犯の著作権法違反行為にファイル共有ソフトである Winny が利用されたところ，当該ソフトを開発し，ダウンロードできるようにウェブサイト上で公開していた被告人が，同法違反の罪の従犯として訴追されることになった事件が，そのような態様の著作権侵害に対する間接的関与者をいきなり起訴するという粗い手法への疑念とも併せて世間の耳目を引いた[83]。

　この事件の概要は，以下の通りである。すなわち，被告人は，ファイル共有ソフトである Winny を開発し，その改良を繰り返しながら順次ウェブサイト上で公開し，インターネットを通じて不特定多数の者に提供していたところ，正犯たる B および C が，これを利用して著作物であるゲームソフト等

---

[82]　Philipowski, Steuerstrafrechtliche Probleme bei Bankgeschäften, in：Kohlmann, Strafverfolgung und Strafverteidigung im Steuerstrafrecht, 1983, S. 142ff. 松生・前掲注(10) 212-3 頁。

[83]　島田聡一郎「Winny 事件 2 審判決と，いわゆる＜中立的行為による幇助論＞」『刑事法ジャーナル』22 号（平 22 年・2010 年）65 頁参照。

400 第14章 中立的行為による幇助

の情報をインターネット利用者に対し自動公衆送信し得る状態にして，著作権者の有する著作物の公衆送信権（著作権法23条1項）を侵害する著作権法違反の犯行を行った，というものである。

第1審の京都地方裁判所は，「被告人が開発，公開したWinny2[84]がB及びCの各実行行為における手段を提供して有形的に容易ならしめたほか，Winnyの機能として匿名性があることで精神的にも容易ならしめたという客観的側面は明らかに認められる」が，Winnyは「センターサーバを必要としないP2P技術の一つとしてさまざまな分野に応用可能で有意義なものであって，被告人がいかなる目的の下に開発したかにかかわらず，技術それ自体は価値中立的である」ことを認め，「価値中立的な技術を提供すること一般が犯罪行為となりかねないような，無限定な幇助犯の成立範囲の拡大も妥当でない」とし，「そのような技術を実際に外部へ提供する場合，外部への提供行為自体が幇助行為として違法性を有するかどうかは，その技術の社会における現実の利用状況やそれに対する認識，さらに提供する際の主観的態様如何による」との基準を設けて，「Winnyが社会においても著作権侵害をしても安全なソフトとして取りざたされ，効率もよく便利な機能が備わっていたこともあって広く利用されていたという現実の利用状況の下，被告人は，そのような……Winnyの現実の利用状況を認識し，新しいビジネスモデルが生まれることも期待して，Winnyが上記のような態様で利用されることを認容しながら」，Winnyを公開し，これを入手したBとCが公衆送信権侵害行為を実行したのであるから，被告人がWinnyを公開，提供した行為は従犯を構成すると述べて有罪判決を言い渡した[85]。

第1審判決は，中立的行為が「幇助」（刑法62条1項）に該当するとしても，違法性の段階において，その可罰性が制限されることがあり得るが，そのためには，当該中立的行為に違法性を帯びさせないような主観的態様をとることをも必要とするとの判断を示したものと理解できる。ここでは，幇助の構成要件該当性を広く認めつつ，いわば違法性段階でアドホックに総合判断する枠組みが採用されたわけである[86]。しかし，行為者の認識の有無と内容は

---

[84] Winny2には，ファイル共有機能だけでなく，P2P型大規模BBS（電子掲示板）の実現を目指した機能が付加されている。

第3節　先端科学技術の研究開発と中立的行為　　*401*

主観的帰属要件である故意に位置づけられるべきであるから，Winny の現実
の利用状況に対する認識と Winny を提供する際の主観的態様とを独立した
考慮要素することには疑問がある[87]。

　大阪高等裁判所の控訴審判決は，Winny の匿名性機能について，第1審判
決とは異なる判断を示した。第1審判決が，匿名性機能は正犯の著作権侵害
行為を精神的に幇助するものであったと評価したのに対し，控訴審判決では，
「匿名性機能は，通信の秘密を守る技術として必要にして重要な技術であり，
その機能自体において，違法視されるべき技術ではな」いと評価されたので
ある。さらに，控訴審判決は，「Winny のファイル共有機能は，P2P 通信にお
いて，匿名性と送受信の効率化，ネットワークの負荷の低減を図った技術を
中核とするものであり……Winny は価値中立のソフト，すなわち，多様な情
報の交換を通信の秘密を保持しつつ効率的に可能にする有用性があるととも
に，著作権の侵害にも用い得る」と述べて，Winny の価値中立性を第1審判
決と同様に認めた。しかし，第1審判決が示した違法性の存否に関する判断

---

(85)　京都地判平成18年12月13日刑集65巻9号1609頁，判タ1229号105頁。この第1審判決を，
　　関与行為が中立的行為であるときには不処罰とされる余地があるという考え方に依拠したもので
　　あると理解する立場もあるが（豊田兼彦「狭義の共犯の成立要件について―＜中立的行為による
　　幇助＞および＜必要的共犯＞の問題を素材として―」『立命館法学』310号（平18年・2006年）
　　2026頁以下），実質的には，中立的行為による幇助の議論に立ち入ることなく，従犯の一般的成立
　　要件のレヴェルで幇助犯の成否を論じたものにすぎないと理解する立場もある（渡邊卓也「ファ
　　イル共有ソフトの提供と従犯の成否―Winny 提供事件第1審判決」『法学教室』330号別冊付録判
　　例セレクト2007（平20年・2008年）29頁）。このほか，第1審に関する文献として，判決前のも
　　のも含め，佐久間修「Winny 事件にみる著作権侵害と幇助罪」『ビジネス法務』2004年9月号（平
　　16年・2004年）64頁以下，石井徹哉「Winny 事件における刑法上の論点」『千葉大学法学論集』
　　19巻4号（平17年・2005年）134頁以下，東雪見「＜Winny＞を開発し，提供した行為に対する
　　著作権侵害罪の成否について」『成蹊法学』62号（平17年・2005年）190-157頁，岡邦俊「ファ
　　イル共有・交換ソフトの公開と著作権法違反の幇助罪の成否＜Winny＞刑事事件」『JCA ジャー
　　ナル』596号（平19年・2007年）52頁以下，岡村久道「Winny 開発者著作権法違反幇助事件」
　　『NBL』848号（平19年・2007年）41頁以下，豊田兼彦「科学技術の開発・提供と幇助犯の成否」
　　『法学セミナー』629号（平19年・2007年）124頁，小野上真也「ファイル共有ソフトの提供につ
　　き公衆送信権侵害罪の幇助が認められた事例」『法律時報』991号（平20年・2008年）114頁以下，
　　小島陽介「ファイル交換ソフト Winny の開発・提供を行った者が著作権法違反幇助罪に問われた
　　事例」『立命館法学』320号（平20年・2008年）307頁以下，十河太郎「ファイル共有ソフト（ウィ
　　ニー）の提供が著作権法違反幇助に当たるとされた事例」『平成19年度重要判例解説』（平20年・
　　2008年）173-4頁等。

(86)　島田・前掲注(83)60頁。

(87)　豊田兼彦『共犯の処罰根拠と客観的帰属』（平21年・2009年）180頁，島田・前掲注(83)60頁。

基準については，「Winny の提供はインターネット上の行為として行われるのであるから，いかなる主観的意図の下に開発されたとしても，主観的意図がインターネット上において明らかにされることが必要か否か，またその時期について，原判決の基準では判然としない」と指摘して，これを排斥し，独自の判断を示した。控訴審判決によれば，「一般に，中立行為による幇助犯の成否につき，正犯の行為について，客観的に，正犯が犯罪行為に従事しようとしていることが示され，助力提供者もそれを知っている場合に，助力提供の行為は刑法に規定される幇助行為であると評価することができるが，これとは逆に，助力提供者が，正犯がいかにその助力行為を運用するのかを知らない場合，又はその助力行為が犯罪に利用される可能性があると認識しているだけの場合には，その助力行為は，なお刑法に規定する幇助犯であると評価することはできないというべきである。……したがって，価値中立のソフトをインターネット上で提供することが，正犯の実行行為を容易ならしめたといえるためには，ソフトの提供者が不特定多数の者のうちには違法行為をする者が出る可能性・蓋然性があると認識し，認容しているだけでは足りず，それ以上に，ソフトを違法行為の用途のみに又はこれを主要な用途として使用させるようにインターネット上で勧めてソフトを提供する場合に幇助犯が成立する」とされる。控訴審判決は，この基準により，「被告人は，価値中立のソフトである本件 Winny をインターネット上で公開，提供した際，著作権侵害をする者が出る可能性・蓋然性があることを認識し，それを認容していたことは認められるが，それ以上に，著作権侵害の用途のみに又はこれを主要な用途として使用させるようにインターネット上で勧めて本件 Winny を提供していたとは認められないから，被告人に幇助犯の成立を認めることはできない」と判断して無罪を言い渡した[88]。

---

[88] 大阪高判平成 21 年 10 月 8 日刑集 65 巻 9 号 1635 頁。本判決の評釈として，島田・前掲注[83] 59 頁以下，園田寿「Winny の開発・提供に関する刑法的考察 [再論]―ウイニー控訴審無罪判決の意義と課題―」『刑事法ジャーナル』22 号（平 22 年・2010 年）40 頁以下，豊田兼彦「Winny 事件と中立的行為」『刑事法ジャーナル』22 号（平 22 年・2010 年）51 頁以下，藤本孝之「ファイル共有ソフトの開発提供と著作権侵害罪の幇助犯の成否」『知的財産法政策学研究』（平 22 年・2010 年）26 号 167 頁以下，松宮孝明「中立的行為と共犯」『法学セミナー』663 号（平 22 年・2010 年）123 頁等。

第3節　先端科学技術の研究開発と中立的行為　　*403*

　被告人を無罪とした控訴審判決の結論は支持することができるとしても，その理論構成には妥当でない部分がある。控訴審判決は，匿名性機能それ自体は違法視されるべき技術ではないと規範的に評価したが，それ自体として違法視されない技術であっても，具体的状況のもとで正犯の犯行を促進することはある。そのような場合に，技術それ自体が違法視されないことのみを理由にして処罰を否定することはできない。控訴審が立脚するような規範的評価は，単に行為それ自体が違法視されないというにとどまらず，その行為が持つ犯行促進要因と衡量しても，まだ保護されるべき積極的な価値が認められる場合，言い換えると，結果を生じさせたのに，それでも保護されるべき価値があると認められる場合に限り許される。結果犯において，行為は，それ自体として意味を持つのではなく，あくまで結果惹起，結果促進との関連において意味を持つから，行為への評価も直接的または間接的な結果惹起の観点から切り離しては考えられない[89]。また，インターネット上の提供が不特定多数の者に利用される性質を持つということから，「ソフトを違法行為の用途のみに又はこれを主要な用途として使用させるようにインターネット上で勧めてソフトを提供する」との要件が導き出される理由は不明である。「勧め」たか否かと犯罪実行の危険性とに直接的な関係はないはずである[90]。

　最高裁判所第3小法廷は，決定で検察官の上告を棄却し，第1審判決および控訴審判決と同様に Winny の価値中立性それ自体を認めつつ，従犯の可罰性の限界づけについては，第1審判決とも控訴審判決とも異なる基準を示した。その決定によれば，「Winny は，1，2審判決が価値中立ソフトと称するように，適法な用途にも，著作権侵害という違法な用途にも利用できるソフトであり，これを著作権侵害に利用するか，その他の用途に利用するかは，あくまで個々の利用者の判断に委ねられている。また，被告人がしたように，開発途上のソフトをインターネット上で不特定多数の者に対して無償で公開，提供し，利用者の意見を聴取しながら当該ソフトの開発を進めるという方法は，ソフトの開発方法として特異なものではなく，合理的なものと受け止められている。新たに開発されるソフトには社会的に幅広い評価があり得

---

(89)　島田・前掲注(83) 62-3 頁。

(90)　島田・前掲注(83) 64-5 頁。

404　第 14 章　中立的行為による幇助

る一方で，その開発には迅速性が要求されることも考慮すれば，かかるソフトの開発行為に対する過度の委縮効果を生じさせないためにも，単に他人の著作権侵害に利用される一般的可能性があり，それを提供者において認識，認容しつつ当該ソフトの公開，提供をし，それを用いて著作権侵害が行われたというだけで，直ちに著作権侵害の幇助行為に当たると解すべきではない。かかるソフトの提供行為について，幇助犯が成立するためには，一般的可能性を超える具体的な侵害利用状況が必要であり，また，そのことを提供者においても認識，認容していることを要するというべきである。すなわち，ソフトの提供者において，当該ソフトを利用して現に行われようとしている具体的な著作権侵害を認識，認容しながら，その公開，提供を行い，実際に当該著作権侵害が行われた場合や，当該ソフトの性質，その客観的利用状況，提供方法などに照らし，同ソフトを入手する者のうち例外的とは言えない範囲の者が同ソフトを著作権侵害に利用する蓋然性が高いと認められる場合で，提供者もそのことを認識，認容しながら同ソフトの公開，提供を行い，実際にそれを用いて著作権侵害（正犯行為）が行われたときに限り，当該ソフトの公開，提供行為がそれらの著作権侵害の幇助行為に当たる」とされる。最高裁判所は，このような基準に即して，「被告人による本件 Winny の公開，提供行為は，客観的に見て，例外的とはいえない範囲の者がそれを著作権侵害に利用する蓋然性が高い状況の下での公開，提供行為であったことは否定できない」が，「被告人において，本件 Winny を公開，提供した場合に，例外的とはいえない範囲の者がそれを著作権侵害に利用する蓋然性が高いことを認識，認容していたとまで認めることは困難である」と判断し，被告人を無罪とした原判決の結論を支持した[91]。

---

[91]　最決平成 23 年 12 月 19 日刑集 65 巻 9 号 1380 頁。本決定の評釈として，穴沢大輔「ファイル共有ソフトの提供につき公衆送信権侵害罪の幇助の成立が否定された事例―Winny 提供事件上告審決定」『季刊刑事弁護』70 号（平 24 年・2012 年）99 頁以下，門田成人「価値中立的ソフト提供者の刑事処罰」『法学セミナー』686 号（平 24 年・2012 年）127 頁，佐久間修「Winny 事件における共犯論と著作権侵害」『NBL』979 号（平 24 年・2012 年）30 頁以下，島田聡一郎「Winny 開発・提供者の罪責に関する最高裁決定」『刑事法ジャーナル』32 号（平 24 年・2012 年）142 頁以下，前田雅英「インターネット犯罪の法益侵害性とその認識」『警察学論集』65 巻 3 号（平 24 年・2012 年）140 頁以下，林幹人「ファイル共有ソフト Winny の公開・提供と著作権法違反幇助罪の成否」『平成 24 年度重要判例解説』（平 25 年・2013 年）152 頁以下等。

第3節 先端科学技術の研究開発と中立的行為 *405*

　最高裁判所の決定も控訴審判決も，Winny の価値中立性に着目して，その開発，提供行為の可罰性を構成要件段階で限界づけるための基準を定立する点で共通している。それぞれの基準の具体的内容は異なるが，そのような理論構成には，いずれにせよ疑問がないわけではない。インターネット上のソフト提供のみに妥当する従犯の成立要件を観念することも，そこから導き出された具体的基準も説得力があるものとは言えない[92]。わが刑法 62 条 1 項は，そもそも通常の「幇助」と中立的行為による幇助とを区別して規定していない。したがって，「幇助」と中立的行為による幇助とを区別したり，中立的行為による幇助を「幇助」の特殊類型として位置づけたりすることを前提にして，従犯の一般的な成立要件に追加して特別な基準を設けて中立的行為に適用することで，その可罰性を目的論的に限界づける理論構成は必ずしも妥当とは思われない。そのような理論構成に立脚するならば，通常の「幇助」と中立的幇助とを一体どのようにして区別するのかという，わが刑法の立場においては本来的に考えなくてよいことを問題にせざるを得なくなるからである。

　中立的行為による幇助の可罰性を構成要件段階で制限するのであれば，その理論的基礎づけにとっては，中立的行為には「幇助」の定型性が欠ける場合があること，ないし中立的行為と正犯の所為との因果関係が欠ける場合があることが明らかにされればよい。ここでは，行為の危険性と有用性とを衡量して中立的行為の可罰性を否定する見解が注目される。本件の場合，法益侵害の高度の蓋然性があった反面で，少なくとも行為時には重要な社会的利益の実現の可能性があり，Winny の利用状況を踏まえて新しいソフトが開発される可能性もあったから，かなりの客観的有用性があったと評価する余地があるというのである。このような衡量によれば，被告人の行為は，構成要件段階で客観的に幇助行為に該当しないことになる[93]。

　さらに注目されるのは，中立的行為の可罰性を，許された危険の法理に基

---

[92]　島田・前掲注[83] 65 頁。

[93]　林・前掲注[91] 153-4 頁。さらに，この見解の詳細につき，林幹人「共犯行為と故意―最高裁平成 23 年 12 月 19 日決定を契機として―」『川端博先生古稀記念論文集 ［上巻］』（平 26 年・2014年）783 頁以下参照。

406　第14章　中立的行為による幇助

づいて限界づける見解である。この見解によれば，客観的に日常的な活動行為ないし業務行為であっても，自己の援助行為が確定的に正犯の犯罪遂行に資するという認識を援助者が持っている場合には，正犯の危険を確実にコントロールできるにもかかわらず，あえて助力を提供するのであるから，日常的な業務行為の範疇を超えており，従犯が成立する。これに対し，援助者が不確定的な認識を持っている場合には，従犯の成立は否定される。その理由は，第1に，援助行為が客観的に通常の業務活動の枠内にとどまっている場合，自己の行為が犯罪に役立つことがあるかもしれないという不確実な認識は，通常の業務活動に伴う許された危険の主観的反映にほかならず，それを故意とは呼べないこと，第2に，そのような不確実な認識で処罰に十分であるとするならば，処罰のリスクを回避するためには，犯罪に利用される可能性を除去しない限り，商品やサービスを提供することができなくなり，合法的活動に対する大きな委縮効果が予想され，基本的人権に対する過度の制約になる可能性があること，第3に，行為が客観的に通常の日常的な行為の範囲内にとどまっている限り，その行為が正犯結果に事後的に役立ったとしても，正犯の犯罪に関する不確実な認識に担われた行為が，事前に正犯の危険性を増大させたとは言えないことに求められる[94]。

　Winny の提供行為の可罰性も，このような考え方に基づいて否定される。すなわち，ソフトウェアの開発者が，ソフト開発にあたって自作の試作ソフトをネットワークにアップロードし，不特定多数のユーザーを募り，それを使用したユーザーからのバグ等についての報告を受け，当該ソフトを改良し，再びネットワークにアップロードするというのは，ごく一般的に行われている行為である。特に Winny のような通信系ソフトの場合，ユーザーの使用環境による不具合をチェックする必要があるため，プログラムをインターネットへアップロードし，不特定多数のユーザーからの報告を改良版にフィードバックさせていく過程は，客観的には通常の業務行為の枠内にとどまるものである。Winny の匿名性機能は，控訴審判決が指摘したように，法的に問題とならない機能であるから，匿名性機能を具備した Winny の提供行為をもっ

---

[94]　園田・前掲注[88] 44-5 頁。

て許されない危険を創出したとは言えない。Winny の提供は，犯罪との具体的で高度な客観的関連性がなく，抽象的なレヴェルにとどまっており，法益侵害に向かう危険のコントロールが脱落する。要するに，被告人の行為に内在する危険は，社会的な許容範囲に収まるものである。また，自己の成果物が違法に利用されるかもしれないという被告人の認識は，社会的に許容される危険の主観的反映，つまり許された危険の認識であるから，これを故意と呼ぶことはできない，というわけである[95]。

　構成要件は違法性推定機能を有するから，検察官は構成要件に該当する事実を立証すればよく，被告人は，（必要的弁護事件においては弁護人が）違法性阻却事由の立証に失敗すれば，有罪とされ得ることになる。価値中立的な助力提供の場合，それが適法に使用されるのか，それとも違法に使用されるのかは正犯の自由意思に左右される。このように価値中立的で，適法にも使用されるという意味での有用性がある助力を提供する者に，立証の失敗に対するリスクを負わせることは必ずしも妥当ではない。したがって，行為の危険性と有用性とを衡量するにせよ，許された危険の法理を用いるにせよ，構成要件段階で「幇助」の定型性ないし因果関係を否定する基本的な方向性は望ましいものである。構成要件の情報化機能の観点からも[96]，中立的行為による幇助の問題を構成要件段階に位置づければ，どのような行為が可罰的となるかについての定型的，類型的な基準を明示することができると考えられる。それゆえ，価値中立的な助力を提供する者は，その相手方が助力を犯罪に悪用する場合であっても，助力提供行為が従犯として処罰されない限界を明確に知っておくことができるので，自己が刑罰を科されるかもしれないというリスクから解放され，ひいては，そのことが行為自由を一段と積極的に保障することにつながる。

　そして，相当因果関係説に立脚するとしても，実体において，行為の相当性は危険創出にほぼ匹敵し，因果経過の相当性は危険実現にほぼ匹敵すると解されるから，客観的帰属論の視点を応用することができる。

---

(95)　園田・前掲注(88) 47 頁以下。
(96)　構成要件の情報化機能につき，川端博『集中講義刑法総論』第 2 版（平 9 年・1997 年）248-9 頁参照。

408　第14章　中立的行為による幇助

　助力提供行為と正犯の具体的な所為との関連性が不存在または微弱である場合には，助力提供によって正犯の所為が容易になる現実的危険性がなく，初めから「幇助」(刑法62条1項) の定型性が欠ける。このことを，許されない危険が創出されたとは評価できない，と表現しても差し支えない。「幇助」の定型性にとって，助力提供の対象となる正犯の所為は，客観的に観察して，ある程度の具体性を伴うものでなければならないし，その際，助力提供者の主観も考慮するべきである[97]。Winny の提供行為の場合，控訴審判決の認定によれば，4割程度の違法ファイルが Winny のネットワーク上に流通していたとのことである。そうすると，客観的に観察して，ある程度以上の具体性を伴う著作権侵害行為が存在していたことは明白である。また，被告人が Winny の開発宣言をしたスレッドに「現状で人の著作物を勝手に流通させるのは違法ですので，βテスタの皆さんは，そこを踏み外さない範囲でβテスト参加をお願いします。」と書き込んだ事実が存在する。被告人は，たとえ正確な百分率までは把握していないとしても，Winny を利用して多くの割合の違法ファイルが共有されることを認識していたからこそ，そのような書き込みをしたと認めることもできる[98]。これらの事情を踏まえて考えると，Winny の提供行為によって，具体的な著作権侵害行為が物理的に容易化される現実的危険性が生じたものと判断される。それゆえ，ここで「幇助」の定型性を否定するのは困難である。加えて，少なくとも Winny の公開時点で被告人の立場に置かれた一般人にとって，多くの割合の違法ファイルが共有されるという事情を認識することは可能であったと認めざるを得ない[99]。ゆえに，Winny の提供行為の対象となる著作権侵害行為が具体的に存在し，当該事情は相当性の判断基底に含まれる。著作権侵害が具体的に実行されるという事情を前提にすると，Winny の提供行為と著作権侵害行為の物理的容易化との高度の蓋然性もまた認めざるを得ない。したがって，Winny の提供行為と，そのように具体的な著作権侵害行為との因果関係が存在する。そうである以上，構成要件段階で Winny の提供行為の可罰性を否定することは困難であ

---

(97)　実行の着手に関する個別的客観説の考え方を応用して，行為者の主観を考慮する。

(98)　門田・前掲注(91) 127 頁参照。

(99)　認識は予見を含む。

る。

　そこで，中立的行為による幇助の可罰性を違法性段階で限界づけることができるか否かを検討するべきである。この点，もし Winny の提供行為が，民事法理論から見て違法とは言えない類型であるとすれば，刑法 35 条を根拠として，その違法性を阻却する余地を認める見解が際立って主張される。民事法上，著作権者によって専有される法定の利用行為を物理的に行ってはいないが，これに間接的に寄与する行為は，一般に著作権の間接侵害と言われる。著作権の間接侵害に係る明文の規定はないが，判例は，物理的に法定の利用行為を行っていない者についても，その者による管理性と営業上の利益増大の意図が認められれば，その寄与行為を法定の利用行為と評価し，差止の対象とするという理論を採用している[100]。Winny の提供行為に関して違法性阻却の余地を認める見解によれば，当該行為は，差止の対象となるような類型に当たらない。もっとも，それだけの理由で Winny の提供行為が不可罰とされるわけではない。差止が，差止という法技術の性格と結びついた理由に基づいて否定されたとしても，民事法上なお違法性があれば，刑法 35 条は適用されない。著作権法上，差止の対象とならない違法行為についても，救済手段として，不法行為責任に基づく損害賠償が認められる場合がある。このような場合も行為は違法であり，刑法上の構成要件が充足される限り，処罰することに問題はない。判例上，損害賠償責任を認めた代表例として，特定のゲームソフトの内容を書き換えることのみを目的としたメモリーカードを流通においた行為が挙げられる[101]。このメモリーカードは，いわば侵害行為専用とでも言うべきものであった。このほか，カラオケリース業者が，リース契約の相手方に対し，音楽著作物の著作権者との間で著作物使用許諾契約を締結すべきことを告知するだけでなく，相手方が実際に契約を締結し，または申込をしたことを確認した上でカラオケ装置を引き渡すべき条理上の注意義務を負うにもかかわらず，そうしなかったという事案に関し，カラオケリース業者への利益帰属，侵害が生じる予見可能性および回避措置を講じる可能性があったことを指摘して損害賠償責任を認めた判例も存在する[102]。こ

[100]　最判昭和 63 年 3 月 15 日民集 42 巻 3 号 199 頁。
[101]　最判平成 13 年 2 月 13 日民集 55 巻 1 号 87 頁。

410 第 14 章　中立的行為による幇助

れらの事案と Winny の提供行為とを比較すると，Winny の提供行為は侵害行為専用ではないし，被告人に利益を得る意図もなかったので，損害賠償責任が認められにくい。そうであるとすれば，その限りで，刑法 35 条によって Winny の提供行為を正当化することは可能であるとされる[102]。

　中立的行為による幇助の場合，実質的違法性が阻却される余地がある。違法性阻却の一般原理は，優越的利益を保護することに求められる[104]。ほかにも，正当な目的を達成するための相当な手段としての行為を適法とする見解が主張されるが[105]，ここでの目的が優越的利益の保護にあると考えれば，これらの 2 つの見解は，実質的に統合され得る[106]。これに対し，法益侵害行為が社会的相当性を有する限り，その違法性が阻却されると説く見解もあるが[107]，「社会的相当性」は，「優越的利益の保護」，「正当な目的を達成するための相当な手段」に貼られたレッテルにすぎないとの疑問が示される[108]。

　優越的利益説と目的説を統合させる見地から，実質的違法性阻却の可否は，目的の正当性，手段の相当性，利益の衡量，必要性等を総合考慮して判断される[109]。Winny の開発，提供行為の主要な目的は，P2P 方式によるファイル共有ソフトの効率性，匿名性を一段と高め，通信の秘密を保持しつつ多様な情報の交換を効率的に行うことを可能にするという技術的有用性の追求にあり，その正当性が認められる。また，一般的な通信系ソフトの開発の場合と同様，Winny の開発にとって，不特定多数のユーザーから不具合等の報告を受けて，Winny の改良に反映させていくプロセスは必要なものであるし，た

---

[102]　最判平成 13 年 3 月 2 日民集 55 巻 2 号 185 頁。

[103]　島田・前掲注[83]66 頁以下。

[104]　内藤謙『刑法講義総論(中)』（昭 62 年・1987 年）313 頁以下，曽根威彦『刑法総論』第 4 版（平 20 年・2008 年）98 頁，西田典之『刑法総論』第 2 版（平 20 年・2008 年）134 頁以下，前田雅英『刑法総論講義』第 6 版（平 27 年・2015 年）226 頁以下，山中敬一『刑法総論』第 3 版（平 27 年・2015 年）464 頁以下。

[105]　木村亀二『犯罪論の新構造(上)』（昭 41 年・1966 年）234 頁以下，吉田宣之『違法性の本質と行為無価値』（平 4 年・1992 年）331 頁以下，阿部純二『刑法総論』（平 9 年・1997 年）138 頁。

[106]　内田文昭『刑法 I（総論）』改訂版（昭 61 年・1986 年）192 頁，川端博『刑法総論講義』第 3 版（平 25 年・2013 年）307 頁参照。

[107]　福田平『全訂刑法総論』第 5 版（平 23 年・2011 年）150 頁。

[108]　内田・前掲注[106]193 頁。

[109]　前田雅英＝松本時夫＝池田修＝渡邉一弘＝大谷直人＝河村博編『条解刑法』第 3 版（平 25 年・2013 年）89 頁参照。

とえ不特定多数のユーザーの中に著作権侵害を実行する者がいるとしても，被告人は，Winnyに，特定の言葉を含むファイルを自動ダウンロードの対象から除外する無視フィルター機構を備え付け，ユーザーが設定することによって違法行為の拡大を抑止する措置を講じており[110]，かつ民事法の領域で違法とは判断されないであろう間接侵害の態様で関与したにすぎないので，不特定多数のユーザーにWinnyを提供して，その反応を開発に役立てるという手段が相当性を欠くとも考えられない[111]。このような評価を前提にすれば，Winnyの研究開発は，学問の自由の行使であって，その濫用には当たらない。もっとも，Winnyを悪用して著作権侵害が実行されたわけであるから，学問の自由と著作権とが衝突する。それゆえ，Winnyの研究開発の自由と，その悪用により侵害された著作権とを衡量することになる。ここでは，抽象的な法益の価値序列に固執しなくてよい。価値の多元化の時代に法益の価値序列は馴染まないからである[112]。控訴審判決の認定によれば，Winnyのネットワーク上で流通していた違法ファイルは4割程度であったから，残りの6割程度は適法なファイルであったはずである。具体的状況のもとで，正犯によるWinnyの悪用を通して間接的に侵害されたのは，プログラムの著作物たる25本のゲームソフトおよび映画の著作物2本の公衆送信権である。これに対し，P2P型システムモデルの開発は，平成16年度「IT政策大綱」(総務省)で喫緊の研究課題の1つに挙げられている。Winnyは，純粋なP2P型システムモデルを実現し，次世代インターネットを支える極めて重要な技術につながるものであった[113]。これらの事情を総合的に考慮すると，Winnyの提供行為の実質的違法性が阻却される。

---

(110)　藤本・前掲注(88)192頁。

(111)　被告人が追求した目的の正当性および手段の相当性は，上告審決定の反対意見でも認められた。もっとも，間接侵害の議論への踏み込んだ言及はない。

(112)　高橋則夫『刑法総論』第3版(平28年・2016年)259頁。最判平成21年7月16日刑集63巻6号711頁は，財産的権利等を防衛するために暴行を加えた行為につき，法益の価値秩序に配慮しつつ，具体的状況のもとで侵害法益と保全法益とを衡量し，正当防衛の成立を認めた。この点につき，井上宜裕「財産的権利等を防衛するためにした暴行と正当防衛」『平成21年度重要判例解説』(平22年・2010年)175-6頁参照。

(113)　園田・前掲注(88)45頁。

412　第 14 章　中立的行為による幇助

第 4 節　結　　論

　中立的行為による幇助が問題となる多くの事例において，日常的な取引を
する者は，その取引のプロセスから犯罪が実行される可能性のあることを
知ったとき，これを告発するか，その取引を中止しなければ，常に幇助犯と
して罪責を負う，と解するのは妥当でない。なぜならば，そのような解釈は，
日常的な取引をする者に，その職務を中止して犯罪を予防する義務，または
犯罪を妨げる合理的な手段を講じるべき義務を負わせた上で，それに対する
違反を理由として刑罰を科すという論理を前提としない限り，基本的に成り
立ち得ないからである[114]。したがって，ある中立的行為が犯罪に悪用された
としても，通常，幇助犯の成立は否定されなければならない。

　この点，ドイツでは様々な見解が主張されているが，いずれにせよ客観的
帰属論を基礎にして中立的行為による幇助の可罰性を制限する立場が多数を
占めている。わが国で相当因果関係説に立脚するとしても，実体において，
行為の相当性は危険創出にほぼ匹敵し，因果経過の相当性は危険実現にほぼ
匹敵すると考えられるから，客観的帰属論の視点を応用することができる。

　中立的行為による幇助が問題となる事例には，「幇助」(刑法 62 条 1 項) の定
型性ないし助力提供行為と正犯の具体的な所為との因果関係が脱落するもの
がある。助力提供者の主観を踏まえつつ，当該行為によって，具体的な正犯
の所為が物理的または心理的に容易になる現実的危険性がないと評価される
場合，初めから「幇助」の定型性が欠ける。そして，行為時に助力提供者が
実際に認識していた事情，または助力提供者の立場に置かれた一般人にとっ
て認識可能であった事情を判断基底にして，助力提供行為と正犯の所為との
高度の蓋然性が欠けると評価される場合には，因果関係が存在しない。

　さらに，このようにして解決することができない事例であっても，優越的
利益説と目的説を統合させる見地から，助力提供行為の目的の正当性，手段
の相当性，利益の衡量および必要性等を総合考慮することによって，当該行
為の実質的違法性が阻却される余地がある。

---

[114]　斉藤・前掲注(49) 40 頁，照沼・前掲注(13) 576 頁。

事項索引

あ 行

一部実行の全部責任の原則
………16, 63, 64, 154, 249, 268,
276, 277, 278, 288
因果的共犯論………13, 14, 17, 18, 24
因果的行為論……………326, 327, 328

か 行

拡張的正犯者概念
………3, 217, 218, 225, 226, 233,
236, 244, 326
加重事由
……281, 282, 285, 287, 290, 304,
306
監視的保障義務………………… 114, 115
監督過失…………190, 191, 216, 217
危殆化不法…………330, 331, 333, 336
機能的行為支配……………11, 274, 275
規範の妥当性…………………393, 395
義務違反説………………………374, 387
義務犯
……8, 45, 46, 47, 48, 49, 50, 51,
52, 54, 55, 60, 61, 62, 64, 117,
119, 147, 151, 152, 171, 172,
206, 207, 221, 330
逆転原理
………160, 161, 181, 182, 188, 189
客観的帰属…………122, 217, 387, 393
共同意思主体説……252, 253, 260, 262

共同の行為計画

………194, 198, 201, 202, 203, 284,
285, 288, 348, 349, 350, 352,
361, 368
共同の行為決意
…… 10, 193, 198, 202, 283, 284,
348, 350
具体化説…………………339, 353, 369
具体的符合説…………………339, 362
行為共同説
…… 19, 207, 215, 249, 250, 275,
276, 278, 305, 349, 352, 353,
370
行為支配説
……7, 8, 9, 10, 12, 49, 222, 285,
289
構成要件的符合説…347, 353, 370, 371
構成要件の情報化機能………………… 407
高度の蓋然性………267, 405, 408, 412
混合惹起説
……… 14, 15, 17, 22, 23, 33, 34,
37, 38, 39, 40, 41, 56, 57, 58,
82, 83, 84, 85, 91, 257, 311,
330, 336, 337

さ 行

実質的違法性………………410, 411, 412
実質的違法性阻却…………………… 410
実質的客観説…………………………7
支配犯………8, 10, 49, 50, 151, 152,
171
社会的相当性説…………374, 378, 379

414　事項索引

修正惹起説
　　…… *14, 15, 17, 23, 28, 29, 30,*
　　　　31, 32, 33, 56, 80, 81, 82
純粋惹起説
　　…… *14, 15, 17, 22, 23, 24, 25,*
　　　27, 28, 29, 57, 58, 82, 83, 84
職業的相当性説………………… *374, 379*
制限従属形式
　　…… *20, 21, 23, 26, 33, 38, 39,*
　　　　40, 56, 58, 83, 84, 116
制限的正犯者概念
　　…*2, 4, 10, 217, 219, 221, 222,*
　　　225, 227, 228, 233, 235, 236,
　　　　　　237, 241, 245
正犯者意思
　　…………… *9, 96, 97, 220, 242, 287*
先決問題要求の虚偽……… *146, 198, 362*
選択的共同正犯…………… *200, 201, 207*
相加的共同正犯………………… *199, 201*
遡及禁止
　　…*219, 220, 224, 227, 231, 232,*
　　　　　　235, 391
遡及禁止説………………………… *374, 389*

た　行

他人の不法との連帯説……… *14, 374, 385*
著作権の間接侵害………………………… *409*
統一的正犯者概念
　　…… *3, 217, 218, 219, 222, 225,*
　　　　　　226, 235, 244
答責原理
　　…*123, 124, 217, 219, 228, 229,*
　　　　　　230, 240, 245
ドレスドナー銀行事件………………… *372*

な　行

二重の故意………………………………… *312*
農場相続人事件………………… *355, 364*

は　行

犯罪共同説…… *19, 249, 250, 275, 278*
犯罪的意味連関
　　………………*393, 394, 395, 396, 397*
犯罪的意味連関説………………… *374, 393*
皮革スプレー事件
　　……… *191, 195, 199, 205, 206, 217*
比例原理
　　…… *89, 90, 91, 92, 382, 393, 395*
片面的対向犯
　　……… *66, 67, 69, 70, 71, 72, 74,*
　　　75, 76, 79, 80, 81, 82, 84, 89,
　　　　　　90, 91, 92
報奨説…………………………………… *325*
法秩序の経験論的妥当性……… *330, 331*
法定的符合説
　　…*339, 347, 353, 354, 362, 363,*
　　　　　　　　370
保護的保障義務………………… *114, 115*

ま　行

目的説………………………… *410, 412*
目的的行為支配説………………… *98, 99*
目的論的縮小…………… *315, 323, 324*

や　行

優越的利益…………………… *389, 410*
優越的利益説……………………… *412*
許された危険
　　…*123, 258, 259, 382, 387, 396,*
　　　　399, 405, 406, 407

ら　行

落石事件…………… *192, 195, 197, 198*
利益衡量説………………… *374, 381, 384*
ローゼ・ロザール事件………… *354, 355*

著者紹介

外木 央晃 (とのぎ たかあき)
平成14年，明治大学法学部法律学科卒業。明治大学大学院法学研究科公法学専
攻博士後期課程，明治大学法学部専任助手，明治大学法科大学院教育補助講師
等を経て，現在，学校法人山口学園専任教員。

共犯の基礎理論

2018年10月20日　初版第1刷発行

著　者　外　木　央　晃

発 行 者　阿　部　成　一

〒162-0041　東京都新宿区早稲田鶴巻町514番地

発 行 所　株式会社 成 文 堂

電話 03(3203)9201(代)　　FAX 03(3203)9206
http://www.seibundoh.co.jp

製版・印刷　三報社印刷　　　　　　　製本　弘伸製本
Ⓒ 2018　T. Tonogi　　Printed in Japan
☆乱丁・落丁本はおとりかえいたします☆　検印省略
ISBN 4-7923-5259-2　C 3032
定価（本体8,500円＋税）